퇴직연금
WIKI

퇴직연금 WIKI

2026년 1월 20일 초판 인쇄
2026년 1월 26일 초판 발행

지 은 이 윤상규, 김진나, 조선희, 김미경, 최윤호
발 행 인 오연관
발 행 처 삼일피더블유씨솔루션
등록번호 1995.6.26.제3-633호
주 소 서울특별시 용산구 한강대로 273 용산빌딩 4층
전 화 02)3489-3100
팩 스 02)3489-3141
가 격 29,000원

ISBN 979-11-6784-455-2 03320

실무자가 묻고, 전문가가 답하다

퇴직연금 WIKI

윤상규 · 김진나 · 조선희 · 김미경 · 최윤호 지음

SAMIL | 삼일인포마인

일러두기

■ 본문에서 사용하는 주요 약칭은 다음과 같습니다.

1. 「퇴직급여법」: 「근로자퇴직급여 보장법」
2. DB : 확정급여형 퇴직연금제도 (Defined Benefit)
3. DC : 확정기여형 퇴직연금제도 (Defined Contribution)
4. IRP : 개인형 퇴직연금제도 (Individual Retirement Pension)

■ 별도로 언급한 경우가 아니라면 책자에 씌여진 소득세율은 지방소득세(소득세의 10%)를 포함한 세율입니다.

■ 본 책자는 2026.01 기준의 유효한 법령·행정해석 및 관련 자료를 기초로 집필되었습니다. 본 책자 발간 이후 관련 법규의 개정, 폐지, 또는 새로운 해석·판례 등이 존재할 수 있으므로, 실무 적용 시 최신 법령 및 관련 해석의 변경 여부를 반드시 확인하시기 바랍니다.

머리말

2005년에 도입된 퇴직연금 제도는 어느덧 만 20세를 맞이하였습니다. 2024년 말 기준으로 적립금 431조 원, 43만 개 사업장, 675만 명 가입이라는 규모로 성장하며, 우리나라 노후소득보장 체계의 중요한 축으로 자리 잡았습니다.

그러나 아직 중소기업의 낮은 도입률 문제와 장기 수익률 개선에 대한 요구가 지속되고 있으며, 정부는 '퇴직연금 도입 의무화'와 '기금형 제도' 등을 퇴직연금 고도화를 위한 국정 핵심 과제로 삼고 있습니다. 이는 향후 기업과 근로자 모두에게 퇴직연금의 중요성이 한층 더 높아질 것임을 시사합니다.

이 책은 이러한 환경 속에서 현장의 요구를 체계적으로 정리하고, 퇴직연금 노무·세무·회계·자산운용을 하나의 흐름으로 이해할 수 있도록 구성한 퇴직연금 실무·이론 통합서입니다. 실제 현장에서 자주 제기되는 쟁점을 FAQ 중심으로 수록하여, 사업장 실무 담당자, 금융기관 종사자, 관련 전문가에게 실무적인 판단과 제도 운영에 실질적인 도움이 되고자 하였습니다.

'WIKI'라는 단어는 하와이어로 '빠른'이라는 의미에서 유래하였으며, 이제는 누구나 문서를 만들고 내용이나 구조를 직접 수정할 수 있는 협업형 웹사이트 또는 시스템을 뜻합니다. '퇴직연금 WIKI'는 지난 20년간 퇴직연금 발전에 기여한 여러분의 경험과 지식을 갈무리한 협업물이기도 합니다.

마지막으로 전국의 사업장에서 퇴직연금 업무에 여념이 없으신 실무자들과, 퇴직연금 설명회와 상담 및 여러 지원 업무 등을 통해 현장을 지키고 계신 금융기관 퇴직연금 담당자 여러분의 노고에 진심으로 감사의 뜻을 전합니다.

2026년 1월

저자 일동

Contents

Part 01 퇴직급여 제도와 노무

Contents

Part 02 퇴직연금 회계 및 세무

Contents

Part 03 퇴직연금 운영 실무

Contents

Part 04 임원의 퇴직급여 제도

Part 05 퇴직급여 과세와 절세 전략

Contents

Part 06 퇴직연금 적립금 운용

Part

01

퇴직급여 제도와 노무

Chapter

01 우리나라의 퇴직급여 제도

KEY POINT

- 퇴직급여제도의 종류는 확정급여형(DB) 퇴직연금제도, 확정기여형(DC) 퇴직연금제도, 퇴직금제도, 개인형퇴직연금(IRP)제도가 있음
- 퇴직금제도는 '계속근로기간 1년에 대하여 30일분 이상의 평균임금'을 퇴직금으로 퇴직 근로자에게 지급할 수 있는 제도임
- 퇴직연금은 계약형과 기금형으로 구분되며, 영국 NEST/호주 Superannuation 등 해외 사례를 참고해 제도 개선 논의 중

1. 개요

퇴직급여제도란 근로자의 안정적인 노후생활 보장을 위하여 「근로자퇴직급여 보장법」(이하 '퇴직급여법'이라 한다)에 따라 사용자가 퇴직하는 근로자에게 퇴직급여를 지급할 목적으로 설정한 제도를 의미한다.

퇴직급여제도에는 확정급여형(DB, Defined Benefit) 퇴직연금제도, 확정기여형(DC, Defined Contribution) 퇴직연금제도 및 퇴직금제도가 있다.

그리고 근로자가 퇴직(이직) 시 퇴직급여를 개인퇴직계좌(IRP)로 지급받거나 가입자부담금을 입금해서 운용할 수 있는 개인형퇴직연금(IRP, Individual Retirement Pension) 제도가 있다.

그림 1-1 퇴직급여제도의 종류

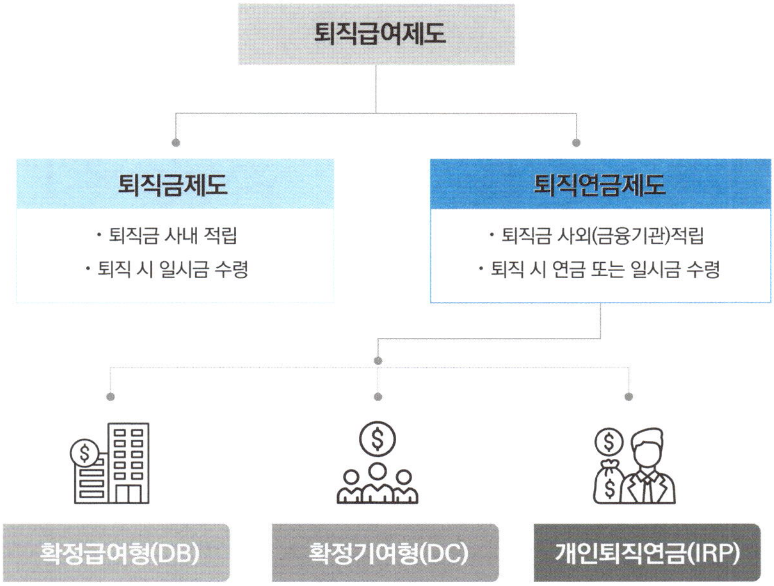

퇴직급여제도에서 퇴직금제도와 퇴직연금제도를 구분하는 가장 큰 기준은 퇴직급여를 사외 금융기관에 예치하는지 여부로, 사내 적립하는 경우 퇴직금제도, 사외 예치하면 퇴직연금제도이다.

사외 예치하는 퇴직연금제도는 크게 DB제도와 DC제도로 구분하나, 세부적으로는 10명 미만 특례 IRP제도, 표준형 DC제도, 혼합형제도 등을 두고 있다. 추가로 근로복지공단이 퇴직연금사업자로 있는 계약형 구조의 '근로복지공단DC'와 기금형 구조의 '중소기업퇴직연금기금형(푸른씨앗)'이 있으며, 이는 상시 근로자 30명 이하 사업장에만 적용된다.

퇴직급여의 법적 성격과 관련해서는 대표적인 것이 임금후불설이다. 대법원 판례에 따르면, 퇴직금은 "근로자가 1년 이상 계속 근로를 제공한 뒤 퇴직할 경우, 사용자가 근로제공에 대한 임금 일부를 지급하지 않고 누적했다 퇴직 시 일시금으로 지급하는 것"으로, 본질적으로 후불적 임금의 성질을 지니는 것으로 보고 있다.

이 외에도 사회보장적 성격, 공로 보상적 성격으로 보는 견해도 있는데, 이는 퇴직급여의 장기근속에 대한 공로 보상 또는 근로자의 생활 안정을 위한 사회보장적 성격도 일정 부분 인정해야 한다는 것이다.

「퇴직급여법」에 따르면 퇴직급여는 후불적 임금의 성격이 가장 우선시되나, 법 제정 및 운영 취지에서 근로자 생활 보장 및 노후소득보장 기능도 함께 반영되어 있다.

퇴직급여의 법적 성격은 근로자의 수급권 보호 조항으로 연결되며, 퇴직급여제도가 사적재산이라는 결론에 이르게 된다. 이는 우리나라 퇴직연금제도의 운영 구조, 제도 설계 및 해석의 기본이 되고 있는데, 기업 복지와 노후 소득 보장을 위한 퇴직연금이 발달한 해외 주요국과 근본적인 차이라고 할 수 있다.

2. 퇴직금제도

사용자는 근로자에게 퇴직 시 '계속근로기간 1년에 대하여 30일분 이상의 평균임금'을 퇴직금으로 퇴직 근로자에게 지급할 수 있는 제도이다.

2022년 4월 14일 이후 퇴직금제도에서 퇴직하는 근로자의 퇴직급여 지급은 IRP계좌를 통해서만 수령하도록 법적 의무화되었다. 다만, 근로자가 55세 이후에 퇴직하여 퇴직급여를 받는 경우, 퇴직급여가 300만 원 이하인 경우, 근로자가 사망한 경우 등 IRP 의무이전 예외 사유를 두고 있다.

퇴직급여법

제9조【퇴직금의 지급 등】

① 사용자는 근로자가 퇴직한 경우에는 그 지급사유가 발생한 날부터 14일 이내에 퇴직금을 지급하여야 한다. 다만, 특별한 사정이 있는 경우에는 당사자 간의 합의에 따라 지급기일을 연장할 수 있다.

② 제1항에 따른 퇴직금은 근로자가 지정한 개인형퇴직연금제도의 계정 또는 제23조의8에 따른 계정(이하 "개인형퇴직연금제도의 계정 등"이라 한다)으로 이전하는 방법으로 지급하여야 한다. 다만, 근로자가 55세 이후에 퇴직하여 급여를 받는 경우 등 대통령령으로 정하는 사유가 있는 경우에는 그러하지 아니하다.

동법 시행령 제3조의2【퇴직금의 개인형퇴직연금제도 계정 등으로의 이전 예외 사유】

① 법 제9조 제2항 단서에서 "근로자가 55세 이후에 퇴직하여 급여를 받는 경우 등 대통령령으로 정하는 사유가 있는 경우"란 다음 각 호의 경우를 말한다.

1. 근로자가 55세 이후에 퇴직하여 급여를 받는 경우
2. 급여가 고용노동부장관이 정하여 고시하는 금액 이하인 경우
3. 근로자가 사망한 경우
4. 「출입국관리법 시행령」 제23조 제1항에 따라 취업활동을 할 수 있는 체류자격으로 국내에서 근로를 제공하고 퇴직한 근로자가 퇴직 후 국외로 출국한 경우
5. 다른 법령에서 급여의 전부 또는 일부를 공제하도록 한 경우

② 제1항 제5호의 사유로 급여에서 일부를 공제한 경우 남은 금액은 근로자가 지정한 개인형퇴직연금제도의 계정 또는 법 제23조의8에 따른 계정(이하 "개인형퇴직연금계정등"이라 한다)으로 이전해야 한다.

3. 퇴직연금제도

퇴직연금제도는 사용자가 근로자의 노후소득보장과 생활 안정을 위하여 근로자의 퇴직급여 지급 재원을 사외의 금융기관(퇴직연금사업자)에 적립하고, 이 적립금을 사용자 또는 가입자의 지시에 따라 운용하여 가입자 퇴직 시 연금 또는 일시금으로 수령하는 것을 의미한다.

1) 확정급여형(DB, Defined Benefit) 퇴직연금 제도

가입자(근로자)가 받을 급여의 수준이 사전에 확정되어 있는 퇴직연금제도를 의미한다. 그 급여의 수준은 '계속근로기간 1년에 대하여 30일분 이상의 평균임금'으로 규약에서 정하도록 하고 있으며, 사외 적립해야 하는 부담금은 계속기준책임준비금과 비계속기준책임준비금 중 큰 값을 적립하도록 하고 있다. 그리고 사외 적립금의 적정성에 대한 판단은 재정검증이라는 절차를 통하도록 하고 있다.

2) 확정기여형(DC, Defined Contribution) 퇴직연금 제도

사용자(회사)가 가입자의 퇴직급여 지급을 위하여 사용자가 부담하여야 할 부담금의 수준이 사전에 결정되어 있는 퇴직연금제도를 의미한다. 사용자(회사)는 연간 임금총액의 1/12 이상의 부담금을 매년 가입자 계정으로 납입하도록 하고 있다.

3) DB vs. DC 제도 비교

DB제도와 DC제도를 비교해서 정리하면 아래의 표와 같다.

표 1-1 확정급여형(DB) vs 확정기여형(DC) 제도 비교

구분	확정급여형(DB)	확정기여형(DC)
부담금 납입 주체	사용자	사용자
급여 수준	30일간의 평균임금 × 근속연수	연간 임금총액의 1/12 이상
적립금 운용 주체	사용자	가입자
운용수익 귀속	사용자	가입자
가입자부담금 추가납입	불가능 (개인형IRP 가입 후 추가 납입 가능)	가능 (연간 1,800만 원 이내)
중도인출	중도인출 불가	법정 요건[1] 충족 시 가능
제도변경	DB → DC 적립금 이전 가능	DC → DB 적립금 이전 불가능[2]
기타	매 사업연도 말 기준으로 재정검증[3] 실시	사용자부담금 지연 납입 시 지연이자 발생

1) 「퇴직급여법 시행령」 제14조(확정기여형 퇴직연금제도의 중도인출 사유)에서 무주택자의 주택 구입, 임차보증금, 장기 요양 의료비, 파산/회생 등의 사유에 대해 중도인출을 허용하고 있음.
퇴직금제도의 중간정산 사유를 규정한 동법 시행령 제3조와 구분하여야 하며, 임금피크제도와 근로시간단축에 따른 임금 감소 등은 중간정산 사유에만 해당함.

2) 기간을 나눠 특정 시점 이전은 DC제도, 특정 시점 이후에는 DB제도를 적용해서 운영하는 것은 가능하며, 이 경우 퇴직소득세가 합산될 수 있도록 해야 함.

3) 재정검증은 매 사업연도 말 적립금이 적정수준(2022년 1월 1일 기준 100%)으로 쌓여있는지 검증하는 절차를 의미

가입자의 DB제도와 DC제도 선택 기준은 임금인상률과 자산운용수익률을 비교해서 판단한다. 임금인상률이 자산운용수익률보다 더 높을 것으로 예상되면 DB제도를 선택하는 것이 유리하고, 임금인상률이 자산운용수익률보다 더 낮을 것으로 예상되면 DC제도를 선택하는 것이 유리하다. 추가로 자세한 기준은 아래 표를 참고하면 된다.

표 1-2 확정급여형(DB) vs 확정기여형(DC) 선택 기준

DB제도 선택이 유리한 경우	DC제도 선택이 유리한 경우
임금인상률 〉 자산운용수익률	임금인상률 〈 자산운용수익률
장기근속이 예상되는 경우 ex) 공공기관 등	연봉제 적용 기업(이직률이 높은 기업)
제도 선택을 못한 경우 (DB → DC 제도로 전환이 가능하기 때문)	임금이 낮아지는 경우 ex) 임금피크제도 적용 근로자, 근로시간 단축 근로자 등
승진 기회로 인한 높은 임금상승 가능 여부	승진 가능성이 낮아, 높은 임금 상승률 기대가 어려운 고직급 근로자
직접 운용을 기피하는 경우	직접 운용을 선호하는 경우

4) 개인형퇴직연금(IRP, Individual Retirement Pension) 제도

근로자나 자영업자 등이 퇴직 후 안정적인 노후 소득을 준비하기 위해 가입하는 개인별 퇴직연금 계좌이다. IRP는 하나의 계좌에 2가지 기능이 있다.

첫 번째는 근로자나 자영업자 등이 가입자부담금을 연간 1,800만 원 한도로 입금하고 이 중 최대 900만 원까지 세액공제 혜택을 받는 기능이다.

두 번째는 근로자가 퇴직하거나 이직으로 인해 지급받는 퇴직급여를 수령하는 기능이다.

IRP는 해지해서 일시금으로 수령할 수도 있고, 연금으로 수령할 수도 있다.

일시금 수령과 연금수령의 경우 세제 적용이 상이하며, 연금수령을 위해서는 만 55세 이상이어야 하고, 최초 납입일로부터 5년이 경과해야 한다. 단, 퇴직급여가 입금된 IRP계좌의 경우에는 5년 요건 없이 만 55세 이상이면 연금 개시가 가능하다.

그림 1-2 개인형퇴직연금(IRP)의 구조

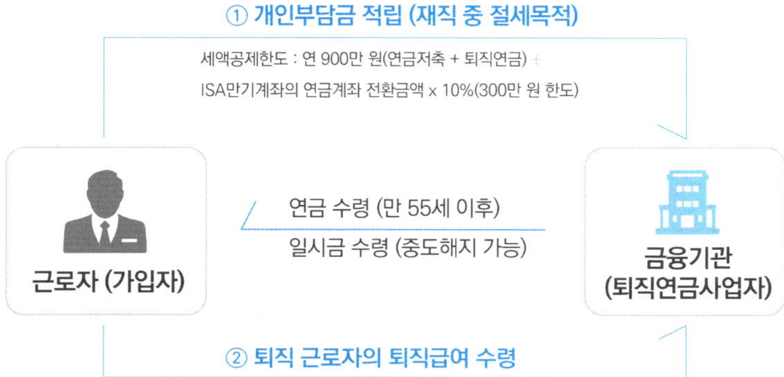

IRP는 하나의 금융기관에 하나의 IRP 개설을 원칙으로 하고 있다. 이는 A금융사, B금융사에 각각 IRP 한 개씩만 개설할 수 있다는 의미이다. IRP는 일시 해지 시 일부해지가 불가능하고, 전액 해지해야 한다. 그리고 연금수령 시 그 방법이 다양하기 때문에 개인별 노후 현금흐름 및 세제 등을 고려하여 IRP를 관리하고 활용해야 한다.

5) 10명 미만을 사용하는 사업에 대한 특례 개인형퇴직연금제도

상시 10명 미만 근로자를 사용하는 사업에서 특례로 적용되는 개인형퇴직연금제도(이하 '10명 미만 특례IRP[4])')는, 사용자가 개별 근로자의 요구에 따라 IRP를 설정하면, 퇴직연금제도를 설정한 것으로 간주된다.

'10명 미만 특례IRP'는 사용자가 매년 연간 임금총액의 1/12 이상을 부담금으로 납부하고, 가입자가 적립된 부담금을 운용하여 가입자는 퇴직 시 부담금과 운용손익을 퇴직급여로 연금 또는 일시금으로 수령하는 구조이다. 중도인출의 적용은 DC제도와 동일한 사유로 가능하다. 또한 가입자의 퇴직 시 퇴직급여의 수령을 개인형IRP로 하도록 하고 있으며, 동일한 금융기관의 '10명 미만 특례IRP'에서 개인형IRP로 운용 중인 상품을 그대로 이전할 수 있는 실물이전이 가능하다.

고용노동부는 사업장의 근로자 수가 상시 10인 이상이 된 시점부터 1년 이내에는 법정 퇴직연금제도로 전환하도록 하고 있다.[5]

4) 10명 미만 특례IRP를 실무적으로는 '기업형IRP'로 칭하는 경우도 있으나, 이는 「퇴직급여법」에 근거한 용어는 아니고 혼선을 초래할 수 있으므로 법률에 근거하여 지칭하는 것이 바람직함.
5) 상시근로자의 정의와 10인 이상 사업장에서의 개인퇴직계좌 특례의 처리방법(퇴직급여보장팀-4114, 2006.10.30)

6) 표준형 DC제도

표준형 DC란 하나의 표준화된 규약으로 여러 사업장이 동일한 제도에 참여할 수 있게 하는 DC제도를 말한다. 즉, 퇴직연금사업자가 확정기여형 퇴직연금(DC)제도 도입을 위해 하나의 표준화된 규약과 표준계약서를 작성하여 고용노동부 장관의 승인을 받은 후 여러 사업장이 동일한 규약에 적용을 받는 복수 사용자가 참여하는 확정기여형(DC) 제도이다. 표준규약 및 표준계약서를 공동으로 사용하는 제도의 성격상 유사한 업종 또는 각종 협회나 회원사 등을 중심으로 운용되고 있다.

7) 근로복지공단 DC제도 [계약형]

근로복지공단 DC제도(계약형)는 상시근로자 30인 이하의 근로자를 사용하는 사업장이 가입할 수 있는 제도이다. 근로복지공단이 운용관리업무를 담당하고 있고, 자산관리기관은 금융기관인 우리은행・삼성화재・교보생명・신한투자증권・미래에셋증권(2025년 10월 현재 기준) 등이 담당하고 있다. 이렇게 운용관리기관과 자산관리기관이 상이한 계약구조를 언번들(unbundle) 계약 구조라고 한다.

근로복지공단 DC제도(계약형)는 사용자가 연간 임금총액의 12분의 1 이상을 정기 부담금으로 납입하고, 가입자가 운용 지시를 하여 그 운용손익까지 퇴직급여로 가져가는 일반 DC제도와 동일하다.

8) 근로복지공단 DC제도 [기금형] ('푸른씨앗')

상시근로자 30인 이하의 근로자를 사용하는 중소기업 근로자의 안정적인 노후생활 보장을 지원하기 위하여 사용자와 근로자가 납입한 부담금으로 기금을 조성・운영하여 가입자에게 퇴직급여를 지급하는 제도이다.

이는 전문적인 자산운용기관의 체계적인 운용이 가져오는 보다 안정적이고 높은 수익률을 통해 노후소득 보장 강화를 도모하고자 도입된 제도이다.

일명 '푸른씨앗'으로 불리는 이 기금형 DC제도는 부담금을 근로복지공단이 운용하며, 기금운용을 위해 운영위원회, 자문위원회, 전담(위탁) 운용기관을 두고 있다.

그림 1-3 **중소기업퇴직연금기금(푸른씨앗) 운용 구조**

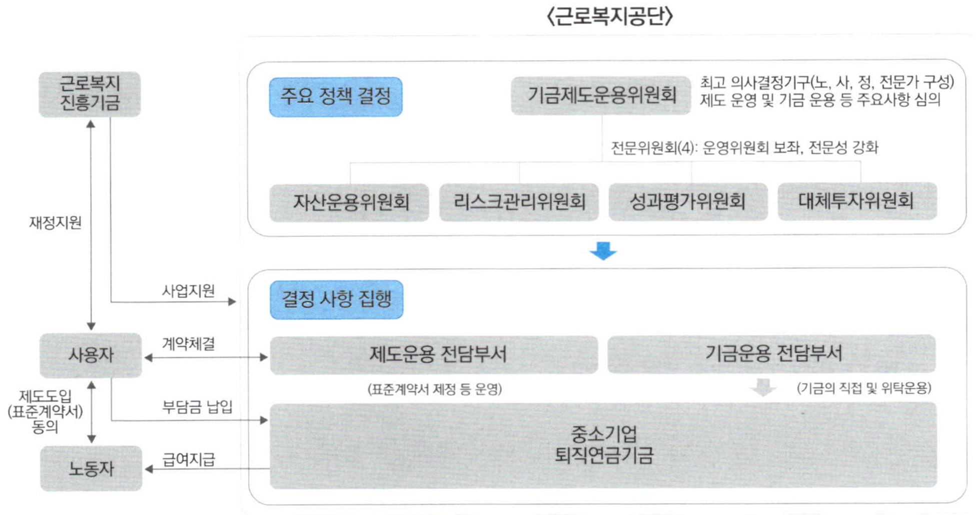

자료 : 고용노동부

근로복지공단은 푸른씨앗 기금형 DC제도 가입의 독려를 위해 가입자와 사용자에 대해 지원금을 통해 재정 재원을 하고 있다. 가입자 지원금부터 살펴보면 월평균 보수가 매년 고시 기준[6]에 해당하는 가입자에 대하여 사용자가 기한내 납입한 해당연도 정기부담금의 10%를 지원해 준다. 또한 사용자에 대해서도 사용자가 가입자에 대하여 기한 내 납입한 해당연도의 정기부담금의 10%를 지원해 준다. 근로자와 사용자 각각 10%씩, 총 20%를 지원해 주고 있는 것이다. 2024년 신규 가입 시 4년간 퇴직연금 수수료도 전액 면제 형태로 지원하고 있다.

9) 과학기술인공제회 DC제도

과학기술인공제회 DC제도는 「과학기술인공제회법」 제16조의2에 따라 과학기술인공제회가 DC형 퇴직연금 사업을 운영하며, 그 세부 운용 구조는 DC제도와 동일하다. 사용자는 매년 연간임금총액의 1/12 이상을 부담금으로 납부하고, 회원은 추가적으로 회원부담

6) 2025년 고시기준(가입자 및 사용자 지원금 공통)
전년도 고용보험 월평균 보수가 268만 원 미만인 가입자에 대하여 연간 최대 27만 3천 원 지원하며, 사업장 기금제도를 가입한 날부터 3년간 지원, 사업별 최대 30명까지 지원

금을 연간 1,800만 원까지 자유롭게 납입할 수 있고, 회원 부담금은 연간 900만 원까지 세액공제 혜택이 부여된다.

과학기술인공제회는 정부에서 과학기술인공제회에 출연한 재원을 운용해 그 수익금으로 과학기술인연금에 가입한 정부출연 연구기관 연구원에게 과학기술발전장려금으로 지원한다. 지원 대상은 관련법률에 의한 52개(2023년 12월 기준) 연구기관 등의 소속 임직원이다.

지급조건은 과학기술발전장려금 대상 기관에 재직중이며, 과학기술인공제회 퇴직연금에 가입하고 회원부담금을 4.5% 이상 납부한 상태에서, 10년 이상 재직 후 퇴직하는 경우 지급[7]하고 있다.

표 1-3 과학기술인공제회 DC제도 과세 체계

(지방소득세 별도)

인출 순서	구분	소득 원천	연금수령시 (연금수령한도내)	연금외수령시 (연금수령 한도 초과 포함)
①	• 회원부담금 원금 (소득 · 세액공제 미적용분)	과세 제외 소득	비과세	
②	• 사용자부담금 및 운용수익 • 과학기술발전장려금	퇴직 소득	연금소득세 : 이연퇴직소득세의 70%*, 분리과세 * 연금수령 10년 초과 20년 이하시 60%, 20년 초과시 50%	퇴직소득세 : (퇴직급여-각종공제) * 6%~45%(종합소득세율) * 분류과세
③	• 회원부담금 원금 (소득 · 세액공제 적용분) • 회원부담금(①포함)의 운용수익 • 이연퇴직소득(②)의 퇴직 후 운용수익	기타 소득	연금소득세: 3%~5%*, 종합과세** * 만 80세 이상 3%, 만 70세~만 80세 4%, 만 70세 미만 5% ** 연간 수령액이 1,500만 원 이하인 경우 선택적 분리과세, 1,500만 원 초과인 경우 종합과세 또는 15% 분리과세	기타소득세 : 15%, 분리과세 * 부득이한 사유시 3%~5%

자료 : 과학기술인공제회 홈페이지, 지방소득세 별도

7) '적립금액 = 연간임금총액 × 적립률'로 계산되며 연금심의위원회에서 의결하여 결정하는 적립률은 2024년의 경우 1%임. 회원부담금을 4.5% 이상 설정하는 경우 과학기술발전장려금은 장려금 적립비율은 100% 지급되며, 회원부담금을 4.5% 미만 설정하는 경우 과학기술발전장려금은 장려금 적립비율은 4.5% 대비 설정비율만큼 지급됨.

4. 퇴직연금제도 지배구조

1) 계약형 퇴직연금제도

(1) 계약형 퇴직연금 운영체계

퇴직연금제도는 지배구조에 따라 크게 계약형(contract type)과 기금형(institutional type)으로 구분할 수 있다.

우리나라는 2005년 퇴직연금 도입 당시 조속한 제도 정착을 위해 상대적으로 시행이 용이한 계약형 제도를 채택하였다.

그림 1-4 계약형 퇴직연금제도 운영체계

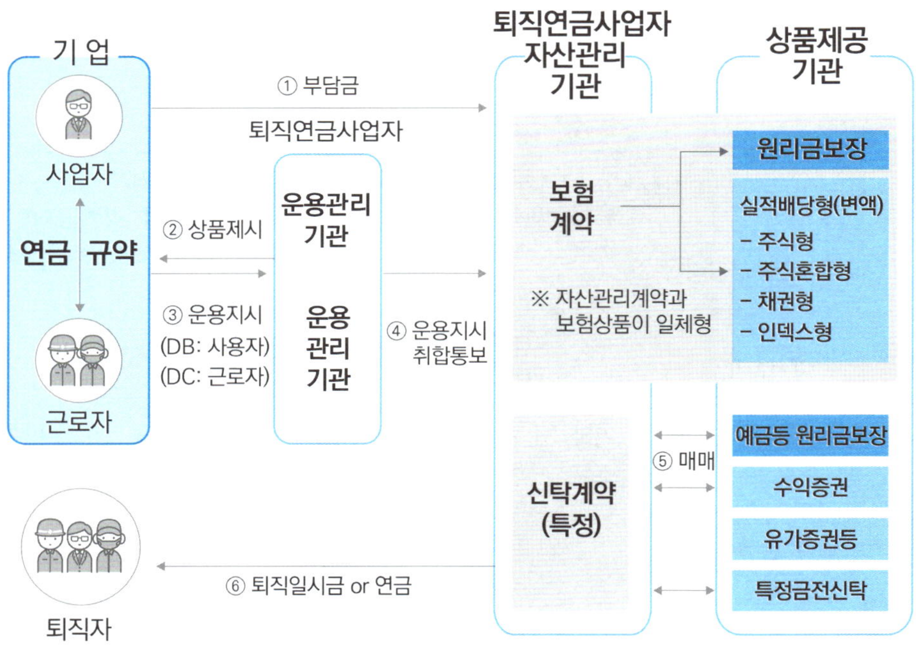

자료 : 퇴직급여제도 업무매뉴얼, 고용노동부, 2022.8

계약형 퇴직연금제도란 사용자와 근로자가 퇴직연금제도 규약(DB 또는 DC)을 작성하고 이를 수행하는 퇴직연금사업자와 운용·자산관리계약을 체결하여, 제도운영 일체를 일괄 위탁하는 계약 구조이다.

(2) 번들계약(bundle contract)과 언번들계약(unbundle contract)

퇴직연금계약에서 사용자가 운용관리업무와 자산관리업무를 동일한 퇴직연금사업자에게 맡기는 방식을 번들계약이라고 한다. 번들계약은 동일 퇴직연금사업자를 통해 서비스가 제공되므로 운영 창구가 일원화되어 업무 처리가 간단하고 빠른 장점이 있으나, 제도의 유연성은 상대적으로 낮다. 우리나라 퇴직연금은 대부분 번들계약 구조를 취하고 있다.

반면, 사용자가 운용관리업무와 자산관리업무를 각각 다른 퇴직연금사업자에게 맡기는 방식이 언번들계약이라고 한다. 언번들계약은 1 : 1(운용관리기관1 : 자산관리기관1), 1 : N (운용관리기관1 : 자산관리기관 다수), N : N(운용관리기관 다수 : 자산관리기관 다수) 방식이 있다. 언번들계약은 각 서비스의 전문성을 높일 수 있는 장점이 있으나, 여러 사업자 간의 통제, 정보 비대칭성, 커뮤니케이션 등의 문제가 발생할 수 있어 사용자 및 운용관리기관의 역량이 더 요구된다고 볼 수 있다.

2) 기금형 퇴직연금제도

(1) 기금형 제도의 개념

기금형 퇴직연금제도는 사용자와 근로자의 합의를 통해 회사와는 별도의 수탁법인을 설립하고 퇴직연금 제도의 운영을 사용자 대표, 근로자 대표와 외부 자산운용 전문가가 참여하는 위원회를 통해 운영하는 형태이다.

수탁법인은 회사와 별도로 설립된 독립 법인으로 사용자 대표, 근로자 대표, 외부전문가로 구성된 이사회가 최고의사결정기구 역할을 한다. 그리고 노사 공동으로 기금운용 관련 정책을 결정하여 수탁법인에 기금운용 업무를 위탁할 수 있다.

각각의 대표성을 가진 사용자 및 근로자 그리고 투자 전문가를 포함한 위원회의 구성을 통해 균형 있는 의사결정을 도모할 수 있으며, 외부 전문 수탁자(professional trustee)를 통해 투자 전문성과 객관성을 확보할 수 있다. 수탁기관은 신탁자로서의 충실의무(fiduciary duty)와 선관의무를 갖는다.

그림 1-5 **기금형 퇴직연금제도 운영체계**

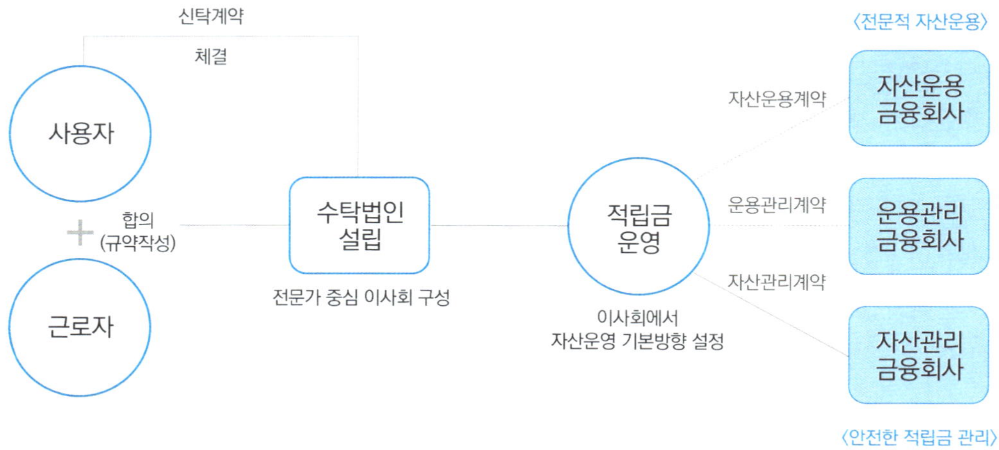

자료 : 퇴직연금 적립금 운용구조 효율화 방안(남재우, 자본시장연구원 세미나, 2025.6)

우리나라는 근로복지공단에서 운용 중인 중소기업퇴직연금 기금형 DC제도(푸른씨앗)가 있다. 최근에는 기금형 퇴직연금제도 확대 도입을 위한 논의가 활발하게 이루어지고 있는데, 기존의 중소기업퇴직연금 기금형 제도를 확대하여 공공 중심의 기금형제도를 도입하는 방안과 민간기금형을 도입하는 방안 등이 논의 중이다.

논의 방향은 크게 ① 영리법인 참여형(민간중심), ② 비영리법인 설립형, ③ 공공기관 참여형(공공중심) 등 3가지로 압축된다. 그 세부 내용은 향후 확정될 법규 등에 따라 상이해질 수 있어, 현재 공공기관 참여형인 영국의 Nest와 민간이 주도하는 호주의 Superannuation을 참고하면 제도를 이해하는 데 도움이 된다.

(2) 해외 사례

① **영국 – NEST(National Employment Savings Trust)**

NEST 운영 주체는 NEST Corporation이라는 비정부 공공기관(non-departmental public body)이다. 즉, NEST Corporation이 제도운영을 총괄하고, 제도설계(자동가입 포함) 및 기여금 징수 등의 주요 업무는 국가 주도로 수행된다. 이 외에 계좌관리 및 펀드운영, 연금상품 구매 등을 모두 금융기관에 위탁하고 있다.

NEST 자산운용 구조는 현재 금융시장에서 자산운용사가 제공하고 있는 기금 중 NEST의 SIP(Statement of Investment Principles, 투자정책서)에 부합하는 기금에 기여금을 투자하는 공동투자기금(pooled fund)으로 운용되고 있다. 따라서 자산운용사는 NEST 가입자들을 위한 기금을 따로 설정하지 않고 기존에 운용중인 기금에 NEST의 자금이 투자되는 구조이다.

② **호주 – Superannuation**

Superannuation 기금은 가입자가 계좌별로 개설한 호주의 연금기금을 지칭하며 수탁자와 수탁자 이사회가 운영하는 신탁이라는 법적 체계를 가지고 있다. 이는 신탁증서를 통해 설립되며, 호주 건전성감독청(APRA)으로부터 허가를 받아야 한다. 기금이 설립된 후 수탁자는 ABN(Australian Business Number)을 부여받아 법적으로 요건을 갖춘 기금으로서 공식적인 인정을 받아야 한다. 즉, 호주의 경우 기금 자체를 민간 금융회사가 국가의 승인을 거쳐 설립하여 모든 서비스를 자체적으로 제공하고 있다.

5. DC제도간 이전 관련 검토

표 1-4 DC제도간 이동 가능성 여부

세부 내용	제도간 이동가능성	비고
일반DC → 표준형DC	○	하나의 사업에서 복수의 표준형DC제도 또는 표준형DC제도와 일반DC제도를 동시 설정하는 것은 불가[8)
표준형DC → 일반DC	○	
일반DC ↔ 근로복지공단 계약형DC	○	
일반DC ↔ 근로복지공단 기금형DC	○	
10명 미만 특례IRP → DC제도	○	
일반DC제도 → 10명 미만 특례IRP	○	관련근거 : 퇴직연금복지과-3770, 2018.9.19
일반DC ↔ 과학기술인공제회DC	×	적용법률이 상이하여 제도간 이전 불가능함

「퇴직급여법」에 근거하여 운용하는 DC제도에서 과학기술인공제회 DC제도로의 이전은 불가능하다. 이는 과학기술인공제회는 「퇴직급여법」상 퇴직연금제도를 운용하는 기관이라 할 수 없다는 고용노동부 행정해석(퇴직연금복지과-2560, 2021.6.2)에 그 근거를 두고 있다.

8) 퇴직급여제도매뉴얼, 고용노동부, 2022.8

Chapter

02

퇴직연금제도 도입 FAQ

[퇴직연금 제도 가입대상]

Q&A 1-2-1 시간강사의 퇴직연금제도 가입 가능 여부

Question

어린이 전용 수영장에서 수영 강습 시간강사로 일하는 선생님도 퇴직연금제도에 가입할 수 있나요?

Answer

「근로기준법」상 근로자에 해당하면 퇴직연금제도에 가입할 수 있습니다.
사용자는 4주간 평균하여 1주간의 소정근로시간이 15시간 이상이고, 계속근로기간이 1년 이상인 근로자가 퇴직할 경우 퇴직급여를 지급하도록 하고 있고, 퇴직급여 지급 대상이 되면 퇴직연금제도 또한 가입할 수 있습니다.

관련법규 및 질의회신

대법원 2024두32973, 2024.7.25

근로기준법상 근로자에 해당하는지는 계약의 형식이 고용계약, 도급계약 또는 위임계약인지보다 근로제공 관계의 실질이 사업 또는 사업장에 임금을 목적으로 종속적인 관계에서 근로를 제공한 것인지 여부에 따라 판단하여야 한다. 여기에서 종속적인 관계인지는, ① 업무 내용을 사용자가 정하고 취업규칙 또는 복무(인사)규정 등의 적용을 받으며 업무수행과정에서 사용자가 상당한 지휘・감독을 하는지, ② 사용자가 근무시간과 근무장소를 지정하고 근로자가 이에 구속을 받는지, ③ 노무제공자가 스스로 비품・원자재나 작업도구 등을 소유하거나 제3자를 고용하여 업무를 대행하게 하는 등 독립하여 자신의 계산으로 사업을 영위할 수 있는지, ④ 노무제공을 통한 이윤 창출과 손실 초래 등 위험을 스스로 안고 있는지와 ⑤ 보수의 성격이 근로 자체의 대상적 성격인지, ⑤ 기본급이나 고정급이 정하여졌는지 및 근로소득세의 원천징수 여부 등 보수에 관한 사항, ⑥ 근로제공관계의 계속성과 사용자에 대한 전속성의 유무와 정도, ⑦ 사회보장제도에 관한 법령에서 근로자로서 지위를 인정받는지 등의 경제적・사회적 여러 조건을 종합하여 판단하여야 한다. 다만, 기본급이나 고정급이 정하여졌는지, 근로소득세를 원천징수하였는지, 사회보장제도에 관하여 근로자로 인정받는지 등의 사정은 사용자가 경제적으로 우월한 지위를 이용하여 임의로 정할 여지가 크다는 점에서 그러한 점들이 인정되지 않는다는 것만으로 근로자성을 쉽게 부정하여서는 안 된다.

퇴직급여보장팀-339, 2007.7.10

경찰무도 연구지도관 관리규칙에 따라 무도 연구지도관은 경찰청에서 위촉 …〈중략〉… 「근로기준법」상 근로자로 판단.

근로복지과-883, 2014.3.11

소정근로시간에 대해 고정급을 지급받고 있는 점, 사용자에 의해 강습시간 및 교육(강습)프로그램이 정해지고 이에 구속을 받고 있는 점 …〈중략〉… 퇴직금을 지급하여야 할 것으로 사료됨.

퇴직연금복지과-391, 2015.2.27

…〈중략〉… 상습적인 지각 등 근무태도가 불성실한 경우에는 근무에서 배제되는 등 불이익 처분을 받을 수 있는 경우라면 「근로기준법」상 근로자로 보아야 함.

Q&A 1-2-2 임원의 퇴직연금제도 가입과 폐지

Question

Q1) 임원이 퇴직연금제도에 가입하려면 어떻게 해야 하나요?

Q2) 임원만을 대상으로 한 퇴직연금제도의 설정이 가능 하나요?

Q3) 임원으로만 구성된 법인의 경우 퇴직연금제도 도입 및 폐지는 어떻게 해야 하나요?

Q4) 사회복지시설인 A기관의 퇴직연금 도입 시 대표자인 B도 퇴직연금 가입이 가능한가요?

Q5) 퇴직연금 도입 후 근로자가 모두 퇴직하여 임원만 남아 있는 상황에서 계약이전이 가능할까요?

Answer

A1) 퇴직연금제도 도입을 위해서는 근로자대표의 동의를 받아 규약을 관할 고용노동지청에 신고하도록 하고 있습니다. 임원이 퇴직연금에 가입하고자 하는 경우, 퇴직연금규약의 가입자 대상에 '임원도 포함할 수 있다'는 내용을 명시한 후 가입할 수 있습니다.

A2) 불가합니다.

「근로기준법」상 근로자가 아닌 임원만을 대상으로 퇴직연금제도 설정(도입)은 할 수 없습니다.

A3) 불가합니다.

임원으로만 구성된 법인은 퇴직연금제도에 가입이 불가합니다. 또한 임원과 근로자가 퇴직연금제도에 가입하였으나, 근로자가 모두 퇴직하여 임원만 남아 있는 경우에는 퇴직연금규약의 변경 또한 불가합니다.

A4) 고유번호증 상의 비영리단체 등의 대표는 퇴직연금 제도의 가입 대상이 아닙니다. 「퇴직급여법」 제4조에서는 사용자가 퇴직 근로자에게 퇴직급여를 지급하도록 정하고 있는바, 사용자는 법정 퇴직급여제도의 설정·지급 의무자이고 근로자가 퇴직급여제도의 적용을 받는 수급자입니다. 즉, 임의단체장과 개인사업자의 대표는 수급자가 아니라 지급의무자이므로 가입 대상이 아닙니다.

예외적으로 국공립 어린이집 원장은 국가나 지자체와 계약한 위탁계약증서를 확인할 수 있는 경우 가입이 가능한 것으로 고용노동부는 해석하고 있습니다.

A5) 계약이전이 불가합니다.

근로자 없이 임원만 있는 경우 퇴직연금 규약을 신설하거나 변경하는 것은 가능하지 않기 때문입니다.

관련법규 및 질의회신

퇴직연금복지과-3075, 2018.7.31

근로자가 아닌 임원을 퇴직연금에 가입시키고자 할 경우 동법 제12조 및 제13조의 규정에 의하여 작성하는 퇴직연금규약에 근로자가 아닌 임원을 당해 퇴직연금의 가입자로 한다는 것을 명시하여야 함.

다만, 「근로기준법」상 근로자가 아닌 임원만을 대상으로 퇴직연금제도 설정(도입)은 할 수 없음.

따라서, 근로자인 가입자가 모두 퇴직하여 임원(대표이사 포함)만 가입자로 남아있는 경우 임원만을 대상으로 퇴직연금제도를 운영하는 것은 가능하지 않다고 할 것임.

Q&A 1-2-3 외국인 근로자의 퇴직연금제도 가입과 급여 지급

Question

Q1) 외국인 근로자도 퇴직급여제도의 적용이 되나요?

Q2) 출국만기보험은 누가 가입하는 건가요?

Q3) 외국인 근로자는 퇴직 시 IRP로 퇴직급여를 이전해야 하나요?

Answer

A1) 적용됩니다.

외국인 근로자도 1년 이상 근무한 경우 「퇴직급여법」 적용을 받습니다.

또한, 불법체류 외국인이라고 하더라도 「근로기준법」의 적용이 배제되는 것은 아닙니다.

A2) 고용허가제 적용 외국인이 가입합니다.

구체적으로는 E-9(비전문취업) 또는 H-2(방문취업) 체류자격 외국인 근로자는 퇴직급여를 지급받기 위해 출국만기보험(또는 신탁[9]) 가입이 법적으로 의무화되어 있습니다. 그리고 출국만기보험 등으로 지급된 퇴직급여가 법정 퇴직금보다 적은 경우, 그 차액은 사용자가 추가로 지급해야 합니다.

A3) 그렇지 않습니다.

「출입국관리법 시행령」 제23조 제1항에 따라 취업 활동을 할 수 있는 체류자격으로 국내에서 근로를 제공하고 퇴직한 근로자가 퇴직 후 국외로 출국한 경우에는 퇴직급여는 IRP로 지급하지 않을 수 있습니다. 여기서 '취업 활동을 할 수 있는 체류자격'은 단기취업(C-4), 교수(E-1) ~ 선원취업(E-10), 방문취업(H-2) 등을 의미합니다.

9) 신탁은 신한은행, 우리은행과 같은 시중은행에서 취급하며, E-9(비전문취업)만 가입할 수 있음. 보험은 삼성화재 등에서 취급하며, E-9(비전문취업) 또는 H-2(방문취업) 모두 가입 가능함.

관련법규 및 질의회신

퇴직연금복지과-282, 2009.2.5

「외국인근로자의 고용 등에 관한 법률」에 의거 출국만기보험 등 외국인전용보험에 의무적으로 가입하여야 하는 외국인 근로자를 제외한 외국인은 「근로자퇴직급여 보장법」에 따른 제도를 설정하면 됨.

퇴직급여법 시행령 제3조의2【퇴직금의 개인형퇴직연금제도 계정 등으로의 이전 예외 사유】

4. 「출입국관리법 시행령」 제23조 제1항에 따라 취업활동을 할 수 있는 체류자격으로 국내에서 근로를 제공하고 퇴직한 근로자가 퇴직 후 국외로 출국한 경우

Q&A 1-2-4 동거 친족만을 사용하는 사업장의 「퇴직급여법」 적용

Question

Q1) 동거하는 부모님과 본인만 근무하는 소규모 사업장에도 「퇴직급여법」이 적용되나요?

Q2) 가사사용인에게도 「퇴직급여법」이 적용되나요?

Answer

A1) 「퇴직급여법」 적용 제외 대상입니다.

동거하는 친족만을 사용하는 사업장은 「근로기준법」이 적용되지 않고, 「퇴직급여법」 또한 적용되지 않습니다. 이는 사용자와 근로자에 대한 형식적 구분이 어렵고, 국가가 가족관계에 개입하는 것은 바람직하지 않다고 보고 있기 때문입니다.

다만, 동거하지 않은 친족이면서, 사업장에서 실제 근로를 제공하고 임금을 지급받는 경우라고 하면 「퇴직급여법」이 적용됩니다. 또한 동거의 친족으로 구성되어 있는 사업장에 친족 이외의 근로자가 있는 경우도 「퇴직급여법」이 적용됩니다.

A2) 상황에 따라 다릅니다.

가사사용인의 고용 형태가 '가구 내 고용 활동' 즉, 가구에서 직접 고용하는 경우에는 「퇴직급여법」 적용이 되지 않습니다. 다만, 「가사근로자의 고용개선 등에 관한 법률」에 따라 인증받은 가사서비스 제공기관이 직접 가사근로자를 고용하는 경우, 「퇴직급여법」이 적용됩니다.

관련법규 및 질의회신

퇴직급여법 제3조 【적용범위】

이 법은 근로자를 사용하는 모든 사업 또는 사업장(이하 "사업"이라 한다)에 적용한다. 다만, 동거하는 친족만을 사용하는 사업 및 가구 내 고용활동에는 적용하지 아니한다.

헌재 2019헌바454, 2022.10.27

'가구 내 고용활동'에 대해서는 근로자퇴직급여 보장법을 적용하지 않도록 규정한 근로자퇴직급여 보장법 제3조 단서 중 '가구 내 고용활동' 부분은 헌법에 위반되지 아니한다.

[퇴직연금제도 도입]

Q&A 1-2-5 퇴직연금규약 및 근로자대표의 개념

Question

Q1) 퇴직연금규약은 무엇인가요?

Q2) 근로자대표란 무엇인가요?

Answer

A1) 퇴직연금규약은 퇴직연금제도의 운영에 관한 사항을 기재하고 있습니다. 사용자가 근로자대표의 의견청취 또는 동의를 얻어 작성하도록 하고 있다는 점에서, 해당 사업의 퇴직연금제도 운영에 관한 노사 간의 약정으로, 그리고 취업규칙의 특별규정이라 할 수 있습니다.

퇴직연금규약은 사업장 관할 고용노동지청에 신고하도록 하고 있습니다.

A2) 근로자대표란 근로자 과반수로 조직된 노동조합이 있는 경우 그 노동조합, 그러한 노동조합이 없는 경우에는 근로자 과반수를 의미합니다. (근로기준법 제94조의 취업규칙 작성·변경 시 의견청취 및 동의의 대상인 근로자대표 개념과 동일)

Q&A 1-2-6 근로자대표 동의 vs. 의견청취

Question

Q1) 근로자대표의 동의를 받는 경우와 의견청취를 하는 경우는 어떻게 다른가요?

Q2) 근로자대표의 동의서와 의견청취서는 어떤 차이가 있나요?

Answer

A1) 근로자대표 동의를 받아야 하는 경우와 의견청취로 갈음할 수 있는 경우는 아래의 표를 참고하시기 바랍니다.

표 1-5 근로자대표 동의를 받는 경우 vs. 의견청취를 하는 경우

근로자대표 동의를 받는 경우	근로자대표 의견청취를 하는 경우
① 퇴직연금제도 최초 도입	① '12.7.26 이후 새로 성립된 사업장이 퇴직연금제도를 최초 도입하는 경우
② DB제도의 급여수준을 낮추거나, DC제도의 사용자부담금 수준을 낮추는 경우	② 퇴직연금사업자 추가, 간사기관의 변경
③ 제도시행일 및 가입 기간의 변경	③ 사업합병, 영업양도 등 포괄승계에 따른 퇴직연금규약 변경
④ DC제도의 퇴직연금사업자 변경	④ DB제도 적립금 운용 시 퇴직연금사업자간 적립금 이전
⑤ 규약에 설정한 사전지정운용방법을 변경하는 경우	⑤ 추가 승인받은 사전지정운용방법 상품 규약 추가 반영하는 경우

자료 : 퇴직급여제도 업무매뉴얼, 고용노동부, 2022.8
고용노동부 사전지정운용제도 FAQ

퇴직연금규약을 변경하고자 하는 경우 근로자에게 불이익하게 변경하고자 하는 경우에는 근로자대표의 동의를 받도록 하고 있으며, 불이익 변경이 아닌 경우에는 근로자대표의 의견청취를 하도록 하고 있습니다. 다만, 대다수의 근로자에게 유리하다고 하더라도 특정 근로자에게 불이익한 경우에는 불이익 변경으로 보고 있습니다.

A2) 근로자대표 동의서에는 해당 내용에 대해 명시적으로 동의한다는 의사표시가 있어야 합니다. 그리고 근로자대표 의견청취서는 의견을 듣는 것이지 찬성・반대 의견에 구속받는 것이 아니므로, 근로자대표가 동의하지 않더라도 규약 변경이 가능합니다.

표 1-6 '근로자대표 동의' vs. '의견청취' 비교

근로자대표 동의 받는 방법	근로자대표 의견청취 하는 방법
근로자 과반수의 동의를 얻는 방식은 사용자 측의 개입이나 간섭이 배제된 상태에서 집단적 회의 방식에 의한 의사결정 방식이어야 하며, 근로자의 찬반의사 표시에 관한 동의 방식은 무기명도 가능할 것임 (퇴직급여보장팀-147, 2006.1.16)	근로자대표가 근로자 과반수인 경우, 근로자에게 발송된 이메일 송신문, 근로자가 참석한 회의에서의 회의자료 및 회사 사보 등을 통한 공고문 등(이 경우 근로자 과반수의 이메일 수신 여부, 회의 참석 여부 및 회사 사보 확인 여부를 증빙할 수 있어야 함) (퇴직급여제도매뉴얼, 고용노동부, 2022.8)
On-Line을 통한 전자동의 방식이 사용자의 개입이나 간섭이 배제된 상태에서의 의사결정 방식에 해당된다면 이를 입증할 서류를 첨부하여 신고 가능 (퇴직급여보장팀-113, 2007.5.28)	사용자의 문자메시지 발신번호가 제3자에 의한 도용이 불가능하고, 근로자의 문자메시지 확인 유무를 알 수 있는 등 기술적 지원이 가능한 경우에는 휴대폰 문자메시지도 가능 (퇴직연금복지과-3614, 2018.9.10)

Q&A 1-2-7 퇴직연금규약 동의 주체

Question

Q1) 복수노조가 있는 사업장에서 두 노조가 모두 과반수로 조직된 노동조합이 아닌 경우 동의 주체는 어떻게 되나요?

Q2) 정규직 대상 과반수 노동조합이 존재하는 사업장에서 퇴직연금규약 동의 주체는 어떻게 되나요?

Q3) 특정집단만을 대상으로 퇴직연금제도 도입 시 동의 주체는 어떻게 되나요?

Q4) 특정집단만을 대상으로 퇴직연금제도 도입 후 가입자 범위 확대 시 동의 주체는 어떻게 되나요?

Q5) 노사협의회 근로자 대표가 퇴직연금도입 시 동의 주체인가요?

Answer

A1) 퇴직연금제도 도입 시 한 사업장에 2개의 복수노조가 있는데, 2개의 노조가 모두 과반수로 조직된 노동조합이 아닌 경우 「퇴직급여법」에 따라 전체 근로자 과반수 이상의 동의를 받아야 합니다.

A2) 정규직 대상 과반수로 구성된 노동조합이 존재하는 경우, 퇴직연금가입자 범위를 정규직 대상으로 한다면 해당 노동조합의 근로자대표 동의를 받아 퇴직연금제도 도입이 가능합니다. 그러나, 정규직과 비정규직으로 퇴직연금가입자 범위로 설정하고, 노동조합은 전체 근로자 과반수 노조가 아니라고 하면 전체근로자 과반수 이상의 동의를 받아야 합니다.

A3) 특정집단만을 대상으로 퇴직연금제도를 도입하고자 하는 경우는 ① 직종, 직급, 장소, 고용형태 등 객관적으로 판단할 수 있는 해당 집단의 범위를 명시한 규약을 작성하고, ② 특정 집단의 과반수 이상의 동의를 받아 규약을 신고할 수 있습니다.
또한 특정 집단만 대상으로 퇴직연금제도를 도입하는데 과반 노조가 있는 경우, 특정 집단의 과반수 이상의 동의와 과반 노조의 의견청취가 함께 필요합니다.

A4) 특정집단만을 대상으로 퇴직연금제도를 도입한 후 가입자 범위 확대를 요하는 경우, 확대하는 범위의 과반수 이상의 동의를 요합니다.

A5) 아닙니다.
근로자대표라 함은 근로자의 과반수가 가입한 노동조합이 있는 경우에는 그 노동조합, 근로자의 과반수가 가입한 노동조합이 없는 경우에는 근로자 과반수를 의미합니다. 이는 「근로기준법」 제94조의 취업규칙 관련 조항과 동일하며, 노사협의회의 근로자대표와는 다른 개념입니다. 따라서 노사협의회에서 퇴직연금제도 도입을 의결할 수 없습니다(임금복지과-2570, 2010.1.7).

관련법규 및 질의회신

퇴직급여보장팀-5073, 2006.12.29
근로자 과반수로 조직된 노동조합이 모두 아닐 경우에는 동법에서 정한 바대로 근로자의 과반수의 동의를 얻어야 할 것으로 판단됨.

퇴직연금복지과-1511, 2016.4.21
정규직만으로 구성된 노동조합이 퇴직연금제도 가입 대상 전체 근로자의 과반수로 조직된 노동조합이 아니라면 정규직과 비정규직 근로자를 포함한 전체 근로자 과반수 동의를 받아야 할 것임.

퇴직연금복지과-519, 2008.10.20
본사 및 다수의 지사가 있을 경우 지사 1곳만 가입할 수 있는지 여부 : 가능

임금복지과-1379, 2009.8.6
소수 노조가 있는 사업장의 퇴직연금 도입 방법 : 전체 근로자 과반수 이상의 동의 필요

퇴직연금복지과-2802, 2017.6.30
일부 집단의 근로자를 대상으로 퇴직연금제도를 도입하는 경우에는 가입대상 근로자 전체의 과반수 이상의 동의를 거쳐 도입할 수 있고, 이 경우 근로자 과반수 이상을 대표하는 노동조합의 의견을 청취하면 될 것으로 사료됨.

Q&A 1-2-8 신규입사자만을 위한 퇴직연금제도

Question

Q1) 신규입사자에게만 DC제도를 적용하는 것이 가능할까요?

Q2) 신규 입사한 근로자만을 대상으로 퇴직연금 도입 시 동의 주체는 어떻게 되나요?

Answer

A1) 가능합니다.

신규입사자만 대상으로 DC제도를 적용하는 것은 차등금지에 해당하지 않는다고 해석합니다.

A2) 신규입사자의 과반수 이상의 동의를 받으면 됩니다.

신규입사자에게만 퇴직연금제도를 도입하고자 하는 경우에는 해당 집단인 신규입사자의 과반수 이상 동의를 받으면 될 것이며, 근로자대표의 의견청취를 받으면 될 것입니다.

관련법규 및 질의회신

퇴직연금복지과-1516, 2020.4.2

신규입사자는 확정기여형을, 기존근로자는 확정급여형을 가입하도록 하는 식으로, 어떤 근로자가 어떤 제도를 가입하게 하는 것까지도 근로자대표의 동의 절차를 통해 규정할 수 있음. (관련 행정해석 : 퇴직급여보장팀-1090, 2007.3.15)

따라서, 2021년 이후 신규입사자는 DC형 퇴직연금제도에 가입하도록 정할 수 있으며, 이를 위해서는 DB · DC제도의 규약 중 가입대상에 대한 내용을 변경해야 함.

귀 질의의 내용상 규약 변경의 적용 대상이 신규입사자에게 국한되는 경우라면, 기존 퇴직연금제도의 가입자에게는 불리한 변경이 아니므로 「근로자퇴직급여 보장법」 제4조 제4항에 따라 DB · DC제도의 가입대상인 근로자대표의 의견청취를 통해 각각 규약을 변경하고 그에 따라 제도를 운영하면 될 것으로 사료됨.

Q&A 1-2-9 차등금지(1)

KEY POINT

- 차등금지의 개념 : 하나의 사업 내에서 근로자의 직위, 직종, 직류, 직급, 정년연장 여부, 입사시기 등을 이유로 부담금 산정방법을 달리 정하는 것은 차등금지 원칙에 위반됨
- DB · DC · 퇴직금제도는 모두 동등한 지위를 가지는 제도로 집단별 제도 설정은 차등에 해당하지 않음

Question

Q1) 사용자가 일을 잘하는 집단에만 퇴직급여를 많이 지급해 주고자 하는데 가능한가요?

Q2) 정규직 근로자는 DB제도, 계약직 근로자는 DC제도를 적용하는 것이 차등금지에 해당하는 것인가요?

Q3) 신규입사자에 한하여 DC제도를 도입하면서 지급률을 상향하는 것은 차등금지에 해당하는 것인가요?

Answer

A1) 불가합니다.

퇴직급여제도는 차등금지라는 큰 원칙이 적용됩니다.

이는 퇴직급여제도를 설정하는 경우에 하나의 사업 내에서 직종 · 직위 · 업종 등에 따라 퇴직급여의 지급 기준이나 지급률을 달리하는 것을 금지하는 것을 의미합니다.

이를 위반할 경우 2년 이하의 징역 또는 1천만 원 이하의 벌금에 처하도록 하고 있습니다.

성과가 좋은 집단에게 보상을 하고자 하는 경우 퇴직급여제도 차등 지급은 금지되어 있으므로, 별도의 성과급 제도 활용이 바람직합니다.

A2) 차등금지에 해당하지 않습니다.

퇴직금제도 및 DB・DC제도, 중소기업퇴직연금기금제도, 10명 미만 특례제도는 모두 동등한 지위를 가지는 제도입니다. 따라서 하나의 사업장에 복수의 퇴직급여제도를 도입한 후 근로계약 형태별로 적용하는 것은 차등금지에 해당하지 않습니다. 또한 퇴직급여제도 간 비교하여 어느 한 제도의 급여 수준이 다른 제도의 급여 수준에 미치지 못하였다 하더라도 이를 보전할 의무는 없습니다.

A3) 신규입사자만을 대상으로 DC제도를 가입하는 것은 차등금지에 해당하지 않습니다. 그러나 신규자에 한정한 DC제도 도입 시 지급률을 상향하는 경우에는 차등금지에 해당한다고 해석될 수 있다고 보고 있습니다.

관련법규 및 질의회신

퇴직급여법 제4조【퇴직급여제도의 설정】

② 제1항에 따라 퇴직급여제도를 설정하는 경우에 하나의 사업에서 급여 및 부담금 산정방법의 적용 등에 관하여 차등을 두어서는 아니 된다.

퇴직급여법 제45조【벌칙】

다음 각 호의 어느 하나에 해당하는 자는 2년 이하의 징역 또는 1천만 원 이하의 벌금에 처한다.

1. 제4조 제2항을 위반하여 하나의 사업 안에 퇴직급여제도를 차등하여 설정한 자

퇴직연금복지과-640, 2008.11.27

DB형・DC형 퇴직연금 및 퇴직금은 동등한 가치를 지니는 제도로서 「근로자퇴직급여보장법」(이하 "법"이라 함) 제4조 제3항에 의거 동일한 사업장에서 복수의 제도(ex. DB형・DC형 병존)를 운영할 수 있음.

근로복지과-4301, 2012.12.6

합리적 사유가 있는 경우라 하더라도 하나의 사업 내에서 직종, 직위, 직급, 입사일 등에 따라 지급기준이나 지급률을 달리하는 것이 강제된다면 차등설정에 해당할 수 있으므로 DC형의 가입대상을 신규입사자로 한정하여서는 아니 되고 전체 근로자에게 제도 선택권을 부여함이 바람직하다고 사료됨.

임금복지과-1570, 2010.11.2
근로자에게 부담금의 내용을 충분하게 설명하고, 근로자가 자유롭게 DB 또는 DC를 선택할 수 있도록 한다면 DC의 부담금을 임금총액의 1/12로 하되 법정퇴직금보다 적을 경우 최소 법정퇴직금의 수준으로 과거근로기간을 부담하기로 정하였다면 달리 볼 사정이 없는 한 가능할 것이라고 판단됨.

Q&A 1-2-10 **차등금지(2)**

Question

Q1) 임금피크제 적용 근로자만을 대상으로 DC제도를 도입하는 것이 차등금지에 해당하는 것인가요?

Q2) 기능직 노조와 관리직 노조의 조합원 간에 퇴직급여 지급률을 달리하는 것은 차등인가요?

Q3) A기업은 누진제도가 있고, B기업은 단수제도를 적용하는 두 개의 회사가 합병을 했습니다. 합병으로 인해 퇴직급여의 적용이 달라지는 경우 차등설정 금지 위반이 되는 것인가요?

Q4) 임원과 근로자 간에 차등금지 조항이 적용되나요?

Answer

A1) 차등금지에 해당하지 않습니다.
이는 퇴직급여의 감소에 대응하기 위해 해당 근로자에게 DC형 제도를 적용하는 것으로 차등금지를 위반한 것으로 볼 수 없습니다.

관련법규 및 질의회신

퇴직연금복지과-4868, 2016.12.20
임금피크제 적용 근로자만 퇴직연금제도를 적용하는 것이 차등금지원칙 위반인지 여부
근속연수에 도달하면 해당 사업(장)의 모든 근로자에게 임금피크제를 적용하고, 이에 따라 퇴직급여가 감소하는 근로자에게 확정기여형퇴직연금 제도를 적용하는 것은 차등금지를 위반한 것으로 볼 수 없을 것으로 사료됨.

A2) 차등금지에 해당하지 않습니다.

차등금지는 하나의 사업 내에서 직종, 직위, 직급 등에 따른 퇴직급여의 지급기준이나 지급률을 달리하는 것을 금지하는 것입니다.

단체협약을 적용받는 근로자 사이에 차등금지를 두거나, 단체협약을 적용받는 자와 그렇지 않은 자 간의 차등금지를 두고 있는 것이 아닙니다.

관련법규 및 질의회신

퇴직연금복지과-206, 2021.1.13

복수노조 하에서 각각의 노조가 사용자와 개별교섭을 통해 임금 협약을 체결하면서 환경미화원 노조에 대해서만 퇴직금 누진제를 적용한다고 하여 다른 근로자에 대하여 퇴직급여제도 차등설정에 해당하지 않는다고 사료됨.

A3) 차등금지에 해당하지 않습니다.

합병 등의 이유로 퇴직급여 지급률이 달라지는 경우 이는 차등설정 금지에 해당하지 않습니다.

관련법규 및 질의회신

퇴직연금복지과-2392, 2017.5.31

기업의 합병으로 인한 근로조건의 승계는 합병의 효력이 과거에까지 소급되는 것은 아니므로 합병 당시 경과적 조치로 퇴직금 계산방법에 대해 특별히 정한 바가 없다면 합병 전 퇴직금 제도를 적용하여 합병 이전 B사 근로자와 A사 근로자간 퇴직금 지급률에 차이가 발생하더라도 퇴직급여의 차등설정으로 볼 수는 없다고 사료됨.

퇴직연금복지과-2780, 2021.6.16

A사 직원들에게 특정수당을 지급하는 것이 합병 전 보다 유리한 조건의 퇴직금을 지급받았던 A사 직원들의 기득이익 보호를 위한 취지라면 「근로자퇴직급여 보장법」 제4조 제2항에 따른 퇴직급여 차등설정 금지원칙을 위반한 것으로 보기는 어려울 것임.

(대법원 2003.12.18 선고 2002다2843 판결 참조)

A4) 차등설정 금지는 근로자 간에 적용되며 「근로기준법」상 근로자가 아닌 임원과 근로자 간에는 적용되지 않습니다.

임원의 퇴직급여는 2배수를 적용하고, 근로자의 퇴직급여는 배수 적용 규정이 없는 이유가 이 때문입니다. 또한 경영성과급DC제도에서 경영성과급 적립비율을 적용할 때 임원과 근로자간에 지급률을 달리할 수 있는 근거입니다.

관련법규 및 질의회신

근기 68207-143, 2000.1.20

법인의 이사라면 회사로부터 일정한 사무처리의 위임을 받고 있는 사업경영 담당자로서 근로기준법 적용대상이 아니므로 근로기준법 적용대상이 아닌 자의 퇴직금제도와 근로기준법 적용대상인 근로자의 퇴직금제도와의 차등을 두는 것은 가능함.

Q&A 1-2-11 중도인출 사유

Question

Q1) 중간정산과 중도인출은 어떻게 다른가요?

Q2) 중간정산과 중도인출 가능한 사유는 다른가요?

Answer

A1) 퇴직급여는 근로자가 퇴직 이후에 발생하나, 법에서 정한 사유에 한해서는 재직 중 퇴직급여의 중간정산(중도인출)을 허용합니다.

중간정산은 퇴직금제도에서 재직 중 법이 정하는 사유에 해당하는 경우 중간에 퇴직급여를 지급받는 것을 의미하며, 근로자의 신청과 사용자의 승인을 요건으로 하고 있습니다.

중도인출은 계좌에서 인출된다고 하여 중도인출이라고 부르며, DC제도, IRP제도 및 중소기업퇴직연금기금제도에서 법이 정하는 사유에 한해서 허용하고 있습니다. 중간정산(중도인출) 금액의 한도 제한은 없습니다.

DB제도는 재직 중 수급액을 확정할 수 없을 뿐만 아니라, 중도인출 시 다른 가입자의 수급권에 영향을 미칠 수 있다는 점 등을 고려하여, 중도인출을 허용하고 있지 않습니다.

관련법규 및 질의회신

퇴직급여법 제8조【퇴직금제도의 설정 등】

② 제1항에도 불구하고 사용자는 주택구입 등 대통령령으로 정하는 사유로 근로자가 요구하는 경우에는 근로자가 퇴직하기 전에 해당 근로자의 계속근로기간에 대한 퇴직금을 미리 정산하여 지급할 수 있다. 이 경우 미리 정산하여 지급한 후의 퇴직금 산정을 위한 계속근로기간은 정산시점부터 새로 계산한다.

퇴직급여법 제22조【적립금의 중도인출】

확정기여형퇴직연금제도에 가입한 근로자는 주택구입 등 대통령령으로 정하는 사유가 발생하면 적립금을 중도인출할 수 있다.

퇴직급여법 제23조의13【적립금의 중도인출】

중소기업퇴직연금기금제도의 적립금 중도인출에 관한 사항은 다음 각 호에 따른다.

1. 기금제도 사용자부담금계정에 관하여는 제22조를 준용한다. 이 경우 "확정기여형퇴직연금제도"는 "중소기업퇴직연금기금제도"로 본다.
2. 기금제도 가입자부담금계정에 관하여는 제24조 제5항을 준용한다. 이 경우 "개인형퇴직연금제도"는 "중소기업퇴직연금기금제도"로 본다.

퇴직급여법 제24조【개인형퇴직연금제도의 설정 및 운영 등】

⑤ 개인형퇴직연금제도의 급여의 종류별 수급요건 및 중도인출에 관하여는 대통령령으로 정한다.

퇴직연금복지과-2845, 2018.7.17

확정급여형 퇴직연금제도는 …〈중략〉… 재직 중에는 근로자 개인별 퇴직급여 수급액을 확정할 수 없으며, 중도인출 허용 시 퇴직급여 부담금 적립비율이 낮아져 다른 가입자의 수급권을 저해하게 되고, 적립금 운용과 연금계리가 곤란해지는 점 등을 고려하여 중도인출을 허용하지 않고 있음.

A2) 중간정산과 중도인출의 사유는 다릅니다.

표 1-7 중간정산과 중도인출 가능 사유

사유	중간정산 (퇴직금)	중도인출 (DC · IRP)
① 무주택자 근로자(가입자)가 본인 명의로 주택을 구입하는 경우	가능	가능
② 무주택자 근로자(가입자)가 주거를 목적으로 전세금 또는 보증금을 부담하는 경우(하나의 사업에 근로하는 동안 1회로 한정)	가능	가능
③ 6개월 이상 요양을 필요로 하는 본인 또는 부양가족(배우자의 부양가족 포함)의 질병이나 부상에 대한 요양 비용을 근로자가 본인 연간 임금총액의 1천분의 125 이상을 부담하는 경우	가능	가능
④ 중간정산(중도인출)을 신청하는 날부터 역산하여 5년 이내에 근로자(가입자)가 「채무자 회생 및 파산에 관한 법률」에 따라 파산선고를 받은 경우	가능	가능
⑤ 중간정산(중도인출)을 신청하는 날부터 역산하여 5년 이내에 근로자(가입자)가 「채무자 회생 및 파산에 관한 법률」에 따라 개인회생절차개시 결정을 받은 경우	가능	가능
⑥ 재난으로 피해를 입은 경우로서 고용노동부장관이 정하여 고시하는 사유에 해당하는 경우	가능	가능
⑦ 사용자가 기존의 정년을 연장하거나 보장하는 조건으로 단체협약 및 취업규칙 등을 통하여 일정 나이, 근속시점 또는 임금액을 기준으로 임금을 줄이는 제도를 시행하는 경우	가능	불가
⑧ 사용자가 근로자와의 합의에 따라 소정근로시간을 1일 1시간 또는 1주 5시간 이상 단축함으로써 단축된 소정근로시간에 따라 근로자가 3개월 이상 계속 근로하기로 한 경우	가능	불가
⑨ 법률 제15513호 근로기준법 일부개정법률 시행에 따른 근로시간 단축으로 근로자의 퇴직금이 감소되는 경우	가능	불가

위 사유 중 ⑦, ⑧, ⑨는 임금이 감소하더라도 DC제도 부담금에 불이익함이 없기 때문에 중도인출 사유에 포함시키지 않습니다.

Q&A 1-2-12 중도인출의 조건

Question

Q1) 현재 근무 중인 회사에서 전세자금 용도로 중도인출을 받았는데 또 받을 수 있나요?

Q2) 전세 계약일 연장 시에도 중도인출이 가능한가요?

Q3) 전세 계약시 결혼예정자(배우자) 명의 계약인 경우에도 중도인출이 가능한가요?

Q4) 장기요양으로 인한 중도인출 시 전액 인출이 가능한가요?

Q5) 회생 결정일이 2년 전이었는데 중도인출이 가능한가요?

Q6) 동일한 회생결정문 또는 파산선고문으로 여러 번 중도인출이 가능한가요?

Answer

A1) 전세/월세 보증금의 경우 사업장당 1회에 한하여 중도인출이 가능합니다. 이미 해당 사유로 중도인출을 받으셨다면, 추가 중도인출 신청은 불가능합니다.

A2) 전세 계약일이 연장되면서 보증금이 증액된 경우 중도인출이 가능합니다. 보증금 증액이 없는 경우는 중도인출이 불가합니다.

A3) 혼인신고가 되어 있다면 가족관계확인서로 진행이 가능합니다. 혼인신고 전이라면 공동명의로 진행할 경우에만 가능합니다.

A4) 가입자가 부담한 질병・부상에 의한 의료비가 연간 임금총액의 125/1,000(=1/8)를 초과하여 지출한 경우에만 중도인출 신청이 가능하며, 의료비 산정시 '실손의료보험금으로 지급받은 금액'은 제외한 금액을 기준으로 전부・일부 인출이 가능합니다.

A5) 가능합니다. 회생 결정일 또는 파산선고일로부터 5년 이내 신청이 가능합니다.
이때 개인회생의 경우 '폐지 결정', '면책 결정'이 된 경우에는 효력 종료로 인하여 중도인출이 불가하나, 파산의 경우에는 '면책・복권 결정' 여부를 불문하고 중도인출이 가능합니다.

A6) 회생 결정일 또는 파산선고일로부터 5년 이내이면서, 증빙서류 제출이 가능하며, DC 계좌에 부담금이 입금되어 있는 경우에는 횟수 제한 없이 반복 신청이 가능합니다.

Q&A 1-2-13 무주택자 주택구입 시 중도인출 조건

Question

Q1) 분양아파트 구입의 경우 어떤 증빙서류를 제출해야 하나요?

Q2) 현재 주택을 매도 후, 새로운 주택을 매수할 경우에도 중도인출이 가능한가요?

Q3) 새로 신축하는 주택을 매매하는 경우 중도인출이 가능한가요?

Answer

A1) 분양공급계약서(동・호수가 기재되어 있어야 함)의 제출이 필요합니다. 지역주택조합 분양계약의 경우 조합원 분양계약서, 사업계획승인 공고문 사본이 추가로 필요합니다. 이때 입주예정일은 미래 일자이어야 하며, 과거 일자인 경우에는 소유권이전 등기일로부터 1개월 이내에만 신청이 가능합니다.

A2) 「퇴직급여법」상 무주택인 근로자가 본인 명의로 주택을 구입하는 경우에 중도인출이 가능하다고 규정되어 있으므로, 주택 매도일과 매수일이 동일한 경우에는 중도인출이 불가하며, 현재 주택을 매도 후 주택을 구입하기 전까지 시간적 간격이 있으면 그 해당 기간 동안 무주택자임을 확인할 수 있는 추가 증빙으로 중도인출이 가능합니다. (매도계약서 및 매수계약서상 소유권이전일 비교)

A3) 무주택자 본인 명의의 주택을 구매한다면 '건축설계서 및 공사도급계약서', '(본인 신축의 경우)건축허가 증빙서류', '신축예정지 토지 등기사항 전부 증명서'를 제출해야 합니다.

Q&A 1-2-14 중도인출 이후 근속기간 기산

Question

중간정산(중도인출) 시점 이후 3개월만 근무하고 퇴직한 경우 퇴직급여는 지급되어야 하나요?

Answer

퇴직급여가 발생합니다.
중간정산(중도인출)일 실시한 이후 3개월만 근무하고 퇴직한 경우에도 퇴직급여는 발생합니다. 그리고 중간정산(중도인출) 사유로 지급한 후의 퇴직금 산정을 위한 계속근로기간은 정산시점부터 새로 계산하도록 하고 있으나, 근속연수와 관련 있는 여타 근로조건(승진, 승급, 호봉, 상여, 연차유급휴가 등)은 변동되지 않습니다.

Q&A 1-2-15 중도인출 이후 임금 인상 시 반영

Question

Q1) 임금인상 결정일 이전에 퇴직금 중간정산을 실시한 경우, 인상된 임금을 기준으로 재산정해야 하나요?

Q2) 임금인상 결정일 이전에 DC제도 중도인출을 실시한 경우, 인상된 임금을 기준으로 재산정해야 하나요?

Answer

A1) 임금인상률이 퇴직금 중간정산일 이전으로 소급하여 적용된다 하더라도 임금인상 결정일 이전에 퇴직금 중간정산을 실시한 경우, 당사자 간 별도 특약이 없는 한 그 중간정산은 이미 법률효과가 완성된 것이므로 인상된 임금을 기준으로 평균임금을 재산정하여 중간정산금 차액을 추가로 지급할 의무는 없습니다.

관련법규 및 질의회신

임금인상이 소급 적용될 경우 퇴직금 중간정산 차액지급 여부
(임금복지과-931, 2010.5.14)

임금인상률이 퇴직금 중간정산일 이전으로 소급하여 적용되는 경우라 하더라도 임금인상 결정일 이전에 퇴직금 중간정산을 시행한 경우, 당사자간의 별도 특약이 없었다면 이미 법률효과가 완성된 퇴직금 중간정산 금액 즉, 평균임금을 다시 산정하여 지급할 의무는 없는 것으로 보아야 할 것임.

A2) 사용자는 DC부담금 재산정 의무를 부담하지 않습니다.

DC제도는 사용자가 연간 1회 이상 가입자의 연간 임금총액의 12분의 1 이상으로 규약에 정하고 있는 부담금을 현금으로 가입자의 DC 계정에 납입하면 근로자에 대한 급여지급 의무를 이행한 것으로 봅니다.

따라서, 사용자가 가입자의 DC형 퇴직연금제도 계정에 부담금을 납입하고 가입자가 적립금을 중도인출 하였다면 그 해당 기간에 대한 퇴직급여는 이미 지급된 것으로 보아야 할 것이므로, 사용자가 임금인상을 이유로 재정산의무를 갖지 않습니다.

관련법규 및 질의회신

중도인출 이후 임금인상률이 확정된 경우 부담금 재산정 여부
(근로복지과-2213, 2013.6.27)

부담금을 중도인출 하였다면 그 이후 임금인상률이 확정된 경우 중도인출 한 기간에 대해 이미 지급 완료한 부담금을 다시 산정할 것이 아니라 연도말 연간 임금총액을 기준으로 당해연도 부담금을 납입하면 될 것임.

Q&A 1-2-16 중도인출 사유 위반 시 실무

Question

퇴직금제도에서 중간정산이 금지되어 있다고 하더라도 벌칙 조항이 없는데 근로자의 요청이 있으면 중간정산을 허락해 줘도 되는 거 아닌가요?

Answer

사용자가 퇴직금 명목으로 금품을 지급하더라도 중간정산 사유와 요건을 갖추지 아니한 경우 유효한 중간정산으로 인정되지 않습니다. 따라서 사용자는 이미 지급된 중간정산 기간에 대해서도 퇴직금을 지급해야 하는 의무가 발생하며, 기지급된 중간정산금액은 근로자가 부당하게 받아 간 이득이라 부당이득 반환청구소송 등 민법상 절차를 통하여 환수하여야 합니다.

또한 사용자는 중간정산을 실시한 경우에는 해당 근로자가 퇴직한 후 5년이 되는 날까지 증빙서류를 보존하여야 하는 의무가 있습니다. 이는 중간정산이 유효한지에 대한 다툼 예방을 위한 것이기도 합니다.

Q&A 1-2-17 퇴직급여가 입금된 IRP의 중도인출

Question

퇴직급여가 입금된 IRP를 운용중인데, 무주택자의 주택구입 사유로 중도인출을 하고 싶습니다. IRP에서도 중도인출이 가능한가요?

Answer

무주택자인 근로자의 주택구입은 중도인출 사유로, 중도인출이 가능합니다. 다만, 소득세법상 부득이한 사유에 해당하지 않으므로, 퇴직소득세 감면은 불가하며 본래의 퇴직소득세를 납부하고 중도 인출을 할 수 있습니다.

표 1-8 중간정산, 중도인출 vs. 소득세법상 부득이한 사유

사유	퇴직금제도 중간정산	DC/IRP 중도인출	소득세법 상 부득이한 사유 (저율 과세)
무주택자 근로자의 주택 구입	○	○	×
무주택자 근로자의 주거목적 전세보증금 부담	○	○	×
6개월 이상 요양이 필요한 질병/부상	○	○	○*
5년 이내 파산 선고	○	○	○
5년 이내 개인회생절차개시 결정	○	○	○
임금피크제 시행에 따른 급여 감소	○	×	×
1일 1시간 또는 1주 5시간 이상 근로시간 단축	○	×	×
주 52시간 근로제 도입에 따른 근로시간 단축	○	×	×
천재지변 등(사회재난지역 15일 이상 입원치료 포함)	○	○	○
가입자의 사망 또는 해외이주	×	×	○

* 저율과세를 적용받기 위한 요양기간은 3개월 이상(본인 또는 소득세법상 기본공제대상 부양가족)
  예) 3개월 요양이 필요한 질병으로 인한 중도인출・중간정산은 불가하나, 개인형IRP에서 인출하는 경우 저율 과세 가능

[퇴직연금제도 변경 및 전환 등]

Q&A 1-2-18 퇴직연금제도 변경(전환)

Question

Q1) 퇴직연금제도 간 변경(전환) 방법 및 제도별 전환 가능 여부는 어떻게 되나요?

Q2) A회사에 근무하는 홍길동이 과거 특정기간은 DC제도, 이후 장래기간은 DB제도로 기간을 나눠서 가입할 수 있나요?

Answer

A1) 퇴직연금제도를 변경한다는 개념은 사용자(회사)와 근로자를 구분해서 살펴보아야 합니다.

첫 번째로, 사용자의 퇴직연금제도를 변경하는 것은 종전 제도를 폐지하고 새로운 제도를 설정하는 방법이 있는데, 이는 제도 폐지 절차를 밟도록 하고 있고, 제도 폐지의 경우 가입자에게 지급하도록 하고 있어 주의가 필요합니다.

실무적으로 새로운 제도의 도입 후 제도 폐지까지 이어지는 구조에서는 DB→DC로 이전하고자 하는 경우를 살펴보겠습니다. '① DC제도 신규, ② DB→DC로 이전, ③ DB제도 폐지'의 업무 프로세스를 통해, DB제도 폐지에 따른 가입자 지급이 발생하지 않도록 하고 있습니다.

다만, DC→DB로 변경하고자 하는 경우 기존 DC제도의 적립금 이전은 불가하며, 변경시점 이후에 대한 DB제도 설정만 가능하므로 위와 같은 방법을 진행하기는 어려우며, '① DC제도 폐지, ② DC가입자 적립금을 IRP 지급, ③ DB제도 신규'의 업무 프로세스를 진행하도록 하고 있습니다. 이 경우 변경 시점까지의 종전 DC제도는 유지하고 새로운 DB제도를 설정하는 방법 또한 가능합니다.

두 번째로, 근로자의 퇴직급여제도 변경은 원칙적으로 제한이 없으나, 제도 변경 이전의 근로제공 기간(해당 사업장의 과거근로기간)을 소급하는 것이 가능한지 여부는 아래 표를 참고하시기 바랍니다.

표 1-9 과거근로기간을 소급하는 경우 퇴직급여제도 간 변경

퇴직급여제도의 변경	가부	비고
DB제도 → DC제도	○	소급하기로 결정한 시점 직전 연간 임금총액의 1/12 이상에 해당하는 부담금을 기준으로 DB제도 가입기간을 소급하여 DC제도로 변경 * 단, 소급기간 1년에 대하여 평균임금의 30일분 이상이 되어야 함
DB제도 → 퇴직금제도	×	변경시점 이후의 근무기간에 대해 퇴직금제도를 적용하는 것은 가능
DB제도, 퇴직금제도 → 혼합형제도	○	
DC제도 → DB제도	×	변경시점 이후의 근무기간에 대해 DB형으로 가입하는 것은 가능(DC제도 적립금은 DB제도로 이전 불가)
DC제도 → 퇴직금제도	×	변경시점 이후의 근무기간에 대해 퇴직금제도를 적용하는 것은 가능
DC제도 → 혼합형제도	×	변경시점 이후의 근무기간에 대해 혼합형제도로 가입하는 것은 가능(DC제도 적립금은 혼합형제도로 이전 불가)
퇴직금제도 → DB제도	○	퇴직금제도 적용 기간을 DB제도 가입 기간에 포함
퇴직금제도 → DC제도	○	소급하기로 결정한 시점 직전 연간 임금총액의 1/12 이상에 해당하는 부담금을 기준으로 퇴직금제도 적용기간을 소급하여 DC제도로 변경 * 단, 소급기간 1년에 대하여 평균임금의 30일분 이상이 되어야 함
혼합형제도 → DB제도	×	변경시점 이후의 근무 기간만을 혼합형제도로 가입하는 것은 가능(혼합형제도 적립금은 DB제도로 이전 불가)
혼합형제도 → DC제도	○	
DB, DC, 혼합형, 퇴직금제도 → 중소기업퇴직연금기금제도	○	
중소기업퇴직연금기금제도 → DC제도	○	
중소기업퇴직연금기금제도 → DB제도	×	변경시점 이후의 근무기간에 대해 DB형으로 가입하는 것은 가능(기금 적립금은 DB제도로 이전 불가)

자료 : 퇴직급여제도매뉴얼, 고용노동부, 2022.8

A2) DC제도에서 DB제도로 적립금을 이전하는 변경은 불가합니다.

DC제도는 근로자별로 매년 회사가 부담금을 납부해서 그 운용손익이 근로자에게 귀속되는 구조로 DB제도로의 적립금 이전은 불가합니다. 이에 기간을 나눠서 과거 특정 기간은 DC제도, 이후 장래기간은 DB제도로 운영하는 것은 가능합니다.

다만, 이 경우 동일 연도 퇴직급여는 모두 합산하여 한 번에 퇴직소득세를 계산 및 납부(합산과세)하도록 하고 있으므로 주의가 필요합니다.

Q&A 1-2-19 계열사 간 전출입 · 합병 · 분할 시 처리 방법 등

Question

Q1) 기업 간 이동 시 전출과 전적은 어떻게 다른가요?

Q2) 계열사 간의 전출입 시 퇴직연금 적립금 합산이 가능한가요?

Answer

A1) 전출(轉出)과 전적(轉籍)을 구분하는 가장 큰 기준점은 근로자가 원래 소속 기업과 근로계약관계를 유지하는지 여부입니다. 전출의 경우 근로자가 원래 소속 기업과의 근로계약을 유지한 채, 일정 기간 타 회사(계열사, 자회사 등)로 소속 변경 없이 일시적으로 파견되어 근무하는 것을 의미합니다. 전적의 경우 근로자가 원래 근로계약을 종료하고, 새로운 회사와 근로계약을 체결하여 소속이 완전히 바뀌는 것입니다.

전출은 법적인 관점에서 다음의 3가지 유형으로 나누어 볼 수 있습니다. 첫째, 원래의 기업과는 신분을 유지하면서 휴직으로 하고 다른 기업에서 근로하는 전형적인 형태가 있습니다. 둘째, 장기 출장 또는 파견이라는 이름으로 이동 명령이 내려지는 형태가 있습니다. 셋째, 배치전환 형식을 취하기도 하는데, 실질에 있어 일체 관계에 있는 모자(母子) 회사의 사이에서 흔한 형태입니다[10].

10) 「근로기준법」 하갑래, 2025.2.7

A2) 퇴직연금 적립금 합산이 가능합니다.

전출회사와 전입회사 간의 퇴직급여가 이전할 수 있는 제도이면, 적립금과 가입기간 합산이 가능합니다.

이전 관련 제도 여부 판단은 〈표 1-9〉를 참고하시기 바랍니다.

관련법규 및 질의회신

퇴직급여보장팀-4107, 2006.10.27

전입 후 사업장의 퇴직연금제도가 확정급여형인 경우에는 이전 사업장의 퇴직연금제도가 확정급여형인 경우에만 적립금 및 가입기간 합산이 가능하며, 이와 달리 이전 사업장의 퇴직연금제도가 확정기여형이라면 제도 성격상 합산이 곤란할 것임.

퇴직급여보장팀-2153, 2006.6.23

특수관계에 있는 사업장들 간에 특별계약 등에 의하여 퇴직급여 지급과 관련된 자산 및 부채를 포괄 승계하기로 합의한 경우, 가입기간 및 적립금의 통산이 가능함.

Q&A 1-2-20 임금채권부담금 경감 제도의 활용

Question

임금채권부담금 경감제도는 무엇인가요?

Answer

퇴직연금에 가입한 사업장은 임금채권부담금 경감제도의 혜택을 받을 수 있습니다.

「임금채권보장법」에서는 기업의 도산으로 인하여 임금 등을 지급받지 못하고 퇴직한 근로자에게 임금채권보장기금에서 사업주를 대신하여 일정 범위의 임금·휴업수당 및 퇴직급여를 지급해주도록 규정하고 있습니다.

이를 위해 사업장에 임금채권부담금을 징수하고 있는데, 임금채권부담금 징수 방법은 근로자의 보수총액에 부담금비율을 곱하여 산정(보수총액을 결정하기 곤란한 경우에는 총공사금액에 노무비율을 곱하여 보수총액 결정)하며, 부담금 비율은 1천분의 2 범위에서 고용노동부장관이 '임금채권보장기금심의위원회'의 심의를 거쳐 결정・고시(전업종 공통)하도록 하고 있습니다.

이때 사업주가 퇴직금을 미리 근로자에게 정산하여 지급하였거나 「퇴직급여법」상 연금제도를 설정하는 등의 조치를 취해 지급보장성이 높아진 사업(장)은 그 형평성을 고려하여 부담금을 경감해 주는 것을 임금채권부담금 경감 제도라 합니다.

경감비율 : 0.09% × 50% × 최종 3년간 퇴직금 지급보장 비율

신청 방법은 온라인과 오프라인으로 모두 가능하며, 퇴직연금 등의 가입사실 증명서류(퇴직연금사업자 발행)를 구비하여 신청하면 됩니다.

- 온라인 신청
  고용・산재보험 토탈서비스(https://total.comwel.or.kr) → 민원접수/신고 → 보험료신고 → 임채부담금경감 신청
- 오프라인 신청
  근로복지공단 홈페이지(www.comwel.or.kr) → 정보공개 → 자료실 → 서식자료에서 신청서 다운 → 직접 방문 또는 팩스

(2026년 1월 기준)

Chapter

03

임금과 퇴직급여 계산 FAQ

[임금의 개념 - 통상임금과 평균임금]

- **임금의 개념 :** 사용자가 근로의 대가로 지급하는 금품으로 임금에 해당하면 퇴직급여 계산 시 포함되는 금품으로 해석한다.
- **통상임금 :** 근로자에게 정기적이고 일률적으로 소정근로 또는 총 근로에 대하여 지급하기로 정한 시간급 금액, 일급 금액, 주급 금액, 월급 금액 또는 도급 금액을 의미한다.
- **평균임금 :** '산정사유 발생일 이전 3개월간 근로자에게 지급된 임금총액을 그 기간의 총일수로 나눈 금액'을 의미한다.

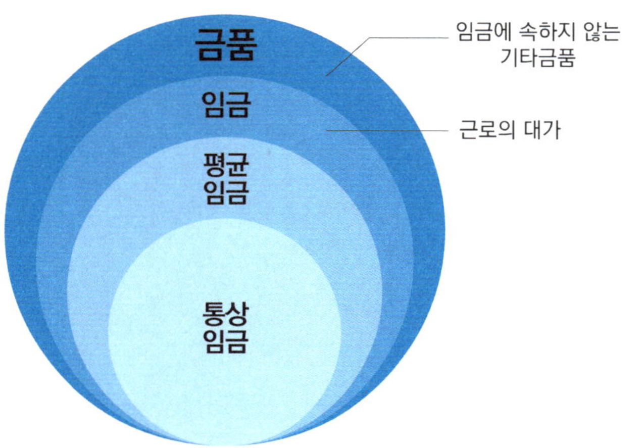

• 통상임금과 평균임금의 활용

통상임금	평균임금
해고예고수당(근로기준법 제26조) 연장・휴일・야간근로가산수당(근로기준법 제56조) 연장・휴일근로임금 법정 및 약정유급휴일수당 연차유급휴가수당[11](근로기준법 제60조)	퇴직급여(퇴직급여법 제8조) 각종 재해보상(근로기준법 제78조~제85조) 감급제한(근로기준법 제95조) 휴업수당(근로기준법 제46조)

• 통상임금의 범위가 넓어지면 평균임금액이 커지는 결과를 가져온다. 평균임금이 커지면, 퇴직급여 또한 커진다.

Q&A 1-3-1 임금의 개념

Question

근로자가 받는 금품 중 임금은 무엇이고 어떻게 활용되나요?

Answer

「근로기준법」에서 임금은 '사용자가 근로의 대가로 근로자에게 임금, 봉급, 그 밖에 어떠한 명칭으로든지 지급하는 일체의 금품'(근로기준법 제2조)을 의미합니다.
구체적으로는 '사용자가 지급하는 것으로 고객이 직접 지급하는 봉사료' 등은 임금에 포함되지 않습니다. 또한 '근로 제공과 무관하게 호의적으로 지급하거나 복지 목적 또는 실비변상적(비용 보전 목적) 지급금'은 임금이 아니라고 판단하고 있습니다. 명칭을 불문한 일체의

11) 연차유급휴가는 법률에서는 통상임금 또는 평균임금으로 지급하도록 되어 있으나, 실무에서는 통상임금으로 지급하는 것이 일반적임.

금품이 의미하는 것은 명칭만 보고 임금 여부를 결정하지 않으며 실제 지급 실태와 근로조건을 고려한다는 것입니다.

따라서, 실비변상적 급여나 은혜적·호의적으로 지급하는 금품은 임금으로 보고 있지 않습니다.

임금은 통상임금·평균임금·최저임금 등 법정 기준임금의 산정 방식과 적용범위에서 구분됩니다.

관련법규 및 질의회신

근로기준법 제2조【정의】

① 이 법에서 사용하는 용어의 뜻은 다음과 같다.

5. "임금"이란 사용자가 근로의 대가로 근로자에게 임금, 봉급, 그 밖에 어떠한 명칭으로든지 지급하는 모든 금품을 말한다.
6. "평균임금"이란 이를 산정하여야 할 사유가 발생한 날 이전 3개월 동안에 그 근로자에게 지급된 임금의 총액을 그 기간의 총일수로 나눈 금액을 말한다. 근로자가 취업한 후 3개월 미만인 경우도 이에 준한다.
7. "1주"란 휴일을 포함한 7일을 말한다.
8. "소정(所定)근로시간"이란 제50조, 제69조 본문 또는 「산업안전보건법」 제139조 제1항에 따른 근로시간의 범위에서 근로자와 사용자 사이에 정한 근로시간을 말한다.
9. "단시간근로자"란 1주 동안의 소정근로시간이 그 사업장에서 같은 종류의 업무에 종사하는 통상 근로자의 1주 동안의 소정근로시간에 비하여 짧은 근로자를 말한다.

② 제1항 제6호에 따라 산출된 금액이 그 근로자의 통상임금보다 적으면 그 통상임금액을 평균임금으로 한다.

Q&A 1-3-2 통상임금과 2024년 대법원 전원합의체 판례

Question

Q1) 통상임금은 무엇이며 어떻게 활용되나요?

Q2) 2024년 12월 19일 선고된 통상임금 관련 대법원 전원합의체 판결로 통상임금 범위가 넓어진 것인가요?

Q3) 임금 유형별로 통상임금에 해당하는지 판단하는 지침은 없나요?

Answer

A1) 통상임금이란 근로자에게 정기적이고 일률적으로 소정근로 또는 총 근로에 대하여 지급하기로 정한 시간급 금액, 일급 금액, 주급 금액, 월급 금액 또는 도급 금액을 의미합니다(근로기준법 시행령 제6조). 통상임금은 연장・휴일・야간근로 가산 수당 계산 시 활용됩니다.

관련법규 및 질의회신

근로기준법 시행령 제6조【통상임금】

① 법과 이 영에서 “통상임금”이란 근로자에게 정기적이고 일률적으로 소정(所定)근로 또는 총 근로에 대하여 지급하기로 정한 시간급 금액, 일급 금액, 주급 금액, 월급 금액 또는 도급 금액을 말한다.

② 제1항에 따른 통상임금을 시간급 금액으로 산정할 경우에는 다음 각 호의 방법에 따라 산정된 금액으로 한다.

1. 시간급 금액으로 정한 임금은 그 금액
2. 일급 금액으로 정한 임금은 그 금액을 1일의 소정근로시간 수로 나눈 금액
3. 주급 금액으로 정한 임금은 그 금액을 1주의 통상임금 산정 기준시간 수(1주의 소정근로시간과 소정근로시간 외에 유급으로 처리되는 시간을 합산한 시간)로 나눈 금액
4. 월급 금액으로 정한 임금은 그 금액을 월의 통상임금 산정 기준시간 수(1주의 통상임금 산정 기준시간 수에 1년 동안의 평균 주의 수를 곱한 시간을 12로 나눈 시간)로 나눈 금액

5. 일·주·월 외의 일정한 기간으로 정한 임금은 제2호부터 제4호까지의 규정에 준하여 산정된 금액
6. 도급 금액으로 정한 임금은 그 임금 산정 기간에서 도급제에 따라 계산된 임금의 총액을 해당 임금 산정 기간(임금 마감일이 있는 경우에는 임금 마감 기간을 말한다)의 총 근로시간 수로 나눈 금액
7. 근로자가 받는 임금이 제1호부터 제6호까지의 규정에서 정한 둘 이상의 임금으로 되어 있는 경우에는 제1호부터 제6호까지의 규정에 따라 각각 산정된 금액을 합산한 금액

③ 제1항에 따른 통상임금을 일급 금액으로 산정할 때에는 제2항에 따른 시간급 금액에 1일의 소정근로시간 수를 곱하여 계산한다.

A2) 전원합의체 판결에서 통상임금 개념을 좀 더 명확히 했습니다.

2013년 대법원 전원합의체 판결[12]에서 어떠한 임금이 통상임금에 속하는지는 소정근로의 대가로 지급되는 금품으로서 정기적·일률적·고정적으로 지급된 것인지를 기준으로 객관적인 성질에 따라 판단하여야 한다고 판시한 바 있습니다.

이에 대해 2024년 대법원 전원합의체 판결[13]에서는 통상임금은 소정근로의 대가로서 정기적, 일률적으로 지급하기로 정한 임금을 말한다고 판시하면서 아래와 같은 구체적인 판단 기준을 제시하였습니다.

표 1-10 **2024.12.19 선고 전원합의체 판례 통상임금 판단기준**

법령 부합성 강행성	통상임금은 법적 개념이자 강행적 개념이므로 법령의 정의에 충실하면서도 당사자가 이를 임의로 변경할 수 없도록 해석해야 함 – '고정성'은 통상임금에 관한 정의 규정인 근로기준법 시행령 제6조 제1항을 비롯한 법령 어디에도 근거가 없음 – 법령상 근거 없이 '임금의 지급 여부나 지급액의 사전 확정'을 의미하는 고정성을 통상임금의 개념적 징표로 요구하는 것은 통상임금의 범위를 부당하게 축소시킴 – 당사자가 재직조건 등과 같은 지급조건을 부가하여 쉽게 그 임금을 통상임금에서 제외할 수 있게 허용함으로써 통상임금의 강행성이 잠탈됨

12) 대법원 2013.12.18 선고 2012다89399
13) 대법원 2024.12.19 선고 2020다247190, 대법원 2024.12.19 선고 2023다302838 전원합의체 판결

소정근로 가치 반영성	통상임금은 '소정근로의 가치'를 평가한 개념이므로 실근로와 무관하게 소정 근로 그 자체의 가치를 온전하게 반영하여야 함
사전적 산정 가능성	통상임금은 법정수당 산정을 위한 도구개념이므로, 연장근로 등을 제공하기 전에 산정될 수 있어야 함
정책 부합성	통상임금은 연장·야간·휴일근로를 억제하려는 근로기준법의 정책 목표에 부합하여야 함
소급효 제한	이 판결 선고일('24.12.19) 이후의 통상임금 산정부터 적용하여야 함

대법원 보도자료 : 임금 사건(2020다247190 및 2023다302838), 2024.12.19 참고

A3) 고용노동부는 통상임금 노사지도 지침을 통해 임금유형별 통상임금 여부를 정리해서 배포하였습니다. 이를 참고하시면 실무 판단 시 도움이 될 수 있을 것입니다.

표 1-11 임금유형별 통상임금 해당여부 판단

임금명목	임금의 특징	통상임금 해당여부	
		2013년	2024년
기술수당	기술이나 자격보유자에게 지급되는 수당(자격수당, 면허수당 등)	통상임금 ○	통상임금 ○
근속수당	근속기간에 따라 지급여부나 지급액이 달라지는 임금	통상임금 ○	통상임금 ○
가족수당	부양가족 수에 따라 달라지는 가족수당	통상임금 × (근로와 무관한 조건)	통상임금 × (근로와 무관한 조건)
	부양가족 수와 관계없이 모든 근로자에게 지급되는 가족수당 분	통상임금 ○ (명목만 가족수당, 일률성 인정)	통상임금 ○ (명목만 가족수당, 일률성 인정)

성과급	근무실적을 평가하여 지급여부나 지급액이 결정되는 임금	통상임금 × (조건에 좌우됨, 고정성 인정 안 됨)	통상임금 × ('소정근로 대가성'을 갖추었다고 보기 어려움)
	최소한도가 보장되는 성과급	그 최소한도만큼만 통상임금 ○ (그만큼은 일률적, 고정적 지급)	최소한도의 일정액은 통상임금 ○ (근무실적과 무관하게 최소한도의 일정액을 지급하기로 정한 경우 그 금액은 소정근로의 대가에 해당)
상여금	정기적인 지급이 확정되어 있는 상여금(정기상여금)	통상임금 ○	통상임금 ○
	기업 실적에 따라 일시적, 부정기적, 사용자 재량에 따른 상여금(경영성과 분배금, 격려금, 인센티브)	통상임금 × (사전 미확정, 고정성 인정 ×)	통상임금 × ('소정근로 대가성'을 갖추었다고 보기 어려움)
특정 시점 재직 시에만 지급되는 금품	특정 시점에 재직 중인 근로자만 지급받는 금품(명절 귀향비나 휴가비의 경우 그러한 경우가 많음)	통상임금 × (근로의 대가 ×, 고정성 ×)	통상임금 ○ (명절 귀향비, 휴가비도 소정근로의 대가성이 인정되고 정기성, 일률성을 갖춘 경우 통상임금 ○)
	특정 시점이 되기 전에 퇴직하더라도 근무일수에 비례하여 지급되는 금품	통상임금 ○ (근무일수 비례하여 지급되는 한도에서는 고정성 ○)	통상임금 ○

자료 : (개정) 통상임금 노사지도 지침(고용노동부, 2025.2.6)

Q&A 1-3-3 전원합의체 판례 이후 추가 지급 시 후속 조치

Question

전원합의체 판례 이후 퇴직자에게 소급 지급분이 발생하는 경우, 그 추가 지급분도 IRP로 의무이전 해야 하나요?

Answer

고용노동부는 근로자가 퇴직급여를 수급받은 이후 발생한 퇴직급여 추가 지급분에 대해서도 개인형퇴직연금제도(IRP)로 이전하는 방법으로 지급하도록 하고 있습니다. 또한 실무적으로는 퇴직급여 추가 지급분에 대해서도 기지급한 퇴직소득과 합산하여 지급하도록 하여야 할 것입니다.

관련법규 및 질의회신

퇴직연금복지과-6097, 2020.12.30

퇴직급여 산정 시 사용자가 포함하여 지급하여야 할 퇴직급여 부족분에 해당하므로 추가로 지급하는 퇴직급여도 개인형퇴직연금제도(IRP)로 이전하는 방법으로 지급하여야 할 것임.

KEY POINT

DB제도 퇴직급여 계산 방법

- DB제도 퇴직급여 계산 : 1일 평균임금 × 30일 × 계속근로기간(재직일수/365)
- 평균임금 계산

$$\left[\frac{\text{퇴직일 직전 3개월간 임금총액} + (\text{'매월 지급되지 않은 임금은 직전 1년간의 총계'} \times (3/12))}{\text{퇴직일 직전 3개월간의 총일수}}\right]$$

- 평균임금 < 통상임금의 경우 : 통상임금으로 퇴직급여 계산

Q&A 1-3-4 DB제도 퇴직급여 계산 방법(1)

Question

Q1) DB제도에서 퇴직급여를 계산하는 방법은 무엇인가요?

Q2) 퇴직급여 계산 시 '계속근로기간'에 포함되는 기간과 제외되는 기간은 무엇이 있나요?

Answer

A1) 4주간 평균하여 1주간 소정근로시간 15시간 이상이고, 계속근로기간 1년 이상이면 법정 퇴직급여 대상이 됩니다.

> 계산식 : DB 퇴직급여 = '1일 평균임금' × 30일 × 계속근로기간(재직일수/365)
> [참고] 누진제 = 평균임금 × 계속근로기간(재직일수/365) × 누진율

A2) 계속근로기간이란 근로자가 입사부터 퇴직 시까지의 근로계약 존속기간을 의미하며, 퇴직급여 산정 시 총 근로기간(근속기간)에 활용합니다.

표 1-12 계속근로기간 판단

계속근로기간 포함	계속근로기간 미포함
1. 수습사용기간 2. 출산전후휴가 및 육아휴직기간 3. 노조전임기간 4. 업무상 부상 또는 질병으로 요양을 위해 휴업한 기간 5. 쟁의행위기간, 부당해고기간 6. 사용자 귀책사유에 의한 휴업기간 7. 사용자의 승인 하에 이루어진 개인사유에 의한 휴직기간(단, 단체협약・취업규칙 등 규정을 통해 포함하지 않는 것으로 정한 경우 계속근로기간에서 제외) 8. 정직기간 9. 영업의 (포괄적)양도・양수 관계에 따른 종전 근로기간 10. 국내회사와 사용종속관계가 유지되는 해외 파견기간	1. 병역법에 따른 의무복무로 인한 휴직 기간 2. 퇴직금을 미리 정산하여 지급한 기간 3. 별도 고용승계에 대한 약정이 없는 상태에서 용역업체 변경에 따른 종전 근로기간 4. 정년퇴직 후 재입사한 경우 이전 근로기간

자료 : 퇴직급여제도 업무매뉴얼, 고용노동부, 2022.8

Q&A 1-3-5 DB제도 퇴직급여 계산 방법(2)

Question

(사례) 아래 표와 같이 근무한 홍길동의 DB제도 퇴직급여는 얼마인가요? (누진제 없음)

> A회사에 근무한 홍길동은
> **입사일자 :** 2020.1.1
> **육아휴직기간 :** 2023.1.1~2024.6.30(1년 6개월)
> **퇴직일자 :** 2026.1.1(마지막 근무일자 : 2025.12.31)
> **평균임금 :** 150,000원

Answer

DB제도 가입한 홍길동의 퇴직급여 계산은 아래와 같습니다.

> **퇴직급여** = '퇴직금 1일 평균임금' × 30일 × 계속근로기간(재직일수/365)
> = 150,000원 × 30일 × (2,192일/365일)

계속근로기간에 포함된다는 것은 그 기간도 퇴직급여를 지급해야 한다는 의미입니다. 위 사례의 홍길동은 1년 6개월 동안 육아휴직을 했지만, 그 기간도 계속근로기간에 포함되어 퇴직급여가 지급됩니다.

Q&A 1-3-6 평균임금 산정 방식 및 사례

Question

Q1) 평균임금 산정 계산식은 어떻게 되나요?

Q2) 평균임금 산정 시 제외되는 기간과 그 의미는?

Q3) (사례) 아래 표와 같이 근무한 홍길동의 평균임금은 얼마인가요?

> A회사에 근무한 홍길동은 2025.7.31까지 근무 후 2025.8.1에 퇴직함
> (2025.7.1~2025.7.31까지 육아기 근로시간단축 시행함)
> 2025.5 급여 : 450만 원
> 2025.6 급여 : 450만 원
> 2025.7 급여 : 400만 원
> ※ 매월 고정급여만 발생하며, 연차미사용수당, 정기 상여금 등 미발생 가정

Answer

A1) 평균임금이란 산정사유 발생일(근로관계 종료일) 직전 3개월 동안 지급된 임금총액을 그 기간의 총일수로 나눈 금액으로, 원칙적으로 '1일' 단위로 산정하도록 하고 있습니다(근로기준법 제2조 제1항 제6호).

근로자가 취업한 후 3개월 미만인 경우에는 해당 기간 동안 지급된 임금총액을 그 기간의 총일수로 나눈 금액을 평균임금으로 하고 있습니다. 그리고 산정된 평균임금이 통상임금보다 적으면 그 통상임금을 평균임금으로 합니다(근로기준법 제2조 제2항).

표 1-13 (1일) 평균임금 산정 계산식

$$\left[\frac{\text{퇴직일 직전 3개월간 임금총액} + (\text{'매월 지급되지 않은 임금은 직전 1년간의 총계'} \times (3/12))}{\text{퇴직일 직전 3개월간의 총일수}} \right]$$

- 매월 지급되지 않은 임금 : 연차휴가미사용수당, 정기상여금 등
- 3개월간의 총일수는 퇴직월에 따라 달라짐

여기에서 총일수는 퇴직일자를 기준으로 3개월을 의미하며, 퇴직일은 '근로관계가 유지되는 마지막 날의 다음날'을 의미하며, 근로관계가 종료된 날로서 계속근로기간에는 포함하지 않습니다.

표 1-14 퇴직일 직전 3개월간의 총일수 계산 예시

- 2025.7.31까지 근로하는 경우 퇴직일자 : 2025.8.1
  (참고 : 세법상 퇴직일자 : 2025.7.31)

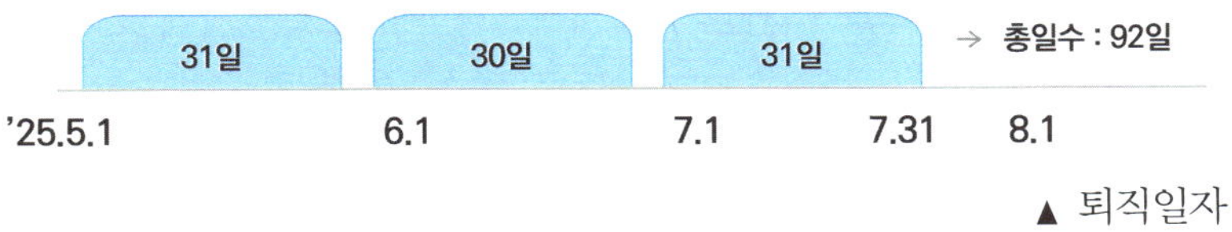

관련법규 및 질의회신

근로기준과-527, 2011.1.31
근로자가 당일 소정근로를 제공한 후 사용자에게 퇴직의 의사표시를 행하여 사용자가 이를 즉시 수리하였더라도 '근로를 제공한 날은 고용종속관계가 유지되는 기간'으로 보아야 하므로 별도의 정함이 없는 한 그 다음 날을 퇴직일로 간주함.

퇴직연금복지과-274, 2008.7.1
근로계약기간 마감일이 근로제공 의무가 면제된 날(사업장 휴무일)이어서 근로를 제공하지 못하였다 하더라도 근로관계는 존속되는 기간으로 보아야 할 것이며, 근로자의 퇴사일은 그 다음 날이 될 것임.

A2) 평균임금을 산정함에 있어 일부 기간에 대해 그 기간과 그 기간중에 지급된 임금은 평균임금 산정기준이 되는 기간과 임금의 총액에서 각각 뺍니다. 평균임금의 취지는 근로자의 실질소득, 생활임금을 보장하기 위함에 그 목적입니다. 따라서, 휴직 등의 기간은 평균임금 산정 시 제외시켜 근로자를 보호하기 위해 이러한 규정을 두고 있습니다.

표 1-15 **평균임금 산정 시 제외되는 기간**

[근로기준법 시행령 제2조에 따른 제외 기간]
1. 근로계약을 체결하고 수습 중에 있는 근로자가 수습을 시작한 날부터 3개월 이내의 기간
2. 법 제46조에 따른 사용자의 귀책사유로 휴업한 기간
3. 법 제74조 제1항부터 제3항까지의 규정에 따른 출산전후휴가 및 유산·사산 휴가 기간
4. 법 제78조에 따라 업무상 부상 또는 질병으로 요양하기 위하여 휴업한 기간
5. 「남녀고용평등과 일·가정 양립 지원에 관한 법률」 제19조에 따른 육아휴직 기간
6. 「노동조합 및 노동관계조정법」 제2조 제6호에 따른 쟁의행위기간
7. 「병역법」, 「예비군법」 또는 「민방위기본법」에 따른 의무를 이행하기 위하여 휴직하거나 근로하지 못한 기간. 다만, 그 기간 중 임금을 지급받은 경우에는 그러하지 아니하다.
8. 업무 외 부상이나 질병, 그 밖의 사유로 사용자의 승인을 받아 휴업한 기간

[남녀고용평등법]
1. 육아기근로시간단축기간(제19조의3 제4항)
2. 가족돌봄휴직기간(제22조의2 제6항)

A3) 평균임금 산정 시 제외되는 기간이라 함은 그 기간과 그 기간중에 지급된 임금은 평균임금 산정기준이 되는 기간과 임금의 총액에서 각각 빼는 것을 의미합니다. 따라서 그 내용은 아래와 같습니다.

표 1-16 **(1일) 평균임금 산정 계산식**

$$\left[\frac{900\text{만 원}}{61}\right] = 147,541.99\text{원}$$

Q&A 1-3-7 통상임금으로 퇴직급여를 계산하는 경우

Question

근로자 A가 무단결근을 6일 한 후 퇴사했습니다. 평균임금이 낮아져 퇴직급여액이 줄어드는데 이 경우 퇴직급여 계산은 어떻게 해야 하나요?

Answer

평균임금이 통상임금보다 낮은 경우에는 통상임금을 기준으로 퇴직급여를 계산합니다.
통상임금 환산은 소정근로시간을 기초로 이루어집니다. 그리고 통상임금은 연장근로시간 등을 계산하는 기초 임금이기 때문에 시간급으로 산정함이 원칙입니다.
따라서, 임금의 구성항목이 기본급으로만 이루어진 사업장의 경우 통상임금이 평균임금보다 더 클 가능성이 종종 발생합니다. 그리고 무단결근 등으로 월 급여가 줄어드는 경우도 통상임금이 평균임금보다 더 클 수 있습니다.

관련법규 및 질의회신

근로기준법 제2조【정의】
② 제1항 제6호에 따라 산출된 금액이 그 근로자의 통상임금보다 적으면 그 통상임금액을 평균임금으로 한다.

근로개선정책과-4026, 2012.8.6
월 고정급을 기준으로 산정한 평균임금이 일급 통상임금보다 적다면 일급 통상임금을 평균임금으로 보아 퇴직금을 산정하여야 함.

임금복지과-2531, 2010.12.27
무단결근 기간도 평균임금 산정기간에 포함하여 산정하여야 함. 다만, 위 절차에 따라 산출된 평균임금이 그 근로자의 통상임금보다 적으면 그 통상임금액을 평균임금으로 하여 퇴직금을 산정하여야 함.

KEY POINT

DC제도 부담금 계산 방법

- 부담금 계산 : 연간 임금총액의 12분의 1 이상(규약에서 더 높게 정할 수 있음)
- 과거 근로기간 부담금 = Max(①,②) × 과거근로기간의 근속년수
  - ① 과거근로기간을 가입기간에 포함시키기로 결정한 시점 이전 '1년간의 임금총액 × 1/12'에 상당하는 금액
  - ② 과거근로기간을 가입기간에 포함시키기로 결정한 시점 이전 '3개월간의 평균임금 × 30일분'에 상당하는 금액
- 휴직자 부담금 계산 : 부담금 산정기간 중 육아휴직 기간 등이 포함된 경우, 해당 기간과 그 기간의 임금을 제외하고 부담금 산정
- 지연이자 발생 : 규약에서 정한 부담금 납입 연장기일이 지나서 부담금 납입 시 지연이자 발생

Q&A 1-3-8 DC제도 부담금 산정방식

Question

Q1) DC제도를 도입(가입대상 : 1년 이상자 한함)하는 경우 부담금 계산 방법은?

Q2) 부담금 납입주기가 연납인데, 기중에 퇴사하는 경우 부담금 계산 방법은?

Answer

A1) DC제도는 사용자가 매년 연간 임금총액의 12분의 1 이상에 해당하는 부담금을 현금으로 근로자 DC 계정에 납입하도록 하고 있습니다.

DC제도를 과거 근로기간을 포함하여 처음 도입하는 경우 그 부담금 계산 방법은 아래와 같습니다.

과거 근로기간 부담금 = Max(①,②) × 과거근로기간의 근속년수

① 과거근로기간을 가입기간에 포함시키기로 결정한 시점 이전 '1년간의 임금총액 × 1/12'에 상당하는 금액

② 과거근로기간을 가입기간에 포함시키기로 결정한 시점 이전 '3개월간의 평균임금 × 30일분'에 상당하는 금액

위 부담금 계산식은 DB제도에서 DC제도로 전환 시에도 동일하게 적용됩니다.

관련법규 및 질의회신

퇴직연금복지과-2284, 2019.5.16

DC형 퇴직연금제도 설정 전에 해당 사업에서 제공한 근로기간에 대하여 가입기간에 포함하기로 결정한 경우 당해 기간에 대한 부담금 산정은 과거 근로기간을 소급하기로 결정한 날 이전 1년간 가입자가 지급받은 임금총액을 기준으로 산정하여 부담하되(연간 임금총액의 12분의 1 이상), 이때 산정한 부담금은 소급기간 1년에 대하여 평균임금의 30일분 이상이 되어야 할 것임. (퇴직연금복지과-3625, 2015.12.23)

퇴직연금복지과-1819, 2020.4.22

DB형에서 DC형 퇴직연금제도로 변경하려는 경우, 과거 근로기간을 소급하는 경우에는 소급하기로 결정한 시점 직전 연간 임금총액의 1/12 이상에 해당하는 부담금을 기준으로 DB제도 가입기간을 소급하여 산정한 후 근로자 명의의 DC계좌로 입금하여야 하며, DB제도 가입기간을 소급하여 산정된 부담금은 소급기간 1년에 대하여 평균임금의 30일분 이상이 되어야 함. (관련 행정해석 : 퇴직연금복지과-3625, 2015.10.20)

A2) 과거근로기간에 대한 부담금은 납입이 완료되었고, 당해 연도 기중에 퇴직하는 경우 연간 임금총액의 12분의 1 이상에 해당하는 부담금을 현금으로 근로자 DC 계정에 납입하면 됩니다.

[예시]

1. 매월 급여 200만 원으로 가정
2. 퇴직 예정일자 : 2025.6.30(과거 근로분에 대한 부담금은 납입 완료)

$$\frac{200\text{만 원} \times 6\text{개월}}{12} = 100\text{만 원}$$

※ 매월 고정급여만 발생하며, 연차미사용수당, 정기 상여금 등 미발생 가정

관련법규 및 질의회신

퇴직연금복지과-3132, 2021.7.7
퇴직 당해연도의 근무기간이 1년 미만인 경우 DC형 부담금은 근무기간 동안 지급된 임금총액에 12분의 1 이상을 곱하여 산정하면 될 것임. 아울러 질의회시(퇴직연금복지과-2080, 2015.6.29) (회시3)의 내용은 폐지함.

Q&A 1-3-9 휴직자 DC제도 부담금 산정방식 및 사례

Question

DC부담금 납부 의무가 발생하는 기간과 해당 기간 동안의 임금을 제외하여 부담금을 산정하는 경우, 그리고 그 부담금 산정 방법 등에 대해 알려주세요.

Answer

DC부담금 산정기간 중 육아휴직 등 휴직기간이 발생하게 되면 그 기간에 대해서는 부담금을 납부해야 하고, 부담금 산정 시에는 그 기간에 지급받은 임금은 제외하고 계산하도록 하고 있습니다. '그 기간에 대해서는 부담금을 납부하라'는 의미는 2년간 육아휴직을 하면 2년의 부담금도 납부해야 한다는 의미입니다. '부담금 산정 시 그 기간에 지급받은 임금은 제외하고 계산'하라는 의미는 1년 중 5개월은 무급으로 육아휴직을 했다고 하면, 육아휴직 기간을 제외한 7개월의 임금으로 부담금을 산정하라는 의미입니다.
그 부담금 계산 방법 관련 대부분의 휴직기간은 DC부담금을 납부할 의무가 발생하며, 구체적으로는 아래의 표와 같습니다.

표 1-17 휴직 시 부담금 납부하는 경우나 계산 방법

부담금을 납부해야 하는 사유
1. 수습사용기간 2. 출산전후휴가 및 육아휴직기간 3. 육아기근로시간단축기간 및 가족돌봄휴직기간 4. 노조전임기간 5. 업무상 부상 또는 질병으로 요양을 위해 휴업한 기간 6. 쟁의행위기간, 부당해고기간 7. 사용자 귀책사유에 의한 휴업기간 8. 사용자의 승인 하에 이루어진 개인사유에 의한 휴직기간(단, 단체협약・취업규칙 등 규정을 통해 포함하지 않는 것으로 정한 경우 계속근로기간에서 제외), 정직기간 9. 국내회사와 사용종속관계가 유지되는 해외파견기간

육아휴직 시 DC부담금 산정 방법
$$\frac{\text{휴직기간 중 지급된 임금을 } \textbf{제외한} \text{ 연간 임금 총액}}{12-(\text{월 환산 휴직기간})^{*}}+\frac{\text{연 1회 지급되는 임금}^{**}}{12}$$ * 월 환산 휴직기간 : 6개월 15일 휴직기간이면 6.5개월를 의미함 ** 연 1회 지급되는 임금 : 연차미사용수당, 정기상여금 등

육아휴직 시 DC부담금 산정 예시
2025.1.1~2025.6.30 임금 총액 : 3,000만 원 2025.7.1~2025.12.31 육아휴직 6개월 : 지급받은 임금 없음 2025.12.31 : 연차미사용수당 및 정기상여금 600만 원 지급 $$\frac{3{,}000\text{만 원}}{12-6}+\frac{600\text{만 원}}{12}=500\text{만 원}+50\text{만 원}=550\text{만 원}$$ ※ 부담금 산정대상기간 전체가 휴업한 기간인 경우 전년도 부담금 수준으로 부담금 납입하여야 함

근로자 개인사정에 의한 휴직기간에 대하여 단체협약(취업규칙)에 제외 규정이 있는 경우 등 〈표 1-18〉의 사유에 대해서는 그 기간에 대해서는 부담금을 납부하지 않아도 되고, 부담금 산정 시에는 그 기간에 지급받은 임금은 포함하여 계산하도록 하고 있습니다. 임금수준이 낮아진 휴직기간의 임금도 포함시켜 산정하면 퇴직급여 부담금이 줄어들게 됩니다.

표 1-18 휴직 시 부담금을 납부하지 않아도 되는 경우 및 계산 방법

부담금을 납부하지 않아도 되는 사유
1. 병역법에 따른 의무복무로 인한 휴직 기간 2. 퇴직금을 미리 정산하여 지급한 기간 3. 근로자 개인사정 휴직기간에 대하여 단체협약(취업규칙)에 제외 규정이 있는 경우
(부담금 납부하지 않아도 되는) 개인사유 휴직 시 DC부담금 산정 방법
$\frac{\text{휴직기간* 중 지급된 임금을 } \textbf{포함한} \text{ 연간 임금 총액}}{12} + \frac{\text{연 1회 지급되는 임금**}}{12}$ * 사업연도 전체가 휴직기간인 경우 부담금을 납부하지 않을 수 있음 ** 연 1회 지급되는 임금 : 연차미사용수당, 정기상여금 등

(부담금 납부하지 않아도 되는) 개인사유 휴직 시 DC부담금 산정 예시
2025.1.1~2025.6.30 임금 총액 : 3,000만 원 2025.7.1~2025.12.31 근로자 개인사정으로 휴직 6개월 : 지급받은 임금 없음 2025.12.31 : 연차미사용수당 및 정기상여금 600만 원 지급 $\frac{\text{3,000만 원}}{12} + \frac{\text{600만 원}}{12} = \text{250만 원} + \text{50만 원} = \text{300만 원}$

관련법규 및 질의회신

1. DC부담금 납입해야 하는 사유 및 계산식 관련

- 휴직에 따른 DC형 부담금 산정방법(근로복지과-2951, 2013.8.28)
- 휴직 중 연차수당이 지급된 경우 부담금 산정방법(퇴직연금복지과-3106, 2019.7.12)
- 출산전후휴가를 사용한 근로자의 DC부담금 산정(퇴직연금복지과-184, 2020.1.10)
- 업무 외 질병휴직 및 가족돌봄휴직자의 DC부담금 산정 (퇴직연금복지과-4834, 2020.10.27)
- 휴직기간과 확정기여형퇴직연금 부담금 산정 방법 (퇴직연금복지과-3185, 2021.7.9)

2. DC부담금 납입하지 않아도 되는 사유 및 계산식 관련

- 무급 개인휴직기간 중 퇴직연금 부담금 산정 관련(퇴직연금복지과-2993, 2021.6.30)
- 업무 외 질병휴직 및 가족돌봄휴직자의 DC부담금 산정 (퇴직연금복지과-4834, 2020.10.27)

3. 관련 법령

근로기준법 제2조 【평균임금의 계산에서 제외되는 기간과 임금】

① 「근로기준법」(이하 "법"이라 한다) 제2조 제1항 제6호에 따른 평균임금 산정기간 중에 다음 각 호의 어느 하나에 해당하는 기간이 있는 경우에는 그 기간과 그 기간 중에 지급된 임금은 평균임금 산정기준이 되는 기간과 임금의 총액에서 각각 뺀다.

1. 근로계약을 체결하고 수습 중에 있는 근로자가 수습을 시작한 날부터 3개월 이내의 기간
2. 법 제46조에 따른 사용자의 귀책사유로 휴업한 기간
3. 법 제74조 제1항부터 제3항까지의 규정에 따른 출산전후휴가 및 유산·사산 휴가 기간
4. 법 제78조에 따라 업무상 부상 또는 질병으로 요양하기 위하여 휴업한 기간
5. 「남녀고용평등과 일·가정 양립 지원에 관한 법률」 제19조에 따른 육아휴직 기간
6. 「노동조합 및 노동관계조정법」 제2조 제6호에 따른 쟁의행위기간
7. 「병역법」, 「예비군법」 또는 「민방위기본법」에 따른 의무를 이행하기 위하여 휴직하거나 근로하지 못한 기간. 다만, 그 기간 중 임금을 지급받은 경우에는 그러하지 아니하다.
8. 업무 외 부상이나 질병, 그 밖의 사유로 사용자의 승인을 받아 휴업한 기간

남녀고용평등법

제19조 【육아휴직】

④ 사업주는 육아휴직을 마친 후에는 휴직 전과 같은 업무 또는 같은 수준의 임금을 지급하는 직무에 복귀시켜야 한다. 또한 제2항의 육아휴직 기간은 근속기간에 포함한다.

제19조의3 【육아기 근로시간 단축 중 근로조건 등】

④ 육아기 근로시간 단축을 한 근로자에 대하여 「근로기준법」 제2조 제6호에 따른 평균임금을 산정하는 경우에는 그 근로자의 육아기 근로시간 단축 기간을 평균임금 산정기간에서 제외한다.

제22조의2 【근로자의 가족 돌봄 등을 위한 지원】

⑦ 가족돌봄휴직 및 가족돌봄휴가 기간은 근속기간에 포함한다. 다만, 「근로기준법」 제2조 제1항 제6호에 따른 평균임금 산정기간에서는 제외한다.

Q&A 1-3-10 DC 부담금 산정 시 연차미사용수당 포함 여부

Question

퇴직으로 인해 발생하는 연차미사용 휴가 수당이 DC제도 부담금 계산에는 포함되나요?

Answer

고용노동부는 DC제도 부담금 산정 시 근로자가 퇴직으로 인하여 비로소 지급 사유가 발생한 연차휴가수당도 근로의 대가로 발생한 임금에 해당하므로, DC형 퇴직연금 부담금 산정 시 임금총액에 포함하여 산정하도록 하고 있습니다.

관련법규 및 질의회신

퇴직연금복지과-87, 2008.4.1
퇴직연금복지과-1819, 2020.4.22
근로자의 퇴직으로 인하여 비로소 지급사유가 발생한 연차휴가수당도 근로의 대가로 발생한 임금에 해당하므로 DC형 퇴직연금 부담금 산정 시 임금총액에 포함하여 산정하여야 함.
(관련 행정해석 : 퇴직연금복지과-87, 2008.4.1)

참고

1. 연차휴가미사용수당의 종류
   ① 퇴직하기 전 이미 발생한 연차유급휴가미사용수당
   퇴직 전전년도 출근율에 의하여 퇴직 전년도에 발생한 연차유급휴가 중 미사용하고 근로한 일수에 대한 연차유급휴가 미사용수당액
   ② 퇴직으로 인해 비로소 지급사유가 발생한 연차유급휴가 미사용수당
   퇴직전년도 출근율에 의하여 퇴직연도에 발생한 연차유급휴가를 미사용하고 퇴직함으로써 비로소 지급사유가 발생한 연차유급휴가미사용수당

2. 제도별 산입 여부

연차 수당 종류	DB제도(평균임금)	DC 부담금
① 연차휴가 미사용수당	포함	포함
② 퇴직으로 인해 발생한 연차휴가미사용수당	미포함	포함

Q&A 1-3-11 DC제도 지연이자 제도

Question

Q1) 사용자가 DC부담금 납입기일을 연납으로 정하였는데 부담금을 미납하면 바로 지연이자가 부과되나요?

Q2) A회사 규약에는 1년 이상 근속한 자는 DC제도에 가입한다고 명시되어 있습니다(부담금은 연말납부 하고 있음). 기중 6월에 입사한 홍길동의 부담금 납입을 입사 다음연도 연말에 납부하면 지연이자가 발생하나요?

Q3) 지연이자제도는 DC제도만 있나요?

Q4) 사용자와 근로자가 합의하면 지연이자가 면제되는 건가요?

Answer

A1) DC제도는 사용자가 부담금 납입을 지연함으로써 근로자에게 발생하는 운용수익의 기회손실을 보전하고 적기 납입을 유도하기 위하여 지연이자 납입제도를 도입했습니다. 퇴직연금규약에 정하여진 기일까지 부담금을 납입하지 아니한 경우, 그 다음 날부터 부담금을 납입하는 날까지 지연일수에 대하여 지연이자가 발생합니다. 다만, 퇴직연금규약에서 납입기일을 연장할 수 있도록 한 경우에는 그 연장된 기일의 다음 날부터 지연이자가 발생합니다. 위반 시 3년 이하의 징역 또는 3천만 원 이하의 벌금에 처하도록 하고 있습니다.

그림 1-6 DC제도 부담금 미납에 따른 지연이자

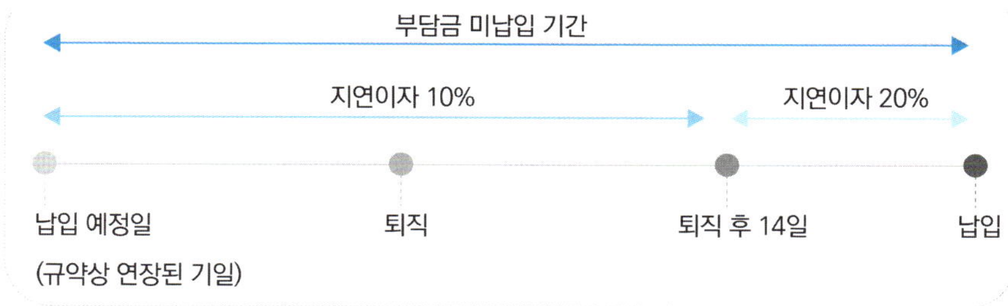

A2) 사용자는 부담금 납입을 연말에 1회 납입한다고 하더라도, 중간에 입사한 근로자 홍길동은 입사 후 최초 1년이 되어야 DC부담금 납부 대상이 됩니다.

관련법규 및 질의회신

퇴직연금복지과-1703, 2019.4.10

신규 입사 등으로 확정기여형퇴직연금제도의 적용을 받는 근로자의 근속기간이 1년이 되는 날과 부담금 정기 납입일이 다른 경우 사용자는 해당 근로자의 근속기간이 최초 1년이 되는 날까지 최소 1회 이상 부담금을 확정기여형퇴직연금제도 계정에 납입하여야 할 것임. 확정기여형퇴직연금제도 적용대상 근로자의 근속기간이 1년이 되는 날까지 부담금을 납입하지 않는 경우 1년이 되는 다음 날부터 부담금을 납입하는 날까지 지연이자가 발생한다고 할 것이며, 퇴직연금규약에서 납입기일을 연장할 수 있도록 한 경우에는 연장된 기일 다음 날부터 부담금을 납입한 날까지 지연이자가 발생함.

A3) 지연이자는 「근로기준법」 제37조에 따른 것으로 퇴직금제도, DB제도의 퇴직급여도 적용됩니다. 사용자는 가입자가 퇴직한 날부터 14일 이내에 퇴직급여액의 전부 또는 일부를 지급하지 아니한 경우 그 다음 날부터 지급하는 날까지의 지연 일수에 대하여 연 20%의 지연이자를 지급하여야 합니다.

A4) 지연이자는 사용자의 파산선고 등 법률이 정한 사유에 한해 그 적용을 제외할 수 있습니다. 특별한 사정이 있는 경우에는 당사자 간의 합의에 의하여 지급기일을 연장할 수 있으며, 피해자의 명시적인 의사에 반하여 공소를 제기할 수 없습니다.

당사자 간 합의에 의하여 지급기일을 연장하였더라도 지연이자 적용 제외 사유에 해당하지 않는 한, 당사자 간 합의만으로 지연이자 지급책임을 면할 수 있는 것은 아닙니다. (퇴직급여제도 업무매뉴얼, 고용노동부, 2022.8)

관련법규 및 질의회신

근로기준법 시행령 제18조【지연이자의 적용제외 사유】

1. 「임금채권보장법」 제7조 제1항 제1호부터 제3호까지의 사유 중 어느 하나에 해당하는 경우(파산선고, 회생절차개시결정, 도산 등 사실인정)
2. 「채무자 회생 및 파산에 관한 법률」, 「국가재정법」, 「지방자치법」 등 법령상의 제약에 따라 퇴직급여를 지급할 자금을 확보하기 어려운 경우
3. 지급이 지연되고 있는 부담금의 전부 또는 일부의 존부(存否)를 법원이나 노동위원회에서 다투는 것이 적절하다고 인정되는 경우
4. 그 밖에 이에 준하는 사유가 있는 경우

퇴직연금복지과-2503, 2021.5.31

확정기여형퇴직연금의 부담금 재산정 시 부담금 납입 지연에 따른 지연이자를 적용하지 않도록 하고 있으며, 이는 「근로기준법 시행령」 제18조 제3호를 준용하고 있음.

이는 지급이 지연되고 있는 임금 및 퇴직금의 존부 또는 일부의 존부를 법원이나 노동위원회에서 다투는 것이 적절하다고 인정되는 경우에 지연이자의 적용을 면제하고 있는 것인바, 법원에서 최종적으로 판단하여 존부에 대해 다투는 것이 적절하다고 인정한 경우에는 퇴직금, 확정급여형퇴직연금제도에서의 급여 등의 추가 지급분에 대해서도 지연이자의 적용을 면제할 수 있을 것으로 사료됨.

Chapter

04

퇴직급여 지급

KEY POINT

- 2022년 4월 13일부터 퇴직연금을 도입하지 않은 사업장의 경우에도 법정퇴직금은 근로자가 지정한 IRP로 지급해야 하며, 미지정 시 회사가 근로자 명의 IRP를 개설해 이전
- IRP 의무이전 예외 5가지 : ①55세 이후 퇴직해 급여 수령하는 경우 ②소액(현행 총퇴직금 300만 원 이하) ③사망 ④취업 활동 체류자격 외국인이 퇴직 후 출국 ⑤타법에 따른 공제 존재
- 업무절차 : IRP계좌로 지급 시 원천징수 없음(과세이연) → 근로자가 IRP에서 연금/일시금 수령 시 과세. 근로자가 끝내 IRP를 지정하지 않으면 회사 개설 후 이전

1. 퇴직급여의 IRP 의무이전

사용자는 근로자가 퇴직한 경우에는 그 지급사유가 발생한 날부터 14일 이내에 퇴직금을 지급하여야 한다. 다만, 특별한 사정이 있는 경우 당사자 간의 합의에 의한 연장을 할 수 있다(퇴직급여법 제9조).

이때 근로자의 퇴직급여는 적용되는 퇴직급여제도를 구분하지 않고 모두 IRP로 지급하도록 하고 있다. 즉, 퇴직금제도 가입자가 퇴직하는 경우에도 퇴직급여는 IRP로 지급하여야 한다[14]. 만일 근로자가 퇴직급여 지급을 위한 계정을 지정하지 않으면 근로자 명의 IRP를 개설해 이전하게 된다.

실무적으로 사업장 담당 실무자는 근로자에게 IRP계좌 개설을 요청해야 하고, 근로자는 퇴직금 수령을 위한 IRP계좌를 신규하여 회사에 신고한다. 담당자는 퇴직급여의 IRP 이전과 관련하여 FAX 또는 이메일 등의 방법으로 퇴직소득세의 과세이연 신청 및 퇴직급여 입금을 진행한다.

2. 의무이전의 예외 사유[15]

아래의 5개 사유에 해당하는 경우는 IRP 의무 이전의 예외로 한다.

① 가입자가 만 55세(퇴직일 기준) 이후에 퇴직하여 급여를 받는 경우

② 급여가 고용노동부 장관이 정하여 고시하는 금액 이하인 경우
(2025년 현재 총퇴직금 300만 원 이하)

③ 근로자가 사망한 경우

④ '출입국관리법 시행령' 제23조 제1항에 따라 '취업 활동을 할 수 있는 체류자격'[16]으로 국내에서 근로를 제공하고 퇴직한 근로자가 퇴직 후 국외로 출국한 경우

⑤ 다른 법령에서 급여의 전부 또는 일부를 공제하도록 한 경우[17]

14) 2022년 4월 13일 이후에는 퇴직금 제도를 적용받는 근로자의 퇴직 시 IRP로 퇴직급여의 이전이 의무화됨.
15) 근로자퇴직급여 보장법 시행령 제3조의2(퇴직금의 개인형퇴직연금제도 계정 등으로의 이전 예외 사유)
16) 취업 활동을 할 수 있는 체류자격은 동 시행령 별표1 중 5.단기취업(C-4), 별표 1의2 중 14.교수(E-1)~22.선원취업(E-10) 및 29.방문취업(H-2)
17) 취업 후 학자금 상환(소득연계 상환) 원천공제, 국민연금 전환금 공제 대상 퇴직금 등

Q&A 1-4-1 퇴직급여 지급 기일 및 연장 합의

Question

Q1) 퇴직급여는 언제까지 지급해야 하나요?

Q2) 퇴직급여 지급 지연 연장 합의도 가능 한가요?

Answer

A1) 사용자는 근로자가 퇴직한 경우에는 그 지급사유가 발생한 날부터 14일 이내에 퇴직금을 지급하여야 합니다. 사용자는 가입자가 퇴직한 날부터 14일 이내에 퇴직급여액의 전부 또는 일부를 지급하지 아니한 경우, 그 다음 날부터 지급하는 날까지의 지연일수에 대하여 연 20%의 지연이자를 지급하여야 합니다.

A2) 퇴직연금제도 적립금으로 투자된 운용자산 매각이 단기간에 이루어지지 않는 등 특별한 사정이 있는 경우에는 사용자, 가입자 및 퇴직연금사업자 간의 합의에 따라 지급기일을 연장할 수 있습니다.

당사자 간 합의에 의하여 지급기일을 연장하였더라도 지연이자 적용제외 사유에 해당하지 않는 한, 당사자 간 합의만으로 지연이자 지급책임을 면할 수 있는 것은 아닙니다.

관련법규 및 질의회신

퇴직급여법 제17조【급여 종류 및 수급요건 등】

② 사용자는 가입자의 퇴직 등 제1항에 따른 급여를 지급할 사유가 발생한 날부터 14일 이내에 퇴직연금사업자로 하여금 적립금의 범위에서 지급의무가 있는 급여 전액(사업의 도산 등 대통령령으로 정하는 경우에는 제16조 제1항 제2호에 따른 금액에 대한 적립금의 비율에 해당하는 금액)을 지급하도록 하여야 한다. 다만, 퇴직연금제도 적립금으로 투자된 운용자산 매각이 단기간에 이루어지지 아니하는 등 특별한 사정이 있는 경우에는 사용자, 가입자 및 퇴직연금사업자 간의 합의에 따라 지급기일을 연장할 수 있다.

③ 사용자는 제2항에 따라 퇴직연금사업자가 지급한 급여수준이 제15조에 따른 급여수준에 미치지 못할 때에는 급여를 지급할 사유가 발생한 날부터 14일 이내에 그 부족한 금액을 해당 근로자에게 지급하여야 한다. 이 경우 특별한 사정이 있는 경우에는 당사자 간의 합의에 따라 지급기일을 연장할 수 있다.

퇴직급여법 제44조【벌칙】

다음 각 호의 어느 하나에 해당하는 자는 3년 이하의 징역 또는 2천만 원 이하의 벌금에 처한다. 다만, 제1호 및 제2호의 경우 피해자의 명시적인 의사에 반하여 공소를 제기할 수 없다.

2. 근로자가 퇴직할 때에 제17조 제2항・제3항, 제20조 제5항, 제23조의7 제2항 또는 제25조 제3항을 위반하여 급여를 지급하지 아니하거나 부담금 또는 지연이자를 납입하지 아니한 자

근로기준법 시행령 제18조【지연이자의 적용제외 사유】

1. 「임금채권보장법」 제7조 제1항 제1호부터 제3호까지의 사유 중 어느 하나에 해당하는 경우(파산선고, 회생절차개시 결정, 도산 등 사실인정)
2. 「채무자 회생 및 파산에 관한 법률」, 「국가재정법」, 「지방자치법」 등 법령상의 제약에 따라 퇴직급여를 지급할 자금을 확보하기 어려운 경우
3. 지급이 지연되고 있는 부담금의 전부 또는 일부의 존부(存否)를 법원이나 노동위원회에서 다투는 것이 적절하다고 인정되는 경우
4. 그 밖에 이에 준하는 사유가 있는 경우

Q&A 1-4-2 퇴직급여 IRP 의무 이전

Question

Q1) 퇴직급여는 IRP로만 지급해야 하나요?

Q2) 퇴직급여의 일부만 IRP로 이전해도 되나요?

Q3) 근로자가 사망한 경우 퇴직급여 지급은 어떻게 해야 하나요?

Q4) 퇴직급여 중 퇴직금제도가 적용되는 근로자의 퇴직급여는 일반통장으로 지급해도 되나요?

Answer

A1) 퇴직급여는 IRP계좌로 지급하는 것이 법적으로 강제됩니다.
다만, 만 55세 이후 퇴직하여 급여를 지급받는 경우, 퇴직급여액이 300만 원 미만인 경우, 「출입국관리법 시행령」 제23조 제1항의 체류자격으로 근로를 제공하던 근로자가 퇴직 후 국외로 출국한 경우, 사망 등의 경우는 IRP 의무 지급의 예외로 적용됩니다.

A2) 아닙니다. 예외 사유에 해당하지 않는 한 퇴직급여 전액을 IRP로 이전해야 합니다. 다만, 타법에 의해 일부 차감된 경우, 그 잔액을 IRP로 이전해야 합니다.

A3) 근로자가 사망한 경우 민법상 상속 법리에 따라 상속자에게 지급하면 됩니다.
상속인 중 대표 수급자를 지정하여 퇴직급여 지급 신청 및 수령을 대표 수급자에게 위임하고, 대표 수급자의 입출금계좌로 일시금으로 지급처리 합니다.
(단, 상속인이 민법 등이 정하는 절차에 따라 상속포기 의사를 밝힌 경우, 가입자의 급여수령 계좌 등을 통하여 퇴직급여 지급 처리가 가능)

A4) 2022.4.13 이후 퇴직한 근로자의 퇴직급여는 퇴직급여제도를 구분하지 않고 모두 IRP로 지급하도록 하고 있습니다. 즉, 퇴직금제도 가입자가 퇴직하는 경우도 퇴직급여 지급은 IRP로 지급하여야 합니다.

관련법규 및 질의회신

퇴직급여법 시행령 제9조【급여의 개인형퇴직연금계정등으로 이전 예외 사유】

법 제17조 제4항 단서에서 "가입자가 55세 이후에 퇴직하여 급여를 받는 경우 등 대통령령으로 정하는 사유가 있는 경우"란 다음 각 호의 경우를 말한다.

1. 가입자가 55세 이후에 퇴직하여 급여를 받는 경우
2. 가입자가 법 제7조 제2항에 따라 급여를 담보로 대출받은 금액 등을 상환하기 위한 경우. 이 경우 가입자가 지정한 개인형퇴직연금계정등으로 이전하지 않은 금액은 담보대출 채무상환 금액을 초과할 수 없다.
3. 급여가 고용노동부장관이 정하는 금액 이하인 경우
4. 근로자가 사망한 경우
5. 「출입국관리법 시행령」 제23조 제1항의 체류자격으로 근로를 제공하다 퇴직한 근로자가 퇴직 후 국외로 출국한 경우
6. 다른 법령에서 급여의 전부 또는 일부를 공제하도록 한 경우

근로복지과-1679, 2013.5.14

가입자의 사망으로 인한 당연퇴직의 경우에는 개인형퇴직연금제도(IRP)를 설정하여 퇴직급여를 통산하여야 할 실익이 없고, 사실상 개인형퇴직연금제도(IRP)가 설정되더라도 운용이 불가능하므로 「민법」상 상속 법리에 따라 상속인에게 일시금을 지급하여야 할 것임.

퇴직급여법 제9조【퇴직금의 지급 등】

① 사용자는 근로자가 퇴직한 경우에는 그 지급사유가 발생한 날부터 14일 이내에 퇴직금을 지급하여야 한다. 다만, 특별한 사정이 있는 경우에는 당사자 간의 합의에 따라 지급기일을 연장할 수 있다.

② 제1항에 따른 퇴직금은 근로자가 지정한 개인형퇴직연금제도의 계정 또는 제23조의8에 따른 계정(이하 "개인형퇴직연금제도의 계정 등"이라 한다)으로 이전하는 방법으로 지급하여야 한다. 다만, 근로자가 55세 이후에 퇴직하여 급여를 받는 경우 등 대통령령으로 정하는 사유가 있는 경우에는 그러하지 아니하다.

Q&A 1-4-3 명예퇴직금의 의무이전과 IRP 입금

Question

Q1) 퇴직금제도 근로자가 퇴직 시, 법정퇴직금과 명예퇴직금을 수령하게 되었습니다. 이때 명예퇴직금도 IRP계좌에 의무이전 해야 하나요?

Q2) 명예퇴직금을 일반계좌로 수령 후 다시 IRP로 입금하려고 합니다. 유의해야 할 사항이 있나요?

Answer

A1) 의무이전 대상이 아닙니다.
법정퇴직금은 의무이전 대상이지만 명예퇴직금의 이전은 선택사항입니다.

A2) 세후 수령한 명예퇴직금의 퇴직소득세 환급절차가 필요합니다.
퇴직소득에 대한 과세이연은 퇴직급여를 지급받은 날로부터 60일 이내에 IRP계좌에 입금을 하면 성립이 됩니다. 이때 원천징수한 퇴직소득세는 환급대상입니다.

Q&A 1-4-4 근로자가 IRP계좌 개설 거부 등의 경우 실무 처리

Question

근로자가 IRP계좌개설을 거부하고 퇴사했습니다. 근로자의 급여통장으로 지급할 수 없나요?

Answer

근로자의 단순 계좌개설 거부, 연락 두절 등의 사유로 IRP 계정 이외의 방법으로 퇴직급여 지급은 타당하지 않습니다. 사용자가 법정 기한이 도래할 때까지 주소지 방문, 내용증명 등 사용자의 지급의무 이행 노력을 다한 경우 예외 처리 가능합니다. 실무에서는 공탁으로 업무 처리하는 것이 일반적입니다.
이러한 경우를 사전에 방지하기 위해, 예를 들어 사용자는 입사 후 3개월 이내에 근로자의 IRP계좌번호를 미리 제출 받는 등의 절차가 권장됩니다.

관련법규 및 질의회신

근로자가 IRP계좌 개설을 거부하는 경우 퇴직급여 납부 방법(퇴직연금복지과-1201, 2017.3.14)
사용자가 법정 기한이 도래할 때까지 주소지 방문, 내용증명 등 사용자의 지급의무 이행 노력을 다 하였음에도 불구하고 근로자가 IRP계좌 개설을 거부하여 부득이 퇴직급여를 지급할 수 없는 경우에는 예외적으로 일반계좌로 이전 또는 법원 공탁 등과 같은 다른 방법으로 퇴직급여를 지급할 수 있을 것으로 사료됨.

행방불명된 직원의 퇴직급여 지급 방법(퇴직연금복지과-2214, 2021.5.13)
사용자가 법정 지급기한까지 주소지방문, 내용증명 등 지급의무를 성실히 이행하고 사용자의 귀책사유가 없음을 소명하는 경우에는 예외적으로 근로자의 월급통장 등 일반계좌로 납입할 수 있을 것으로 사료됨. (퇴직연금복지과-1201, 2017.4.5)

Q&A 1-4-5 퇴직급여 지급 시 상계

Question

근로자가 동의하면 사내 대출금과 퇴직급여를 상계할 수 있나요?

Answer

판례와 행정해석이 미묘하게 차이를 보입니다.

판례는 근로자가 퇴직 이전에 미리 퇴직급여를 상계하겠다고 동의하는 것은 무효이지만, 퇴직 후 근로자의 자유로운 의사에 따른 동의가 있는 경우 근로자의 자유로운 의사에 터잡아 이루어진 동의를 근거로 퇴직금을 공제 또는 상계하는 것이 법규에 위반된다고 할 수 없다고 판시해 왔습니다.

그러나 「퇴직급여법」이 '22.4.13 개정 시행 된 이후 고용노동부는 행정해석을 통해 퇴직급여(퇴직금 포함)는 상계가 불가하다고 보고 있습니다.
구체적으로는 고용노동부는 행정해석을 통해 「퇴직급여법(법률 제18752호)」 개정 시행 전 판결은 이 법 제9조 제1항 및 제2항에도 불구하고 근로자의 자유로운 의사에 따라 퇴직금의 일부를 공제하고 개인형퇴직연금제도 계정으로 이전할 수 있다는 취지의 판결은 아니며, 같은 법 시행령 제3조의2에서 규정한 이전 예외사유에 해당하지 않으므로 퇴직금을 개인형퇴직연금제도 계정으로 이전하지 않을 수 있다고 해석할 수는 없을 것이므로 근로자의 자유로운 의사에 따른 동의가 있는 경우라 하더라도 퇴직금 전액을 개인형퇴직연금제도 계정으로 이전하여야 할 것으로 판단한다고 명시하고 있습니다.

관련법규 및 질의회신

대법원 2018다21821, 2018.7.12

최종 퇴직 시 발생하는 퇴직금청구권을 미리 포기하는 것은 강행법규인 근로기준법, 근로자퇴직급여 보장법에 위반되어 무효이다. 그러나 근로자가 퇴직하여 더 이상 근로계약관계에 있지 않은 상황에서 퇴직 시 발생한 퇴직금청구권을 나중에 포기하는 것은 허용되고, 이러한 약정이 강행법규에 위반된다고 볼 수 없다.

퇴직연금복지과-1808, 2022.4.28

한편, 귀 질의에서 사례로 제시한 근로자가 퇴직 후 근로자의 자유로운 의사에 따른 동의가 있는 경우 근로자의 자유로운 의사에 터잡아 이루어진 동의를 근거로 퇴직금을 공제 또는 상계하는 것이 법규에 위반된다고 할 수 없다는 취지의 해석(대법원 2018.7.12 선고 2018다21821 판결, 대법원 2001.10.23 선고 2001다25184 판결 등)은 2022.4.14부터 시행된 법률 제18038호 「근로자퇴직급여 보장법」 일부개정법률이 시행되기 이전의 판결로, 이 법 제9조 제1항 및 제2항에도 불구하고 근로자의 자유로운 의사에 따라 퇴직금의 일부를 공제하고 개인형퇴직연금제도 계정으로 이전할 수 있다는 취지의 판결은 아니며, 같은 법 시행령 제3조의2에서 규정한 이전 예외사유에 해당하지 않으므로 퇴직금을 개인형퇴직연금제도 계정으로 이전하지 않을 수 있다고 해석할 수는 없을 것이므로 근로자의 자유로운 의사에 따른 동의가 있는 경우라 하더라도 퇴직금 전액을 개인형퇴직연금제도 계정으로 이전하여야 할 것으로 판단됨.

Q&A 1-4-6 퇴직급여 지급 시 국민연금전환금 처리

Question

Q1) 국민연금전환금은 퇴직급여 지급 시 공제할 수 있나요?

Q2) 국민연금전환금은 DB제도에서 DC제도로 전환할 경우에는 공제할 수 있나요?

Answer

A1) 가능합니다.

「퇴직급여법 시행령」 제3조의2에서는 퇴직금의 개인형퇴직연금제도 계정 등으로의 이전 예외 사유를 두고 있으며, 5호에서는 다른 법령에서 급여의 전부 또는 일부를 공제하도록 한 경우 (본조신설 2022.4.13)를 예외로 두고 있습니다. 위 경우는 국민연금법에 따른 국민연금전환금, 학자금상환특별법에 따른 학자금 등이 해당합니다.

A2) 불가능합니다.

국민연금전환금 공제는 퇴직급여 지급시에만 가능합니다.

참고

국민연금전환금이란? '93.1부터 '99.3까지 시행된 제도로 당시 국민연금 부담률 9%('98년 이전 6%)를 노사가 2 : 1의 비율로 나누어 내야 하나 근로자가 납부해야 할 2/3 중 1/3에 해당하는 비율을 기업이 당해연도에 미리 납부하고 이를 근로자가 퇴직 시 퇴직금에서 납부된 금액만큼 공제하고 근로자에게 퇴직급여를 지급하는 것을 의미한다.

관련법규 및 질의회신

퇴직급여보장팀-4177, 2006.11.2

DC제도하에서 과거 근로기간으로 소급적용에 따라 납부되는 사용자의 부담금에서 공제하여야 할 것이 아니라 근로자가 퇴직 시 지급하는 급여액에서 해당 금액을 사업주로부터 통보받아 공제된 금액을 근로자에게 지급하고 국민연금전환금에 해당하는 금액은 사업주에게 지급하여야 할 것으로 판단됨.

근로복지과-1194, 2013.4.5

DB형퇴직연금제도에서 DC형퇴직연금제도로 이전하는 경우 DC형퇴직연금제도의 부담금에서 퇴직금전환금을 공제할 것이 아니라 근로자가 퇴직 시 지급하는 급여액에서 해당금액을 공제하여야 할 것이므로 적립금 전액을 이전하여야 할 것으로 판단됨.

Q&A 1-4-7 퇴직급여 지급 시 사회보험료 처리

Question

사회보험료는 퇴직급여에서 공제 가능 한가요?

Answer

사회보험료(국민연금, 건강보험, 고용보험 등)는 퇴직급여에서 공제하는 것은 불가합니다. 판례는 퇴직금에서 원천징수세액과 사회보험료를 미리 징수·공제할 수 없다(대법원 2021다279903, 2022.8.19)고 판시하고 있습니다.
고용노동부는 퇴직급여에서 사회보험료를 공제할 수 있다는 기존의 행정해석(근로복지과-4289, 2014.11.17)을 폐기하였습니다. 폐기 이유는 「국민건강보험법」 제77조 제3항에서 사용자가 보수월액보험료 중 직장가입자가 부담하여야 하는 그 달의 보험료액을 그 보수에서 공제하여 납부하도록 하고, 「국민연금법」 제90조 제1항에서는 사업장가입자가 부담할 기여금을 그에게 지급할 매달의 임금에서 공제하여 사용자가 납부하도록 정하고 있는데, 국민건강보험법의 "그 보수", 국민연금법의 "매달의 임금"이 아닌 근로자에게 퇴직 시 지급해야 할 퇴직급여 또는 퇴직연금에서 공제하는 것은 "법령에 따른 임금의 공제"에 해당하지 않기 때문이라고 하고 있습니다.

관련법규 및 질의회신

〈폐기〉 DB제도 퇴직급여에서 사회보험료 공제 가능 여부(근로복지과-4289, 2014.11.17)

★「국민건강보험법」 제77조 제3항에서 사용자가 보수월액보험료 중 직장가입자가 부담하여야 하는 그 달의 보험료액을 그 보수에서 공제하여 납부하도록 하고, 「국민연금법」 제90조 제1항에서는 사업장가입자가 부담할 기여금을 그에게 지급할 매달의 임금에서 공제하여 사용자가 납부하도록 정하고 있음. 따라서 국민건강보험법의 "그 보수", 국민연금법의 "매달의 임금"이 아닌 근로자에게 퇴직 시 지급해야 할 퇴직급여 또는 퇴직연금에서 공제하는 것은 "법령에 따른 임금의 공제"에 해당하지 않으므로 폐기

국민건강보험법 제77조【보험료 납부의무】

③ 사용자는 보수월액보험료 중 직장가입자가 부담하여야 하는 그 달의 보험료액을 그 보수에서 공제하여 납부하여야 한다. 이 경우 직장가입자에게 공제액을 알려야 한다.

국민연금법 제90조【연금보험료의 원천공제 납부 등】

① 사용자는 사업장가입자가 부담할 기여금을 그에게 지급할 매달의 임금에서 공제하여 내야 한다.

Q&A 1-4-8 퇴직급여 담보대출

Question

퇴직급여를 담보로 담보대출이 가능 한가요?

Answer

「퇴직급여법」에서는 일정 사유와 요건에 해당하면 퇴직급여액의 50% 범위 안에서 담보대출을 시행하도록 하고 있습니다. 그러나 대부분의 퇴직연금사업자는 담보권 실행의 법적 한계 등의 사유로 담보대출을 시행하고 있지 않습니다.

Q&A 1-4-9 퇴직급여 압류

Question

Q1) 근로자 홍길동은 퇴직연금제도에 가입되어 있는데, 회사를 제3채무자로 해서 홍길동 퇴직급여에 압류가 들어왔는데 효력이 있나요?

Q2) 임원이 퇴직연금제도 가입하면 해당 퇴직급여는 전액 압류 금지 대상이 되나요?

Q3) DC제도에 납입된 개인부담금 및 IRP에서 운용된 운용 수익도 모두 압류 금지 대상에 포함되나요?

Answer

A1) 근로자 퇴직급여가 퇴직연금제도에 가입되어 있으면 전액 압류 금지 채권이 됩니다. 따라서, 압류의 효력이 미치지 않습니다.

「퇴직급여법」 제7조 제1항에 의해 양도 금지된 퇴직연금 급여채권은 피압류적격이 없다고 해석되어 민사집행법의 적용을 받지 않습니다. 즉, 퇴직금에 대해 1/2 압류 할 수 있다는 민사집행법의 적용을 받지 않고, 전액 압류 금지 채권이 된다는 의미입니다.

A2) 그렇지 않습니다.

임원은 「퇴직급여법」의 의무 적용대상이 아니며, 퇴직연금 규약을 통해 퇴직연금제도에 임의가입 할 수 있는 대상입니다.

이에 판례에서도 임원의 퇴직급여는 민사집행법 제246조 제1항 제4호 또는 제5호가 정하는 압류금지채권에 해당한다고 보아야 한다고 보고 있습니다. 즉, 임원의 퇴직급여는 1/2까지 압류 할 수 있는 대상입니다.

A3) 그렇습니다.

고용노동부는 퇴직연금제도는 압류가 금지된다는 판례(대법원 2013다71180, 2014.1.23) 이후 「퇴직연금에 대한 압류와 경영성과급 납입에 관한 지침('15.4.30, 퇴직연금복지과)」를 통해 압류관련 업무 처리 가이드를 제시하였습니다.

상기 내용에 따르면 DC제도 및 IRP에 납입된 개인부담금 뿐만 아니라 그 운용수익에 대해서도 모두 압류금지 채권으로 명시하고 있습니다.

관련법규 및 질의회신

퇴직급여법 제7조 【수급권의 보호】

① 퇴직연금제도(중소기업퇴직연금기금제도를 포함한다. 이하 이 조에서 같다)의 급여를 받을 권리는 양도 또는 압류하거나 담보로 제공할 수 없다.

[퇴직연금제도 가입 근로자 퇴직급여 전액압류 금지 적용 판례]

대법원 2013다71180, 2014.1.23

퇴직연금제도의 급여를 받을 권리에 대한 압류명령은 실체법상 무효이고, 퇴직연금채권은 그 전액에 관하여 압류가 금지된다.

[임원 퇴직급여 1/2 압류 금지 적용 판례]

대법원 2015다51968, 2018.5.30

퇴직연금사업자인 은행에 대한 대표이사의 퇴직연금 채권은 민사집행법상의 압류금지채권에 해당한다.

주식회사의 이사, 대표이사(이하 '이사 등'이라고 한다)의 보수청구권(퇴직금 등의 청구권을 포함한다. 이하 같다)은, 그 보수가 합리적인 수준을 벗어나서 현저히 균형을 잃을 정도로 과다하거나, 이를 행사하는 사람이 법적으로는 주식회사 이사 등의 지위에 있으나 이사 등으로서의 실질적인 직무를 수행하지 않는 이른바 명목상 이사 등에 해당한다는 등의 특별한 사정이 없는 이상 민사집행법 제246조 제1항 제4호 또는 제5호가 정하는 압류금지채권에 해당한다고 보아야 한다.

Q&A 1-4-10 퇴직급여 지급 시 원천징수의무자

Question

퇴직급여 지급시 원천징수의무자는 누구인가요?

Answer

DB제도는 회사가 원천징수의무자이고, DC제도에서는 퇴직연금이 가입된 금융기관이 원천징수의무자입니다.

DB에서 퇴직하여 IRP로 이전할 경우 회사는 과세이연된 퇴직소득원천징수영수증을 발급합니다(근로자가 IRP를 해지하는 시점에서 퇴직소득세 원천징수 발생). DC의 경우 가입 금융기관이 원천징수의무자가 되므로, 중간정산 합산 등을 요청할 경우 지급신청서와 합산 요청하고자 하는 중간정산 등 과거 퇴직소득원천징수영수증 등을 함께 제출해야 합니다.

Q&A 1-4-11 법정 외 퇴직급여의 급여계좌 이체 여부

Question

법정 퇴직급여와 법정 외 퇴직급여(퇴직위로금, 명예퇴직금 등)가 있는 퇴직자의 경우 법정 퇴직급여만 IRP로 이전하고, 법정 외 퇴직급여는 급여계좌로 이체할 수 있나요?

Answer

별도로 사내 유보금에서 법정 외 퇴직급여를 지급하는 경우에 한하여 가능합니다.

법적 및 법정 외 모두 퇴직연금 적립 자산에서 지급되는 경우에는 급여계좌로 따로 이체할 수 없습니다.

- DB : 퇴직소득원천징수영수증상 일시금 & 과세이연금액을 구분하여, 법정 외 퇴직급여에 대한 세금을 별도로 제외 후 지급 및 세금 신고
- DC : 법정 외 퇴직급여에 대한 퇴직소득원천징수영수증 발급 및 세금을 차감하고 해당 퇴직소득원천징수영수증을 지급신청서와 함께 추가 첨부하여 법정 퇴직급여와 합산 과세 요청

Q&A 1-4-12 (DC) 퇴직연금 미납 퇴직급여의 지급

Question

DC 퇴직연금 적립금 외에 추가로 더 지급해야 할 퇴직급여가 있는 경우 어떻게 해야 하나요?

Answer

지급신청서상 미납퇴직급여 항목에 추가로 입금해야 할 금액을 기재하여 금융기관에 제출 시 미납퇴직급여도 입금하여 함께 지급될 수 있도록 해야 합니다.

Q&A 1-4-13 (DC) 1년 미만 재직 근로자의 퇴직 시 처리

Question

DC 가입 근로자가 1년 미만 재직하고 퇴직했을 경우 어떻게 처리하나요?

Answer

규약신고시 수급자격이 '계속근로기간 1년 이상'으로 지정되어 있는 경우 1년 이내 퇴사 시 지급신청서상 1년 미만 퇴직으로 체크하여 납입했던 부담금에 대해 사용자(회사)는 반환받을 수 있습니다. 다만, 수급자격을 '입사즉시'로 정한 경우 1년 미만 퇴직자인 경우에도 퇴직급여를 지급해야 합니다.

Q&A 1-4-14 (DC) 퇴직급여를 별도로 준 경우의 처리

Question

DC 가입 근로자에게 업무 착오로 회사가 별도로 퇴직급여를 지급한 경우에 어떻게 처리하나요?

Answer

별도로 지급할 수 없는 DC 제도 특성상 회사는 별도 지급분을 근로자에게서 돌려 받고, DC계좌를 통해서 정당하게 지급하도록 해야 합니다.

Q&A 1-4-15 (DC) 합산 특례 적용의 신청

Question

퇴직 시 과거에 중간정산 또는 DC형 중도인출을 한 경우 어떻게 처리하나요?

Answer

중간정산 또는 중도인출 시 퇴직소득 합산과세를 요청할 수 있습니다. 동일연도에 발생한 퇴직급여의 경우 합산이 필수이나, 그 외의 중간정산 및 중도인출 건은 특례적용에 의한 합산 여부 선택이 가능합니다. 중간정산·중도인출 합산 시 무조건 유리하진 않으며, 근로자의 근속연수 및 퇴직급여에 따라 다를 수 있습니다. 중간정산합산 특례 적용 요청시 과거 중간정산했던 퇴직소득원천징수영수증의 제출이 필수입니다.

Q&A 1-4-16 (DC) IRP 이전시 현물이전

Question

DC형에서 운용중인 상품을 퇴직 후 개인형IRP에서도 운용할 수 있나요?

Answer

동일 금융기관에서 이전 시 현물이전을 할 수 있습니다. 기존 운용중인 상품을 매도하지 않고 이전 받을 계좌로 실물 그대로 이전하는 측면에서는 동일하지만, 실물이전은 타 금융기관 간 이전제도이며, 현물이전은 동일 금융기관 내 이전 제도입니다.

단, 현금성대기자산만 보유하고 있거나, 미납 퇴직급여 입금액이 있는 경우 그리고 회사 반환금(국민연금전환금, 임원 퇴직소득 한도 초과 분)이 있는 경우에는 현물이전이 불가합니다.

Q&A 1-4-17 (DB) 퇴직연금 미납 퇴직급여의 지급

Question

DB 퇴직연금 적립금 외에 추가로 더 지급해야 할 퇴직급여가 있는 경우 어떻게 해야 하나요?

Answer

퇴직급여 지급신청서 작성 시 미납퇴직급여 항목에 입금할 금액을 기입한 후 퇴직급여지급신청서 및 추가 (미납)퇴직급여를 퇴직연금 금융기관에 보내야 합니다.

- 퇴직급여 지급 처리 시 미납 퇴직급여를 누락하여 처리한 경우 : 퇴직자가 가입한 IRP 금융기관에 별도로 퇴직급여 정보 등록 요청을 위한 '퇴직소득원천징수영수증' 발송 후 퇴직자 IRP계좌에 직접 입금
- 퇴직급여를 잘못 산정하여 더 줘야 할 퇴직급여가 생긴 경우 : 수정한 퇴직소득원천징수영수증을 퇴직자 IRP 가입 금융기관에 과세이연 수정 등록 요청을 하고, 추가 입금액을 퇴직자 IRP로 직접 입금

Q&A 1-4-18 (DB) 1년 미만 재직 근로자의 퇴직시 처리

Question

근로자가 1년 미만 재직하고 퇴직했을 경우 어떻게 처리하나요?

Answer

규약에 따라 수급자격을 '계속근로기간 1년 이상'으로 정한 업체의 경우 명부 변경을 통한 무급부 퇴직으로 명단 제외가 가능합니다. 이때 금융기관에 무급부퇴직 업무처리를 위한 신청서 및 관련 증빙서류, 회사 공문을 제출해야 합니다. 수급자격을 계속근로기간에 상관없이 '입사즉시'로 정한 사업장의 경우 퇴직급여를 계산하여 근로자에게 지급해야 합니다.

표 1-19 무급부 퇴직 사유별 금융기관 제출 서류[18)]

무급부 퇴직 사유	제출 서류	
	공통	사유별 추가서류
근속연수 1년 미만자의 퇴직	• 무급부 퇴직 처리 요청공문 • [개별] 가입자 등록/변경 신청서 • [일괄] 무급부 퇴직 일괄 등록 신청서 + DB 무급부퇴직(일괄)	없음
회사에서 퇴직급여 전액 별도 지급		• 퇴직소득원천징수영수증 • 퇴직금 입금증(입금확인서류)
간사기관에서 퇴직급여 전액 지급 & 복수기관에 무급부 퇴직을 요청한 경우		• 퇴직급여지급신청서 사본 • 퇴직소득원천징수영수증 사본
사업장이 복수기관 중 한 곳을 지정하여 계약이전 금액을 이전신청하고 복수기관에 무급부 퇴직을 요청한 경우		• 퇴직연금 계약이전 신청 확인서류(다수의 경우 계약이전 명부사본 추가)

18) 퇴직연금 취급 금융기관 별로 제출 서류가 다를 수 있음.

Q&A 1-4-19 (DB) 특정 금융기관의 대표지급 처리

Question

퇴직연금 사업자가 복수인 경우 각 사업자가 적립비율만큼 지급해야 하는데, 특정 사업자를 지정해서 대표로 지급할 수 있나요?

Answer

대표지급을 위한 퇴직연금 사업자 선정이 가능합니다. 퇴직연금 사업자를 복수로 선정한 경우에는 사무처리약정서를 필수로 작성해야 하는데, 사무처리약정서 작성 시 급여를 지급할 사유가 발생한 경우 지급 방법 등을 정할 수 있으며, 대표지급 퇴직연금 사업자의 선정은 사용자의 지시에 따르는 것으로 간사기관은 그 지시를 해당 퇴직연금 사업자에게 전달하는 업무를 수행하게 됩니다.

- 전액 지급 가능 업체인 경우 : 특정 퇴직연금 사업자에게 전액 지급을 지시하거나 사업자 별로 지급비율(금액)을 정하여 지시
- 적립 부족 업체인 경우 : 특정 퇴직연금 사업자에게 적립비율 대표지급을 지시하거나 각 사업자별로 적립비율 지급을 지시

Q&A 1-4-20 (DB) 전액 지급 예외 사유

Question

어떤 경우에 퇴직급여 전액 지급 예외사유로 인정되나요?

Answer

퇴직급여 전액지급 예외 사유는 다음과 같습니다.

① 사업장의 도산

② 재정검증 결과 적립금이 퇴직급여법상 최소적립비율에 미달한 경우

③ 해당연도 퇴직급여 지급비율이 25% 이상인 경우*

④ 고용노동부령으로 정하는 경우

* 아래 계산방법에 따른 값이 25% 이상인 경우 전액 지급 예외사유가 됩니다.

$$\frac{\text{사업연도 개시일 이후 해당 사업의 가입자에게 지급한 퇴직급여의 누계액}}{\text{사업연도 개시일의 적립금 + 사업연도 개시일 이후 납입된 부담금의 합계}}$$

여기서 '사업연도 개시일의 적립금'은 전년도 사업연도말 적립금을 의미하며, '사업연도 개시일 이후 납입된 부담금'은 해당 연도에 납입한 부담금(원금)을 의미합니다.

전년도 재정검증결과 최소적립비율을 상회하였다 하더라도 당해 연도에 새로 생긴 사정(다수 근로자가 퇴직하거나 고소득인 가입자가 퇴직하는 등)으로 그 필요성이 있는 경우에는 전액지급이 아닌 적립비율 방식으로 지급되도록 하여 다른 재직 근로자의 퇴직급여 수급권이 안정적으로 확보될 수 있도록 한 것입니다.

이 경우 퇴직하는 근로자의 퇴직급여는 퇴직연금 사업자의 사외적립금에서 적립비율에 해당하는 금액만 지급되고, 나머지 퇴직급여는 회사에서 지급하게 됩니다.

Q&A 1-4-21 (DB) 재정검증 결과에 따른 지급

Question

재정검증 결과에 따라 DB제도의 급여 지급은 어떻게 달라지나요?

Answer

재정검증 결과별 급여 지급과 조치 내용은 아래 표와 같습니다.

검증결과	내용	급여지급
적립초과	최소적립금[19] 〈 **평가적립금**[20]	**전액지급**
적립부족 I	최소적립금 × 95% ≤ **평가적립금** 〈 최소적립금	**적립비율지급** (적립부족에 따른 안내서 통보)
적립부족 II	**평가적립금** 〈 최소적립금 × 95%	**적립비율지급** (적립부족에 따른 안내서 통보) **(부족분 미해소시 과태료)**

19) 2022년부터 최소적립비율이 100% 적용됨에 따라 최소적립금과 기준책임준비금*은 같아짐.
 * 기준책임준비금 = max(비계속기준금액, 계속기준금액)

20) 실적배당형 상품의 적립금은 매 사업연도 직전 12개월간 평균으로 산출. 단, 평균금액이 산출기준일 평가금액의 90% 이하이거나 110% 이상인 경우, 해당 금액으로 평가

Part

02

퇴직연금 회계 및 세무

Chapter

01

퇴직연금 회계처리

KEY POINT

- 확정급여형(DB) 제도는 보고기간 말 종업원 전원이 퇴직할 경우 지급해야 할 금액을 기준으로 퇴직급여충당부채를 인식하며, 운용자산은 별도로 계상 · 공시
- K-IFRS(제1019호)에서는 보험수리적 가정을 통한 현재가치 할인, 임금상승률 · 퇴직률 반영 등으로 부채를 산정하며, 사외적립자산은 공정가치로 평가
- 확정기여형(DC) 퇴직연금은 회사가 납부한 부담금을 즉시 퇴직급여 비용으로 인식하며, 관련 자산 · 부채는 계상하지 않음
- 확정기여형(DC) 퇴직연금은 퇴직자 발생, 연말 결산, 운용수익 발생 시에는 추가 회계처리가 없으며, 운용성과는 근로자에게 귀속

1. 퇴직연금 회계처리 개요

1) DB형의 회계처리

확정급여형(DB) 퇴직연금 제도를 설정한 경우에는 회계연도 말에 부채(퇴직급여충당부채)를 인식해야 한다. 퇴직급여충당부채는 회계연도 말 현재 전 종업원이 일시에 퇴직할 경우 지급하여야 할 퇴직급여에 상당하는 금액으로 한다[21].

21) 일반기업회계기준에 따라 기술하였으며, K-IFRS 대상 기업의 경우 아래의 5) 한국채택국제회계기준(K-IFRS) 부분에서 별도로 설명

2) DC형의 회계처리

확정기여형(DC) 퇴직연금 제도를 설정한 경우에는 당해 회계기간에 대하여 회사가 납부한 퇴직연금 부담금을 퇴직급여(비용)로 인식하고, 관련 자산 및 부채는 인식하지 아니한다.

2. 항목별 회계처리 (DB형)

1) 퇴직급여충당부채 인식

회계연도 말 현재 근로자가 모두 퇴직할 경우 지급하여야 할 퇴직일시금에 상당하는 금액을 측정하여 퇴직급여충당부채로 인식한다.

(차) 퇴직급여(비용) ××× (대) 퇴직급여충당부채 ×××

2) 퇴직연금운용자산의 회계처리

(1) 퇴직연금 계좌에 회사부담금 납부 시

확정급여형 퇴직연금제도에서 운용되는 자산은 기업이 직접 보유하고 있는 것으로 보아 회계 처리한다. 재무상태표에는 운용되는 자산을 하나로 통합하여 '퇴직연금운용자산'으로 표시하고, 그 구성 내역을 주석으로 공시한다.

(차) 퇴직연금운용자산 ××× (대) 현금및현금성자산 ×××

(2) 적립금 운용손익 및 퇴직연금 수수료의 회계처리

DB제도의 자산운용 결과와 퇴직연금 수수료는 순액으로 운용손익에 반영되며, 회사는 이를 영업외손익으로 인식한다. 따라서 퇴직연금 수수료 납부 시 별도의 회계처리가 필요하지 않다. 운용수익을 인식하는 분개는 아래와 같다.

(차)	퇴직연금운용자산	×××	(대)	퇴직연금운용수익 (영업외수익)	×××

DB제도 자산운용에 따른 손실이 발생하는 경우 영업외비용인 퇴직연금운용손실로 인식하며 이 경우에도 퇴직연금 수수료가 포함된 금액이다.

(차)	퇴직연금운용손실 (영업외비용)	×××	(대)	퇴직연금운용자산	×××

3) 종업원이 퇴사한 경우

(1) IRP계좌로 이체된 경우(DB 자산에서 전부 지급)

퇴직급여가 IRP계좌로 전부 이체된 경우에는 원천징수세액이 발생되지 않는다. DB형의 원천징수의무자인 사용자/회사는 과세이연과 관련하여 퇴직소득지급명세서를 작성하고 관할 세무서에 보고하면 된다.

(차)	퇴직급여충당부채	×××	(대)	퇴직연금운용자산	×××

(2) 퇴직급여가 근로자의 급여계좌에 직접 지급된 경우(DB 자산에서 전부 지급)

55세 이상 등 의무 이전 예외 사유인 경우 퇴직급여가 근로자에게 급여계좌로 직접 지급되는 경우 사용자(회사)는 퇴직소득세를 원천징수한다.

(차)	퇴직급여충당부채	×××	(대)	퇴직연금운용자산	×××
	현금및현금성자산	×××		예수금(원천세해당액)	×××

(3) 퇴직급여가 근로자의 급여계좌에 직접 지급된 경우(DB 자산 및 회사 유동성 자산에서 각각 지급)

퇴직급여가 퇴직 근로자의 급여계좌로 지급되는 상황에서, 법정 의무적립비율 미달 등 전부지급 예외 요건에 해당하여 지급해야 할 퇴직급여의 일부만 DB 자산에서 지급되는 경우, 그 나머지는 회사의 유동성 자산에서 지급되는데 이 경우에 원천세에 해당하는 금액만큼은 차감한 후 지급된다.

(차) 퇴직급여충당부채	×××	(대) 퇴직연금운용자산	×××
		현금및현금성자산	×××
		예수금(원천세해당액)	×××

표 2-1 확정급여형(DB) 퇴직연금 회계처리

내용	회계처리 (분개)			
퇴직급여충당부채의 인식	(차) 퇴직급여(비용)	×××	(대) 퇴직급여충당부채	×××
퇴직연금 부담금 납부 시	(차) 퇴직연금운용자산	×××	(대) 현금및현금성자산	×××
퇴직연금 운용수익 인식	(차) 퇴직연금운용자산	×××	(대) 퇴직연금운용수익 (영업외수익)	×××
퇴직연금 운용손실 인식	(차) 퇴직연금운용손실 (영업외비용)	×××	(대) 퇴직연금운용자산	×××
퇴직급여 지급 시 (DB 전액 → IRP)	(차) 퇴직급여충당부채	×××	(대) 퇴직연금운용자산	×××
퇴직급여 지급 시 (DB 전액 → 급여계좌)	(차) 퇴직급여충당부채 현금및현금성자산	××× ×××	(대) 퇴직연금운용자산 예수금(원천세해당액)	××× ×××
퇴직급여 지급 시 (DB 일부/회사 → 급여계좌)	(차) 퇴직급여충당부채	×××	(대) 퇴직연금운용자산 현금및현금성자산 예수금(원천세해당액)	××× ××× ×××

4) 재무제표의 공시

확정급여형 퇴직연금제도에서 퇴직급여와 관련된 자산과 부채를 재무상태표에 표시할 때는 퇴직급여와 관련된 부채(퇴직급여충당부채)에서 퇴직급여와 관련된 자산(퇴직연금운용자산)을 차감하는 형식으로 표시한다.

퇴직연금운용자산이 퇴직급여충당부채의 합계액을 초과하는 경우에는 그 초과액을 투자자산의 과목으로 표시한다.

5) 한국채택국제회계기준(K-IFRS) 제1019호 종업원급여

2011년 이후 시작하는 사업연도부터 주권상장법인(코스닥 포함), 주권 상장 예정법인, 비상장 금융회사 등은 외감법상 국제회계기준을 의무적으로 적용해야 한다. 따라서 DB제도를 도입한 법인이 이에 해당한다면 다음과 같은 기준에 의해 부채 산정 및 사외적립자산 회계처리를 해야 한다.

(1) 퇴직급여채무 측정 방법

K-IFRS에서는 계속기업 가정을 하여 퇴직급여채무를 측정하도록 하고 있다. 기업의 계속적 영업을 전제하기 때문에 보험수리적 가정을 이용하여 예측단위적립방식[22)]으로 측정하며 미래의 퇴직급여 추정 시 임금 인상률, 퇴직률 등을 고려하고 시장수익률에 기초한 이자율로 현재가치 할인한다. 또한 1년 미만 근로자에 대하여도 채무를 인식한다는 것이 K-GAAP과의 차이점이다.

확정급여채무를 측정할 때는 직전 보고기간 말 현재 인식되지 않은 보험수리적 손익의 순 누계액이 ①, ② 중 큰 금액을 초과하는 경우, 보험수리적 손익의 일부를 수익 또는 비용으로 인식한다.

① 직전 보고기간 말 현재 사외적립자산 차감 전 확정급여채무의 현재가치에 10%를 곱한 금액

22) '미래 퇴직급여를 근속 단위별로 나누어 현재가치로 적립한다'라는 내용으로 근로자가 각 회계연도마다 근무한 단위(근속연수)에 대해 발생한 퇴직급여 채무를 계산하고, 장래 급여 상승과 예상 퇴직 가능성을 반영하여 장래 지급액의 현재가치를 산정하는 방법

② 직전 보고기간 말 현재 사외적립자산의 공정가치에 10%를 곱한 금액

* 보험수리적 손익의 일부를 수익 또는 비용으로 인식하는 부분 : 범위 한계를 초과하는 금액을 확정급여제도에 가입한 종업원의 예상평균 잔여근무기간으로 나눈 금액

(2) 사외적립자산 측정

공정가치 기준으로 측정하며, 사외적립자산 수익에 대하여 퇴직급여(비용)에서 차감하여 처리한다.

3. 항목별 회계처리 (DC형)

확정기여형(DC) 퇴직연금은 퇴직연금 사업자에게 회사가 납부한 부담금을 즉시 퇴직급여 비용으로 인식하며, 관련 자산·부채는 계상하지 않고 퇴직연금 수수료 납부 시에는 영업외비용으로 인식한다.

결국 매년 발생하는 퇴직급여를 중간정산 지급하는 효과가 있고, 근로자 퇴직 시점이나 연말 결산 시에 별도의 회계처리가 없다. DC계좌에서 발생하는 운용 손익은 전부 근로자에게 귀속된다.

표 2-2 확정기여형(DC) 퇴직연금 회계처리

내용	회계처리 (분개)			
퇴직연금 부담금 납부 시	(차) 퇴직급여(비용)	×××	(대) 현금및현금성자산	×××
퇴직연금 수수료 납부 시	(차) 지급수수료 (영업외비용)	×××	(대) 현금및현금성자산	×××
퇴직자 발생 시 (퇴직급여 전부를 DC계좌에서 지급)	별도의 회계처리 없음			
회계연도 결산 시	별도의 회계처리 없음			
적립금의 운용손익 발생 시	별도의 회계처리는 없으며, DC형 계좌의 운용 결과는 근로자에게 귀속됨			

Q&A 2-1-1 (K-IFRS) 과거근무원가와 보험수리적손익의 차이

Question

K-IFRS 제1019호 종업원급여에서 '과거근무원가'와 '보험수리적 손익'의 차이가 뭔가요?

Answer

K-IFRS에서는 과거근무원가와 보험수리적 손익을 아래와 같이 구분하여 회계 처리상 당기 비용 처리 여부를 달리하고 있습니다.

표 2-3 과거근무원가와 보험수리적 손익 비교

구분	과거근무원가	보험수리적 손익
용어 정의	퇴직급여제도 변경에 따른 종업원의 과거기간 근무 용역에 대한 퇴직급여 채무 변동액	보험수리적 가정의 변경 및 실제치와의 차이로 인한 퇴직급여채무의 변동액
회계처리	정액법에 따라 당기 비용으로 인식	자본계정인 기타포괄손익으로 인식 (손익계상 항목으로 재분류 불가)

Q&A 2-1-2 (K-IFRS) 할인율

Question

K-IFRS에서는 퇴직급여채무 산정 시 예측단위적립방식이기 때문에 할인율을 적용하는 것으로 알고 있는데요, 할인율은 어떤 기준으로 적용하나요?

Answer

K-IFRS에서는 퇴직급여채무를 할인하기 위해 사용하는 할인율은 보고 기간 말 현재 우량 회사채의 시장수익률을 참조하여 결정하도록 규정하고 있으며, 이러한 회사채에 대해 '거래층이 두터운 시장(투자자 참여가 많고 유동성이 풍부한 시장)'이 없는 경우에는 보고기간 말 현재 국공채의 시장수익률을 사용하도록 하고 있습니다.

실무적으로는 퇴직급여의 예상지급시기, 예상금액과 지급통화를 반영하는 단일의 가중평균 할인율을 적용함으로써 할인율에 퇴직급여의 예상지급시기를 반영할 수 있습니다.

Q&A 2-1-3 DC제도 전환 시 회계처리

Question

DC제도로 전환 시 기존에 쌓여있던 퇴직급여충당부채는 어떻게 처리하나요?

Answer

퇴직급여충당부채에 해당하는 금액을 DC계좌에 회사부담금으로 납입하는 경우, 부채는 감소 처리하며, 다음과 같이 회계처리 합니다.

(차) 퇴직급여충당부채 ×××　　(대) 현금및현금성자산 ×××

Q&A 2-1-4 DC제도 도입 시의 부채비율 감소 효과

Question

DC제도로 전환 시 퇴직급여충당부채가 감소하면 부채비율이 감소하는 건가요?

Answer

부채비율은 기업의 재무건전성을 나타내는 대표적인 지표로 다음과 같이 산출합니다.

$$부채비율 = \frac{총부채}{자기자본} \times 100\%$$

퇴직급여충당부채는 총부채에 포함되는 항목으로, 이 금액이 줄거나 없어지면 총부채가 감소해 자연스럽게 부채비율이 낮아집니다. 부채비율 하락은 신용평가나 투자자 입장에서 긍정적으로 평가될 수 있습니다.

Q&A 2-1-5 외부감사 시 사외적립자산의 확인

Question

외부 회계감사 시 '금융기관조회서(은행조회서)'상 사외적립자산의 금액과 잔액명세서상 금액이 상이한 경우가 있는데, 이 경우 어떻게 처리해야 하나요?

Answer

일반적으로 잔액증명서, 운용현황보고서 등의 잔액은 수수료 발생액이 반영되지 않은 금액입니다. 이에 반해 외부감사 시 금융기관조회서(은행조회서)상 금액은 발생주의에 의한 기간 경과 수수료를 반영한 금액으로 결산보고서상 금액과도 일치합니다. 또 회계연도 말일과 최종 영업일이 일치하지 않는 경우 보고서 기준일이 달라져서 발생할 수 있는 잔액 차이가 아닌지도 확인해 봐야 합니다.

회계연도 말 결산용 사외적립자산액은 결산보고서 내역에 따르는 것이 일반기업회계기준에 부합합니다.

Q&A 2-1-6 결산보고서 vs. 운용현황보고서

Question

Q1) 사외적립자산의 잔액을 확인하는 용도로 결산보고서, 운용현황보고서를 발급받을 수 있는데 그 보고서상 잔액의 성격과 용도는 어떤 차이가 있나요?

Q2) 결산보고서와 운용현황보고서상 퇴직연금 운용자산의 잔액이 다르게 나타납니다. 그 이유는 어디에 있나요?

Answer

A1) 운용현황보고서는 퇴직급여법에서 규정하고 있는 퇴직연금사업자의 적립금 운용현황 통지 의무를 이행하는 것이 주 목적입니다. 따라서 운용 상품의 현황 및 감독규정에서 정해진 수익률 산출 방식에 의한 기간수익률이 주 보고 내용이며, 기중 발생한 현금흐름의 변동과 현재 자산의 평가액, 평가손익을 표시합니다.

이에 반해 결산보고서는 운용자산의 회계 결산용으로 사용됩니다. 신탁계약을 기준으로 퇴직연금 운용관리 및 자산관리계약서상에서 매 회계연도 결산일(계약기준일이 공휴일인 경우에는 직전 영업일)에 신탁이익을 신탁원본에 가산하게 되어 있으며, 이때 가산하는 금액은 회계연도 결산월 기준으로 현재 수익*에서 현재 비용**을 차감하여 계산한 금액입니다.

* 현재 수익 : 실제 발생한 이익(매도, 수수료 등)과 평가이익(자산평가에 따른 이익)

** 현재 비용 : 퇴직연금 납부수수료(금융기관이 수취한 수수료)
+ 퇴직연금 미납수수료(수수료 납부 시점 이후 기간의 기말 현재 발생 수수료)

A2) 두 보고서 잔액의 차이는 수수료에 있습니다. 수수료는 계좌 신규일을 기준으로 매년 발생하며 후취로 보유 자산에서 차감[23)] 됩니다. 예를 들어 계좌 신규일이 2013년 12월 1일인 경우 2025년의 운용현황보고서와 결산보고서에 반영된 수수료 차이를 비교하면 아래와 같습니다.

표 2-4

구분	운용현황보고서 잔액에 반영된 수수료	결산보고서 잔액에 반영된 수수료
수수료 산출 기준	'24.12.1~'25.11.30	'25.1.1~'25.12.31
수수료 반영 내역	'25.12.1 차감된 기납부 수수료만 반영	'25.12.1 차감 기납부 수수료 + '25.12.1~31 기간에 해당하는 미납수수료 모두 반영

23) 수수료 산출 방식 : 적립금 자산평가액 평잔 × (계산기준일 전일의 적립금자산평가금액에 해당하는 수수료율 - 장기계약 할인율)

그림 2-1 확정급여형(DB) 퇴직연금 결산보고서 샘플

퇴직연금용

확정급여형 [DB] 퇴직연금 결산보고서

________________ 고객님 귀중

귀사의 무궁한 발전을 기원합니다.
귀사의 확정급여형(DB) 퇴직연금 결산 내역을 아래와 같이 안내드립니다.

1. 기본사항

결산월	2025년 12월
대상년도	2025년
사업자번호	
계좌번호	

2. 결산내역에 관한 사항

(단위 : 원)

직전 회계연도말 잔액 (A)		
입금금액 (B)		
운용수익 (C)		
수수료 (D)	운용관리수수료	
	자산관리수수료	
	합계	
지급금액 (E)		
당 회계연도말 잔액 (= A+B+C−D−E)		

주 1) 운용수익에는 당해연도 미실현손익이 포함되어 있습니다.
2) 운용관리/자산관리수수료에는 당해연도 미지급수수료가 포함되어 있습니다.
3) 퇴직연금 거래장의 마지막 영업일 잔고금액으로 확인할 수 있습니다.

2025년

________________ 지점

* 문의사항은 담당 영업점으로 문의하여 주시기 바랍니다.

담당 영업점		연락처	

Chapter

02

퇴직연금과 세무 [24)]

KEY POINT

- 기업회계는 발생주의, 세법은 권리의무확정주의를 적용하여 손익 인식
- 퇴직급여는 원칙적으로 퇴직 시 손금으로 인정되나, 퇴직연금을 사외 적립하면 납입 연도에 손금으로 인정됨
- DB제도는 퇴직급여추계액 한도 내에서 세무조정을 통해 손금 인정
- DC제도는 납부 금액 전액 손금 처리가 원칙(임원 퇴직소득 한도 초과분은 손금불산입)

1. 개요

기업회계기준과 세법은 손익의 인식기준 및 귀속시기가 완전히 일치하지는 않는다. 기업회계에서는 원칙적으로 발생주의를 적용하는 반면 세법에서는 "권리의무확정주의"라는 기준을 두어 기업 과세소득의 조작 가능성을 차단하고 과세 행정의 일관성을 도모하고 있다. 퇴직급여는 퇴직 시에 비로소 지급 의무가 확정되는 것으로 보아 원칙적으로는 퇴직 시에 손금(비용)으로 인정되지만, 정책적으로 퇴직연금을 장려하기 위해 퇴직연금을 납입(사외적립)하는 경우 납입한 해에 세법상 손금으로 인정하고 있다.

24) 여기서는 DB/DC 제도의 손비인정, 원천징수, DC 중도인출 등 기업 세무를 중심으로 다루고, 퇴직소득, 연금소득 및 연금수령 시 세제 등은 'Part 5. 퇴직급여 과세와 절세 전략'에 기술함.

2. DB제도의 손금

확정급여형의 경우에는 추계액을 한도로 하여 세무조정을 통해 아래 산식의 금액을 손금으로 인정한다.

퇴직부담금의 손금산입 범위액 = MIN(①,②) – 이미 손금산입한 부담금

① 퇴직급여충당금 미설정액 : 기말 퇴직급여추계액 – 기말 세무상 퇴직급여충당금 잔액
② 기말 퇴직연금운용자산 : 기초 퇴직연금 운용자산의 잔액 – 기중 감소액 + 기중 납입액 (운용수익 포함)

3. DC제도의 손금

확정기여형 퇴직연금은 회사가 퇴직연금을 납부하는 해에 전액 해당 사업연도의 손금에 산입한다. 다만, 임원에 대한 부담금은 법인세법상 임원의 퇴직소득 한도를 초과하는 금액은 해당 임원의 퇴직일이 속하는 사업연도에 손금불산입하거나 익금산입한다. 이는 후술할 'Part 4. 임원의 퇴직급여 제도'에서 자세히 설명하도록 한다.

Q&A 2-2-1 DB제도의 법인세 손금

Question

DB제도의 경우, 법인세 손금산입 시기는 언제인가요?

Answer

DB제도에서는 부담금을 입금한 해에 법인세 손금산입 하는 것이 원칙입니다. 다만, 세무조정을 통해 퇴직연금 부담금 한도 내에서 손금산입을 합니다. 올해 손금인정을 받지 못한 퇴직연금 부담금은 이월해서 손금으로 인정받을 수 있습니다. 법인이 아닌 개인사업자인 경우에는 같은 방식으로 사업소득세 계산 시 필요경비로 인정받습니다.

Q&A 2-2-2 비영리법인의 법인세 손금산입

Question

비영리법인의 경우에도 손금산입을 통한 법인세 절감이 가능한가요?

Answer

비영리법인의 고유목적사업에서는 법인세 절감 효과가 없습니다.

손금인정을 통한 법인세 절감 효과는 '과세소득이 있는 영리법인'에만 의미가 있습니다. 비영리법인은 원칙적으로 영리 추구가 목적이 아니며, 수익사업에서 발생한 이익에 한해서만 법인세 과세 대상이 됩니다. 수익사업이 존재하더라도, 퇴직연금 납입액이 그 수익사업의 비용에 직접 관련된 경우에만 손금으로 인정받을 수 있습니다.

Q&A 2-2-3 DC 부담금 미납 시 처리

Question

DC제도를 운영 중인 A법인은 전기에 자금이 부족하여 DC 부담금을 미납하고, 당기에 전기분과 당기분 부담금을 한꺼번에 납부했습니다. 이때, 세무상 비용 처리도 한꺼번에 가능한가요?

Answer

DC제도는 퇴직연금을 실제로 납입하는 연도의 손금으로 인정하고 있으므로, 누락한 전기 및 당기분을 당기에 한꺼번에 납입해도 모두 실제 납입한 연도의 손금으로 처리가 가능합니다.

관련법규

법인세법 시행령 제44조의2【퇴직보험료 등의 손금불산입】제2항
내국법인이 임원 또는 직원의 퇴직을 퇴직급여의 지급 사유로 하고 임원 또는 직원을 수급자로 하는 연금으로서 기획재정부령으로 정하는 것(이하 이 조에서 "퇴직연금 등"이라 한다)의 부담금으로서 지출하는 금액은 해당 사업연도의 소득금액 계산에 있어서 이를 손금에 산입한다.

법인세과-1354, 2011.11.30
「근로자퇴직급여보장법」 제13조에 따라 확정기여형 퇴직연금제도를 설정한 내국법인이 퇴직연금규약에 따라 매년 지급하여야 할 부담금 중 일부를 납입기일에 미불입한 경우, 해당 미불입액은 실제로 불입한 날이 속하는 사업연도의 손금으로 산입하는 것임.

Q&A 2-2-4 DC 부담금의 손금산입

Question

2년 전에 DC에 부담금을 납부하였지만, 실수로 손금에 산입하지 못했습니다. 당기에 손금으로 반영할 수 있나요?

Answer

입금한 해에 손금산입하지 못한 부분은 원칙적으로, 당기분으로 손금산입할 수 없습니다. 다만, 경정청구 제도를 활용하면 입금한 해의 법인세 신고에 대하여 정정 및 환급을 요청할 수 있습니다.

※ 경정청구란?
과다 납부된 세금 또는 잘못 신고된 세액에 대해, 법정신고기한이 지난 후 5년 이내에 납세자가 환급 또는 정정을 요구하는 감액 수정신고 제도입니다. 경정청구 요건을 충족한다면 신고 누락한 세액도 환급받을 수 있습니다.
따라서, DC부담금 등 입금한 해에 세무상 손금산입을 누락한 경우에도, 법정신고기한부터 5년 이내라면 경정청구를 통해 절차적으로 환급받을 수 있습니다.

Q&A 2-2-5 1년 미만 근속자에 대한 DC부담금

Question

DC 규약에 1년 미만 근속자도 가입 대상으로 하되, 수급권은 1년 이상 근무하여야 발생하는 것으로 했습니다. A사가 1년 미만 근속자에 대해서 부담한 사용자부담금도 손금산입되나요?

Answer

네, 1년 미만 근속자에 대한 사용자부담금도 입금한 해의 손금으로 인정됩니다.

Q&A 2-2-6 1년 미만 근속자에 대한 반환금 처리

Question

1년 미만자에 대해 손금산입하였으나 다음 해에 근속기간 1년이 되기 전에 퇴사하여 1년 미만 근속자에 대한 사용자부담금을 회사로 반환받는다면 세무상 처리는 어떻게 해야 하나요?

Answer

반환받은 해의 익금(세무상 수익)으로 산입합니다.

관련법규 및 질의회신

법인, 법인세과-1186, 2009.10.26
근로기간이 1년 미만인 근로자에게 퇴직급여를 지급하지 않으나 확정기여형 퇴직연금에 가입하고 부담하는 보험료 등은 손금에 산입하는 것이며, 퇴직연금 불입금을 반환받는 경우에는 익금에 산입하는 것임.

Q&A 2-2-7 제도별 원천징수의무자

Question

DB형에서 DC형으로 전환할 때나 DC계좌에 회사부담금을 입금할 때, 회사가 소득세 원천징수 업무를 해야 하나요?

Answer

DB계좌에 있는 금액을 각 근로자의 DC계좌로 이전하거나, 새로 회사부담금을 퇴직연금계좌에 입금할 때에는 별도의 소득세 원천징수는 하지 않습니다.

향후 DC계좌에서 퇴직 등으로 인해 지급이 발생할 때, DC제도 퇴직연금사업자(금융회사)가 원천징수신고를 하게 됩니다.

표 2-5 퇴직연금 제도별 원천징수의무자

제도	원천징수의무자
확정급여형(DB) 제도	사업자(회사)
확정기여형(DC) 및 개인형퇴직연금(IRP) 제도	퇴직연금사업자(금융기관)

Q&A 2-2-8 DC제도 자기부담금의 인출과 과세

Question

A회사는 근로자들의 퇴직금 외에 복지연금으로 자기부담금을 회사가 입금해 주고 있습니다. 이때 납입된 자기부담금(자기부담분)은 퇴직 전에 자유롭게 인출이 가능한가요? 세금은 퇴직소득세로 과세되나요?

Answer

DC계좌에 입금된 자기부담금은 퇴직 또는 중도인출 사유가 발생하기 전에 인출할 수 없습니다. 또한 회사가 입금해 주었더라도 퇴직소득금액으로 보지 않기 때문에 퇴직소득세가 아닌 기타소득세로 과세되며, IRP로 이체 시 인출 방법에 따라 연금소득세로 과세될 수 있습니다[25].

25) 2012년 이전에는 DC계좌의 자기부담금 운용수익도 퇴직 시 일시금으로 받을 경우 퇴직소득세 과세로 처리되었음. 다만, 세법개정으로 2013년부터는 DC계좌의 자기부담금 운용수익은 연금소득 또는 기타소득 과세 대상임.

참고로 회사는 근로자에게 자기부담금을 입금해 줄 경우, 해당 금액에 대해 근로소득세로 원천징수 신고해야 하며, 근로자는 연금계좌 세액공제 한도 범위 내에서 연말정산 세액공제를 받을 수 있습니다.

Q&A 2-2-9 DC부담금의 초과 적립

Question

A회사는 회사가 부담해야 할 DC 부담금 총액이 1,000만 원인 상황에서, 퇴직 예정인 근로자 B의 DC계좌에 총 1,200만 원을 입금하였습니다. 이 경우 어떤 세무상 불이익이 있나요?

Answer

퇴직 시점의 법정부담금보다 많이 입금되었다고 해서 회사나 근로자에게 세무상 불이익은 없습니다. 다만, 근로자로부터 해당 초과금을 반환받아야 하는 번거로움이 생기며 이때는 반환받는 해의 익금으로 산입됩니다.
참고로 임원의 경우 퇴직하는 시점에 법인세법상 임원퇴직소득한도를 초과하면 회사는 법인세 비용이 부인되며 임원 개인의 경우 퇴직소득세가 아닌 근로소득세로 과세됩니다.

Q&A 2-2-10 중도인출 가능 사유

Question

DC형 퇴직연금에서 중도인출이 가능한 사유에는 무엇이 있나요?

Answer

DC형 퇴직연금은 법에서 정한 다음과 같은 사유에 의해서만 중도인출이 가능합니다.

(퇴직급여법 시행령 제14조)

1. 무주택자의 본인 명의 주택 구입
2. 전세금 등 임차보증금 지급
3. 본인 또는 부양가족의 6개월 이상 요양(단, 가입자가 본인 연간 임금총액의 1천분의 125를 초과하여 의료비를 부담하는 경우만 해당)
4. 파산 또는 개인회생절차 개시 결정
5. 재난으로 피해를 입은 경우
6. 퇴직연금제도의 급여를 받을 권리를 담보로 제공하고 대출을 받은 가입자가 그 대출 원리금을 상환하기 위한 경우

Q&A 2-2-11 의료비 발생 사유로 인한 중도인출 한도

Question

DC가입자 A씨는 부양가족의 6개월 이상 요양을 요하는 질병의 사유로 중도인출을 하고자 합니다. 이때 의료비로 지출한 비용보다 더 많이 퇴직금을 인출하는 것도 가능한가요?

Answer

네, 가능합니다. 의료비 부담액이 가입자의 연간 임금총액의 12.5%를 초과하는 경우 중도인출 신청이 가능하며, 이때 의료비 실제 부담액보다 더 많은 퇴직급여를 중도인출하는 것은 가능합니다.

참고로 퇴직급여법의 중도인출 사유 중 담보 대출 원리금 상환을 제외한 나머지 사유로 인출하는 경우에는 인출 금액의 제한이 없습니다. 담보 대출 상환 사유는 대출 원리금 상환에 필요한 금액 이하로만 인출이 가능합니다.

Q&A 2-2-12 중도인출시 세금 감면 효과

Question

퇴직급여법상 요건을 갖추어 중도인출을 하면 세금도 감면되는 효과가 있나요?

Answer

아닙니다.

퇴직급여법의 중도인출의 사유는 연금계좌에서 인출이 가능한 사유로서 세금 감면과는 무관합니다. 소득세법상 부득이한 사유*로 인출되는 경우에만 연금소득세(무조건 분리과세)

적용을 받을 수 있습니다. 다만, 퇴직소득의 경우, 연금소득세율이 '이연퇴직소득세의 70%'로 적용되기 때문에 과세이연 전인 DC 중도인출의 경우 세금 감면이 되지 않습니다.

* 부득이한 사유(소득법 제14조 제3항 제9호, 소득세법 시행령 제20조의2)
가. 천재지변
나. 가입자의 사망 또는 「해외이주법」에 따른 해외이주[26)]
다. 가입자 또는 그 부양가족의 3개월 이상 요양이 필요한 경우[27)]
라. 가입자가 재난으로 15일 이상의 입원이 필요한 피해를 입은 경우
마. 가입자의 파산의 선고 또는 개인회생절차개시 결정
바. 연금계좌취급자의 영업정지, 영업 인허가의 취소, 해산결의 또는 파산선고

Q&A 2-2-13 DC 중도인출시 운용수익 등에 대한 과세

Question

DC제도 중도인출 시 퇴직소득이 아닌 자기부담금을 인출한 경우에도 세금 감면이 되지 않는 것인가요?

Answer

아닙니다. 퇴직소득이 아닌 세액공제 받은 자기부담금 및 자기부담금에서 발생한 운용수익의 경우, 기타소득 재원이므로 세법상 부득이한 사유 요건을 갖추어 연금소득세율 적용 시 나이에 따라 3.3~5.5% 세율로 감면이 가능합니다.

26) 해외이주 사유의 경우, 퇴직소득을 연금계좌에 입금한 날부터 3년 이후 해외 이주하는 경우에 한정됨.
27) 3개월 이상 요양 사유에 의한 인출은 연금소득세 적용 범위가 제한됨(200만 원+의료비와 간병인 비용+가입자 휴직 또는 휴업 월수×150만 원).

Q&A 2-2-14 DC 중도인출 후 IRP계좌에서의 세금 효과

Question

DC제도 중도인출 시에도 IRP 또는 연금저축계좌로 과세이연이 가능한가요? 이 경우 세법상 부득이한 사유 요건을 충족하게 되면 퇴직소득분도 세금 감면이 가능한가요?

Answer

네, 가능합니다.

DC 중도인출의 경우, 일반 급여계좌로 수령하는 것이 일반적이지만 연금계좌인 IRP나 연금저축계좌로 수령 시 과세이연이 가능합니다. 연금계좌로 과세이연된 소득의 경우에는 소득세법상 부득이한 사유 충족 시 퇴직소득분도 30% 세율 감면이 가능합니다.

(퇴직소득분의 연금소득세율 = 이연퇴직소득세 × 70%)

참고로 DC가입자의 사망으로 인한 인출 사유는 퇴직급여법상의 중도인출은 아니지만, 세법상의 부득이한 사유입니다. 하지만, 이 경우 세금 감면을 받기 위해서는 과세이연된 퇴직소득만 30% 감면이 가능하기 때문에 사전에 미리 개설한 IRP계좌에 과세이연 후 인출을 통해 연금소득세로 적용받을 수 있습니다.

관련법규 및 질의회신

소득세법 제129조 제1항 제5호의3

제20조의3 제1항 제2호 가목에 따라 퇴직소득을 연금수령하는 연금소득에 대해서는 다음 각 목의 구분에 따른 세율. 이 경우 연금 실제 수령연차 및 연금외수령 원천징수세율의 구체적인 내용은 대통령령으로 정한다.

가. 연금 실제 수령연차가 10년 이하인 경우 : 연금외수령 원천징수세율의 100분의 70

소득세법 제20조의3 제1항 제2호 가목

가. 제146조 제2항에 따라 원천징수되지 아니한 퇴직소득

소득세법 제146조 제2항

거주자의 퇴직소득이 다음 각 호의 어느 하나에 해당하는 경우에는 제1항에도 불구하고 해당 퇴직소득에 대한 소득세를 연금외수령하기 전까지 원천징수하지 아니한다. 이 경우 제1항에 따라 소득세가 이미 원천징수된 경우 해당 거주자는 원천징수세액에 대한 환급을 신청할 수 있다.

1. 퇴직일 현재 연금계좌에 있거나 연금계좌로 지급되는 경우
2. 퇴직하여 지급받은 날부터 60일 이내에 연금계좌에 입금되는 경우

Q&A 2-2-15 중도인출시 퇴직소득세

Question

중도인출로 인해 DC의 회사부담금 재원을 인출하면 퇴직소득세가 과세된다고 알고 있는데요, 실제 퇴직일로 계산하지 않기 때문에 근속연수가 짧아져서 세금이 많이 부과되는 것 아닌가요?

Answer

중도인출시에도 회사부담금 및 회사부담금에서 발생한 운용수익은 퇴직소득세로 계산됩니다. 근속연수가 실제 인출일까지로 적용되어 계산되기 때문에 인출금액이 큰 경우 세금이 크게 느껴질 수 있습니다. 하지만 향후 실제 퇴직시점에 세액정산 특례를 통해 근속연수를 재산정하여 계산하면 세무상 불이익이 발생하지 않습니다.

Q&A 2-2-16 중도인출 사유와 다른 용도 사용 시 이슈

Question

중도인출한 금액을 중도인출 사유와 다른 용도로 사용하면 세금 문제가 생기나요?

Answer

아닙니다. 중도인출한 금액을 인출 사유와는 다르게 사용하더라도 인출 당시 법적 요건을 갖추어 인출한 자금이라면 추후 세금 이슈가 발생하지는 않습니다.

Q&A 2-2-17 중도인출시 재원별 인출순서

Question

DC 불입금액 중 자기부담금 재원을 우선 중도인출하는 것이 가능한가요?

Answer

가능하지 않습니다. DC를 포함한 연금계좌는 재원별로 인출순서가 법으로 정해져 있기 때문에 임의로 해당 재원을 우선 인출하는 것은 불가능합니다. 재원별 인출순서는 아래와 같습니다.

※ 연금계좌의 인출순서(소득세법 시행령 제40조의3)

1. 과세제외금액
2. 이연퇴직소득
3. 운용수익 및 자기부담금 중 세액공제 받은 금액

Q&A 2-2-18 DC 중도인출과 IRP 이전

Question

DC제도에서 법적 요건에 맞게 중도인출을 하려고 하는데, IRP 또는 연금저축계좌로 이전 후 인출하면 더 유리한 점이 있을까요?

Answer

네, 유리한 점이 있을 수도 있습니다. Q&A 2-2-13에서 언급된 것처럼 세법상 부득이한 사유를 충족시 연금소득세율로 세금 감면이 가능할 수 있으며, 그 외에도 연금수령요건을 충족하는 경우에는 IRP 등으로 DC 중도인출자금을 이전한 후 연금수령 방식으로 인출하면 연금소득세 적용이 가능합니다. 퇴직소득금액의 경우 퇴직소득세의 70%만 부담하면 되기 때문에 세무상 유리하다고 할 수 있습니다.

참고

연금수령요건

아래 요건을 모두 충족하는 경우

1. 가입자가 만 55세 이후 연금수령 개시 신청 후 인출
2. 최초 연금계좌 입금일로부터 5년 경과 후 인출
   (단, 이연퇴직소득이 포함되어 있는 계좌는 5년 경과 전에도 연금수령 개시가능)
3. 과세기간 개시일 현재의 연금수령 한도 이내에서 인출

Q&A 2-2-19 사망한 DC가입자의 퇴직연금

Question

DC제도 가입자가 사망한 경우 지급 처리는 어떻게 해야 하나요?

Answer

DC제도 가입자가 사망한 경우, 적립된 퇴직연금은 상속인에게 지급됩니다. 사망은 퇴직연금 지급 사유에 해당하며, 사망한 가입자의 퇴직연금은 상속인이 민법에 따라 상속 개시와 동시에 수급권을 승계하여 수령합니다.

지급 방식은 피상속인의 연금계좌가 있다면 상속인인 배우자의 연금계좌로 승계받아 연금 형태로 수령할 수도 있고, 일시금으로 전액 수령도 가능합니다. 사망으로 인한 지급은 세법상 부득이한 사유에 해당하여 연금계좌로 승계 시 이연퇴직소득세의 70%만 부과되기 때문에 사망 전 개설한 IRP 등의 개인 연금계좌가 있는 경우 연금계좌로 수령하는 것이 절세효과가 있습니다.

또한 소득세와 별개로, 상속인에게 지급된 금액은 상속재산으로 간주되어, 전체 상속재산에 합산하여 상속세 신고·납부가 필요합니다.

Q&A 2-2-20 DC계좌 운용수익의 과세

Question

DC제도 운용하며 발생한 수익은 매년 세금이 징수되나요?

Answer

DC(확정기여형) 제도를 운용하면서 발생한 수익에 대해서는 매년 세금이 징수되지 않습니다. 발생한 수익의 과세 시점은 퇴직 시점으로 확정되어, 이때 회사부담금에서 발생한 수익과 자기부담금에서 발생한 수익을 분리하여 세금을 산정합니다. 구체적으로는 회사부담금 발생분은 퇴직소득으로, 자기부담금 발생분은 기타소득으로 각각 분류해 과세가 결정됩니다. 퇴직금은 원칙적으로 모두 IRP(개인형퇴직연금계좌)로 의무 이전되어야 하며, 이 과정에서 세금(퇴직소득세)은 연금 또는 일시금으로 수령하는 시점까지 이연됩니다. 즉, 퇴직금을 IRP로 이체할 땐 원천징수·납부 없이 세전 전액이 입금되고, 실제 세금 납부는 IRP에서 연금을 받거나 해지할 때 이루어집니다.

다만, 일부 예외적 상황에서는 IRP로의 의무 이전이 면제되거나, 세금이 즉시 부과될 수 있습니다. 대표적인 예외는 다음과 같습니다.

① 55세 이후 퇴직한 경우

② 퇴직금(급여)이 300만 원 이하인 경우

③ 사망으로 인한 당연퇴직, 외국인 근로자의 국외 출국 등

④ 다른 법령(예 : 학자금 상환 특별법 등)에서 전부·일부의 공제가 허용된 경우

이러한 사유에 해당하지 않는 경우라면, DC계좌의 퇴직소득은 반드시 IRP로 전액 이체되고 세금은 즉시 납부하지 않습니다. 예외에 해당한다면 IRP가 아닌 계좌로 받거나, 일부 현금 수령분에 대해선 세금이 즉시 원천징수 될 수 있습니다.

Q&A 2-2-21 DC 가입자의 법정외퇴직금

Question

DC제도에 가입한 근로자가 퇴직시점에 DC 적립금과는 별개로 회사에서 법정외퇴직금을 주는 경우 지급 방법이 어떻게 되나요?

Answer

우선, 법정외퇴직금이란, 법에서 정하지 않은, 회사의 별도 복리 후생 규정(예 : 희망퇴직금, 퇴직위로금 등)에 따라 지급되는 추가적인 퇴직급여를 의미합니다.

법정외퇴직금은 법상 의무적으로 IRP로 지급해야 하는 규정은 없습니다. 즉, DC계좌에 입금되지 않고 지급되는 법정외퇴직금의 경우 현금이나 급여통장으로 지급하는 것이 가능합니다.

다만, 회사 규정, 단체협약, 내규 등에 따라 지급 방식이 정해질 수 있으므로 구체적인 내용은 회사별로 다를 수 있습니다.

또한 현금이나 급여통장으로 받은 법정외퇴직금은 본인의 선택에 따라 지급받은 날로부터 60일 이내에 IRP나 연금저축계좌로 입금하여 과세이연 등의 세제 혜택을 받을 수도 있습니다.

Q&A 2-2-22 DC부담금 납입 지연이자

Question

사용자가 DC부담금 납입을 지연함으로서 발생한 지연이자도 과세대상인가요? 과세된다면 어떤 세금이 부과되나요?

Answer

회사가 부담금 미납 또는 납입 지연에 따라 지급하는 지연이자는 과세대상이며, 근로자에게 지급되는 퇴직급여의 일부로 보기 때문에 DC 사용자부담금에서 발생한 운용수익과 마찬가지로 퇴직하여 근로자에게 지급하는 시점에 퇴직소득세로 과세됩니다.
참고로 근로계약의 위약 등으로 인한 퇴직금 지급 지연손해금의 경우에는 위약금, 배상금으로서 기타소득에 해당되기 때문에 DC부담금 납입 지연으로 인한 지연이자와는 구분됨에 유의해야 합니다.

Chapter

03

경영성과급 DC제도

KEY POINT

- 경영성과급 DC제도는 유동적인 성과급을 급여 대신 DC계좌에 사용자부담금으로 납입해, 근로자는 퇴직 시점 이후 인출 가능
- 제도의 주요 설정 요건은 규약 명시, 가입자 간 차등 금지, 임의 납입 불가 등이며 전체 근로자에게 동일 기준으로 적용해야 함
- 근로소득이 아닌 퇴직소득으로 과세되며, 사회보험료 부담 감소 효과도 발생
- 임원의 경영성과급 DC도 가능한 바, 퇴직소득 한도 관리에 유의할 필요

1. 개요

경영성과급 DC제도는 회사가 경영의 성과에 따라 지급 여부와 지급액이 결정되는 성과급을 퇴직연금 규약에 의해 퇴직연금인 DC계좌에 사용자부담금으로 납입할 수 있도록 한 제도이다. 근로자가 급여계좌가 아닌 퇴직연금계좌로 경영성과급을 수령하게 되면 퇴직 등의 사유가 발생한 경우에만 인출이 가능하며, 근로소득이 아닌 퇴직소득으로 간주되어 세금 및 사회보험료 절감이 가능할 수 있다.

2. 경영성과급 DC제도 설정 요건

1) DC계좌에 납입 가능한 경영성과급

경영성과에 따라 불확정적이고 변동적인 경영성과급은 임금에 해당하지 않아 규약에 명시함으로써 DC제도(혼합형 제도 포함)에 사용자부담금으로 납입이 가능하다.

> **퇴직급여보장팀-3486, 2006.10.12**
> 회사의 경영성과에 따라 지급여부 및 지급액이 결정되는 소위 경영성과급은 근로자에게 직접 지급하더라도 특별한 사정이 없는 한 임금으로 보기 어려우므로, 이를 근로자에게 직접 지급하는 대신 부담금 형태로 납부하더라도 근로자 수급권 측면에서는 문제가 없으나, 다만 정기적으로 납부해야 하는 부담금 이외에 별도로 경영성과급 등을 부담금으로 추가 납부할 수 있다는 사항을 퇴직연금규약에 명시하여야 할 것임.

2) 가입자별 차등 불가

경영성과급을 퇴직연금제도에 사용자 부담금으로 납입하려면 부담금의 납입에 관하여 납입시기, 부담률, 산정방식 등을 노사합의로 미리 퇴직연금 규약에 가입자별 차등 없이 설정하여야 한다.

동일 사업장의 동일 퇴직급여제도 내에서 근로자의 직위, 직종, 직급, 정년, 입사 시기 등을 이유로 부담금 산정 방법을 달리 정하는 것은 차등금지원칙에 위반된다.

하지만 경영성과급 납입기준을 설정 시 전체 가입자에 대해 근속연수에 따른 누진율을 적용하는 경우에는 미리 다르게 설정한 납입비율을 적용하여 적립할 수 있다.

3) 임의 납입 불가

① 경영성과급의 퇴직연금 적립 여부는 개별 가입자(근로자, 임원)의 선택에 따라 임의로 납입할 수 없으며, 전체 가입자가 동일한 기준에 따라 적립비율을 적용받아야 한다.

② 경영성과급의 납입 비율(0~100%)은 노사합의에 따른 퇴직연금 규약으로 미리 정하는 것인바, 납입비율을 변경하거나 개별 가입자(근로자, 임원) 선택에 따라 납입을 임의로 중단 또는 추가 납입의 선택을 할 수 없다.

4) 기타 고려 사항

① DC형 퇴직연금에 세전으로 적립된 경영성과급은 사용자부담금으로 구분되므로, 이에 따라 발생하는 퇴직연금 수수료는 회사가 부담한다.

② 경영성과급을 DC형으로 적립할지 여부는 제도 도입 시점에 1회 선택하며, 해당 규약이 변경되는 경우 외에는 변경이 불가능하다.

3. 절세 등 효과

DC계좌에 납입된 사용자부담금으로서의 경영성과급(그 운용소득 포함)은 근로소득으로 보지 아니하며, 법정부담금에 의한 DC 적립금에 더해서 퇴직소득으로 본다.

① **과세이연 효과**

DC계좌에 적립된 경영성과급은 운용기간 동안 과세되지 않으며, 중도인출 또는 퇴직 시점에서 퇴직소득세가 부과됨.

② **근로소득 대신 퇴직소득 과세 :** 퇴직소득세는 연분연승법 및 근속연수 공제를 통한 저율과세 적용

③ **퇴직 후 IRP 등 연금계좌 과세이연 및 연금소득세 적용 :** 퇴직소득세의 30%(또는 40%) 절감 가능

④ **사회보험료 감소 :** DC계좌 적립액은 근로소득에 포함되지 않아 각종 보험료(국민, 건강, 고용, 산재) 부과 대상에서 제외

4. 임원 경영성과급 DC제도 쟁점 사항

1) 임원 퇴직소득 한도

임원이 경영성과급을 DC형 퇴직연금에 적립할 경우 퇴직소득 한도 초과 가능성에 유의해야 한다. 소득세법상 퇴직소득 한도금액 계산 시 총급여에 포함되지 않기 때문에 한도금액이 줄어들 수 있다. 이에 따라 실제 퇴직 시 과세 대상 금액이 증가하고, 퇴직소득세 부담이 커질 수 있으므로 사전 시뮬레이션이 필요하다.

2) 성과급의 임금성 여부

경영성과급이 임금으로 간주될 경우, 적립이 불가능하므로 제도 설계 시 성과급의 성격을 명확히 해야 한다. 다만, 임원은 근로기준법상 '근로자'에 해당하지 않기 때문에 임원이 받는 성과급은 일반적으로 임금에 해당하지 않는다. 따라서 임원에 대한 성과급은 퇴직연금 적립이 가능하다.

Q&A 2-3-1 근로소득의 퇴직소득으로의 전환

Question

경영성과급을 DC계좌로 받으면 세금이 줄어드나요?

Answer

경영성과급에 대한 세금은 근로소득세가 원칙입니다. 하지만 회사가 퇴직연금규약에 명시된 경영성과급 DC제도를 도입하고 있으며, 법적 적립 요건*을 만족하는 경우, DC계좌로 받은 경영성과급은 퇴직소득세로 부과됩니다.

일반적으로 퇴직소득세는 근로소득세보다 세부담이 적기 때문에 절세효과가 있을 수 있습니다. 또한 퇴직 후 IRP로 과세이연할 수 있으며, 연금으로 수령하면 퇴직소득세의 30%(또는 40%) 추가 감면도 가능합니다.

* 법적 적립 요건
  근로자가 적립금액 등을 선택할 수 없어야 하는 등 다소 엄격한 요건을 갖추어야 하기 때문에 관련 법규의 이해가 필수적임

관련법령 및 예규

소득세법 시행령 제38조 【근로소득의 범위】

② 제1항을 적용할 때 퇴직급여로 지급되기 위하여 적립(근로자가 적립금액 등을 선택할 수 없는 것으로서 기획재정부령으로 정하는 방법에 따라 적립되는 경우에 한정한다)되는 급여는 근로소득에 포함하지 아니한다.

소득세법 시행규칙 제15조의4 【퇴직급여 적립방법 등】

영 제38조 제2항에서 "근로자가 적립금액 등을 선택할 수 없는 것으로서 기획재정부령으로 정하는 방법"이란 다음 각 호의 요건을 모두 충족하는 적립 방법을 말한다.

1. 「근로자퇴직급여 보장법」 제4조 제1항에 따른 퇴직급여제도의 가입 대상이 되는 근로자(임원을 포함한다. 이하 이 조에서 같다) 전원이 적립할 것. 다만, 각 근로자가 다음 각 목의 어느 하나에 해당하는 날에 향후 적립하지 아니할 것을 선택할 수 있는 것이어야 한다.
   가. 사업장에 제2호에 따른 적립 방식이 최초로 설정되는 날(해당 사업장에 최초로 근무하게 된 날에 제2호의 적립 방식이 이미 설정되어 있는 경우에는 「근로자퇴직급여 보장법」 제4조 제1항에 따라 최초로 퇴직급여제도의 가입 대상이 되는 날을 말한다)
   나. 제2호의 적립 방식이 변경되는 날
2. 적립할 때 근로자가 적립 금액을 임의로 변경할 수 없는 적립 방식을 설정하고 그에 따라 적립할 것
3. 제2호의 적립 방식이 「근로자퇴직급여 보장법」 제6조 제2항에 따른 퇴직연금규약, 같은 법 제19조 제1항에 따른 확정기여형퇴직연금규약 또는 「과학기술인공제회법」 제16조의2에 따른 퇴직연금급여사업을 운영하기 위하여 과학기술인공제회와 사용자가 체결하는 계약에 명시되어 있을 것
4. 사용자가 영 제40조의2 제1항 제2호 가목 및 다목의 퇴직연금계좌에 적립할 것

Q&A 2-3-2 임원의 경영성과급 DC(1)

Question

A법인은 소득세법 시행규칙 제15조의4에 따라 DC규약을 변경하여 작년까지는 임직원들에게 해마다 지급하여 근로소득세를 원천징수하였던 경영성과급을, 올해부터는 DC 퇴직연금제도의 사용자부담금으로 근로소득세를 차감하지 않고 납입하여 임직원들의 노후 대비를 지원하고자 합니다.

Q1) 임원도 성과급을 DC에 납입하여 근로소득이 아닌 퇴직소득으로 할 수 있나요?

Q2) 일부 임직원만 경영성과급을 DC 사용자부담금으로 적립하지 않는 것을 선택할 수 있나요?

Q3) 경영성과급을 DC에 사용자부담금으로 적립하지 않는 것을 선택한 임직원이 그 후에 적립하는 것으로 선택할 수 있나요?

Q4) DC에 납입되는 경영성과급에 대한 퇴직연금 수수료는 누가 부담하나요?

Answer

A1) 임원도 경영성과급을 DC에 적립이 가능합니다.

소득세법 시행규칙 제15조의4에 의하면 임원도 적립이 가능하다고 판단됩니다. 일반적으로 소득세법에서 근로자라는 표현은 근로기준법상 근로자를 의미하기보다는 근로소득자를 의미하는 것으로 특별히 배제하는 규정이 존재하지 않는 한 임원도 포함된다고 해석할 수 있습니다.

단, 소득세법 제22조 임원 퇴직소득 한도의 적용을 받으므로 한도초과액은 근로소득으로 과세(건강보험료 대상 소득은 아님[28])함에 유의해야 합니다.

28) 「소득세법」 제22조 제3항의 '임원 퇴직소득 한도 초과액'은 「국민건강보험법 시행령」 제33조의 '퇴직금'에 포함된다는 이의신청 인용결정에 따라 보수에서 제외(제2016-이의-02327호)

A2) 다음의 경우에 한하여 경영성과급 DC를 선택할 수 있습니다.

- 최초 입사 시
- 경영성과급 DC를 최초 도입 시
- 적립 규칙을 변경하는 경우

A3) 국세청 질의회신(서면-2021-원천-6696, 2023.6.13)에서는 해당 내용에 대한 명확한 해석을 유보하고 있으면서도, 현실적 퇴직을 전제로 사용자부담금 기반이라면 퇴직소득으로 인정한다고 답변한 바 있습니다.

A4) 회사가 부담합니다.
근로자퇴직급여보장법 시행령 제10조에 따라 사용자부담금에 대한 수수료는 사용자, 즉 회사가 부담해야 합니다.

관련법규 및 질의회신

국세청 예규(문서번호 : 서면-2021-원천-6696)

제목	경영성과급 적립방식 변경으로 인한 적립금을 기초로 연금계좌에서 수령하는 소득의 소득 구분
요지	사용자부담금을 기초로 하여 임직원의 현실적인 퇴직을 원인으로 확정기여형 퇴직연금제도에서 지급받는 금액은 소득세법 제22조 제1항 제2호의 퇴직소득에 해당하는 것임
답변 내용	경영성과급의 퇴직연금제도 적립방식이 최초로 설정되는 날에 적립하지 아니할 것을 선택한 근로자가 그 적립방식이 변경될 때 적립할 것을 선택할 수 있는지 여부는 퇴직연금제도의 운영방식에 관한 것으로 세법 해석에 따라 판단하기 어려운 부분임을 양해하여 주시기 바라며, 사용자부담금을 기초로 하여 임직원의 현실적인 퇴직을 원인으로 확정기여형 퇴직연금제도에서 지급받는 금액은 「소득세법」 제22조 제1항 제2호의 퇴직소득에 해당하는 것임. 다만, 임원의 퇴직소득금액이 동조 제3항 단서 및 계산식에 따라 계산한 금액을 초과하는 경우 그 초과하는 금액은 근로소득에 해당하는 것임.

경영성과급 납입에 관한 지침('15.4.30, 고용노동부 퇴직연금복지과)
적립하지 않을 것을 선택한 근로자라도 추후 납입비율에 관한 규약변경 후 다시 경영성과급을 DC형에 납입할 수 있음.

Q&A 2-3-3 임원의 경영성과급 DC(2)

Question

경영성과급을 DC에 적립할 때, 임원과 근로자의 성과급 납입 비율을 달리 정할 수 있나요?

Answer

임원과 근로자의 보수 및 임금체계, 퇴직금 산정기준 등이 달라 퇴직연금 부담금이 상이한 경우에는 예외적으로 임원의 경영성과급의 납입비율을 달리 정할 수 있습니다.

퇴직연금제도에 가입한 근로자와 임원은 가입자로서 동일한 부담금 산정방식을 적용하는 것이 원칙이며, 퇴직연금제도의 가입자인 임원과 근로자에게 동일한 퇴직연금 규약이 적용되는 만큼 동 지침 및 소득세법 시행규칙의 납입방법 취지를 고려하여 퇴직연금 규약으로 동일한 기준을 미리 정하여 납입하는 것이 바람직한 것으로 보입니다.

다만, 정관 또는 이사회의 결정에 따른 임원의 보수 규정에서 정한 퇴직금 지급기준이 근로자와 달라 예외적으로 경영성과급의 납입비율을 달리 정하는 것은 퇴직급여제도의 차등으로 보기는 어려울 것으로 판단됩니다.

Q&A 2-3-4 경영성과급 DC의 손금산입

Question

경영성과급을 DC계좌에 법인이 입금하면 법인세 손금 산입이 가능한가요?

Answer

네, 가능합니다.

경영성과급은 급여계좌로 지급하는 것과 마찬가지로 DC계좌로 입금하는 경우에도 입금 시점에 법인세 비용 인정이 됩니다. 다만, 법인세법에 따른 부당행위계산으로 성과급이 부인되는 경우에는 손금산입되지 않습니다.

Q&A 2-3-5 혼합형 퇴직연금제도의 경영성과급

Question

DB/DC 혼합형 퇴직연금제도를 가입한 근로자도 경영성과급을 DC계좌에 입금하여 퇴직소득으로 인정받을 수 있나요?

Answer

확정급여형(DB)은 사용자가 가입근로자 전체를 대상으로 운용하는 것이므로 근로자 개인의 추가 납입을 허용하지 않습니다. 따라서 혼합형(DB+DC)으로 제도를 변경하여 가입자의 확정기여형(DC) 계정에 사용자부담금으로 경영성과급을 추가 납입이 가능하며, 퇴직소득으로 인정받을 수 있습니다.

그런데 경영성과급은 가입자별 DC형(혼합형의 DC계정 포함)에 납입되어야 하므로, 부담금 납입 이전에 DC형에 가입되어야 적립이 가능합니다.

따라서 경영성과급을 사용자부담금으로 납입하기로 규약을 작성하여 적립방식이 최초로 설정되는 날 또는 적립방식이 변경되는 날 현재 DC형이나 혼합형 가입자가 아닌 경우에는 경영성과급의 적립여부를 선택할 수 없습니다.

혼합형 제도에 경영성과급을 납입한 후 퇴직하는 경우, DB를 통해 받는 퇴직소득과 DC에 적립된 퇴직소득은 원천징수의무자가 다르기 때문에 퇴직시점에 나중에 지급하는 쪽에서 정산하여 원천징수 합산과세가 되도록 해야 합니다.

관련법규 및 질의회신

국세청 예규(문서번호 : 원천세과-260, 2014.7.15)

제목	혼합형 퇴직연금제도의 경영성과급 퇴직소득 여부
요지	경영성과금의 일부 또는 전부를 근로자에게 지급하지 아니하고 근로자와 합의한 퇴직연금규약(혼합형의 경우 포함)에 따라 확정기여형 퇴직연금의 사용자부담금으로 추가납입하고, 근로자가 현실적인 퇴직을 원인으로 지급받는 소득은 퇴직소득임
답변 내용	귀 서면질의의 경우, 회사가 경영성과에 따른 경영성과금의 일부 또는 전부를 근로자에게 지급하지 아니하고 근로자와 합의한 퇴직연금규약(혼합형의 경우 포함)에 따라 확정기여형 퇴직연금의 사용자부담금으로 추가납입하고, 근로자가 현실적인 퇴직을 원인으로 해당 추가납입금을 포함한 사용자부담금을 기초로 하여 지급받는 소득은 「소득세법」 제22조 제1항 제2호(2013.1.1 법률 제11611호로 일부 개정된 것)에 따른 퇴직소득에 해당하는 것임.

Q&A 2-3-6 혼합형 제도의 경영성과급 사례

Question

DB/DC혼합형 제도에 가입한 근로자가 퇴직시점에 받는 퇴직금이 다음과 같다면 퇴직소득 원천징수는 누가 어떻게 합산신고 해야 하나요?

(단위 : 원)

퇴직연금제도	구분	금액
DB 지급분	회사 지급액	100,000,000
DC 지급분	회사부담금 평가액	1,000,000
	누적 경영성과급 평가액	10,000,000

Answer

아래의 두 가지 방법 중 택일하여 합산신고 하면 됩니다.

▶ 원천징수방법 (1) DB 먼저 지급하는 경우

① 회사가 DB 지급 퇴직소득분 1억 원에 대한 원천징수 신고 후, 원천징수영수증을 DC사업자에게 송부합니다.

(단위 : 원)

퇴직급여 현황	중간지급분	최종분	정산
과세대상 퇴직급여	0	100,000,000	100,000,000

산출세액(가정)	3,000,000
기납부(기과세이연)세액	0
신고대상세액(이연퇴직소득세)	3,000,000

② DC사업자가 DC지급분 100만 원 + 경영성과급 천만 원에 대한 원천징수 신고 시, DB 신고분과 합산하여 세액정산합니다.

(단위 : 원)

퇴직급여 현황	중간지급분	최종분	정산
과세대상 퇴직급여	100,000,000	11,000,000	111,000,000
산출세액(가정)	3,500,000		
기납부(기과세이연)세액	3,000,000		
신고대상세액(이연퇴직소득세)	500,000		

→ 이연퇴직소득세 총합계는 3,500,000원

▶ **원천징수방법 (2) DC 먼저 지급하는 경우**

① DC사업자가 DC지급분 100만 원 + 경영성과급 천만 원에 대한 원천징수 신고 후, 원천징수영수증을 회사에 송부합니다.

(단위 : 원)

퇴직급여 현황	중간지급분	최종분	정산
과세대상 퇴직급여	0	11,000,000	11,000,000
산출세액(가정)	100,000		
기납부(기과세이연)세액	0		
신고대상세액(이연퇴직소득세)	100,000		

② 회사가 DB 지급 퇴직소득분 1억 원에 대한 원천징수 신고 시, DC분과 합산하여 세액정산합니다.

(단위 : 원)

퇴직급여 현황	중간지급분	최종분	정산
과세대상 퇴직급여	11,000,000	100,000,000	111,000,000
산출세액(가정)	3,500,000		
기납부(기과세이연)세액	100,000		
신고대상세액(이연퇴직소득세)	3,400,000		

→ 이연퇴직소득세 총합계는 3,500,000원

Q&A 2-3-7 경영성과급 DC와 건강보험료

Question

경영성과급을 DC계좌에 적립하여 퇴직소득으로 보는 경우, 건강보험료는 부과되나요?

Answer

아닙니다. DC계좌에 적립된 경우, 근로소득으로 보지 않기 때문에 건강보험료 산정 소득에서 제외됩니다. 따라서 회사와 근로자 모두 건강보험료가 절감될 수 있습니다. 건강보험료뿐만 아니라 고용보험료 및 국민연금과 같은 4대 보험료에서도 DC 납입분만큼은 차감되어 계산됩니다.

Q&A 2-3-8 스톡옵션 이익, 복리후생 급여의 사용자 부담금 가능 여부

Question

A법인은 소득세법 시행규칙 제15조의4에 따라 DC 규약을 변경하여 해마다 지급하였던 휴가비(근로소득세를 원천징수)를 DC제도의 사용자부담금(근로소득세 미차감)으로 납입하여 임직원들의 노후 대비를 지원하고자 합니다. 또한 임직원이 재직 중 스톡옵션을 행사하여 얻은 이익을 DC 사용자부담금으로 입금할 수 있는지도 검토 중입니다. 근로소득에 속하는 스톡옵션 행사 이익이나 복리후생비도 DC에 사용자부담금으로 납입하여 퇴직소득으로 전환할 수 있나요?

Answer

소득세법 시행령 제38조 제2항과 소득세법 시행규칙 제15조의3에서 DC에 적립하여 퇴직소득으로 전환할 수 있는 근로소득의 항목을 특별히 경영성과급으로 제한하고 있지 않으므로 관련 조항의 적립 규칙 등을 충족하는 경우 가능할 것으로 판단되지만 국세청 등의 유권해석을 받은 후 진행하는 것이 바람직합니다.

다만, DC 가입자 중 근로기준법상 근로자(임원은 제외)의 스톡옵션 행사 이익이나 휴가비가 임금에 해당한다면 적립이 불가합니다. 스톡옵션 행사 이익은 일반적으로 임금에 해당하지 않고, 휴가비는 성격에 따라 달라질 수 있습니다. 즉, 휴가비가 근로의 대가성, 정기성, 일률성, 고정성이라는 성격을 가진다면 임금으로 보아야 할 것입니다.

노동법상 임금이란 근로의 대가로 계속적, 반복적, 고정적으로 지급되는 금품으로 실비변상적, 은혜적 급여가 아니어야 합니다. 이는 명칭에 관계없이 실질적인 성격에 따라 결정되며 예를 들어 회사의 실적에 따라 지급 여부가 결정되는 경영성과급은 임금이 아닙니다.

관련법규 및 질의회신

소득세법 시행령 제38조【근로소득의 범위】

① 법 제20조에 따른 근로소득에는 다음 각 호의 소득이 포함되는 것으로 한다.

14. 휴가비, 기타 이와 유사한 성질의 급여

17. 법인의 임원 또는 종업원이 당해 법인 또는 당해 법인과 「법인세법 시행령」 제87조의 규정에 의한 특수관계에 있는 법인(이하 이 호에서 "당해 법인 등"이라 한다)으로부터 부여 받은 주식매수선택권을 당해 법인 등에서 근무하는 기간 중 행사함으로써 얻은 이익(주식매수선택권 행사 당시의 시가와 실제 매수가액과의 차액을 말하며, 주식에는 신주인수권을 포함한다)

② 제1항을 적용할 때 퇴직급여로 지급되기 위하여 적립(근로자가 적립금액 등을 선택할 수 없는 것으로서 기획재정부령으로 정하는 방법에 따라 적립되는 경우에 한정한다)되는 급여는 근로소득에 포함하지 아니한다.

Part

03

퇴직연금 운영 실무

Chapter

01

표준형 DC제도의 도입과 운영

KEY POINT

- 표준형 DC는 하나의 표준규약 · 표준계약서로 여러 사업장이 함께 가입하는 복수 사용자 DC이며, 사전에 별도의 고용노동부 승인을 받아 운영됨
- 표준형 DC의 장점 : ① 적립금을 합산해 수수료율을 적용받거나 단일 수수료율을 적용하여 일반형 DC에 비해 비용이 상대적으로 낮으며, ② 승인된 표준규약 · 계약서를 그대로 사용하므로 비교적 간소화된 가입 절차가 적용되며, ③ 퇴직연금 사업자의 입장에서는 공동 운용으로 인한 규모의 경제가 가능
- 도입 · 운영 절차 : ① 표준규약 승인 → ② 사업장별 설정(근로자대표 동의 · 의견 청취) → ③ 운용 · 자산관리 계약 → ④ 부담금 납부 · 운용

1. 표준형 DC제도[29)]

1) 표준형 DC제도 개요

표준형 DC란 하나의 표준화된 규약으로 여러 사업장이 동일한 제도에 참여할 수 있게 하는 복수 사용자 DC제도를 말한다. 즉, 퇴직연금사업자가 확정기여형(DC) 퇴직연금 제도 도입을 위해 하나의 표준화된 규약과 표준계약서를 작성하여 고용노동부 장관의 승인을 받은 후 여러 사업장이 동일한 규약에 적용을 받는 복수 사용자 확정기여형(DC) 제도이다.

29) 법에서는 '둘 이상의 사용자가 참여하는 DC제도'로 정의됨.

표준규약 및 표준계약서를 공동으로 사용하는 제도의 성격상 유사한 업종 또는 각종 협회나 회원사 등을 중심으로 운용되고 있다. 또한 해당 업종이나 협회 등에 속한 사용자들의 결속력이 크고 근로조건, 인사관리 형태가 유사한 경우 제도 도입이 용이한 경향이 있다[30].

2) 주요 특징

(1) 퇴직연금 수수료 절감

표준형 DC를 적용받는 모든 사업장을 하나의 동일한 단체로 인정해, 합산된 모든 적립금에 해당하는 낮은 수수료율을 적용받거나 단일의 저율 수수료를 적용할 수 있기 때문에 일반 DC제도 대비 사업장 부담이 낮다.

(2) 개별 사업장의 가입 절차 간소화

퇴직연금사업자가 사전 승인받은 표준규약, 표준계약서를 적용받으므로 가입 절차가 간소한 편이다(개별 사업장은 이미 승인받은 표준규약을 고용노동관서에 신고만 하면 됨).

(3) 규모의 경제(퇴직연금 사업자 입장)

동일 규약으로 공동 운용되어 퇴직연금 사업자 입장에서 관리 효율성이 높아진다.

표 3-1 '일반 DC제도' vs. '표준형 DC제도'

	일반 DC제도	표준형 DC제도
도입 대상	전 사업장 가능	소규모 사업장 중심
제도도입 절차 (규약·계약)	개별 사업장별로 규약 설정 및 계약서 체결	표준규약·표준계약서에 의한 간편한 제도 도입
수수료	일반 수수료 적용	표준형 DC제도 전용 우대수수료 적용 가능[31]
기타 비용부담 방식, 적립금 운용, 급여지급 관련사항 등은 일반 DC제도와 표준형 DC제도의 내용이 동일함		

30) 각종 협동조합, 자동차 정비업, 운송업, 협력업체, 국공립·사립 어린이집, 전문 자격증 단체 등
31) 수수료 우대의 대상, 조건, 규모 등은 퇴직연금사업자 별로 상이함.

2. 표준형 DC제도 도입 절차

1단계 : 표준규약의 작성 및 승인

A, B, C 등 복수의 사업장이 속해 있는 협회(상위단체)와 퇴직연금사업자가 협의하여 표준형 DC제도 규약 작성 후 고용노동부에 승인 신청 및 고용노동부 장관의 승인

2단계 : 사업장별로 표준형 DC제도 설정

사용자별로 표준형 DC제도 규약에 대하여 근로자대표의 동의 취득(2012.7.26 이후 새로 성립된 사업장의 경우, 근로자대표의 의견 청취)

3단계 : 퇴직연금사업자와 운용관리/자산관리업무 계약 체결

4단계 : 사용자의 부담금 납부 및 적립금 운용(근로자)

Q&A 3-1-1 표준형 DC제도의 수수료

Question

Q1) 일반 DC제도와 비교했을 때 표준형 DC제도는 수수료 측면에서 큰 장점이 있다고 알고 있는데, 수수료 절감 효과가 얼마나 되나요?

Q2) 회사가 납부하는 운용/자산관리 수수료는 규약을 작성한 협회·단체의 중앙회에서 납부하나요? 아니면 회원사별로 납부하나요?

Answer

A1) 퇴직연금사업자 및 표준형 DC제도별로 상이한 수수료 체계와 다양한 할인 방식을 적용하고 있기 때문에 일률적인 답변은 어렵지만, 일반 DC제도 수수료 대비 약 절반 가까이 수수료를 절감하는 사례도 있습니다.

A2) 수수료는 부담금을 납입하는 주체별로 즉 회원사(사업장) 별로 납부할 의무가 있습니다.

Q&A 3-1-2 협회 · 단체의 표준형 DC제도 도입과 가입 의무

Question

Q1) 전국에 있는 모든 협회는 표준형 DC제도의 도입이 가능한가요?

Q2) 기존 협회 · 단체에 소속된 회원사가 이미 일반 DC제도에 가입되어 있는 경우 제도를 폐지하고 협회 · 단체가 주도한 표준형 DC제도에 새로 가입해야만 하나요?

Q3) 사업장별로 특수 조항을 추가할 수 있나요?

Answer

A1) 모든 협회 · 단체에 적용할 수 있지는 않습니다. 협회의 규모, 업종, 회원사 특성 등 다양한 고려 사항이 있기 때문에 퇴직연금 사업자와 사전 검토가 필요합니다.

A2) 그렇지 않습니다. 협회 · 단체 소속 사업장의 해당 표준형 DC제도에 대한 가입 여부는 회사 및 근로자의 선택에 따라 자유로이 결정할 수 있습니다. 이미 DB제도나 DC제도에 가입하고 있는 경우에도 기존 제도에 잔류하거나 또는 기존 제도를 폐지하고 표준형 DC제도로 이전하거나 모두 선택 가능합니다. 또한 표준형 DC제도 가입 후 일반 DC제도로의 전환도 물론 가능합니다.

A3) 표준규약, 표준계약서의 핵심 조항은 동일해야 하나, 부담금률 등 일부 항목은 부속합의서 형태로 조정이 가능합니다. 단, 변경 시 고용노동부 신고 및 근로자대표 동의를 재취득해야 합니다.

Q&A 3-1-3 표준형 DC제도 규약이 승인된 후 취소되는 경우

Question

Q1) 표준형 DC제도 규약이 승인된 후 취소되는 경우도 있나요?

Q2) 규약이 취소되는 경우 해당 표준형 DC 규약에 가입한 기존 사업장은 어떻게 되나요?

Answer

A1) 표준형 DC의 가장 큰 장점이 퇴직연금 수수료 절감입니다. 그런데 퇴직연금사업자가 사회적 기업 또는 어린이집 등 특정 사업장에 대한 수수료 체계 개편을 통해 할인율을 대폭 확대하여 표준형 DC 수수료율에 비해 같은 수준이거나 더 낮아지는 경우도 발생할 수 있습니다.

이러한 경우 고용노동부는 표준형 DC제도의 요건을 갖추지 못한 것으로 판단하여 해당 표준형 DC 규약의 승인을 취소할 수 있습니다. 이 경우에도 해당 표준형 DC에 이미 가입한 기존 계약은 유효합니다.

A2) 기존에 가입한 사업장은 그대로 표준형 DC제도 운영이 가능합니다. 다만, 새로운 사업장이 취소된 표준형 DC에 추가로 가입할 수는 없습니다(일반형 DC로 가입).

Chapter

02

퇴직연금의 이전[32)]

KEY POINT

- 실물이전 제도는 퇴직연금사업자 변경 시 기존 상품을 매도하지 않고 그대로 옮길 수 있도록 하여, 해지 · 환매에 따른 손실과 불편을 완화
- 법인전환, 합병, 기업분할, 관계사 이동 등의 경우 계약이전 가능
- 일정한 요건 충족 시 연금저축계좌에서 IRP계좌로의 계좌이체 가능

1. 실물이전 제도

1) 개요

기존에는 퇴직연금 계좌를 다른 퇴직연금 사업자로 이전하는 경우에 운용 중인 상품의 해지(현금화)에 따른 비용(중도해지 금리 등), 펀드 환매 후 재매수 과정에서 금융 시장 상황 변화로 인한 손실(기회비용) 등이 발생할 수 있었다. 그러나 '퇴직연금 실물이전 서비스'가 2024년 10월부터 도입되어, 퇴직연금 가입자가 기존 운용상품을 매도(해지)하지 않고 퇴직연금사업자만 바꾸어 이전할 수 있게 되었다.

32) 실물이전, 계약이전, 현물이전 및 계좌이체를 다루고자 함.

2) 실물이전 범위 및 대상

원리금보장상품(예금, GIC, ELB · DLB 등), 공모펀드, ETF 등 주요 퇴직연금 상품 중 신탁계약의 퇴직연금인 경우 대부분 실물이전이 가능하다. 다만, 동일한 제도 내(DB ↔ DB, DC ↔ DC, IRP ↔ IRP)에서 이전 가능하고, 퇴직연금 운용 상품의 특성 및 계약 형태 등에 따라 실물이전이 불가능한 경우[33]가 있으므로 가입자는 보유한 상품의 실물이전 가능 여부를 사전에 확인할 필요가 있다.

또한, 가입자는 본인이 운용 중인 상품이 실물이전 대상에 해당하더라도 이전을 희망하는 사업자(수관회사)가 동일한 상품을 취급(라인업)하고 있어야 실물이전이 가능한 점도 유의해야 한다. 즉, 가입자가 운용하는 다양한 상품 중 수관회사가 취급하는 실물이전 대상 상품은 해지 없이 이전이 가능하지만, 실물이전 제외 상품과 수관회사 미취급 상품은 기존과 같이 상품 매도 후 현금화하여 이전해야 한다. 만일 상품 편입 없이 현금성 자산만을 보유하고 있는 계좌의 경우에는 퇴직연금사업자 변경 시 실물이전이 아닌 현금 이전을 신청해야 한다.

3) 실물이전 절차 및 유의 사항

(1) 이전 절차

① **금융회사(수관회사)에 실물이전 신청**

실물이전 형태로 퇴직연금 계좌를 이전하려는 퇴직연금 가입자는 새롭게 계좌를 옮기고자 하는 퇴직연금 사업자(이하 '수관회사')에서 퇴직연금 계좌를 개설한 후 이전 신청서를 접수하면 된다. 이때, 수관회사에 개설된 퇴직연금계좌가 이미 있는 경우, 신규 계좌 개설이 불필요하여 이관회사에서도 이전 신청이 가능하다.

② **유의 사항 안내 및 최종 의사 확인**

다음 단계로, 현재 계약이 체결되어 있는 퇴직연금 사업자(이하 '이관회사')가 가입자에게 실물이전 가능 상품목록 등 유의사항을 안내하여 이전 여부에 대한 최종 의사 확인을 받게 된다. 안내의 내용에는 가입자가 이관회사에서 투자하고 있는 상품을

33) 디폴트옵션 상품, 퇴직연금(자산관리)계약이 보험계약 형태인 경우, 사용자가 운용관리업무와 자산관리업무를 각각 다른 사업자로 지정한 언번들형 계약 등

수관회사가 동일하게 취급하고 있는지 여부 및 동일 상품 미취급시 처리 방안(현금 이전) 등이 포함된다.

③ **이전 실행 및 결과 통보**

가입자 의사 확인 후, 실물이전을 실행하고 이전 결과를 SMS, 스마트폰 앱 등을 통해 가입자에게 통보한다.

표 3-2 실물이전 절차

1. (가입자) 이전신청	• 이전 회사 결정 및 신청 • 신규계좌 개설
⇩	
2. (이관社) 유의사항 안내	• 이전 예상 소요기간 등 • 이전 불가시 현금이전
⇩	
3. (이관社) 이전실행	• 실물이전 상품 안내 • 이전 불가상품 환매
⇩	
4. (수관社) 이전결과 통보	• 상품, 계좌정보 변경 • 이전결과 안내

(2) 유의 사항

① **실물이전은 동일한 퇴직연금제도 내에서 가능**

실물이전은 동일한 유형의 퇴직연금제도 간 퇴직연금사업자를 변경하는 경우에만 가능하다. 이때 IRP 간 이전은 가입자(계약 주체)가 퇴직연금 사업자를 선택하여 이전할 수 있으나, DB 간, 또는 DC 간 이전은 회사(계약 주체)가 계약을 체결하고 있는 사업자 간에만 이전이 가능하므로, DC 제도의 근로자는 소속 회사가 퇴직연금 계약을 체결하고 있는 금융기관들 내에서의 이전만 가능하다(A사 DC → B사 IRP의 경우 실물이전 대상이 아님). 또한, IRP와 연금저축계좌 사이에는 실물이전은 불가능하며, 현금이전만 가능하다.

② **계약의 형태 및 상품 특성상 일부 상품은 실물이전이 불가**

퇴직연금(자산관리) 계약은 신탁계약 또는 보험계약 형태로 체결되는데, 보험계약으로 체결되는 퇴직연금(자산관리) 계약 구조에서는 보험계약의 특성상 실물이전이 불가능하다. 또한 퇴직연금 계약이 언번들[34] 형태인 경우, 상품이 디폴트옵션, 지분증권, 리츠, 사모펀드, ELF, 파생결합증권, RP, MMF, 종금사 발행어음 등인 경우 그리고 압류 및 질권 설정 상품, 환매 불가 펀드 등 특정 상황 발생에 따른 일부 상품도 실물이전이 불가하다.

③ **이·수관회사 모두 취급하는 상품만 이전 가능**

현재 운용 중인 상품이 실물이전 대상에 해당하더라도 이전을 희망하는 사업자(수관회사)가 동일한 상품을 취급(라인업)하고 있어야 실물이전이 가능하다. 즉, 수관회사가 취급하는 상품은 해지 없이 이전이 가능하지만, 실물이전 제외 상품과 수관회사 미취급 상품은 상품 매도 후 현금화하여 이전해야 한다. 실물이전이 불가한 상품이 있는 경우에는 가입자가 직접 해당 상품을 매도해야 하며, 일정 기간 내 매도하지 않을 경우 실물이전이 취소될 수도 있다. 이 경우, 상품 매도로 인해 약정금리보다 낮은 중도해지 금리가 적용되는 등 중도해지에 따른 불이익이 발생할 수 있다.

④ **이전 완료 시까지 최소 3영업일 소요**

가입자가 실물이전 신청 시 수관회사와 이관회사는 해당 실물이전 관련 전문을 송수신하는데, 이에 따르는 시간은 최소 3영업일이 소요되며, 실물이전 과정에서 환매 등 현금화가 필요한 상품이 존재하는 경우에는 해당 기간만큼 실물이전에 소요되는 기간이 늘어나게 된다. 또한 해외 펀드 등 환매기간이 긴 경우 실물이전 소요 기간도 그만큼 늘어난다. ETF의 분배금 지급 등 펀드의 재투자 관련 절차가 진행중인 경우에도 해당 기간만큼 이전 소요기간이 추가될 수 있다.

34) 사용자가 운용관리업무와 자산관리업무를 각각 다른 사업자로 지정한 경우

[실물이전 FAQ]

Q&A 3-2-1 일부 상품만 실물이전 가능 여부

Question

실물이전 사전조회 결과 일부 상품만 가능하다고 하는데, 일부 상품만 실물이전 신청이 가능한가요?

Answer

실물이전을 신청하여 조회 결과 실물이전이 불가능한 상품이 있는 경우, 이관회사에서 가입자에게 이전의사를 확인하여 신청 건을 취소하거나 현금 이전 대상 상품을 매도한 후 실물이전이 진행됩니다. 예를 들어 보유상품 A(시중은행 정기예금), B(공모펀드), C(ETF), D(디폴트옵션) 중 D(디폴트옵션)의 경우에는 상품 매도 및 현금화를 거쳐야 실물이전이 진행됩니다.

Q&A 3-2-2 실물이전 사전조회 서비스

Question

최근 퇴직연금 실물이전 사전조회 서비스가 오픈되었다고 하는데 어떤 내용인가요?

Answer

사전조회는 실제 계약이전을 신청하기 전에 실물이전이 가능한 상품을 미리 확인하는 서비스인데, 반드시 현재 상품을 운용중인 금융회사에서만 신청이 가능합니다.

다만, 이관 및 수관기관은 실물이전 가능여부 사전조회와 관련하여 가입자의 개인정보를 상호간에 공유하지 않기 때문에, 사전조회 결과와 실제 실물이전 시점의 상황이 다를 수 있습니다. 또한 사전조회 시점과 실제 실물이전되는 시점에서의 실물이전 가능 상품이 달라질 수도 있습니다.

[계약이전 등 FAQ]

Q&A 3-2-3 법인 전환, 합병, 분할 등의 계약이전

Question

Q1) 개인사업자가 법인으로 전환할 경우 계약이전이 가능한가요?

Q2) 기업이 합병하는 경우에 계약이전이 가능한가요?

Q3) 기업이 분할로 인하여 일부 직원이 분할 회사로 이동하는 경우 계약이전이 가능한가요?

Q4) 근로자가 관계사 간 이동 시 퇴직연금제도를 유지할 수 있나요?

Answer

A1) 개인사업자에서 법인으로 전환 시 포괄 승계가 이루어진 경우 계약이전이 가능합니다. 지방노동관서에 기업명, 사업자번호 등의 퇴직연금 규약 변경 사항을 신고함으로써 기존 퇴직연금 계약을 이전받을 수 있습니다(계약이전 신청 시 포괄영업양수도계약서 등 증빙자료 필수 첨부).

A2) 둘 이상의 기업이 신설합병 또는 흡수합병의 방법으로 하나의 기업이 되는 경우 기존 법인의 자산과 부채가 청산 절차 없이 포괄적으로 신설법인 또는 존속법인으로 이전되므로, 이때 퇴직연금도 포괄승계(고용승계 포함)하기로 했다면 규약 변경 신고 후 계약이전이 가능합니다(계약이전 신청 시 합병계약서 등 증빙자료 필수 첨부).

A3) 기업 분할로 인하여 일부 직원이 분할회사로 고용 승계되어 이전한다면 계약이전이 가능합니다. 이때 분할 회사에서는 관할 지방노동관서에 퇴직연금 규약 신고를 해야 하고, 규약 수리증을 받아 퇴직연금 계약을 체결한 후에 일부 계약이전으로 가입자(근로자) 이전이 가능합니다(기업분할계약서 또는 고용승계계약서 등 증빙자료 필수 첨부).

A4) 관계사간 이전 시 근로기간에 대한 고용승계가 이루어지는 경우, 계약이전 신청이 가능합니다. 이때, 관계사 전출입 등을 증빙하는 서류로 전출명령서 또는 회사로부터의 공문 등을 객관적 증빙자료로 추가 제출해야 합니다.

단, DC → DB로의 이전은 불가능하며, 기존 회사의 퇴직연금 제도는 DC이나 이전하는 회사의 퇴직연금 제도가 DB인 경우에는 이전하는 회사에서 DC제도를 추가로 도입하여 진행해야 합니다.

Q&A 3-2-4 제도의 전환

Question

Q1) DB에서 DC로의 제도 전환 신청을 수시로 할 수 있나요?

Q2) DB에서 DC로의 제도 전환 신청 시 절차는 어떻게 되나요?

Answer

A1) 제도 간 전환 신청에 대한 횟수 제한은 없습니다.

회사와 근로자가 협의하여 제도 전환을 신청하는 경우 전환 횟수, 주기 등은 자유롭게 정할 수 있습니다. 다만, 회사 담당자의 업무 효율성 및 관리 등의 편의를 위해 회사 내부적으로 분기, 반기, 연 1회 등으로 지정하는 경우가 일반적입니다.

A2) [DB제도만 도입한 경우]

① DC제도 도입을 위한 근로자 동의 및 규약 신고

② DC 퇴직연금 사업자와 계약 체결

③ DB에서 계약이전 신청

④ DB에서 이전받은 금액을 DC 입금

[DB 및 DC제도 모두 도입한 경우]

① DC형 제도 가입자 추가

② DB에서 계약이전 신청

③ DB에서 이전받은 금액을 DC 입금

Q&A 3-2-5 퇴직연금 현물이전

Question

퇴직연금 제도에서 현물이전이란 무엇인가요?

Answer

현물이전이란 동일한 금융기관 내에서 이전하는 경우에, 기존에 운용중인 상품을 매도하지 않고 상대 계좌로 상품을 그대로 이전하는 것을 말합니다. 다른 금융기관 간의 이전 제도인 실물이전과는 구분됩니다. DB→DB(전부이전), DC→DC 또는 DC→IRP 이전의 경우에만 가능합니다.

Q&A 3-2-6 연금저축계좌에서 IRP로 계약이전(계좌이체) 조건

Question

연금저축계좌(연금저축보험/신탁/펀드)에서 IRP로 계약이전 시 유의사항은 어떻게 되나요?

Answer

연금저축계좌를 IRP계좌로 이체 시에는 아래 조건을 모두 충족해야 합니다.

① 만 55세 이상 ② 연금저축계좌 가입일로부터 5년 경과

연금저축계좌가 연금개시 상태라면, IRP계좌가 0원 계좌일 경우에만 이전 가능합니다. 또한 종신형 연금저축보험은 계약이전 대상 계좌가 아니므로, 실무적으로는 종신형에서 확정형이나 만기환급형으로 변경 시 계약이전이 가능합니다.

개인형퇴직연금(IRP) 계좌 간의 이전은 가입자 연령이나 가입 기간의 제한이 따로 없습니다.

Chapter

03

국민연금 전환금 실무

KEY POINT

- (현재는 폐지된) 국민연금 전환금은 퇴직금 일부를 국민연금 보험료로 '미리' 납부한 금액임. 형식적으로는 회사가 퇴직급여충당금에서 선납하지만 실제로는 근로자가 부담
- 결산 재무제표에서 일반기업회계기준 적용 사업장은 퇴직급여부채에서 차감하는 방식으로, K-IFRS 적용 기업은 순확정급여부채 산정 시 '사외적립' 항목에 포함하여 공시
- DB → DC 이전 시 전환금 차감 없이 적립금 전액을 이전하고, 근로자가 실제 퇴직 시 급여에서 전환금을 공제함(단, 중간정산 시 이미 공제한 경우 최종 퇴직 시 차감 없음)
- 퇴직급여가 전환금만큼 빠진 채 IRP로 입금됐다면, 퇴직일로부터 60일 이내에 국민연금 전환금과 해당 전환금에 대한 퇴직소득세 합계액을 IRP에 추가 납입해야 100% 과세이연이 가능(권장 실무 : 전환금 해당액을 ① 근로자 동의를 거쳐 마지막 급여에서 상환 또는 ② 근로자가 별도로 회사에 입금)

1. 국민연금 전환금이란?

국민연금 전환금(또는 퇴직금 전환금)은 1993년 1월부터 1999년 3월까지 한시적으로 시행된 제도로, 퇴직금의 일부를 국민연금 보험료로 미리 납부한 금액을 의미한다. 기업이 퇴직급여충당금을 재원으로 국민연금 기여금으로 납부는 하지만 실제 부담자는 근로자로서 장래 퇴직 시 받을 퇴직급여 중 일부를 미리 받아 사업주가 대신 납부하는 형식이다. 다만, 아직 현실적으로 퇴직하지 아니한 상태에서 미리 받은 퇴직금이지만 법에 의해 가지급금으로 보지는 않는다.

당시 근로자와 회사가 각각 급여의 2% 또는 3%[35]를 국민연금 보험료로 전환해 납부했으며, 이는 당시 연금보험료 부담액의 1/3에 해당한다[36].

2. 국민연금 전환금 처리 방법

1) 퇴직급여 지급 시 공제

국민연금 전환금 또는 퇴직금 전환금은 고용관계 법령에 따라 지급할 퇴직급여 중 그 해당 금액을 미리 지급한 것으로 본다. 이 때문에 사업장은 해당 납부액을 퇴직급여충당부채에서 차감하여 표시하게 되며 추후 근로자 퇴직 시 지급해야 할 퇴직급여에서 해당액만큼 차감하고 지급하면 된다.

제도 폐지 시점 이전에 근로를 제공한 자의 퇴직금 중간정산 시 그 기간까지 사용자가 부담한 국민연금 전환금을 공제하고 지급한 경우, 실제 퇴직 시에 차감할 전환금이 없게 된다.

35) 2% : 1993~1997년, 3% : 1998~1999년, 국민연금공단 전자민원에서 '퇴직금 전환금 부과내역서' 확인 가능
36) 2025년 현재 국민연금 직장가입자의 경우 총 9%의 보험료율을 적용받고 있으며 근로자와 사용자가 각각 4.5%씩 부담하고 있다.

2) 국민연금 전환금의 회계처리

퇴직급여부채의 차감항목인 국민연금 전환금은 해당 근로자의 퇴직시 감액 내지 삭제되어야 한다. 또한 국민연금 전환금(해당분 퇴직소득세 포함)을 제외한 퇴직급여만 IRP에 과세이연되는 경우 전환금에 해당하는 퇴직소득세 원천징수 의무가 발생한다.

표 3-3 국민연금 전환금 회계처리(분개)

내용	회계처리 (분개)			
퇴직금전환금 납부 시	(차) 국민연금전환금[37]	×××	(대) 현금및현금성자산	×××
DB형 근로자 퇴직 시	(차) 퇴직급여부채 현금및현금성자산	××× ×××	(대) 퇴직연금운용자산 국민연금전환금 예수금(원천세해당액)[38]	××× ××× ×××
DC형 근로자 퇴직 시	(차) 현금및현금성자산[39]	×××	(대) 국민연금전환금	×××

37) 결산 시 일반기업회계기준 재무상태표에는 퇴직급여부채에서 차감하는 형식으로 표시하며 K-IFRS 재무상태표에서는 순확정급여부채 계산 시 차감 항목인 사외적립에 포함시켜 공시함.

38) IRP계좌로 의무이전 되는 퇴직급여에서 국민연금 전환금이 제외된 경우 해당액에 대한 퇴직소득세 원천징수 예수금

39) 사업장의 요청에 의해 DC 가입 근로자 퇴직 시 퇴직연금사업자로부터 환급받는 금액(과거 국민연금전환금 불입분)

Q&A 3-3-1 DB에서 DC로 이전 시 국민연금 전환금 처리 방법

Question

DB형에 가입한 근로자가 DC형으로 변경하는 경우 국민연금 전환금(퇴직금 전환금)을 공제하고 이전해야 하나요?

Answer

아닙니다. 적립금 전액을 이전해야 합니다. 국민연금 전환금은 근로자가 실제 퇴직 시에 지급하는 급여액에서 공제해야 합니다. 공제된 국민연금 전환금은 사업주에게 반환됩니다.

관련법규 및 질의회신

근로복지과-1194, 2013.4.5

퇴직금전환금은 (구)국민연금법에서 국민연금보험료 부담을 완화하기 위해 퇴직금에서 보험료 일부를 납부하도록 한 것으로 1993.1월부터 1999.3월까지 시행되다가 1994.4월분부터 폐지된 제도임.

(구)국민연금법 제75조 제6항에 따르면 퇴직금전환금은 사용자가 지급할 퇴직금 중 해당금액을 미리 지급한 것으로 보고 있으므로 퇴직 시 지급하는 퇴직급여는 사용자가 부담한 퇴직금 전환금을 공제하고 지급하여야 할 것임.

따라서 DB형 퇴직연금제도에서 DC형 퇴직연금제도로 이전하는 경우 DC형 퇴직연금제도의 부담금에서 퇴직금전환금을 공제할 것이 아니라 근로자가 퇴직 시 지급하는 급여액에서 해당금액을 공제하여야 할 것이므로 적립금 전액을 이전하여야 할 것으로 판단됨.

Q&A 3-3-2 국민연금 전환금과 IRP 과세이연

Question

퇴직 시 국민연금 전환금만큼 차감된 금액이 IRP계좌에 입금되었을 때 차감된 금액만큼 추가로 IRP에 입금하여 운용할 수 있나요?

Answer

퇴직 시 퇴직급여에서 국민연금 전환금을 제외한 금액이 IRP계좌로 과세이연되는 경우, 실제로는 그 국민연금 전환금(퇴직급여수령으로 봄)과 그에 해당하는 퇴직소득세의 합계액만큼 차감됩니다. 이 경우 퇴직급여 100%를 IRP계좌로 과세이연하고자 하면 퇴직일로부터 60일 이내에 차감된 금액 전부를 IRP계좌에 납부해야 합니다.
실무적으로는 퇴직급여 100%를 IRP계좌에 과세이연하는 방법으로 (1) 사전 근로자 동의하에 마지막 급여에서 직접 상환하거나 (2) 별도로 회사에 입금하는 방법이 권장됩니다.

Chapter

04

IRP 과세이연과 연금수령

KEY POINT

- IRP는 연금으로 수령할 때까지 과세를 이연하는 제도로, 세금납부 시점 연기 + 세율인하 효과를 동시에 갖는 핵심적인 절세 수단임
- 55세 이상, 가입 5년 이상, 연간 수령한도 내 인출 시 연금수령으로 인정받음
- 금액지정방식 또는 수시인출방식으로 운용 가능하며, 한도 초과 인출분은 세제혜택을 받지 못함

1. IRP 과세이연

1) 개요

개인형퇴직연금(IRP) 제도는 근로자가 퇴직 시 받은 퇴직급여나 퇴직연금 적립금을 즉시 과세하지 않고 연금계좌로 이체하여 나중에 연금 형태로 수령할 수 있도록 한 제도이다. 즉, 퇴직소득세 납부를 '퇴직시점에서 연금수령 시점으로 이연함'으로써 세 부담을 낮추고(연금수령 시 수령 기간에 따라 이연퇴직소득세의 70%, 60% 또는 50% 부담), 장기투자와 연금수령을 주목적으로 한다.

IRP계좌로 직접 지급되지 않은 퇴직급여의 경우에는 퇴직일로부터 60일 이내에 IRP로 이체하여야 과세이연이 가능하다. IRP계좌에 가입자가 자율적으로 불입한 부담금 중 세액공제를 받은 부분에 대해서는 추후 연금 수령 시 별도로 연금소득세가 적용된다.

회사부담금과 자기부담금으로 운용되는 IRP계좌에서 발생하는 운용수익도 인출(연금이나 일시금 수령) 시점까지 과세가 이연되는 것이 특징이다.

2) 과세이연 프로세스

IRP 의무이전이 아닌 경우 IRP계좌를 통해 퇴직소득을 과세이연하는 절차이다.

Step 1. 개인형퇴직연금(IRP) 계좌 신규

Step 2. 과세이연 신청
- 퇴직소득원천징수영수증 제출 및 과세이연 계좌신고서 작성
  (전체 퇴직급여 중에 입금하는 퇴직급여의 비율로 퇴직소득세를 환급받게 됨)

Step 3. 개인형퇴직연금(IRP)에 퇴직급여 입금(과세이연 신청 다음 영업일부터)
- 과세이연 등록이 완료된 후 입금 가능

Step 4. 과세이연계좌신고서를 회사 담당자에게 제출(DB, 퇴직금 제도)

Step 5. 회사 담당자가 IRP에 퇴직소득세 입금(DB, 퇴직금 제도)

Step 6. 회사에서 '수정 후 퇴직소득원천징수영수증'을 발급하여 퇴직연금 사업자(영업점)에게 제출(DB, 퇴직금 제도)

2. IRP 연금수령

1) 연금수령 시 혜택

(1) 과세이연 효과

IRP를 통해 과세이연된 경우, 추후 연금 수령 시 수령액에 비례하여 퇴직소득세를 납부한다. 연금 수령 전까지 퇴직소득세도 운용되어 투자수익이 증대하는 효과가 발생한다.

(2) 퇴직소득세 절세효과

퇴직급여(퇴직금, 퇴직연금)를 일시금보다 연금으로 수령하는 경우 세제상 혜택을 받을 수 있으며, 수령기간이 장기간일수록 세제 혜택이 더 커진다. 연금 수령 10년 차 이하의 경우 퇴직급여를 연간 연금수령한도 이하로 수령해야 퇴직소득세의 30%가 감면되지만, 11년 차 이후부터는 연금수령한도를 미적용하므로 자유롭게 인출할 수 있으며 퇴직소득세의 40%(수령연차 11년 초과 20년 이하시) 또는 50%(수령연차 20년 초과시) 감면을 적용받는다.

(3) 운용수익 절세효과

연말정산 시 세액공제를 받은 가입자부담금과 IRP계좌의 운용수익은 연금수령 시 저율(3.3~5.5%)[40]의 연금소득세율로 과세된다.

(4) 종합과세 대상에서 제외

세액공제를 받은 가입자부담금과 운용수익을 재원으로 연금수령 시 연 1,500만 원 이하인 경우 분리과세 대상이며, 연 1,500만 원을 초과하는 경우 종합과세 대상이지만 분리과세를 선택할 수도 있다.

---

40) 70세 미만: 5.5%, 70~79세: 4.4%, 80세 이상: 3.3%

(5) 건강보험료 산출 대상 소득에서 제외

지역 건강보험료 산출 시 사적연금에서 수령하는 연금액은 현재 국민건강보험공단 실무상 건강보험료 산출 대상에서 제외하고 있다.

(6) 국민연금 감액 대상 소득에서 제외

국민연금 감액 대상 소득에는 근로소득과 사업소득만 포함되며, IRP계좌에서의 연금수령액은 제외된다.

그림 3-1 퇴직소득 일시금 수령과 연금수령 시 적용 세제 비교(지방소득세 포함)

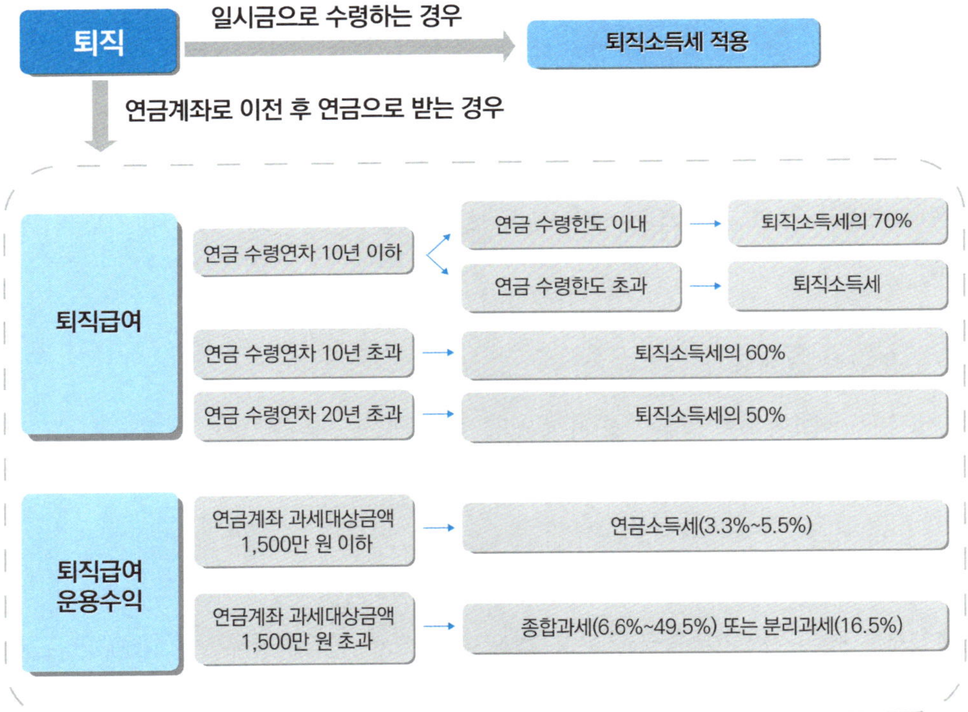

2) 연금수령 조건

아래 세 가지 요건을 다 갖추었을 때 IRP계좌에서의 연금수령이 가능하다.

(1) 연령 조건

만 55세 이상인 가입자가 연금개시 신청을 할 수 있다.

(2) 가입기간 조건

연금계좌 가입일(입금일)로부터 5년이 경과한 경우 연금수령이 가능하다. 단 퇴직급여가 IRP계좌로 이체(일부 금액 입금도 가능)된 경우에는 5년 경과 여부와 관계없이 연금개시 신청을 할 수 있다.

(3) 연간 수령 한도[41)]

연금개시 후 10년 이상 수령을 원칙으로 한다. 이때 연간 연금수령 한도 이내의 금액을 인출해야 연금수령으로 인정받을 수 있다. 한도를 초과한 인출도 가능하나 그 초과한 금액은 연금수령으로 인정받지 못해 저율 과세의 세제 혜택을 누리지 못한다. 연금수령은 1년 차부터 시작하는 것이 일반적이지만 2013년 2월 28일 이전에 가입한 연금계좌(IRP, 연금저축)의 경우 '연금수령 연차'를 6부터 시작한다. 또한 2013년 2월 28일 이전에 DB형에 가입한 자가 퇴직하면서 퇴직급여 전부(퇴직소득세 적용 명예퇴직급여 포함)를 연금계좌에 이체한 경우에도 '연금 수령 연차' 6부터 적용받을 수 있다.

「소득세법」 제44조 제2항에 따라 연금계좌를 승계한 경우, 사망일 당시 피상속인의 연금수령연차가 적용된다.

41) 연간 연금수령 한도 계산식 = (연금계좌의 평가금액) / (11 − 연금수령연차) × 120%

3) IRP 연금수령 방식의 활용

IRP계좌의 연금수령 방식은 대표적으로 연금수령액을 일정하게 정해 놓는 '금액지정방식'과 필요한 시점에서 필요한 자금만 인출하는 '수시인출방식' 등으로 구분할 수 있다.[42)]

(1) 수시인출방식의 활용

① 일시적으로 목돈이 필요한 경우 '수시인출방식'으로 연금전환과 동시에 원하는 금액을 인출할 수 있고, 이때 연간 연금인출 한도까지는 퇴직소득세 감면 등 세제 혜택을 받을 수 있으며 한도를 초과하는 부분에 대해서는 '정상 세금'을 납부하게 된다.

② 연금수령 요건을 충족한 상황이지만, 재취업 등 다른 현금흐름이 확보된다면 퇴직급여에 입금된 IRP계좌의 연금전환 후 '수시인출방식'으로 10년간 매년 1만 원[43)]을 수령하는 방법이 있다. 이 경우 11년 차 이후부터는 남은 이연퇴직소득에 대해 40%, 21년 차 이후부터는 50%의 세금 할인을 적용받게 된다.

③ 매년 일정 금액을 수령하다가 잠시 중단하고 싶은 경우 금액지정방식에서 수시인출방식으로 전환하면 된다. 다만, 이때에도 연간 1만 원은 인출하여야 연금수령 연차에 계산이 된다.

(2) 금액지정방식의 활용

① 매월 일정액의 생활비 등을 필요로 하는 경우 최대 '연간 연금수령 한도' 범위 내에서 매월 수령 금액에 대해 원천징수 후 지정 계좌로 지정한 날짜에 입금받는 것이 가능하다.

② IRP계좌에 적립된 퇴직급여를 모두 수령한 후 '세액공제 받은 가입자부담금 및 운용수익' 재원의 연금 수령시에는 종합과세 또는 16.5%의 분리과세를 적용받지 않기 위해서 연금액을 조절하는 것이 바람직하다. 연금수령 시의 '종합과세'를 피하고자 하는 때에는 다른 세제적격 연금계좌[44)] 수령액을 포함하여 IRP에서 인출하는 금액을 1,500만 원 이하로 줄이도록 지정하면 된다.

---

42) 이 외에도 퇴직연금 사업자에 따라 '기간지정방식', '연금수령한도 인출방식', '체증 수령방식', '체감 수령방식' 등의 연금수령 방식이 있다.

43) 연금인출 최소 금액은 퇴직연금 사업자 별로 다를 수 있음.

44) 자기부담금 불입 단계에서는 연말정산 세액공제 혜택을 부여하고, 운용 시 과세이연 혜택이 부여되고 연금 수령 단계에서 세액공제분과 운용수익에 대한 과세가 이루어지는 연금계좌(IRP 및 연금저축)를 세제적격 연금계좌라 함.

4) IRP계좌의 자금 인출 순서[예시][45)]

IRP계좌에서 인출되는 자금은 다음의 순서에 따라 인출되는 것으로 본다.

① 가입자부담금 중 세액공제를 받지 않은 금액(비과세)

② 이연된 퇴직소득(퇴직급여, 명예퇴직급여 등)

③ 과세대상 금액(세액공제 받은 자기부담금 + 연금계좌 운용소득)

이때 동일 자금(①, ② 또는 ③)내 인출순서는 일반적으로 다음과 같다[46)].

㉮ 현금성 대기자산

㉯ 정기예금(낮은 금리의 상품부터 인출, 특별중도해지로 약정금리 보장)

㉰ 채권형펀드

㉱ 채권혼합형펀드

㉲ 주식혼합형펀드

㉳ 주식형펀드(주식투자비율이 낮은 상품부터 인출)

㉴ GIC(이율보증형보험)

㉵ ELB 등

그림 3-2 연금소득 원천별 적용 세제(지방소득세 포함)

소득 원천별 인출 순서		연금수령	연금외수령
① 세액공제 받지 않은 금액		과세제외	과세제외
② 이연된 퇴직소득		퇴직소득세 (10년 이하 : 70% 10년 초과 : 60% 20년 초과 : 50%)	퇴직소득세
③ 과세대상 금액(ⓐ+ⓑ) ⓐ 세액공제 받은 납입금액 ⓑ 연금계좌 운용소득	1,500만 원 이하	저율 분리과세 (3.3%~5.5%)	기타소득세 (16.5%)
	1,500만 원 초과	종합과세 (6.6% ~ 49.5%) 또는 분리과세(16.5%)	기타소득세 (16.5%)

45) IRP계좌의 자금인출 순서는 일반적인 예시를 든 것으로 가입자가 인출 순서를 상품별로 선택할 수 있는 등 퇴직연금 금융기관(사업자) 마다 다르게 적용하고 있음

46) 동일 상품군 내 인출순서는 신규일자가 빠른 상품, 잔고금액이 작은 상품, 잔고좌수가 작은 상품 순서로 인출됨.

Q&A 3-4-1 법정퇴직급여와 특별퇴직급여의 지급

Question

Q1) 법정퇴직급여와 특별퇴직급여 지급 시 차이점은 어떻게 되나요?

Q2) 명예퇴직금의 과세이연 방법은 어떻게 되나요?

Answer

A1) 일반적으로 퇴직급여는 IRP계좌로 입금되고, 명예퇴직급여는 급여계좌로 입금됩니다. 이 경우에는 명예퇴직급여에 대한 연금수령 시 퇴직소득세 절세 혜택(30~40% 감액)을 누리지 못하게 됩니다.

A2) 명예퇴직급여를 일반 급여계좌로 받는 경우에는, 명예퇴직급여 수령일로부터 60일 이내에 '과세이연신청'후 IRP계좌로 전액 또는 일부 입금하여 과세이연이 가능합니다. 단, 명예퇴직급여와 이에 해당하는 과세이연 퇴직소득세가 모두 입금 완료된 후에야 연금수령 개시를 할 수 있습니다.

표 3-4 법정퇴직급여와 특별퇴직급여의 과세이연

구분	법정퇴직급여 (퇴직금/DB/DC)	특별퇴직급여 (명예퇴직급여)
입금 시기	퇴직 후 14일 이내	
입금 계좌	IRP계좌 (원천징수 없이 과세이연)	급여 계좌 (퇴직소득세 원천징수 후 지급)
비고	회사에 수령 계좌 신고	'과세이연신청' 후 세금을 환출하여 IRP계좌로 입금 시 연금수령 가능

Q&A 3-4-2 연금전환 후 타 금융기관 이전 가능 여부

Question

연금 인출이 시작된 IRP계좌의 경우에도 다른 퇴직연금사업자로 이전할 수 있나요?

Answer

네, 가능합니다.
(단, 퇴직연금 사업자에 따라 타 금융기관의 잔액 0원 IRP계좌로만 이전이 가능한 경우가 많음)

Q&A 3-4-3 IRP계좌 연금 수령 기간

Question

IRP계좌에서 연금 수령 시 얼마 동안 받을 수 있나요? (최소 기간과 최대 기간)

Answer

연금 수령 기간에 대해 최소 최대 기간 제한이 정해진 것은 아닙니다. 다만, 연금의 연간 수령한도 이내에서의 인출만 연금으로 인정받아 세금 감면이 가능합니다. 따라서 일반적으로 최소 10년 이상 기간을 선택하는 것이 바람직합니다. 이때 일정 요건 충족 시 5년 이상 예외 수령이 가능합니다.

Q&A 3-4-4 연금전환 후 중도해지 시 불이익

Question

연금 수령 중 중도해지시 받게 되는 세무상 불이익은 무엇인가요?

Answer

연금 수령 중 중도해지를 하더라도 이미 연금으로 수령한 퇴직급여에 비례한 절세 혜택에는 영향이 없습니다. 다만, IRP 잔액을 일시 인출 시 당해연도 연간 연금수령 한도 범위 내에서는 세금혜택을 받고, 그 한도를 초과하는 해지 금액 중 재원이 '퇴직급여'인 경우 '정상 퇴직소득세'를 납부하고, '세금 공제를 받은 자기부담금과 운용수익'은 기타소득세 16.5%를 납부하게 됩니다.

Q&A 3-4-5 공무원 퇴직자의 과세이연

Question

공무원인 경우에도 IRP를 통한 과세이연이 가능한가요?

Answer

공적연금 수령 대상인 공무원, 교사, 군인의 경우에도 퇴직시 퇴직금 수당은 일반 계좌로 지급 받습니다. 이 퇴직수당의 경우 IRP로 과세이연이 가능하며, 연금 전환하여 절세 혜택을 누릴 수 있습니다.

Chapter

05

퇴직연금 수수료의 이해

KEY POINT

- 수수료 구성 : 퇴직연금 수수료는 크게 운용관리수수료(컨설팅 · 기록관리 등)와 자산관리수수료(계좌 설정 · 보관 · 급여지급 등)로 나뉘며, 펀드 등 상품 보수가 별도로 붙을 수 있음
- 누가, 어떻게 내나 : DB제도에서는 사용자가 부담(통상 적립금 후취 차감)함. DC제도에서는 사용자부담금 수수료는 사용자가 별도 납부하며, 가입자부담금은 적립금에서 차감하는 방식으로 납부. 개인형퇴직연금(IRP)은 가입자가 부담(적립금 차감)하며, 10인 미만 IRP 특례의 경우는 사용자 납입분은 사용자가 별도로 납부하며, 가입자 추가납입 부분이 있는 경우에는 적립금에서 차감

1. 퇴직연금 수수료의 종류

퇴직연금 수수료는 퇴직연금사업자가 퇴직연금 서비스 제공에 대한 대가로 적립금의 적정한 운용 방법에 대한 컨설팅, 적립금 운용 현황에 대한 기록 관리 등 운용관리 업무를 수행함에 대한 대가로 취득하는 운용관리수수료와 계좌의 설정, 연금, 급여지급 등 자산관리서비스를 받는 대가로 지불하는 자산관리수수료가 있다.

또한 펀드 상품이나 보수가 발생하는 상품에 가입하는 경우에는 별도의 수수료가 발생한다.

표 3-5 퇴직연금 운용관리업무와 자산관리업무

운용관리업무	자산관리업무
• 운용방법 제시 · 정보제공 • (DB) 연금제도의 설계 · 연금계리 • 운용결과의 기록 · 보관 · 통지 • 운용지시를 자산관리기관에 전달 • (위탁시) 가입자 교육의 실시 • 그 밖에 운용관리업무의 수행을 위해 필요한 업무	• 계좌의 설정 · 관리 • 부담금의 수령 • 적립금의 보관 · 관리 • 운용지시 이행 • 급여(연금/일시금) 지급 • 그 밖에 자산관리업무 수행을 위해 필요한 업무

2. 제도별 수수료 부담 주체[47] 및 납부 방법

1) 제도별 수수료 부담

확정급여형(DB) 제도에서는 사용자가 수수료를 부담하고 실무적으로 적립금에서 후취로 차감하는 방식이 일반적이다. 확정기여형(DC) 제도의 경우 사용자부담금 수수료는 사용자가 별도로 납부하고, 가입자부담금 수수료는 가입자 적립금에서 차감하는 방식을 쓴다.

가입자가 부담하는 개인형퇴직연금(IRP) 수수료는 적립금 차감이 원칙이다. 10인 미만 사업장 특례 제도(IRP)의 경우에는 사용자 납입분은 별도납으로 하며, 가입자 추가납입분은 적립금 차감이 가능하다.

47) 수수료 부담 주체는 제도 및 부담금의 성격에 따른 일반적인 경우이며 규약에 따라 다르게 정하는 경우도 있음.

표 3-6 제도별 수수료 부담 주체

<table>
<tr><th rowspan="2">제도 구분</th><th colspan="2">사용자부담금
(운용관리수수료 + 자산관리수수료)</th><th colspan="2">가입자부담금
(운용관리수수료 + 자산관리수수료)</th></tr>
<tr><th>수수료 부담주체</th><th>수수료 납부방법</th><th>수수료 부담주체</th><th>수수료 납부방법</th></tr>
<tr><td>DB</td><td>사용자</td><td>적립금 차감</td><td colspan="2">해당 없음</td></tr>
<tr><td>DC</td><td>사용자</td><td>별도납[48)]</td><td>가입자</td><td>적립금 차감</td></tr>
<tr><td>IRP</td><td colspan="2">해당 없음</td><td>가입자</td><td>적립금 차감</td></tr>
</table>

2) IRP 수수료 징수 방법

IRP계좌의 운용 상품에서 적립금을 차감하는 방식으로 수취한다.

① 수수료 징수일에 현금성 대기자산에서 우선 취득하고, 현금성 대기자산이 부족할 경우 부족 금액의 105/100에 상당하는 보유 상품을 매각하여 취득

② 보유 상품 매각 금액에서 수수료 금액 초과 금액은 현금성 대기자산으로 운용

③ 수수료 매도 가능 상품 순서 : 현금성 대기자산 → 정기예금 → ELB/GIC → 일반 펀드

④ 수수료 매도 불가 상품 : 구조화상품, 만기 매칭형 펀드

48) DC 사용자부담금 수수료는 가입자 전체의 사용자부담금 합계액을 기준으로 산정함.

3. 퇴직연금 수수료의 계산[49)]

1) 수수료 계산 방법

퇴직연금 수수료의 산출방식은 신탁계약과 보험계약이 서로 상이하고, 같은 업권에서도 다르게 적용하고 있는 바, 자세한 계산 방법은 각 퇴직연금 사업자의 운용관리계약서와 자산관리계약서에서 확인해야 한다. 여기서는 하나의 산출방식을 예를 들어 설명한다.

- **계산 기준일** : 매년 '계약기준일'에 후취로 징수
  (금융기관과 사용자가 협의한 날짜로 지정 가능)
- **계산 기간** : 전년도 계약기준일(또는 신규 계약일)부터 해당연도 계약기준일 전일까지
- **산출 방법** : 수수료 계산 기간의 적립금 자산평가금액 평잔
  × 계약기준일 전일의 적립금 자산 평가금액 해당 수수료율 – 수수료 할인액

2) 수수료율 변경 기준

퇴직연금 시장구조, 정책변화, 경쟁상황 등에 따라 퇴직연금 사업자가 정책적으로 수수료를 인하하거나 차등화(규모별, 가입 기간별 할인)하는 사례가 늘고 있다. 이러한 수수료율 변경 시, 변경된 수수료율은 변경 시행일부터 바로 적용되는 것이 아니라, 변경 시행일 이후 최초 도래하는 계약기준일부터 발생된 수수료에 대해 변경후 수수료율이 적용되는 것이 일반적이다.

3) 수수료율 적용기준

수수료율의 '수수료 구간' 적용의 경우 '해당연도 계약기준일 전 영업일의 평가금액'을 기준으로 하는 것이 일반적이다. 이 경우에는 전체 기간의 평잔금액을 기준으로 '수수료 구간'을 적용하지 않음에 유의해야 한다.

49) 퇴직연금 수수료율 구간, 장기 유지에 따른 할인 등은 퇴직연금사업자 별로 상이함. 또 퇴직연금 사업자에 따라 비대면으로 개설된 IRP, 일정액 이상의 퇴직급여가 입금된 경우, 연금수령 시, 누적 수익이 0 이하인 경우 등 조건을 충족하면 IRP 수수료를 할인하거나 면제하고 있음.

4. 퇴직연금 총비용 현황[50)]

2024년 기준으로 총비용 부담률[51)]은 약 0.41%로 나타났다. 이중 운용관리수수료와 자산관리수수료는 각각 0.16%와 0.18% 수준이었고 여기에 실적배당형상품에 투자하는 경우의 펀드비용이 0.08%[52)] 추가되었다.

총비용 부담률을 제도 유형별로 보면 DB형이 0.39%, DC형이 0.54% 그리고 IRP의 경우 0.31% 수준이었다.

Q&A 3-5-1 폐업업체에 대한 수수료 면제는 특별 이익 제공인가

Question

퇴직연금제도를 운용 중인 회사가 사실상 폐업 상태라 퇴직연금사업자가 수수료를 받기 어렵습니다. 이 경우 수수료 면제가 가능한가요?

Answer

수수료 면제가 불가합니다.

「퇴직급여법」 제33조 및 같은 법 시행령 제35조는 퇴직연금사업자가 가입자나 사용자가 부담할 경비를 대신 부담하거나 수수료를 임의로 할인·면제하는 행위를 금지하고 있습니다. 이는 퇴직연금 시장 내 불공정 경쟁을 방지하고 제도의 건전한 운영을 확보하기 위한 취지입니다. 따라서, 사실상 폐업한 사업장이라 하더라도 약관에 근거 없이 수수료를 면제하거나 할인하는 것은 '특별한 이익의 제공'(시행령 제35조 제1항 제2호)에 해당합니다.

---

50) 「2024년도 퇴직연금 적립금 운용현황 분석」 (2025.6 고용노동부/금융감독원 합동)
51) 총비용부담률 = 연간 총비용(운용관리수수료 + 자산관리수수료 + 펀드비용)/평균적립금
52) 2024년말 기준 실적배당형 상품은 적립금 75조 원이며 전체 퇴직연금의 17.4%임.

관련법규 및 질의회신

퇴직연금복지과-2778, 2021.6.16

「근로자퇴직급여보장법」에서 퇴직연금사업자의 책무를 정하면서 가입자 또는 사용자가 부담하여야 할 경비를 퇴직연금사업자가 부담하지 못하도록 한 것은 퇴직연금 시장의 불공정, 과당 경쟁을 방지하고, 퇴직연금제도의 적정한 운영이 이뤄지도록 하기 위한 것임.

비록 사실상 폐업업체에 대한 것이라 하더라도 약관에 근거가 없는 수수료의 할인은 「근로자퇴직급여 보장법 시행령」 제35조 제1항 제2호의 "약관에 근거하지 않은 수수료의 할인"에 해당하는 것으로 판단됨.

Q&A 3-5-2 (DC제도) 추가 사용자부담금의 운용관리 수수료 부담 주체

Question

DC형 퇴직연금에서 사용자가 법정 부담금(연간 임금총액의 1/12)보다 더 많은 금액을 부담하는 경우, 그 초과 부담금 부분의 운용관리수수료를 근로자에게 전액 부담시킬 수 있나요?

Answer

불가합니다.

퇴직연금제도의 설정과 운영에 필요한 비용은 「퇴직급여법」 제4조 제1항에 따라 사용자가 부담해야 할 의무가 있습니다.

관련법규 및 질의회신

퇴직연금복지과-391, 2008.9.1

「근로자퇴직급여 보장법」 제4조 제1항의 규정에 의하여 근로자에게 퇴직급여를 지급하기 위한 제도를 설정하는 것은 사용자의 의무이므로, 퇴직연금제도를 설정한 경우 그 운영에 소용되는 경비는 원칙적으로 사용자가 부담하여야 할 것임.

Q&A 3-5-3 (DC제도) 가입자부담금의 운용관리 수수료 부담 주체

Question

A회사는 DC형 퇴직연금제도를 운영 중인데, 근로자가 자발적으로 추가 납입(개인추가부담금)을 할 때 발생하는 수수료를 회사가 대신 부담해 주려 합니다. 이 경우 퇴직급여법 위반이 되지 않나요?

Answer

퇴직급여법 위반이 아닙니다.

「근로자퇴직급여 보장법 시행령」 제10조 제2항에 따르면 추가부담금에 대한 수수료는 원칙적으로 가입자가 부담하도록 되어 있습니다. 그러나 이 규정은 최소기준(하한선)을 정한 것이므로, 노사합의로 사용자 부담으로 정할 수 있습니다. 따라서 퇴직연금규약 등에 이를 명시했다면, 회사가 수수료를 부담하더라도 법 위반이 아닙니다.

관련법규 및 질의회신

근로복지과-2592, 2013.7.25

「근로자퇴직급여 보장법」 제19조 및 같은 법 시행령 제10조 제1항과 제2항에 따르면 확정기여형퇴직연금제도(DC형)의 운용관리업무 및 자산관리업무의 수행에 따른 수수료는 사용자가 부담하도록 규정하고 있으나, 가입자가 스스로 부담하는 추가 부담금에 대해서는 가입자가 수수료를 부담하도록 규정하고 있음.

「근로자퇴직급여 보장법」은 퇴직급여제도에 관한 사항의 하한선을 규정한 것이므로 노사 간 내부적인 합의에 의해 법에서 정한 부분을 상회하는 것이라면 해당 노사합의는 유효한 것으로 판단할 수 있음.

따라서, 노사합의로 퇴직연금규약에 명시하여 해당 수수료를 사용자가 부담하기로 결정하였다면 이를 법 위반으로 볼 수 없음.

Chapter

06

퇴직연금의 예금자 보호

KEY POINT

- 예금 보호 한도 1억 원은 은행 · 저축은행 · 보험 · 증권 · 상호금융에 적용되며, 예 · 적금 등 원금보장형 상품의 원금 및 소정의 이자가 보호 대상인 반면, 펀드 · 실적배당형 등 상품은 예금자 보호 대상이 아님
- 퇴직연금은 일반 예금과 '별도'로 1억 원 보호 한도를 적용. 다만, DB형은 예금보호 대상이 아니며, 확정기여형(DC)과 개인형퇴직연금(IRP)은 예금 등 보호 상품에 한해 적용됨

1. 예금 보호 한도 1억 원 상향

예금자 보호 제도는 금융회사가 파산하거나 영업정지를 당했을 때 예금 원금과 이자 일부를 예금보험기금에서 지급하는 제도이다. 2025년 9월 1일부터는 예금보호 한도가 기존 5천만 원에서 1억 원으로 상향되었다[53]. 이에 따라 예금보험공사가 보호하는 은행, 저축은행, 보험, 금융투자업권 뿐 아니라 개별법에 근거하여 각 중앙회가 보호하는 상호금융[54]의 예금보호 한도도 동시에 1억 원으로 상향되어 2025년 9월 1일 이후 금융회사나

53) 2025년 1월 21일 '예금자보호법'이 개정 및 동년 7월 22일 '예금자보호법 시행령' 개정안의 국무회의 통과에 따라 2001년 이후 24년 동안 5천만 원으로 유지되던 예금보호 한도는 1억 원으로 상향됨.

54) 신협, 농협, 수협, 산림조합, 새마을금고

상호금융 조합·금고가 파산 등으로 인해 예금을 지급할 수 없는 사태가 발생하는 경우에 예금을 1억 원까지 보호받을 수 있게 되었다.

예·적금 등 원금보장형 상품은 가입한 시점과 관계없이 원금과 소정의 이자가 1억 원까지 보호되며, 펀드 등 지급액이 운용실적에 연동되는 상품은 보호되지 않는다[55].

다만, 퇴직연금은 사회보장적인 성격을 인정받아 일반 예금과 별도의 1억 원 보호 한도를 적용[56]받는다.

2. 퇴직연금 제도별/상품별 예금보호

퇴직연금(DC/IRP)은 예금 등 보호 상품에 대해서만 예금자 보호가 적용된다.

- **확정급여형(DB) 제도 :** 모든 상품은 예금자보호 대상에서 제외
- **확정기여형(DC) 및 개인형퇴직연금(IRP) 제도 :** 가입자별로 DC, IRP 합산하여 금융기관별 원리금(예금으로 운용되는 원금+이자) 합계 1억 원까지 예금자보호 가능(이때 해당 금융기관의 일반 상품과는 별개로 퇴직연금 내 상품 1억 원까지 예금자보호 대상)

55) 펀드 등 금융투자상품, 실적배당형상품, 증권사 CMA, 후순위채권, 변액보험의 최저 보증을 제외한 주계약 등
56) 퇴직연금, 연금저축, 사고보험금에 모두 별도의 예금보호한도 적용

Q&A 3-6-1 예금자보호 관련 FAQ

Question

Q1) 예금자보호한도 1억 원이 적용되는 금융기관은 어디인가요?

Q2) 원금뿐만 아니라 이자도 보호되나요?

Q3) 2025년 9월 1일 이전에 가입한 예・적금 등도 1억 원까지 보호되나요?

Q4) 상향된 한도는 별도로 신청해야 하나요?

Answer

A1) 아래 금융기관의 예금보호한도가 1억 원으로 상향되었습니다.

① 예금자보호법에 따라 예금보험공사가 보호하는 은행, 저축은행, 보험사(생명보험, 손해보험), 투자매매・투자중개업자, 종합금융회사

※ 국내법에 따라 인가를 받은 외국 금융회사(은행, 보험, 증권 등) 국내지점 포함

② 개별법에 따라 각 상호금융 중앙회가 보호하는 농협지역조합, 수협지역조합, 신용협동조합, 새마을금고, 산림조합

A2) 원금과 이자를 합쳐 금융기관별로 1인당 1억 원까지 보호됩니다.

은행, 저축은행, 상호금융의 예・적금은 예・적금 원금과 소정의 이자를 합쳐 1억 원까지 보호됩니다. 이자 부분은 가입 상품 약정 이율과 예금보험공사가 정하는 공시 이율 중 낮은 이율을 적용해 산정합니다.

금융투자회사 증권 관련 투자자예탁금의 경우, 예탁금 원금과 이자(예탁금 이용료)를 합하여 1억 원까지 보호됩니다.

단, 펀드, 실적 배당형 상품, 증권사 CMA(종합자산관리계좌) 등은 보호되지 않는다.

A3) 네, 예・적금 등 보호 대상 금융상품은 언제 가입했는지와 관계없이 2025년 9월 1일 이후부터 1억 원까지 보호됩니다.

A4) 별도의 신청 없이 자동으로 상향된 한도가 적용됩니다.

Q&A 3-6-2 예금보호한도 1억 원을 퇴직연금에서 별도 보장받는 사례

Question

퇴직연금, 연금저축, 사고보험금에 대한 별도 보호 한도 1억 원은 어떻게 적용되나요?

Answer

아래 상품들은 동일한 금융기관 내에서도 일반 예금 또는 해약환급금(보험계약)과 별도로 각각 1억 원까지 보호됩니다. (①, ②, ③ 각 1억 원)

① 확정기여형(DC) 퇴직연금, 개인형퇴직연금(IRP), 중소기업 퇴직연금기금의 적립금 중 예금 등 보호상품으로 운용되는 금액

② 연금저축신탁, 연금저축보험(공제)

③ 사고보험금*(사고공제금)

* 영업정지 등 전에 보험금 지급 사유가 발생했으나 미지급된 사고보험금

예시) 예금자 홍길동이

(1) A은행 예금 6천만 원

(2) A은행 연금저축신탁 1억 2천만 원

(3) 확정기여형(DC) 퇴직연금 중 A은행 예금으로 운용되는 적립금 1억 5천만 원을 보유한 경우

(4) 개인형퇴직연금(IRP) 중 A은행 예금으로 운용되는 적립금 5천만 원을 보유한 경우

① A은행 예금 6천만 원

② A은행 연금저축신탁 1억 원

③ 가입자별 DC/IRP 합산한 A은행 예금 중 1억 원 각각 보호

> 예금자 보호 제도와 관련된 세부 내역은 예금보험공사 홈페이지(www.kdic.or.kr)를 참조하시기 바랍니다.

Chapter

07

퇴직연금 연말정산 FAQ

Q&A 3-7-1 IRP 자기부담금 납입 시 연말정산 세제 혜택

Question

IRP계좌에 자기부담금을 납입하면 연말정산 시 세제 혜택이 있다고 들었습니다. 얼마까지 납입이 가능한가요?

Answer

IRP계좌와 연금저축계좌(연금신탁, 연금펀드, 연금보험)의 납입한도는 연간 총 1,800만 원입니다(전 금융기관 합산)[57]. 이 중 최대 900만 원까지 세액공제가 가능합니다. 이 세액공제에는 연령 및 소득 요건이 없으며, 금융소득종합과세 대상자도 포함됩니다.

표 3-7 IRP 세액공제율, 세액공제한도

대상	세액공제율	세액공제 한도 (연금저축)	세액공제액
총급여 5,500만 원 이하 (종합소득금액 4,500만 원 이하)	16.5% (지방소득세 포함)	900만 원* (600만 원)	최대 1,485,000원
총급여 5,500만 원 초과 (종합소득금액 4,500만 원 초과)	13.2% (지방소득세 포함)	900만 원 (600만 원)	최대 1,188,000원

* IRP와 연금저축계좌의 세액공제한도를 합한 금액임

57) ISA 만기 전환금, 주택 다운사이징 차액, 기초연금 수급자 장기보유 부동산 양도차익의 경우 추가 납입이 허용됨.

참고

연금계좌 납입액 별 세액공제 한도 예시

- 연금저축계좌 600만 원 + IRP 300만 원 → 세액공제 한도 900만 원
- 연금저축계좌 600만 원 + IRP 900만 원 → 세액공제 한도 900만 원
- 연금저축계좌 900만 원 + IRP 0원 → 세액공제 한도 600만 원
- 연금저축계좌 0원 + IRP 900만 원 → 세액공제 한도 900만 원

Q&A 3-7-2 ISA 만기금액의 IRP 전환

Question

ISA 만기금액을 IRP로 이체하면 연말정산 시 추가로 세액공제가 가능하다고 들었는데, 만기금액 중 일부만 이체해도 세액공제가 가능한가요?

Answer

네, 전부 또는 일부 전환 시 전환금액에 대하여 추가 세액공제가 가능합니다.

ISA 만기금액을 IRP로 전환하는 경우, 전환 금액의 10%와 300만 원 중 적은 금액을 추가로 세액공제 받을 수 있습니다(ISA 만기일로부터 60일 이내 입금 시).

다만, 추가 세액공제는 ISA 만기금액을 IRP로 전환한 해에만 가능합니다. 전환한 해의 다음 연도부터는 기본 한도만큼만 세액공제가 가능합니다. 전환금액 중 세액공제 받지 않은 금액은 다음연도 납입액으로 전환하여 기본 세액공제한도 900만 원까지 세액공제가 가능합니다.

Q&A 3-7-3 주택 다운사이징 차액의 IRP 세제 혜택

Question

1주택 고령가구가 주택을 팔고 더 낮은 가액의 주택으로 이사 가는 경우, 그 차액을 IRP에 넣을 수 있다고 들었습니다. 구체적인 요건은 어떻게 되나요?

Answer

부부 중 1명이 60세 이상이고, 부부가 합산하여 1주택자인 경우 해당 주택을 팔고 더 낮은 가액의 주택으로 이사 가는 경우, 그 차액을 IRP에 납입하여 연금으로 수령할 수 있습니다.

표 3-8 다운사이징 주택 자금 연금계좌 납입 조건

구분	내용
대상자	부부 중 1명이 60세 이상 & 부부 합산 1주택자* * 종전 주택 양도일 기준 (신규 주택을 종전 주택 양도일 이전 6개월 내 취득한 경우 포함)
대상 주택	기준시가 12억 원 이하인 주택(종전 주택 기준)
납입 금액	종전 주택 양도가액에서 신규 주택 취득가액을 차감한 금액 (누적기준 1억 원 한도)
납입 기간	종전주택 양도일부터 6개월 이내 납입
사후 관리	납입일로부터 5년 내에 다음 사유에 해당 시 연금계좌 납입액에서 배제 ① 종전주택 양도금액보다 같거나 큰 가액의 주택 취득 ② 종전주택 양도가액에서 연금계좌 추가 납입액을 차감한 금액보다 높은 가액의 주택 취득 ③ 다운사이징한 주택 외에 추가 주택 취득

Q&A 3-7-4 (기초연금 수급자) 장기보유 부동산 양도차익의 IRP 입금

Question

기초연금 수급자가 부동산을 10년 동안 보유하고 있다가 올해 매각을 했습니다. 발생한 양도차익을 IRP에 입금해서 세제혜택을 받을 수 있을까요?

Answer

네, 가능합니다.

다만, 다음 요건을 모두 갖춘 경우에만 추가 납입에 대한 세액공제 혜택을 적용받을 수 있습니다.

표 3-9 기초연금 수급자 장기보유 부동산 양도차익 연금계좌 납입 조건

구분	내용
대상자	기초연금 수급자로서 부부 합산 1주택 이하인 자
대상 부동산	토지, 건물, 주택 보유 기간이 10년 이상일 것
납입 금액	양도가액 - 취득가액(0보다 작으면 0) * 다운사이징과 합하여 1억 원 한도(생애 누적 기준)
납입 기간	종전주택 양도일부터 6개월 이내 납입
기타	납입 시점에 적용 요건을 충족하지 못하는 경우에는 적용 배제

Q&A 3-7-5 IRP 세액공제 한도 초과 납입액의 세액공제 여부

Question

작년에 IRP에 1,500만 원을 납입하고 900만 원에 대해 세액공제를 받았습니다. 나머지 600만 원에 대하여 올해 세액공제를 받을 수 있나요?

Answer

네, 가능합니다.

과거에 IRP에 납입한 자기부담금 중 세액공제를 받지 않은 금액이 있는 경우, 다음연도 이후 납입금으로 전환 신청하여 세액공제를 받을 수 있습니다. 납입 시점과 관계없이 세액공제를 받고자 하는 해의 마지막 영업시간 내에 필요 서류[58]를 갖추어 금융기관에 방문하여 신청해야 합니다(전환 특례 신청의 기간 제한 없음).

Q&A 3-7-6 IRP 연금수령과 건강보험 피부양자 등록

Question

퇴직 시 자녀의 건강보험료 피부양자로 등록하려고 합니다. 그런데 소득이 있으면 건강보험료 피부양자 대상에서 탈락할 수 있다던데, 퇴직급여를 일시금으로 수령하거나 IRP에서 연금 형태로 수령하는 경우 피부양자 자격을 박탈당하나요?

Answer

아닙니다. 퇴직급여를 일시금으로 받거나 IRP에서 연금으로 수령하는 경우에 건강보험료에 영향을 주지 않습니다. 사업, 금융(이자, 배당), 근로, 기타 소득 뿐 아니라 국민연금 등

58) 연금보험료 등 소득·세액공제 확인서(국세청 홈택스 또는 세무서 방문 발급)

공적연금의 경우 소득의 50%에 대해 건강보험료가 부과됩니다. 다만, 현재 IRP를 포함한 사적연금에 대해서는 건강보험료가 부과되고 있지 않으며 피부양자 자격 여부에도 영향을 미치고 있지 않습니다.

Q&A 3-7-7 IRP 연금수령과 국민연금 수령액

Question

현재 다른 소득은 없고 IRP에서 연금을 수령하고 있습니다. 국민연금 수령 시점에 소득이 있는 경우 국민연금 수령액이 감액된다고 하는데, IRP에서 연금을 수령하는 경우에도 국민연금 수령액이 감액되나요?

Answer

감액되지 않습니다.

국민연금 감액 대상 소득을 산정할 때 사적연금 수령액은 포함하지 않습니다.

참고

국민연금 감액 대상 소득이란?

1. 연금수급 개시 시점 월평균 소득금액이 일정 금액을 초과하는 경우 5년 동안 국민연금 감액
2. 월평균 소득금액은 해당연도의 근로소득금액(근로소득공제 차감 후)과 사업소득금액(필요경비 공제 후) 합계액을 당해연도 근무 월수로 나눈 금액으로 산정
3. 감액 대상 일정 금액은 2025년 기준 월 3,089,062원(연 37,068,744원)
4. 근로소득만 기준으로 하는 경우 총급여(근로소득공제 전) 월 4,106,907원(연 49,282,888원)
5. 이때 이자, 배당, 연금, 기타소득은 산출 대상에서 제외

자세한 내용은 국민연금공단(1355)에 문의 바랍니다.

Q&A 3-7-8 IRP 연금수령과 부양가족 공제

Question

부모님께서 다른 소득은 없고 IRP에서 연금을 수령하고 계십니다. 제가 연말정산 시 부모님에 대해 부양가족 공제를 받을 수 있나요?

Answer

연금 수령 재원과 연금 수령 금액에 따라 다릅니다.
부모님께서 세액공제를 받지 않은 자기부담금 및 퇴직급여를 재원으로 연금 수령하시는 경우에는 금액 무관하게 부양가족 공제가 가능합니다. 그런데 세액공제를 받은 자기부담금과 운용수익을 재원으로 하는 연금 수령의 경우에는 분리과세를 선택한 경우에만 부양가족 공제가 가능합니다.

표 3-10 연금 수령 재원에 따른 부양가족 공제 여부

연금 수령 재원	부양가족 공제 대상 여부
세액공제 받지 않은 자기부담금	금액 무관 가능(과세제외 분이므로)
퇴직급여	금액 무관 가능(분리과세이기 때문에)
세액공제 받은 자기부담금 & 운용수익	분리과세 선택 시 가능

다른 소득은 없고 공적연금 수령액과 사적연금 수령액이 있는 경우, 공적연금 수령액이 516만 원 이하이면서 사적연금 분리과세를 선택한 경우에는 부양가족 공제 대상입니다. 부양가족 공제를 받기 위해서는 연간 종합소득금액 + 퇴직소득금액 + 양도소득금액이 100만 원 이하여야 합니다.

Q&A 3-7-9 IRP 중도해지 시의 세액공제

Question

올해 IRP계좌에 900만 원을 입금하였는데 자금이 필요하여 IRP를 중도해지하였습니다. 올해 연말정산 시 해당 900만 원도 세액공제 받을 수 있나요?

Answer

세액공제 받을 수 없습니다.

IRP를 중도해지하는 경우 해지한 연도의 입금액은 연금계좌 세액공제를 받을 수 없습니다. 따라서 IRP를 해지한 연도의 입금액은 해지 시 세금이 부과되지 않습니다.

Q&A 3-7-10 임대소득자 등의 연금계좌 세액공제

Question

Q1) A씨는 상가 임대소득만 있습니다. 세액공제 대상자인가요?

Q2) B씨는 금융소득만 있으며 금융소득 종합과세 대상자입니다. 세액공제 대상인가요?

Q3) C씨는 타소득 없이 강연을 하고 기타소득금액 1천만 원을 받아 종합소득세를 신고하려고 합니다. 세액공제 대상자인가요?

Answer

A1) 네, 종합소득이 있는 거주자는 연금계좌 세액공제 대상입니다.

A2) 네, 금융소득종합과세 대상자도 연금계좌 세액공제 대상입니다.
(단, 종합소득세율을 적용받는 세액에 대하여만 적용)

A3) 네, 기타소득금액이 300만 원을 초과하는 경우 종합과세 대상자이므로 이 경우에도 연금계좌세액공제 대상입니다.

Chapter

08

확정급여형(DB) 제도의 적립 의무

KEY POINT

- 최소적립 기준 :
  - 최소적립금 = 기준책임준비금 × 최소적립비율(2022년부터 100%)
  - 기준책임준비금은 '비계속기준'과 '계속기준' 중 큰 금액
- 미달 시 조치 및 제재 : 최소적립금의 95% 미만이면 '부족 비율의 1/3 이상'을 직전 사업연도 종료 후 1년 내 해소해야 하며, 미이행 시 과태료(최대 1천만 원) 대상
- 퇴직연금사업자(간사기관)에 '모의 재정검증(부담금 예측)'을 요청해 필요액을 사전에 파악해야 함. 또한 계속기준부채가 추계액보다 크거나 가입자 명부 미갱신 시 적립부족이 발생할 수 있는 점에 유의

1. 적립의무 (최소적립금 기준)

DB제도를 설정한 사업장은 「퇴직급여법」 제16조에 따라 산정한 예상 퇴직급여 지급액의 일정 비율 이상(이하 '최소적립금')을 적립해야 한다.

이 적립금은 기준책임준비금의 일정 비율 이상을 충족해야 하며, 이 최소적립비율[59]은 단계적으로 상향되어 2022년부터는 100%가 적용되고 있어 현행 기준으로는 기준책임준비금이 곧 최소적립금 기준이라고 볼 수 있다. 이때 기준책임준비금이란 지급 능력 확보

59) 연도별 최소적립비율: '12~'13년 [60%], '14~'15년 [70%], '16~'18년 [80%], '19~'21년 [90%], '22년 이후 [100%]

를 위해 적립해야 하는 기준 금액으로 매 사업연도 말 계산한 '계속기준' 금액과 '비계속기준' 금액 중 더 큰 금액을 의미한다.

최소적립금 = 기준책임준비금 × 최소적립비율(2022년부터 최소적립비율은 100%)
기준책임준비금 = 비계속기준금액(추계액)과 계속기준금액 중 큰 금액

* 비계속기준금액(추계액) : 결산일 기준 가입자별 퇴직금 합계
* 계속기준금액 : 계속 근무를 가정하여, 기초율(예정이율, 예정임금상승률, 예정퇴직률, 예정사망률)을 이용하여 산출한 가입자별 예상퇴직금 합계

이때 비계속기준금액은 기존의 퇴직금 추계액과 같이 사업장이 비계속 즉, 일정시점(예를 들어 회계연도 말)까지만 지속한다는 가정하에 해당 시점에서 모든 근로자들이 일시에 퇴직을 한다고 가정했을 때 지급해야 할 총 확정 퇴직급여를 뜻한다. 하지만 계속기준금액은 사업장의 지속적인 영업을 가정하고 있으며 이때 근로자에게 지급해야 할 총 예상 퇴직급여를 뜻한다. 이 예상 퇴직급여는 퇴직률, 임금상승률 등의 기초율 기반으로 계산하게 된다.

DB제도를 도입한 사업장은 퇴직연금사업자가 산출한 미래 퇴직급여 예상액(계속기준부채)과 비계속 기준 추계액 중 큰 금액을 기준으로 적립액을 납부해야 한다.

2. 적립금 부족 시 조치

적립금이 최소적립금의 100분의 95에 미치지 못하는 경우, 최소적립금 대비 부족분 비율의 1/3 이상을 직전 사업연도 종료 후 1년 이내에 해소하여야 한다. 이때 부족 '금액' 기준이 아니라 부족 '비율'의 1/3 이상 기준임을 유의해야 한다.

기존에는 최소적립금 미달 사업장을 대상으로 재정안정화계획서 작성 및 통보의무를 부과하였으나, 작성 여부만을 확인하였을 뿐 미적립 시 별도의 제재 조치가 없었다. 하지만 2023.12.12 퇴직급여법 시행령 개정으로 해당 기간 내 부족분을 해소하지 않을 경우 1,000만 원 이하의 과태료 부과 대상이다(기존 '재정안정화계획서 작성 및 통보' 의무는 폐지됨).

또한 퇴직연금사업자도 재정검증 결과 통보 의무를 위반하면 금융당국의 제재(과태료) 대상이 될 수 있다.

Q&A 3-8-1 DB 계좌 입금 시에도 적립 부족이 발생하는 경우

Question

추계액 대비 100% DB 계좌에 입금했음에도 불구하고 적립 부족으로 통보받았습니다. 어떤 경우에 적립 부족이 발생할 수 있나요?

Answer

Case 1) 계속기준 부채가 퇴직급여 추계액보다 큰 경우 추계액을 기준으로 불입했을 때 재정검증 보고서상 적립부족이 나타날 수 있습니다. 퇴직급여법에 따른 추가 불입이 있어야 합니다.

그림 3-3 추계액 대비 100% 납입한 경우에도 적립금 부족인 경우의 예

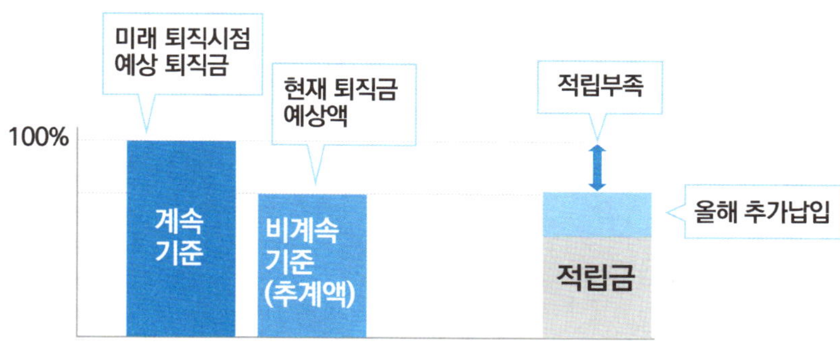

Case 2) DB제도에 가입한 근로자의 명부를 변경하지 않아 회계연도 말 계속기준 부채가 과소하게 계산된 경우에도 추후 재정검증 시 적립 부족으로 판정될 수 있습니다.

Q&A 3-8-2 부담금 사전 예측 가능 여부

Question

얼마를 적립해야 하는지 미리 알 수는 없나요?

Answer

퇴직연금 사업자(금융기관) 중 간사기관에게 부담금예측서비스(모의재정검증)를 요청하시면 예상 필요 적립금액을 알 수 있습니다(서비스 제공 여부는 퇴직연금 사업자마다 상이할 수 있으므로 퇴직연금 사업자에게 문의 필요).

[업무 프로세스 예시(12월 말 결산 사업장의 경우)]

(1) DB 가입자 명부 변경(사업장 → 퇴직연금 사업자) : ~ 11월

(2) 납입 필요 금액 안내(퇴직연금 사업자 → 사업장) : 12월 초

- 재정검증 담당자에게 보고서 산출 요청 후 작성된 재정검증 예측보고서를 사업장에 전달
- 단, 직전 재정검증시 적립부족인 경우 과태료를 면하기 위한 납입 금액*에 대한 추가 점검 필요

  * 직전 적립비율 + 부족비율 × 1/3

(3) 납입금액 결정(사업장)

(4) 추가납입(사업장 → DB계좌) : 12월 말

Q&A 3-8-3 적립 부족액 해소 시한

Question

적립부족 해소조치는 언제까지 이행해야 하나요?

Answer

직전 사업연도 종료 후 1년 이내에 적립부족을 해소해야 합니다. 사업연도 종료 시점은 결산 월 종료 시점을 기준으로 하므로 재정검증결과 통보 시점이 아닌 결산 월을 기준으로 기한을 산정합니다.

예시)

- 사업연도 말 : 2024년 12월 31일
- 재정검증결과 통보 시점 : 2025년 6월 30일

→ 2025년 12월 31일까지 적립 부족을 해소하여야 함.

Q&A 3-8-4 부담금 부족 사업장의 납입액 계산

Question

작년에 최소적립금의 100분의 95에 미달한 경우 과태료를 면하기 위해 필요한 최소납입(적립) 필요금액은 어떻게 계산하나요?

Answer

2024년 말 기준으로 최소적립금의 100분의 95에 미달한 경우 과태료를 면하기 위해 2025년 말까지 필요한 최소납입(적립)금액

= 2025년 재정검증 기준책임준비금 × 2024년 최소목표 적립비율*

* 최소목표 적립비율 = 2024년 적립비율 + 2024년 부족비율의 1/3

Q&A 3-8-5 임금피크제 사업장의 계속기준 부채 산정방법

Question

근로자가 57세가 되는 시점에서 임금피크제를 적용하고 있는 사업장의 경우 퇴직급여법 제16조 제1항에 따른 계속기준부채는 어떻게 산정하나요?

Answer

임금피크제 시행 시점(57세)에 이르러 DB제도에서 DC제도로 변경하는 경우라면 계속기준 기준책임준비금은 임금피크제 시행 시점에서 퇴직하는 것을 전제로 산정해야 합니다.

관련법규 및 질의회신

퇴직연금복지과-2840, 2020.6.30

임금피크제 시행 시점(57세)에 과거 계속근로기간을 소급하여 DB제도에서 DC제도로 변경하는 경우라면,

변경 시점에서 과거 계속근로기간에 대한 DB제도의 퇴직급여를 산정하여 임금피크제 대상 근로자 명의의 DC계좌로 일시금으로 납입하여야 하므로,

퇴직급여법 제16조 제1항 제1호에 따른 계속근로기준 기준책임준비금은 임금피크제 시행 시점에서 퇴직하는 것을 전제로 산정해야 할 것임.

Part

04

임원의 퇴직급여 제도

Chapter

01

임원 퇴직급여 제도의 설계

KEY POINT

- 임원의 퇴직급여 산정 근거는 반드시 정관 또는 주주총회의 승인을 받은 「임원퇴직급여규정」에 근거해야 함
- 특정 임원만을 위한 일회성 규정은 인정되지 않음(불특정 다수 임원에게 계속 · 반복적으로 적용되는 기준이어야 손금산입 가능)
- 퇴직 전 정관 · 규정 개정 시 조세회피 목적이 아니라면 과거 근속기간에도 소급 적용 가능(단, 퇴직 직전 개정 등은 부당행위로 판단될 수 있음)

1. 임원 퇴직급여 개요

근로기준법상 근로자에 해당하지 않는 임원의 경우 법정 퇴직급여의 대상이 아니다. 따라서 회사는 정관 또는 주주총회의 결의로 임원에 대한 퇴직급여 산정 방식을 정해야 하고, 그 근거에 따라야만 세법상 '퇴직소득'으로 인정된다.

1) 정관 규정

임원의 보수와 퇴직급여는 주주총회 결의로 정한다는 정관 규정이 필요하다. 상법 제388조는 '이사의 보수는 정관에 그 액을 정하지 아니한 때에는 주주총회의 결의로 이를 정한다'라고 규정하고 있다. 이사의 재직 중 보수는 주주의 이익(이익배당)과 직결되므로, 주주권 보호 차원에서 주총의 직접 통제가 필요하기 때문이다. 다만, 임원 퇴직급여의 경우 장기근속 보상 및 퇴임 후 처우 성격이 강하므로 매년 개별 임원의 퇴직급여를 직접 의결하기보다는 주주총회 결의를 거친 별도의 「임원퇴직급여규정」에 의하는 경우가 많다[60].

〈이사의 보수와 퇴직급여를 규정하는 정관 예시〉

제00조 이사의 보수와 퇴직금

① 이사의 보수는 주주총회의 결의로 이를 정한다.

② 이사의 퇴직금의 지급은 주주총회 결의를 거친 임원 퇴직급여지급규정에 의한다.

2) 임원퇴직급여규정

임원의 퇴직급여도 보수의 일종이므로 정관에 규정이 없으면 주주총회의 승인(보통결의)을 받아야 한다. 이에 회사가 정관에서 정하는 바에 따라 「임원퇴직급여규정」을 별도로 마련하여 주주총회의 승인을 받은 경우에는 임원의 퇴직급여액에 대해서는 이사보수 한도에도 불구하고 별도로 산정하여 집행할 수 있다. 다만, 「임원퇴직급여규정」에는 퇴직급여 지급 금액을 주주들이 예측할 수 있어야 하므로 퇴직급여 산정을 위한 구체적인 기준(지급률 등) 및 내용을 포함하여야 한다.

3) 주주총회 결의

「임원퇴직급여규정」의 제정 및 개정 시에는 반드시 주주총회의 승인(보통결의)을 받아야 한다. 정관이나 정관에서 위임한 「임원퇴직급여규정」이 없거나 불명확한 경우 법인세법상 손금 인정이 제한된다.

60) 2025년 4월 현재 유가증권시장 상장회사 814개 사 기준으로 81.2%는 '주총에서 승인받은 별도의 퇴직금지급규정에 의함' 방식으로 이사의 퇴직급여를 규정하고 있다. 기타 '별도의 퇴직금 지급규정에 의함'은 12.7%, 규정이 없는 경우 2.9%, 주총 결의에 의하는 경우 1.2% 順, 「2025 유가증권 상장회사 정관 기재 유형」 (2025.10 한국상장사협의회)

2. 「임원퇴직급여규정」 관련 주의 사항

임원 퇴직연금 설계 시에는 일반 근로자와 달리 법적 위험이 다양하게 존재한다. 특히 세법, 상법, 근로기준법의 적용 여부에 따라 여러 리스크에 노출될 수 있으므로, 다음 항목들을 꼼꼼히 검토해야 한다.

1) 사회 통념상 적정한 수준일 것

임원 퇴직급여는 일반 근로자에 비해 높은 수준으로 책정되는 경우가 많지만, 사회 통념상 과도한 퇴직급여는 부당 행위로 간주되어 법인세법상 손금불산입되므로 임원에게 소득세가 추가로 과세될 수 있다. 가지급금으로 처리되는 경우 지급이자 손금불산입, 인정이자 계산 등 법인세 부담 및 소득세 부담이 증가한다.

2) 불특정 다수 임원에게 지속적으로 적용되는 일반 규정일 것

퇴직급여의 지급은 특정 임원에게 일회적으로 적용되는 것이 아니라, 불특정 다수의 임원에게 지속적으로 적용되는 제도여야 한다. 이를 위해 「임원퇴직급여규정」에 명확한 기준을 마련하고, 주주총회의 승인을 받아야 한다. 규정은 임원 재직 중에 이미 존재하고 있어야 하며, 퇴직 직전에 신설하거나 변경하는 경우에는 인정받기 어렵다.

3) 퇴직연금제도 도입 관련

① 임원의 퇴직급여를 확정급여형(DB) 또는 확정기여형(DC) 퇴직연금 제도로 운영하는 경우 그 방식에 차이가 있으므로, 퇴직급여 산정 및 세무상의 적정성 확보를 위해 체계적인 납입액 관리가 요구된다.

② 세법상 임원 퇴직소득 한도를 초과하지 않도록 사전 검토가 필수이다. 한도 초과 시 세금이 증가할 수 있으므로, 퇴직연금 사업자와 사전 협의를 통해 납부 계획을 조율하는 것이 바람직하다.

Q&A 4-1-1 주주총회 의결을 거치지 않은 임원퇴직급여규정

Question

법인이 임원 퇴직급여에 대하여 "별도로 정하는 임원퇴직급여규정에 의한다"라고 정관에서 정하고 이에 따라 이사회에서 「임원퇴직급여규정」을 따로 두고 있는 경우, 주주총회의 의결을 거치지 않아도 법인세법에 따른 「임원퇴직급여규정」으로 볼 수 있나요?

Answer

법인세법에 의한 「임원퇴직급여규정」으로 볼 수 없습니다.

정관의 포괄적인 위임에 따라 이사회에서 결정된 규정은 법인세법에 따른 「임원퇴직급여규정」으로 볼 수 없으며, 별도의 주주총회 의결을 필요로 합니다.

이 경우, 법인세법상 손금산입 한도는 '퇴직 전 1년간 총급여액 × 10% × 근속연수'로 계산합니다.

관련법규 및 질의회신

법인세과-1126, 2009.11.5

임원에게 지급할 퇴직급여에 관한 기준 또는 규정을 이사회에서 정하도록 정관에서 포괄적으로 위임하고 있는 법인이 이사회 결의에 의하여 임원 퇴직급여액을 일시적 또는 일회적으로 정할 수 있는 경우 이는 정관에 퇴직급여로 지급할 금액이 정하여진 경우에 해당되지 아니함.

법인세법 시행령 제44조【퇴직급여의 손금불산입】

④ 법인이 임원에게 지급한 퇴직급여 중 다음 각 호의 어느 하나에 해당하는 금액을 초과하는 금액은 손금에 산입하지 아니한다.

1. 정관에 퇴직급여(퇴직위로금 등을 포함한다)로 지급할 금액이 정하여진 경우에는 정관에 정하여진 금액
2. 제1호 외의 경우에는 그 임원이 퇴직하는 날부터 소급하여 1년 동안 해당 임원에게 지급한 총급여액의 10분의 1에 상당하는 금액에 근속연수를 곱한 금액

⑤ 제4항 제1호는 정관에 임원의 퇴직급여를 계산할 수 있는 기준이 기재된 경우를 포함하며, 정관에서 위임된 퇴직급여 지급규정이 따로 있는 경우에는 해당 규정에 의한 금액에 의한다.

Q&A 4-1-2 실적에 따라 퇴직급여를 임원별로 차등 지급하는 경우

Question

A사는 정관의 위임에 따라 주주총회에서 의결한 「임원퇴직급여규정」에서 정한 대로 각 임원의 성과, 기여도, 평가 결과에 따라 지급률을 달리 적용하여 임원별로 퇴직급여액이 차등 지급됩니다. 이 경우 법인세법상 손금산입 한도는 어떻게 되나요?

Answer

특정 임원의 퇴직 시마다 임의로 퇴직급여 지급 규정을 변경할 수 없는 것임이 객관적으로 확인되는 경우에 한하여 법인세법상 '정관 또는 정관에서 위임된 규정'으로 인정됩니다. 따라서 사례의 경우는 정관에 정하지 않은 경우로 보아, '퇴직 전 1년간 총급여' × 10% × '재임기간'으로 계산된 금액을 손금산입 한도로 합니다.

관련법규 및 질의회신

서면-2017-법인-0214, 2017.5.26

퇴직 임원에 대한 사원의 평가에 따라 지급 금액이 달라지는 등 임원이 퇴직할 때마다 그 지급 기준이 달라지는 것으로 볼 수 있는 규정이라면 일반적으로 적용되는 퇴직금지급규정이라고 보기 어려움.

서면-2017-법인-0283, 2017.5.26

법인의 퇴직급여 지급규정이 불특정 다수를 대상으로 지급 배율을 정하지 아니하고 개인별로 지급 배율을 정하는 경우에는 법인세법 시행령 제44조 제4항에서 규정하는 정관에서 위임된 퇴직급여 지급규정으로 볼 수 없는 것임.

Q&A 4-1-3 임원 퇴직급여 지급규정의 소급 적용

Question

A사는 「임원퇴직급여규정」을 법인을 설립한 지 3년 만에 처음으로 제정하려고 하며 이를 위한 정관변경 등을 위해 임시주주총회를 소집하기로 하였습니다. 이때 임원의 근무 시작일이 주주총회 의결 시점보다 앞설 경우에, 규정을 이전의 근속기간에 대하여도 소급하여 적용할 수 있나요?

Answer

네, 소급하여 적용할 수 있습니다.

「임원퇴직급여규정」의 제정・변경・소급 여부는 전적으로 회사와 주주총회의 자율적 결정 사항입니다. 또한 퇴직급여는 일반적으로 '근로・서비스에 대한 후불 임금'의 성격을 가집니다. 따라서 제도나 규정을 제정한 시점이 아니라, 과거 근무 기간에도 소급하여 그 보상으로 지급하는 것이 가능합니다. 다만, 임원의 경우 지나치게 과다한 퇴직급여 금액은 법인세법상 손금불산입될 수 있는 점은 유의해야 합니다.

관련법규 및 질의회신

서면-2019-법인-0139, 2019.8.1

내국법인이 확정기여형 퇴직연금 제도를 설정하면서 임원이 퇴직하기 전에 정관상의 퇴직급여 지급 기준을 개정한 경우에는 조세의 부담을 부당히 감소시킨 것으로 인정되는 경우를 제외하고는 규정의 개정 전까지 근속기간에 대하여도 개정된 규정을 적용할 수 있는 것임.

서이46012-11540, 2003.8.25

임원이 퇴직하기 전에 규정을 개정한 경우에는 당해 규정의 개정 전까지의 근속기간에 대하여도 개정된 규정을 적용할 수 있는 것이며...("이하 생략")

Q&A 4-1-4 「임원퇴직급여규정」의 공증 필요성 여부

Question

상법상 절차에 따라 주주총회를 개최하여, 정관에 규정된 「임원퇴직급여규정」을 변경하여 승인받고자 합니다. 주주총회의사록, 정관, 「임원퇴직급여규정」에 대해 공증을 의무적으로 받아야 하나요?

Answer

「임원퇴직급여규정」에 규정된 사항에 대한 공증은 의무가 아니라 선택입니다.

일단 유효하게 성립된 정관의 변경은 원칙적으로 주총 특별결의를 받으면 결의가 있었던 때 바로 그 효력이 발생하는 것이지 변경된 정관을 공증하여야만 효력이 생기는 것은 아닙니다.

또한, 정관의 변경 내용이 등기사항인 경우에는 2주 내에 관할 등기소에 변경등기를 하여야 하나 「임원퇴직급여규정」에 대한 사항은 상법상 정관의 임의적 기재 사항으로서 등기사항이 아닙니다.

그러나, 실무상 향후 발생할 수 있는 분쟁에 대비하여 공증을 받는 경우도 있습니다.

관련법규 및 질의회신

대법원 78누167(공1979,11651), 1978.12.26

주식회사의 원시정관은 공증인의 인증을 받음으로써 효력이 생기는(상법 제292조) 것이지만 일단 유효하게 작성된 정관을 변경할 경우에는 주주총회의 특별결의(상법 제433조, 제434조)가 있으면 그때 유효하게 정관변경이 이루어지는 것이며 서면인 정관이 고쳐지거나 변경 내용이 등기사항인 때의 등기여부 내지 공증인의 인증 여부는 정관변경의 효력 발생에는 아무 효력이 없다.

상법 제433조【정관변경의 방법】

① 정관의 변경은 주주총회의 결의에 의하여야 한다.

상법 제434조【정관변경의 특별결의】
제433조 제1항의 결의는 출석한 주주의 의결권의 3분의 2 이상의 수와 발행주식총수의 3분의 1 이상의 수로써 하여야 한다.

Q&A 4-1-5 「임원퇴직급여규정」에서 비상근 임원 제외 가능 여부

Question

등기임원이 3인이고 그중에 1인이 대표이사로서 상근이며 나머지 2인은 비상근 임원인 바, 임원 퇴직급여와 관련하여 비상근 임원을 제외하고 정관을 작성할 예정입니다. 비상근 임원을 제외하고 대표이사인 상근 임원에게만 퇴직급여를 지급해도 손금산입이 되나요?

Answer

네, 손금산입이 가능합니다.
정당한 사유 없이 특수관계자인 임원을 차별 대우하는 것은 안 되지만 상근·비상근 여부, 근속연수, 직급에 따라 합리적인 차별을 두는 것은 정당한 사유에 해당합니다.

관련법규 및 질의회신

서면2팀-1455, 2004.7.13
정관에서 위임된 퇴직금 지급규정은 당해 위임에 의한 임원 퇴직금 지급규정의 의결 내용 등이 정당하고, 특정 임원의 퇴직 시마다 퇴직금을 임의로 지급할 수 없는 일반적이고 구체적인 기준을 말하는 것으로, 당해 지급규정의 내용에 따라 임원 퇴직 시마다 계속·반복적으로 적용하여 온 규정이라야 할 것으로..."(중략)"
임원에게 지급하는 퇴직금이 정당하게 지급한 퇴직금인지 여부는 특정 임원의 퇴직을 앞두고, 당해 임원 등만을 위한 퇴직금 지급규정인지, 아니면 당해 임원의 퇴직 전·후에도 계속·반복적으로 적용하여 온 퇴직금 지급규정인지, 사용인에 비하여 지나치게 많이 지급되는 퇴직금인지 등 제반 상황에 따라 사실 판단하는 것임.

Q&A 4-1-6 임원 퇴직급여 지급액에 대한 제한 여부

Question

현재 A법인의 「임원퇴직급여규정」에는 임원에 대한 퇴직급여가 '근속연수 × 퇴직 전 1년간 연봉의 10% × 2(배수)'이나 대표이사의 공로 등을 감안하여 타 임원보다 지급 배수를 높이고자 합니다. 지급 배수에 대한 제한 없이 지급이 가능한가요?

Answer

법인세법 측면(법인의 손비처리)에서 지급 배수가 정당한지의 여부는 사안에 따라 종합적으로 고려하여 판단할 사항입니다.

특수관계자(주주 등)인 임원에게 정당한 사유 없이 차별적으로 높은 배수를 적용하는 것은 허용이 되지 않으며 과거 조세심판 사례에서는 이를 사안에 따라 판단하였습니다.

임원에게 지급하는 퇴직금이 정당하게 지급한 퇴직급여인지 여부는 특정 임원의 퇴직을 앞두고 특정 임원만을 위한 퇴직급여 지급규정인지, 아니면 특정 임원의 퇴직 전후에도 계속 반복적으로 적용하여 온 퇴직급여 지급규정인지, 직원에 비하여 지나치게 많이 지급되는 퇴직급여인지, 법인의 재무상태 등 제반 상황에 따라 판단합니다.

퇴직급여 지급행위가 건전한 사회통념이나 상관행에 비추어 경제적 합리성을 결여한 비정상적인 것으로서, 이익을 분여하여 법인의 소득에 대한 조세의 부담을 부당하게 감소시킨 경우에는 1배수라도 손금불산입될 수 있습니다.

관련법규 및 질의회신

법규법인2012-389, 2012.11.30

대표이사가 최대주주로서 임의적으로 퇴직금 지급규정을 의결하여 건전한 사회통념과 상관행에 비추어 일반적으로 적용될 것으로 인정되지 아니하고 차등 과다 지급한 것으로 인정되는 경우에는 손금에 산입하지 아니하는 것임.

조심2008부0420, 2008.9.16
정관에 따라 주주총회에서 의결한 임원 퇴직금 지급규정에서 특정 임원뿐만 아니라 기타 임원에 대하여도 근속연수별로 일률적인 지급 기준을 정한 것으로 인정되는 점에 비추어, 특정 임원에게 높은 배율의 퇴직금을 지급하였다 하여 모두 부당행위계산 부인 적용 대상으로 보기에는 어려움.

Q&A 4-1-7 개인사업자가 법인전환 시 근속연수에 개인사업 기간 포함 여부

Question

B는 개인사업을 운영하다 3년 전 법인전환 하였으며, 해당 사업장 소속 근로자의 경우 개인사업장에서 근무했던 기간과 법인 사업장 소속 기간을 통산하여 퇴직급여를 지급하고 있습니다. 대표이사 B가 퇴사할 경우 근속연수를 개인기업의 근속연수와 통산할 수 있나요?

Answer

통산 대상이 아닙니다.
개인사업을 영위하던 당시 B는 근로자가 아닌 개인사업자로서 사업소득을 신고했을 것이며, 해당 기간 동안의 보수나 퇴직금은 필요경비로 인정되지 않았을 것입니다. 따라서 법인으로 전환되었다고 하더라도 개인사업자로서의 근무 기간은 법인의 근속연수에 통산되지 않습니다.

관련법규 및 질의회신

서이46012-10850, 2001.12.31
개인사업자가 법인으로 전환하여 동 법인의 대표이사 등으로 근무하다 퇴직하는 경우 그 대표이사 등의 퇴직급여 산정 시 적용하는 근속연수는 법인전환 전의 개인사업 경영 기간을 통산하지 아니함.

Q&A 4-1-8 축소 또는 폐지되는 부서의 임원이 받는 명예퇴직금의 소득 구분

Question

A법인은 기업의 구조조정 계획에 따라 축소 또는 폐지되는 부서의 임원에게 명예퇴직금을 지급하고자 합니다.

Q1) 해당 임원에게 지급하는 명예퇴직금을 손금으로 인정받을 수 있나요?

Q2) 해당 임원이 받은 명예퇴직금은 퇴직소득인가요?

Answer

A1) 손금으로 인정받기 위해서는 정관이나 정관에서 위임한 임원 퇴직급여 규정에 따라 지급해야 합니다. 해당 명예퇴직금 지급에 관한 사항이 불특정 다수(타 부서 임원에도 해당 되는 등)에게 적용되도록 미리 정관이나 정관에서 위임한 규정에 명시되어 운영되어야 합니다.

A2) 정관이나 정관에서 위임받은 규정에 따라 지급된 금액 중 소득세법상 임원 퇴직소득 한도 내의 금액은 퇴직소득입니다. 정관이나 정관에서 위임받은 규정에 명시되어 있지 않다면 전액 근로소득으로 과세됩니다.

관련법규 및 질의회신

서면-2021-법인-4421, 2021.8.10

법인이 임원에게 지급하는 퇴직급여(퇴직위로금 포함)가 「법인세법 시행령」 제44조 제4항 제1호에 따라 정관에 정해진 금액을 지급할 경우에는 퇴직소득에 해당되나, 정관에 정해진 금액을 초과하여 지급하는 금액은 「소득세법 시행령」 제38조 제1항에 따른 근로소득에 해당하는 것임.

소득, 서면인터넷방문상담1팀-573, 2004.4.20

명예퇴직금 지급규정이 정관에서 위임된 퇴직급여 지급규정에 해당하는 경우에는 퇴직소득에 해당하는 것이나, 그러하지 아니하는 경우에는 근로소득에 해당하는 것임.

Q&A 4-1-9 특수관계인인 비상근 임원의 퇴직급여 손비인정 여부

Question

대주주의 장모인 A법인 감사는 비상근 임원으로서 주 3~4일 정도 근무하며 감사 업무에 관여하고 있고 월 급여와 상여를 지급 받고 있습니다. 해당 비상근 감사에게 퇴직금을 지급할 수 있나요?

Answer

실제로 근무하고 있고 제반 사정을 감안하여 급여 지급이 정당하다면 가능합니다.

다만, 법인의 규모, 영업 내용, 근로의 제공 및 경영참여 사실여부 등으로 미루어 보아 비상근 임원에 대한 급여를 지급하는 것이 법인의 소득을 부당히 감소시킨 것으로 인정되는 경우에는 손금불산입될 수 있습니다.

관련법규 및 질의회신

조심-2013-전-1301, 2014.2.13

고액의 퇴직급여를 지급할 만한 특수한 공로가 있는지 여부가 불분명한 특정 임원에게 과다하게 지급된 퇴직급여는 부당행위계산부인 대상으로 법인 회장의 사위라는 사실 이외에 청구법인에 특별히 기여한 활동이 없으므로 부당행위계산부인 대상임.

법인46012-1394, 2000.6.19

법인이 비상근 임원에게 지급하는 보수는 법인세법 시행령 제43조 제4항의 규정에 의하여 손금산입하는 것이나 법인의 규모, 영업내용, 근로의 제공 및 경영참여 사실여부 등에 비추어 비상근 임원에게 급여를 지급하는 것이 부당하다고 인정되는 경우에는 법인세법 제52조의 규정에 의하여 손금에 산입하지 아니함.

Q&A 4-1-10 DC 제도 도입 후 변경된 지급률의 소급 적용

Question

A법인은 수년 전 정관에서 위임한 임원 퇴직급여 규정(퇴사 시 직전 3개월간 평균월급 ×근속연수 × 10%)을 마련하고 DC제도를 도입하였습니다. 그 후 회사가 성장하여 이익이 많이 발생하게 되어 기존의 임원 퇴직급여 규정을 변경하여 지급률을 1이 아닌 2로 적용하고자 합니다. DC제도를 이미 도입한 경우에도, 개정된 임원 퇴직급여 규정에 의한 지급률의 소급적용이 가능한가요?

Answer

법인세법상 임원의 퇴직급여 규정은 임원 퇴직 시까지는 개정하여 소급적용이 가능합니다.

관련법규 및 질의회신

서면-2019-법인-0139, 2019.8.1

내국법인이 확정기여형 퇴직연금 제도를 설정하면서 임원이 퇴직하기 전에 정관상의 퇴직급여 지급기준을 개정한 경우에는 조세의 부담을 부당히 감소시킨 것으로 인정되는 경우를 제외하고는 규정의 개정 전까지 근속기간에 대하여도 개정된 규정을 적용할 수 있는 것임.

Chapter

02

임원 퇴직급여와 법인세

KEY POINT

- 정관 또는 주총 승인 없는 임원 퇴직급여는 손금불산입
- 퇴직연금 부담금은 납부 시 손금인정(단, 한도 내)
- 저축성 보험인 'CEO플랜'의 보험료는 납부 시점에서는 손금불산입되며, 퇴직 시점에서 손금 인정

1. 법인세법상 임원 퇴직소득 한도

1) 법인세법상 임원의 정의

임원은 일반적으로 회사의 경영을 총괄하고 주요 의사결정을 내리는 역할을 수행하는 사람을 의미하지만, 법령에 따라 그 정의는 다를 수 있다. 상법에서는 임원을 '이사'와 '감사'로 규정하며, 이들은 주주총회를 통해 선임되고 등기 절차를 거쳐야 한다. 반면, 법인세법에서는 임원을 다음과 같이 정의한다(법인세법 시행령 제40조 제1항).

① 법인의 회장, 사장, 부사장, 이사장, 대표이사, 전무이사 및 상무이사 등 이사회의 구성원 전원과 청산인
② 합명회사, 합자회사 및 유한회사의 업무집행사원 또는 이사

③ 유한책임회사의 업무집행자
④ 감사
⑤ 그밖에 ①부터 ④까지의 규정에 준하는 직무에 종사하는 자

법인세법상 임원 여부는 등기 여부나 직함과는 무관하게, 실제 수행하는 직무 내용을 기준으로 판단한다. 통상 회사로부터 일정한 사무 처리를 위임받아 업무대표권 또는 업무집행권을 가진 이사 등은 대주주가 아니더라도 특별한 사정이 없는 한 근로기준법상의 '근로자'에 해당하지 않으며, 법인세법상 '임원'으로 분류된다.

반면, 형식적으로 법인 등기부에 임원으로 등재되어 있더라도 실제로 업무대표권이나 업무집행권이 없고, 사용자의 지휘·감독 아래 임금을 목적으로 근로를 제공하는 경우에는 '근로자'로 판단한다. 근로기준법상 '근로자'란 임금을 목적으로 사용자에게 종속되어 근로를 제공하는 자를 의미한다.

2) 법인세법상 임원의 퇴직급여 손금산입 한도

임원 퇴직급여는 법인의 이익을 부당하게 유출하거나 세금을 회피하는 수단으로 악용될 수 있기 때문에, 법인세법에서는 이를 엄격한 규정과 기준에 따라 관리한다. 일반 직원과 달리 임원에게 지급되는 퇴직급여는 정관이나 정관에서 위임한 규정에 근거해야만 손금으로 인정된다. 이는 임원의 퇴직급여 규정은 주주총회의 결의를 거쳐야만 법인세법상 비용으로 인정받을 수 있다는 뜻이다.

임원 퇴직급여는 세무조사시 비정상적인 비용 처리 여부를 판단하는 핵심 항목으로서 특히, 가족회사, 중소기업, 오너(소유주) 경영기업에서 임원 퇴직급여가 탈세 수단으로 악용될 우려가 있어, 세법상 더욱 엄격한 기준이 적용된다.

표 4-1 임원 퇴직급여 손금산입 한도

구분	법인세법상 손금산입 한도
① 정관이나 정관에서 위임한 「임원퇴직급여규정」이 있는 경우	「임원퇴직급여규정」에 따른 금액
② ①외의 경우	퇴직 전 1년간 총급여의 10% × 근속연수 – 총급여액에는 인정상여 및 비과세소득 제외 – 근속연수는 연 단위로 계산하며, 1년 미만은 월수로 환산

Q&A 4-2-1 비등기 이사인 업무집행임원이 법인세법상 임원인지

Question

'상무'의 직함을 사용하며 재무결산, 경영기획 등의 업무를 총괄하여 집행할 권한과 책임이 있는 경영지원본부장인 B는 이사회의 의결권 및 발언권이 없는 비등기 임원이고 1% 미만의 주식을 소유한 소액주주로서, 주주총회 시 대표이사의 지명에 의해 회사의 업무보고를 대행하고 있습니다. B는 법인세법상 임원에 해당하나요?

Answer

네, 임원에 해당합니다.

임원 여부는 등기 또는 명칭에 관계없이 실질적인 직무 내용으로 판단하고 있으며 통상 회사로부터 일정한 사무 처리를 위임받아 업무대표권 또는 업무집행권을 가진 이사 등 임원은 법인세법상 임원으로 분류됩니다.

임원 여부는 이사회 참여, 경영의사결정 참여, 보수 체계, 직무 내용, 외부 대외 활동 등을 종합적으로 고려하여 판단하여야 합니다.

반면, 형식적으로 법인 등기부에 임원으로 등재되어 있더라도 업무대표권 또는 업무집행권을 가지고 있지 않고 사용종속관계 하에 근로를 제공하였다면 근로자로 볼 수 있습니다. 근로기준법상의 근로자라 함은 임금을 목적으로 사용종속관계 하에서 근로를 제공하는 자를 의미합니다.

관련법규 및 질의회신

서면-2021-원천-5592, 2023.2.6
「법인세법 시행령」 제40조 제1항 각 호의 임원의 퇴직소득 금액이 「소득세법」 제22조 제3항 단서 및 계산식에 따라 계산한 금액을 초과하는 경우 그 초과하는 금액은 근로소득으로 보는 것이며, 임원에 해당하는지 여부는 종사하는 직무의 실질에 따라 사실 판단할 사항임.

법규법인2009-0228, 2009.6.23
내국법인의 비등기 업무집행임원으로서 '상무'의 직함을 사용하며 재무결산, 경영기획 등의 업무를 총괄하여 집행할 권한과 책임이 있는 경영지원본부장은 임원에 해당

조심-2009-서-3394, 2009.12.14
법인의 고용조건 및 급여 수준을 비추어 볼 때 임원에 해당한다고 보이므로 임원의 등기 여부에 불구하고 그 직무의 실질 내용에 의하여 사실 판단해야 하므로, 법인이 퇴직자에게 지급한 퇴직위로금을 급여 지급 기준에 의하지 아니하고 지급한 임원상여금으로 보아 이를 손금불산입한 처분은 정당함.

Q&A 4-2-2 임원을 피보험자로 하는 정기 보험료에 대한 손금산입

Question

A법인은 대표이사인 B를 피보험자로 하는 보장성보험에 가입하였습니다. B가 90세가 되기 전에 사망하면 A법인에 보험금을 지급하지만, 만기에는 환급금이 전혀 없는 순수보장성보험이며 정기납입니다. 계약자와 수익자는 A법인이고 임원의 퇴직 시점은 정해져 있지 않으며 해약을 목적으로 가입한 것은 아닙니다.

Q1) A법인이 해마다 납입하는 정기보험료는 납입한 해에 법인세법상 비용(손금)으로 인정되나요?

Q2) A법인이 만기가 되기 전 보험을 해지해서 해지환급금을 받으면 법인세법상 수익(익금)으로 잡히나요?

Q3) A법인이 해지환급금을 정관에 정해진 「임원퇴직급여규정」에 따라 B에게 퇴직급여로 지급하게 되면 법인세법상 비용(손금)으로 인정되나요?

Q4) 만약에 정기보험이 아닌 연금보험이나 종신보험인 경우에도 보험료를 납입한 해에 A법인의 손금으로 인정되나요?

Q5) 어차피 퇴직급여로 지급할 용도라면 보험상품이 아닌 퇴직연금에 가입하는 것이 낫지 않나요? 차이가 무엇인가요?

Answer

A1) 피보험자인 임원(대표이사 포함)의 퇴직 시점(정년)을 예상할 수 없고 해지환급금을 산정할 수 없는 경우 보험료는 기간의 경과에 따라 손금산입이 가능합니다.

A2) 네, 해지환급금을 받은 해에 법인세법상 수익(익금)으로 인정합니다.

A3) 네, 퇴직급여로 지급시 손금인정됩니다.

A4) 종신보험이나 연금보험은 정기보험과 달리 만기환급금이 있으므로 만기환급금에 해당하는 부분은 자산으로 처리하고 나머지는 손금산입 받을 수 있습니다.

A5) 법인의 자금 운용 목적, 보장 수준 등에 따라 선택이 달라질 수 있습니다. 아래 비교표를 참고하시기 바랍니다.

표 4-2 **퇴직연금과 정기보험 비교**

	퇴직연금	정기보험
유동성 (회사 측면)	– 유동성 없음(자금활용불가) – 수익자가 임원이므로 퇴직급여를 지급하는 용도로만 사용해야 함. 회사가 마음대로 쓸 수 있는 자금이 아님	– 유동성 있음 – 수익자가 회사이므로 회사가 용도에 제한받지 않고 사용 가능
수급권 (임원 측면 압류가능성)	– 압류 제한(1/2은 압류 가능) – 수급권 1/2 보장됨	압류 제한이 없으므로 회사가 어려우면 퇴직급여를 못 받을 수 있음
중도해지 (회사 측면)	– 근로자 과반수의 동의를 거쳐야 제도 폐지 가능 – 제도를 폐지하여도 기 납부한 퇴직연금은 임직원의 퇴직급여를 지급할 용도로 사용하여야 함	약 10년 이내 해지시 원금손실 (주로 사업비의 선취로 인함)
중도인출 (임원 측면 퇴직 전 인출)	– 확정기여형 퇴직연금(DC)에서 중도인출사유에 해당하는 경우(무주택자의 주택구입 등) 가능 – 확정급여형 퇴직연금(DB)은 불가	불가
비용 (회사 측면)	적립금(누계액 = 부담금 누계액 + 운용수익 누계액)에 비례하여 매년 수수료 발생	적지 않은 수준의 사업비 선취

관련법규 및 질의회신

법인세법 기본통칙 19-19…8【보험료의 손금산입 범위】
종업원을 수익자로 하는 보험료(선원보험료, 단체정기재해보험료, 상해보험료, 신원보증보험료 등)는 영 제44조의2 제2항에 규정하는 퇴직보험료 등과 「국민건강보험법」 및 「고용보험법」의 규정에 의하여 사용자로서 법인이 부담하는 보험료를 제외하고 이를 종업원에 대한 급여로 본다. 다만, 임원 또는 사용인의 퇴직금을 지급하기 위하여 불입하는 보험료 중 영 제44조의2 제2항 및 제3항의 규정에 의하여 손금에 산입하는 것 외의 보험료는 이를 손금에 산입하지 아니한다.

법인세법 기본통칙 19-19…9【장기손해보험계약에 관련된 보험료의 손금산입범위】
보험기간 만료 후에 만기반환금을 지급하겠다는 뜻의 약정이 있는 손해보험에 대한 보험료를 지급한 경우에는 그 지급한 보험료액 가운데 적립보험료에 상당하는 부분의 금액은 자산으로 하고 기타 부분의 금액은 이를 기간의 경과에 따라 손금에 산입한다.

기획재정부 법인세제과-306, 2015.4.20
내국법인이 퇴직 기한이 정해지지 않아 퇴직 시점을 예상할 수 없는 임원(대표이사 포함)을 피보험자로, 법인을 계약자와 수익자로 하는 보장성 보험에 가입하여 사전에 해지환급금을 산정할 수 없는 경우, 법인이 납입한 보험료 중 만기환급금에 상당하는 보험료 상당액은 자산으로 계상하고, 기타의 부분은 이를 보험기간의 경과에 따라 손금에 산입하는 것임.

서면-2021-법인-2029 [법인세과-1222], 2021.6.17
피보험자인 임원(대표이사 포함)의 퇴직 시점(정년)을 예상할 수 없고 해지환급금을 산정할 수 없는 경우 보험료를 기간의 경과에 따라 손금산입하고, 대표이사가 퇴직하는 등 보험회사로부터 해지환급금을 수령하는 시점에 이를 익금 산입하는 것임.

Q&A 4-2-3 연봉제 전환 후 퇴직연금에 가입

Question

A법인은 2014년 대표이사의 급여를 연봉제로 전환하고, 그 당시까지의 퇴직급여를 중간정산하여 퇴직소득으로 신고하였습니다[61]. 이후 주주총회를 통해 대표이사 급여를 호봉제로 전환하고, 그 전환일부터 발생하는 퇴직급여를 매달 확정기여형 퇴직연금 계좌에 불입하기로 결정하였습니다. 이 경우, 대표이사에게 불입하는 퇴직연금 부담금은 법인세 계산 시 손금에 산입 가능한가요?

Answer

법인세법 시행령 제44조의2 제3항에 따라 손금산입이 가능합니다.
연봉제 전환 당시 퇴직급여 지급 중단을 전제로 중간정산을 했던 경우, 이후 다시 퇴직급여를 지급하려면 단순 급여체계 변경만으로는 부족하고 정관 변경 또는 주주총회의 승인 절차가 필요합니다.

관련법규 및 질의회신

서면-2018-법인-1373, 2018.8.3
내국법인이「법인세법 시행령」제44조 제2항 제4호(2015.2.3 대통령령 제26068호로 개정되기 전의 것)에 따라 임원에 대한 급여를 연봉제로 전환하면서 향후 퇴직금을 지급하지 아니하는 조건으로 그때까지의 퇴직금을 정산하여 지급하고 추후 주주총회에서 임원의 급여를 연봉제 이전의 방식으로 전환하되 그 전환일로부터 기산하여 퇴직금을 지급하기로 결의한 경우, 내국법인이 임원에 대하여「근로자퇴직급여보장법」에 따른 확정기여형 퇴직연금을 설정함에 따라 지출하는 부담금은「법인세법 시행령」제44조의2 제3항에 따라 손금에 산입하는 것이며, 퇴직 시까지 부담한 부담금의 합계액을 임원의 퇴직급여로 보아 같은 법 시행령 제44조 제4항을 적용하는 것임.

---

61) 2015년 12월 31일까지는 임원의 급여를 연봉제로 전환하면서 "앞으로 퇴직급여를 지급하지 않기로 하고, 그때까지의 퇴직급여를 정산하여 지급하는 경우" 퇴직금 중간정산이 가능했고 이를 퇴직소득으로 신고할 수 있었으나, 법인세법 시행령 개정에 의해 2016년 1월 1일부터는 현실적 퇴직이 없는 한, 임원에게 중간정산된 금액은 퇴직소득이 아닌 근로소득으로 과세됨.

법인세법 시행령 제44조의2【퇴직보험료 등의 손금불산입】

③ 제2항에 따라 지출하는 금액 중 확정기여형 퇴직연금 등(「근로자퇴직급여보장법」 제19조에 따른 확정기여형퇴직연금, 같은 법 제23조의6에 따른 중소기업퇴직연금기금제도, 같은 법 제24조에 따른 개인형퇴직연금제도 및 「과학기술인공제회법」에 따른 퇴직연금 중 확정기여형 퇴직연금에 해당하는 것을 말한다. 이하 같다)의 부담금은 전액 손금에 산입한다. 다만, 임원에 대한 부담금은 법인이 퇴직 시까지 부담한 부담금의 합계액을 퇴직급여로 보아 제44조 제4항을 적용하되, 손금산입한도 초과 금액이 있는 경우에는 퇴직일이 속하는 사업연도의 부담금 중 손금산입 한도 초과 금액 상당액을 손금에 산입하지 아니하고, 손금산입한도 초과 금액이 퇴직일이 속하는 사업연도의 부담금을 초과하는 경우 그 초과 금액은 퇴직일이 속하는 사업연도의 익금에 산입한다.

Q&A 4-2-4 정관에 규정이 없을 때 임원 퇴직소득 한도 계산 방법

Question

임원 퇴직급여에 관하여 정관에 규정이 없는 경우에는 당해 임원이 퇴직하는 날로부터 소급하여 1년 동안에 지급한 총급여액의 10분의 1에 상당하는 금액의 범위 내에서 손금에 산입할 수 있습니다.

Q1) 이때 총급여에 임원에게 지급한 상여금이나 성과급도 포함되는지, 그리고 제외되는 항목은 무엇인지?

Q2) 근속기간 계산 방법은?

Answer

A1) 상여금 및 성과급은 포함하고 비과세소득 및 손금불산입된 금액은 제외됩니다.

A2) 월수로 계산하되 1개월 미만의 기간은 산입하지 않습니다.

관련법규 및 질의회신

법인세법 시행령 제44조【퇴직급여의 손금불산입】

④ 법인이 임원에게 지급한 퇴직급여 중 다음 각 호의 어느 하나에 해당하는 금액을 초과하는 금액은 손금에 산입하지 아니한다.

1. 정관에 퇴직급여(퇴직위로금 등을 포함한다)로 지급할 금액이 정하여진 경우에는 정관에 정하여진 금액
2. 제1호 외의 경우에는 그 임원이 퇴직하는 날부터 소급하여 1년 동안 해당 임원에게 지급한 총급여액[「소득세법」 제20조 제1항 제1호 및 제2호에 따른 금액(같은 법 제12조에 따른 비과세소득은 제외한다)으로 하되, 제43조에 따라 손금에 산입하지 아니하는 금액은 제외한다]의 10분의 1에 상당하는 금액에 기획재정부령으로 정하는 방법에 의하여 계산한 근속연수를 곱한 금액. 이 경우 해당 임원이 직원에서 임원으로 된 때에 퇴직금을 지급하지 아니한 경우에는 직원으로 근무한 기간을 근속연수에 합산할 수 있다.

법인세법 시행규칙 제22조【현실적인 퇴직의 범위 등】

⑤ 영 제44조 제4항 제2호에서 "기획재정부령으로 정하는 방법에 의하여 계산한 근속연수"란 역년에 의하여 계산한 근속연수를 말한다. 이 경우 1년 미만의 기간은 월수로 계산하되, 1개월 미만의 기간은 이를 산입하지 아니한다.

Q&A 4-2-5 확정기여형 퇴직연금(DC)에 가입한 임원의 중도인출 시 과세

Question

A법인은 확정기여형 퇴직연금(DC)의 사업자 부담금으로 지출하고 법인세법상 전액 손금으로 인정받은 후, 재직 중인 B임원이 DC 계좌에서 퇴직연금의 일부를 중도인출한다면,

Q1) 소득세법상 임원퇴직소득 한도금액을 계산하여 초과분은 근로소득으로 과세하나요?

Q2) 법인세법상 임원퇴직소득 한도초과액에 대해 손금불산입하나요?

Answer

A1) 소득세법상 현실적인 퇴직에 해당하므로 소득세법상 한도 적용하고 한도초과액은 근로소득으로 과세합니다.

A2) 중도인출은 법인세법 시행령 제44조의2 제3항의 '퇴직'에 해당하지 않기 때문에 실제 퇴직할 때까지 법인세법상 한도를 적용하지 않습니다.

관련법규 및 질의회신

대법원 2021두49147, 2021.12.16
법인세법 시행령 제44조의2 제3항의 '퇴직'의 의미를 제44조에서 정한 '현실적인 퇴직' 즉 '퇴직연금 사업자에게 납입하는 부담금의 중도인출'까지 포함하는 의미로 해석하는 것은 합리적 이유 없이 확장 해석하는 것임.

서울고등법원 2020누42219, 2021.7.22
퇴직연금 부담금의 중도인출이 이루어졌다는 사유만으로 법인세법 시행령 제44조의2에서 정한 퇴직연금 부담금 한도초과액에 관한 손금불산입의 요건인 '퇴직'이 있었다고 볼 수 없음.

Q&A 4-2-6 임원의 DC계좌에 선납한 사용자 부담금의 손비인정

Question

임원에 대한 퇴직급여를 연봉의 10%에 근속연수를 곱한 금액을 지급하기로 하고 매년 DC계좌에 연봉의 10%씩을 회사가 사용자 부담금으로 납입하고 있습니다. 그런데 당기에는 연봉의 10%를 초과하여 납입한 바 있습니다. 만일 3년 후 퇴사 시점에 법인세법상 손금산입되는 임원 퇴직급여 한도액은 1억 원이고 그때까지의 사용자 부담금도 1억 원이라면,

Q1) 당기에 세무조정 사항은?

Q2) 퇴사 시 세무조정 사항은?

Answer

A1) 당기의 세무조정 사항은 없습니다. 임원이 근무하는 동안에는 세무조정 하지 않고 퇴사 시점에 한도액과 사용자 부담금 등 총액을 비교하여 세무조정하게 됩니다.

A2) 퇴사 시점에서의 세무조정 사항은 없습니다. 한도액과 부담금 총액이 일치하므로 세무조정 사항이 발생하지 않습니다.

관련법규 및 질의회신

서면-2020-법령해석법인-5074, 2020.12.18

내국법인이 임원의 퇴직을 퇴직급여의 지급 사유로 하고 확정기여형 퇴직연금의 부담금을 당해 사업연도 종료일 현재 정관상 산정되는 퇴직급여를 초과하여 선불입하는 경우 미리 불입한 부담금은 납입한 사업연도의 손금에 산입한 후 퇴직 시점에 퇴직급여 한도초과액을 손금불산입함.

대법원 2016두48256, 2019.10.18

임원에 대한 확정기여형퇴직연금은 임원퇴직급여지급기준이 정당하지 않더라도 납입일이 속하는 사업연도에 손금산입 후 임원이 실제 퇴직하는 사업연도에 한도초과액 손금불산입하며, 납입일이 속하는 사업연도에 납입한 퇴직연금 부담금만으로 조세부담을 부당히 감소시킨 경우에 해당하는지 단정하기 어려우므로 부당행위계산부인을 적용할 수 없음.

법인세법 시행령 제44조의2 【퇴직보험료 등의 손금불산입】

③ 제2항에 따라 지출하는 금액 중 확정기여형 퇴직연금 등(근로자퇴직급여보장법 제13조에 따른 확정기여형 퇴직연금, 같은 법 제25조에 따른 개인형 퇴직연금제도 및 과학기술인공제회법에 따른 퇴직연금 중 확정기여형 퇴직연금에 해당하는 것을 말한다. 이하 같다)의 부담금은 전액 손금에 산입한다. 다만, 임원에 대한 부담금은 법인이 퇴직 시까지 부담한 부담금의 합계액을 퇴직급여로 보아 제44조 제4항을 적용하되, 손금산입 한도초과 금액이 있는 경우에는 퇴직일이 속하는 사업연도의 부담금 중 손금산입 한도초과 금액 상당액을 손금에 산입하지 아니하고, 손금산입 한도초과 금액이 퇴직일이 속하는 사업연도의 부담금을 초과하는 경우 그 초과금액은 퇴직일이 속하는 사업연도의 익금에 산입한다.

법인세과-249, 2011.4.5

내국법인이 임원에 대하여 근로자퇴직급여보장법에 따른 확정기여형 퇴직연금 부담금을 지출한 경우 법인세법 시행령 제44조의2 제3항 단서에 따라 퇴직 시까지 부담한 부담금의 합계액을 퇴직급여로 보아 같은 법 시행령 제44조 제4항을 적용하는 것임.

Q&A 4-2-7 임원의 DC계좌에 지연 납부한 사용자 부담금의 손비인정

Question

A법인은 임직원을 위하여 DC제도를 도입하였으나, 자금 사정에 따라 당기에 부담해야 할 사용자 부담금 중 일부만 불입하였습니다. 당기에 불입해야 할 DC 사용자 부담금을 이후 사업연도에 불입하였을 경우 손금의 귀속시기는 언제인가요?

Answer

실제로 불입한 사업연도의 손금으로 산입합니다.

관련법규 및 질의회신

법인세과-980, 2011.12.5
확정기여형 퇴직연금제도를 설정한 내국법인이 퇴직연금 규약에 따라 매년 지급하여야 할 부담금 중 일부를 납입기일에 미불입한 경우, 해당 미불입액은 실제로 불입한 날이 속한 사업연도의 손금으로 산입하는 것임.

Q&A 4-2-8 기존 퇴직급여제도 하에서의 중간정산

Question

A법인은 아직 퇴직연금을 도입하지 않은 상태인데 임원 B가 퇴직급여를 중간정산 하고자 합니다.

Q1) A법인이 임원 B에게 재직 중에 퇴직급여를 정산한 경우 손금으로 인정받을 수 있나요?

Q2) 법인세법상 사유로 중간정산한 경우 해당 임원이 지급받은 퇴직급여는 퇴직소득으로 인정되나요?

Answer

A1) 법인세법 시행령 제44조 제2항 제4호 및 제5항에 따라 정산한 경우 손금 인정됩니다.

A2) 소득세법 시행령 제43조 제2항에 해당되면 퇴직소득으로 인정됩니다.

관련법규 및 질의회신

법인세법 시행령 제44조【퇴직급여의 손금불산입】

① 법인이 임원 또는 직원에게 지급하는 퇴직급여(「근로자퇴직급여 보장법」 제2조 제5호에 따른 급여를 말한다. 이하 같다)는 임원 또는 직원이 현실적으로 퇴직(이하 이 조에서 "현실적인 퇴직"이라 한다)하는 경우에 지급하는 것에 한하여 이를 손금에 산입한다.

② 현실적인 퇴직은 법인이 퇴직급여를 실제로 지급한 경우로서 다음 각 호의 어느 하나에 해당하는 경우를 포함하는 것으로 한다.

5. 정관 또는 정관에서 위임된 퇴직급여지급규정에 따라 장기 요양 등 기획재정부령으로 정하는 사유로 그때까지의 퇴직급여를 중간정산하여 임원에게 지급한 때

법인세법 시행규칙 제22조【현실적인 퇴직의 범위 등】

③ 영 제44조 제2항 제5호에서 "정관 또는 정관에서 위임된 퇴직급여지급규정에 따라 장기 요양 등 기획재정부령으로 정하는 사유"란 다음 각 호의 어느 하나에 해당하는 경우를 말한다.

1. 중간정산일 현재 1년 이상 주택을 소유하지 아니한 세대의 세대주인 임원이 주택을 구입하려는 경우(중간정산일부터 3개월 내에 해당 주택을 취득하는 경우만 해당한다)
2. 임원(임원의 배우자 및 「소득세법」 제50조 제1항 제3호에 따른 생계를 같이 하는 부양가족을 포함한다)이 3개월 이상의 질병 치료 또는 요양을 필요로 하는 경우
3. 천재·지변, 그밖에 이에 준하는 재해를 입은 경우

소득세법 시행령 제43조【퇴직 판정의 특례】

② 계속근로기간 중에 다음 각 호의 어느 하나에 해당하는 사유로 퇴직급여를 미리 지급받은 경우(임원인 근로소득자를 포함하며, 이하 "퇴직소득중간지급"이라 한다)에는 그 지급받은 날에 퇴직한 것으로 본다.

1. 「근로자퇴직급여보장법 시행령」 제3조 제1항 각 호의 어느 하나에 해당하는 경우
3. 「근로자퇴직급여보장법」 제38조에 따라 퇴직연금제도가 폐지되는 경우

근로자퇴직급여보장법 시행령 제3조【퇴직금의 중간정산 사유】

① 법 제8조 제2항 전단에서 "주택구입 등 대통령령으로 정하는 사유"란 다음 각 호의 경우를 말한다.

1. 무주택자인 근로자가 본인 명의로 주택을 구입하는 경우
2. 무주택자인 근로자가 주거를 목적으로 「민법」 제303조에 따른 전세금 또는 「주택임대차보호법」 제3조의2에 따른 보증금을 부담하는 경우. 이 경우 근로자가 하나의 사업에 근로하는 동안 1회로 한정한다.
3. 근로자가 6개월 이상 요양을 필요로 하는 다음 각 목의 어느 하나에 해당하는 사람의 질병이나 부상에 대한 의료비를 해당 근로자가 본인 연간 임금총액의 1천분의 125를 초과하여 부담하는 경우
   가. 근로자 본인
   나. 근로자의 배우자
   다. 근로자 또는 그 배우자의 부양가족
4. 퇴직금 중간정산을 신청하는 날부터 거꾸로 계산하여 5년 이내에 근로자가 「채무자 회생 및 파산에 관한 법률」에 따라 파산선고를 받은 경우
5. 퇴직금 중간정산을 신청하는 날부터 거꾸로 계산하여 5년 이내에 근로자가 「채무자 회생 및 파산에 관한 법률」에 따라 개인회생절차개시 결정을 받은 경우
6. 사용자가 기존의 정년을 연장하거나 보장하는 조건으로 단체협약 및 취업규칙 등을 통하여 일정나이, 근속시점 또는 임금액을 기준으로 임금을 줄이는 제도를 시행하는 경우

6의2. 사용자가 근로자와의 합의에 따라 소정근로시간을 1일 1시간 또는 1주 5시간 이상 단축함으로써 단축된 소정근로시간에 따라 근로자가 3개월 이상 계속 근로하기로 한 경우

6의3. 법률 제15513호 근로기준법 일부개정법률의 시행에 따른 근로시간의 단축으로 근로자의 퇴직금이 감소되는 경우

7. 재난으로 피해를 입은 경우로서 고용노동부장관이 정하여 고시하는 사유에 해당하는 경우

② 사용자는 제1항 각 호의 사유에 따라 퇴직금을 미리 정산하여 지급한 경우 근로자가 퇴직한 후 5년이 되는 날까지 관련 증명 서류를 보존하여야 한다.

Q&A 4-2-9 CEO플랜과 퇴직연금

Question

A법인은 계약자 및 수익자를 법인으로 하고 피보험자를 해당 법인의 임원으로 하여 저축성 보험 계약을 체결하였습니다. A법인은 임원이 현실적으로 퇴직하는 경우 정관에서 규정된 임원 퇴직급여 지급규정의 범위 내에서 저축성 보험의 계약자 및 수익자를 해당 임원으로 변경 계약하여 보험증권으로써 퇴직급여를 지급하고자 합니다.

Q1) 보험계약기간 동안 불입한 보험료에 대해서 불입한 해에 법인의 세법상 비용(손금)으로 인정되나요?

Q2) CEO플랜(임원퇴직급여 지급 목적의 저축성 보험)을 가입한 경우에도 퇴직연금 도입이 가능한가요?

Q3) 회사가 자금이 필요할 때 CEO플랜을 해지해서 쓸 수 있나요?

Q4) 임원이 퇴직 시 저축성 보험의 계약자 및 수익자를 변경하여 퇴직급여 지급으로 대체할 경우 법인의 손금으로 인정되나요?

Q5) 해당 임원에게 적용되는 저축성 보험의 비과세 요건인 보험유지기간(10년)의 기산일은 언제인가요?

Answer

A1) 법인세법상 손금산입 대상이 아닙니다.
법인세법 시행령 제44조의2 제2항에 규정한 상품(퇴직연금)이 아니므로 보험료 납입 시에는 손금산입하지 않고 퇴직 시에 손금산입을 받을 수 있습니다.

A2) CEO플랜의 가입 여부와 관계없이 퇴직연금 가입이 가능합니다. 다만, 적립을 복수(퇴직연금 + CEO플랜)로 하였더라도 정관 및 정관에서 위임한 규정을 한도로 손비인정을 받고, 퇴직 임원의 퇴직급여도 규정 내에서 정해집니다.

A3) 상품에 따라서 해지가 가능합니다. 회사의 유동성 측면에서는 CEO플랜의 장점이 있을 수도 있으나, 이 경우 임원의 퇴직급여 수급권 보장은 상대적으로 취약해집니다.

A4) 네, 임원의 퇴직 시점에서 손비인정은 가능합니다.

A5) 보험 가입 시점에 따라 다릅니다.

- 2013.2.15 전 : 계약 변경과 관련 없이 당해 법인의 최초 보험료 납입일
- 2013.2.15 이후 : (계약자 및 수익자) 계약 변경일부터

관련법규 및 질의회신

기획재정부 소득-108, 2011.3.29

법인이 계약자 및 수익자를 법인으로, 임원을 피보험자로 하는 보험(이하 "저축성 보험"이라 한다)에 가입하고 임원 퇴직 시 저축성 보험의 계약자 및 수익자를 법인에서 피보험자(퇴직 임원)로 변경하는 경우 법인이 부담한 저축성 보험(임원 퇴직 당시 저축성 보험의 평가액)은 퇴직 임원의 퇴직소득에 해당함. 다만, 저축성 보험의 평가액을 포함한 임원의 퇴직소득이 과도하여 '부당행위계산의 부인' 규정이 적용되는 경우에는 동 규정이 적용되지 않는 범위 내에서만 퇴직소득에 해당하며, 이를 초과하는 금액은 근로소득에 해당함.

법인세법 시행령 제44조의2【퇴직보험료 등의 손금불산입】

② 내국법인이 임원 또는 직원의 퇴직을 퇴직급여의 지급 사유로 하고 임원 또는 직원을 수급자로 하는 연금으로서 기획재정부령으로 정하는 것(이하 이 조에서 "퇴직연금 등"이라 한다)의 부담금으로서 지출하는 금액은 해당 사업연도의 소득금액 계산에 있어서 이를 손금에 산입한다.

Q&A 4-2-10 급여를 지급받지 않은 임원이 퇴직하는 경우 근속연수 및 총급여액 계산 방법

Question

별도의 임원 퇴직급여 규정이 없는 법인의 대표이사인 B는 올 초부터 회사의 재무사정이 원활치 못해 급여를 포기하고 급여 없이 일하고 있습니다. 작년까지는 연봉의 10%를 기준으로 퇴직급여충당부채를 장부상 인식해 오고 있었습니다. 올 연말에 퇴직 전 1년간 총급여액 기준으로 계산하면 총급여가 '0'이므로 퇴직급여가 0원이 되는 상황입니다.

Q1) 총급여액을 급여수령을 포기하기 전 1년 동안 지급한 총급여액으로 할 수 있나요?

Q2) 급여 없이 일한 기간도 재임기간에 포함되나요?

Q3) 급여 없이 일한 기간은 소득세법상 임원퇴직소득한도 산출을 위한 연평균환산액 계산 시 제외할 수 있나요?

Answer

A1) 급여 수령을 포기하기 전 1년 동안 지급한 총급여액으로 할 수 있습니다.
(단, 소득세법상 임원 퇴직소득 한도는 별도로 적용됨에 주의)
이 사례에서는 별도의 임원 퇴직급여 규정이 없기 때문에 퇴직 전 1년간 총급여액의 10%에 근속연수를 곱한 금액을 손금인정 한도로 합니다.
회사의 어려움을 감안해서 급여수령을 포기하는 등의 정당한 사유가 있다면 급여수령 포기 전 1년 동안 지급한 총급여액을 기준으로 하는 것이 합리적입니다.

A2) 급여 없이 일한 기간도 재임기간에 포함할 수 있습니다.

A3) 임원의 퇴직소득 한도액 산정시에는 무보수 근무기간을 포함해야 합니다.

관련법규 및 질의회신

심사법인2003-0036, 2003.4.14

법인의 임원이 일정기간 급여수령을 포기하고 무급여로 근로를 제공한 후 퇴직하는 경우에 당해 임원에 대한 퇴직금을 계산함에 있어서 근속연수는 무급여로 근무한 기간을 포함할 수 있음.

법인46012-487, 1998.2.26

임원에 대한 퇴직금지급기준을 정관 등에 정하고 있지 아니하는 법인의 임원이 1년 동안 급여수령을 포기하고 무급여로 근로를 제공한 후 퇴직하는 경우에 당해 임원에 대한 퇴직금을 계산함에 있어서 근속연수는 무급여로 근무한 기간을 포함할 수 있으며, 이 경우 임원퇴직금의 손금용인 한도액을 계산하기 위한 총급여액은 급여수령을 포기하기 전 1년 동안 지급한 총급여액으로 할 수 있는 것임.

서면-2023-법규소득-2095, 2024.3.7

「법인세법 시행령」 제40조 제1항 각 호의 어느 하나의 직무에 종사하는 사람이 「소득세법」 제20조 제1항 제1호 및 제2호에 따른 근로소득을 받지 않고 근무한 기간도 같은 법 제22조 제3항 단서의 계산식 중 "총급여의 연평균 환산액" 계산상 포함하는 것임.

Chapter 03

임원 퇴직급여와 소득세

KEY POINT

- 임원 퇴직소득 한도 초과분은 '근로소득'으로 간주
- 법인이 손금산입 인정받더라도, 퇴직소득 한도 초과분은 여전히 근로소득으로 과세됨 (법인세법 제44조 vs. 소득세법 제22조)

1. 소득세법상 임원 퇴직소득 한도

1) 소득세법상 임원 퇴직소득 한도 계산식(2012년 이후 분)

2012년부터 소득세법에 임원의 퇴직소득에 대한 한도 규정이 신설되었으며, 이에 따라 임원이 해당 한도를 초과하여 퇴직급여를 받는 경우 그 초과분에 대해서는 근로소득세를 과세한다. 소득세법 제22조 제3항에서는 '임원 퇴직소득 한도액'[62]을 다음과 같이 규정하고 있다.

62) 공적연금관련법에 따라 받는 일시금과 2011년 12월 31일에 퇴직하였다고 가정할 때 지급받을 퇴직소득금액이 있는 경우의 금액을 차감한 임원 퇴직소득금액에 대해 한도 초과액을 계산함.

$$\text{2019년 12월 31일부터 소급하여 3년동안 지급받은 총급여*의 연평균 환산액 **} \times \frac{1}{10} \times \frac{\text{2012년 1월 1일부터 2019년 12월 31일까지의 근무기간 ***}}{12} \times 3 + \text{퇴직한 날부터 소급하여 3년동안 지급받은 총급여*의 연평균환산액 ****} \times \frac{1}{10} \times \frac{\text{2020년 1월 1일 이후의 근무기간}}{12} \times 2$$

* 소득세법 제20조 제1항 제1호 및 제2호에 따른 근로소득을 합산한 금액
** '12.1.1부터 '19.12.31까지의 근무기간이 3년 미만인 경우에는 해당 근무기간으로 함
*** 1년 미만의 기간은 개월 수로 계산하며, 1개월 미만의 기간이 있는 경우에는 이를 1개월로 봄
**** '20.1.1부터 퇴직한 날까지의 근무기간이 3년 미만인 경우에는 해당 근무기간으로 함

2) 2011년까지의 근무 기간에 대한 퇴직급여 계산

2011년까지의 근무 기간에 대한 퇴직급여 지급액은 퇴직소득 한도 계산 없이 전액 퇴직소득으로 인정된다. 해당 금액은 총 퇴직급여액 × (2011.12.31 이전 근무기간 ÷ 전체 근무기간)으로 산정한다. 만일 2011년 말 기준으로 실제 퇴직한 것으로 가정하여 당시 급여 및 지급률에 따라 해당 기간의 퇴직급여를 산정하는 방식이 더 유리하다면, 그 방식으로 계산할 수 있다.

그림 4-1 임원퇴직소득 한도 계산

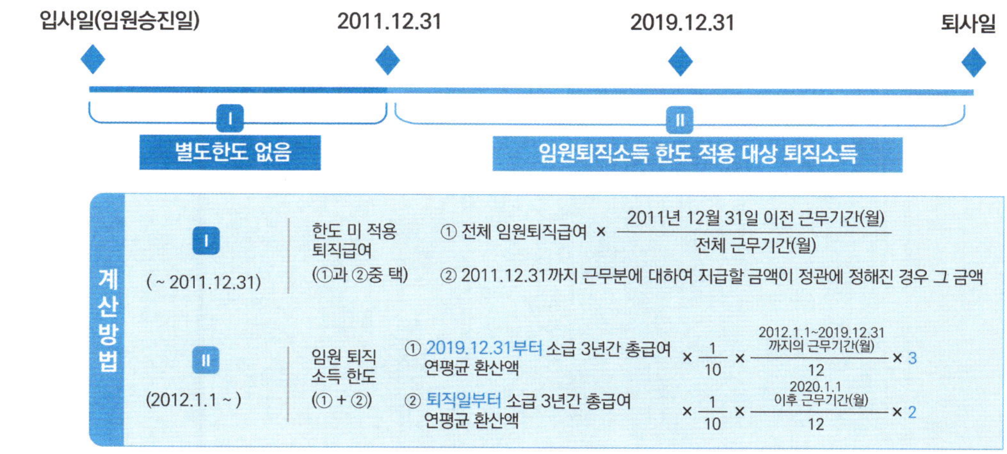

3) DC형 퇴직연금 관련 주의 사항

임원이 DC형 퇴직연금에 가입한 경우 회사가 납부한 사용자 부담금뿐 아니라 그에 따른 운용수익도 퇴직소득세 한도 계산에 포함된다. 소득세법 제22조 제1항에서는 사용자 부담금을 기반으로 현실적인 퇴직을 원인으로 지급되는 소득을 퇴직소득으로 정의하고 있으며, 이에 따라 DC형 퇴직연금의 사용자 부담금에서 발생한 운용수익은 퇴직소득으로 분류되는 것이 원칙이다. 그러나 임원에 대해서는 소득세법 제22조 제3항에 따라 퇴직소득 한도를 초과한 금액은 근로소득으로 과세하므로, 운용수익 또한 한도 적용 대상이 되는 것이다.

2. 법인세법과 소득세법상 임원 퇴직소득 한도와의 관계

임원에게 지급되는 퇴직급여는 법인세법과 소득세법에 따라 각각의 한도가 정해져 있으며, 이들을 혼동하지 않는 것이 중요하다. 법인세법상 임원 퇴직급여의 한도를 초과하는 금액은 손금불산입 되며, 이는 상여로 소득 처분되어 근로소득에 해당하게 된다. 따라서 임원이 받는 퇴직급여가 소득세법상 정하는 한도 이내라도 법인세법상 손금 요건을 충족하지 못해 손금부인된 금액은 애초에 근로소득으로 과세한다.

그림 4-2 임원퇴직급여 법인세 비용 인정과 소득 구분의 관계

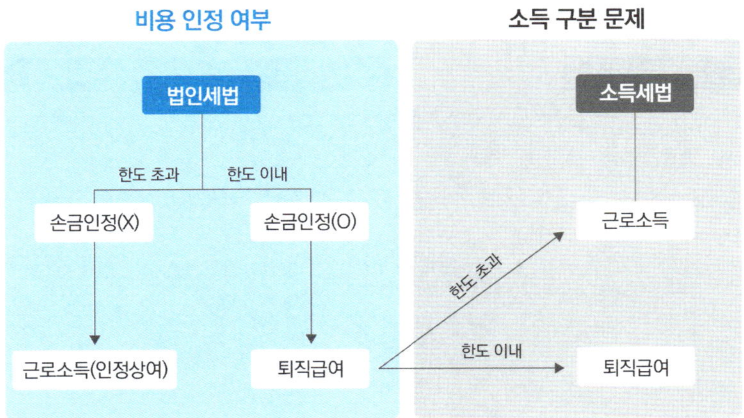

표 4-3 정관에 정한 임원 퇴직급여 규정 등이 있는 경우

<table>
<tr><th colspan="2">법인세법</th><th colspan="2" rowspan="2">소득세법(소득 구분)</th></tr>
<tr><th>정관 또는 정관에서
위임된 규정 한도</th><th>손금 여부</th></tr>
<tr><td>한도 초과</td><td>손금 인정 안 됨</td><td colspan="2">근로소득세(인정상여)</td></tr>
<tr><td rowspan="2">한도 이내</td><td rowspan="2">손금 인정</td><td>소득세법상
임원 퇴직소득
한도 초과</td><td>근로소득세 과세</td></tr>
<tr><td>소득세법상
임원 퇴직소득
한도 이내</td><td>퇴직소득세 과세
(퇴직급여)</td></tr>
</table>

표 4-4 정관에 정한 임원 퇴직급여 규정 등이 없는 경우

구분	손금산입(법인세법)	소득 구분(소득세법)
(퇴직 전 1년간 총급여 ×10% ×근속연수) 이내	○	퇴직소득세
(퇴직 전 1년간 총급여 ×10% ×근속연수) 초과	×	근로소득세

Q&A 4-3-1 특수관계법인 간 전출입 시 퇴직소득세 정산

Question

B는 A법인에서 임원으로 재직 중 A법인의 특수관계법인인 C법인으로 전직하기로 결정하였습니다.

Q1) B는 A법인에서 퇴직급여를 수령하지 않고 C법인에서 퇴직 시 한꺼번에 퇴직급여를 받을 수 있나요?

Q2) B가 C법인에서 퇴사시 A법인에서 근무한 기간을 통산하여 퇴직소득세를 계산할 수 있나요?

Q3) B가 A법인에서 퇴직급여를 수령 후 C법인에서 퇴사시 A법인에서 근무한 기간을 통산하여 퇴직소득세를 계산할 수 있나요?

Answer

A1) 네, C법인에서 A법인의 퇴직급여도 함께 수령이 가능합니다.

A2) A법인에서 퇴직급여를 지급받지 않고 C법인에 전입하는 경우 근속연수의 통산이 가능합니다. 특수관계 있는 법인 간 임직원이 전출입하는 경우 현실적인 퇴직으로 처리하지 않기 때문에 근속기간을 통산할 수 있습니다.

A3) 네, 소득을 통산하여 퇴직소득세 계산이 가능합니다.

관련법규 및 질의회신

서면-2022-원천-5552, 2023.7.19

직간접으로 출자 관계에 있는 법인으로의 전출이 이루어진 경우로서 퇴직자가 퇴직소득을 받을 때 전 근무지로부터 이미 받은 퇴직소득 원천징수영수증을 원천징수의무자에게 제출하는 경우 퇴직소득에 대한 세액정산을 하는 것임.

퇴직소득 세액정산 연혁

- 2012.12.31 이전 : 퇴직소득 세액정산 하지 않음
- 2013.1.1~2016.2.16 : 일정 요건을 만족하는 경우 퇴직소득 세액정산 가능 다만, 소득세법 시행령 제43조 제1항에 퇴직으로 보지 않는 경우(퇴직금을 정산하지 않은 경우)만 포함
- 2016.2.17 이후 : 소득세법 시행령 제43조 제1항 각 호의 사유가 발생하는 경우 퇴직급여 수령 여부와 관계없이 퇴직소득 세액 정산 가능

소득세법 시행령 제203조 【퇴직소득세액의 정산】

① 법 제148조 제1항에 따라 정산하는 퇴직소득세는 이미 지급된 퇴직소득과 자기가 지급할 퇴직소득을 합계한 금액에 대하여 퇴직소득세액을 계산한 후 이미 지급된 퇴직소득에 대한 세액을 뺀 금액으로 한다.

② 제1항에 따라 퇴직소득세를 정산하는 경우의 근속연수는 이미 지급된 퇴직소득에 대한 근속연수와 지급할 퇴직소득의 근속연수를 합산한 월수에서 중복되는 기간의 월수를 뺀 월수에 따라 계산한다.

③ 법 제148조 제1항 제2호에서 "대통령령으로 정하는 근로계약"이란 근로 제공을 위하여 사용자와 체결하는 계약으로서 사용자가 같은 하나의 계약(제43조 제1항 각 호의 어느 하나에 해당하는 사유로 체결하는 계약을 포함한다)을 말한다.

소득세법 시행령 제43조 【퇴직판정의 특례】

① 법 제22조 제1항 제2호를 적용할 때 다음 각 호의 어느 하나에 해당하는 사유가 발생하였으나 퇴직급여를 실제로 받지 아니한 경우는 퇴직으로 보지 아니할 수 있다.

2. 합병・분할 등 조직변경, 사업양도, 직・간접으로 출자 관계에 있는 법인으로의 전출 또는 동일한 사업자가 경영하는 다른 사업장으로의 전출이 이루어진 경우

Q&A 4-3-2 임원 퇴직급여 한도 계산 시 '3년 동안 받은 총급여'에 파견기간 동안 수취한 급여의 포함 여부

Question

B는 다국적기업의 한국법인 임원으로서 해외 본사 및 아시아 지역 본부에 파견근무를 수행했으며 파견 기간에도 한국법인과의 고용관계는 유지되었고, 해외법인에서 급여가 직접 지급되었습니다. 퇴직 당시, 한국법인은 정관 및 「임원퇴직급여규정」에 따라 퇴직급여 및 퇴직위로금을 지급했습니다. 해외법인에서 받은 급여가 「소득세법」 제22조 제3항의 임원퇴직소득 한도 계산식에서 '퇴직일 기준 과거 3년간 총급여'에 포함되나요?

Answer

국내 법인과 고용관계가 지속된 상태에서 해외법인에 파견되어 급여를 받은 경우라면 그 급여도 모두 퇴직급여 한도 계산식에 포함됩니다.

관련법규 및 질의회신

사전-2017-법령해석소득-0099, 2017.5.2

임원이 국내 법인과 고용관계가 단절되지 아니한 상태에서 해외 특수관계 법인으로 파견되고 파견기간 동안 해외법인으로부터 급여를 지급받는 경우 소득세법 제22조 제3항 임원퇴직금한도 산식의 '퇴직한 날로부터 소급하여 3년 동안 지급받은 총급여'에는 파견기간 동안 해외법인으로부터 받은 급여가 포함되는 것임.

Q&A 4-3-3 「임원퇴직급여규정」이 없을 때 소득세법상 임원 퇴직소득 한도

Question

A법인은 정관이나 정관에서 위임한 임원 퇴직급여 규정이 없습니다. 따라서 법인세법상 손금한도는 해당 임원의 '퇴직 전 1년간 총급여의 10% × 근속연수'이지만 소득세법상 한도에 따라 '퇴직 전 3년간 평균연봉의 10% × 2 × 근속연수'를 지급하려고 합니다. 해당 임원에게 지급한 금액은 전부 퇴직소득으로 처리할 수 있나요?

Answer

법인세법상 손금부인된 한도초과 금액은 퇴직소득이 아닌 근로소득입니다.

– (퇴직 전 1년간 총급여의 10% × 근속연수)만 퇴직소득이고 나머지는 근로소득으로 과세

– 소득세법상 임원 퇴직소득 인정액은 법인세법상 손금산입 요건을 충족한 금액에 한함

관련법규 및 질의회신

서면-2021-법인-4421, 2021.8.10

정관의 퇴직금 지급규정에 따라 지급한 금액은 퇴직급여가 되며 「법인세법 시행령」 제44조 제4항 제1호를 초과하여 지급한 금액은 근로소득에 해당됨.

Q&A 4-3-4 퇴직위로금 중 직원 근무기간 분은 임원퇴직소득한도 적용 제외 가능 여부

Question

B는 A사에 20년간 근로자로 근무하다가 임원으로 승진하여 10년간 일한 후 퇴직을 앞두고 있습니다. A사는 B에게 전체 근무기간(30년)을 기준으로 퇴직위로금 총 10억 원을 지급하기로 결정하였습니다. 이 중, 근로자 근무기간에 해당하는 위로금은 6억 원, 임원 근무기간에 해당하는 위로금은 4억 원입니다. B의 임원퇴직소득 한도 계산 시 근로자로 근무한 기간에 해당하는 위로금을 제외할 수 있나요?

Answer

임원 퇴직소득 한도 계산시 근로자로 근무한 기간 분의 위로금을 별도로 제외할 수는 없습니다.

관련법규 및 질의회신

서면-2024-원천-2483, 2025.3.5

임원의 퇴직소득금액 중 소득세법 제22조 제3항 단서 및 계산식에 따라 계산된 임원퇴직소득한도를 적용할 때 제외하는 소득은 같은 규정에서 정하는 바에 따라 공적연금 관련법에 따라 받는 일시금과 '11.12.31.에 퇴직하였다고 가정할 때 받을 「소득세법 시행령」 제42조의2 제6항에 따른 소득을 말하는 것이므로, 임원이 받는 퇴직위로금 중 공적연금 관련법에 따라 받는 일시금과 '11.12.31에 퇴직하였다고 가정할 때 받을 소득을 뺀 금액은 임원퇴직소득한도를 적용하는 것임.

Q&A 4-3-5 DC계좌 운용수익에 대한 임원퇴직소득한도 적용

Question

B는 법인의 임원으로 퇴직 시 임원 퇴직급여 지급규정에 따라 3억 원(사용자 부담금 2억 원 + 운용수익 1억 원)을 수령하였습니다. 이때 소득세법상 임원 퇴직소득 한도 계산식에 따른 한도액은 2억 원으로 산출되었습니다. 소득세법상 임원 퇴직소득 한도초과액은 얼마인가요?

Answer

소득세법상 임원 퇴직소득 인정액을 초과한 지급액은 1억 원입니다.
DC의 경우 회사는 임원 퇴직소득 인정액에 대해 DC 사업자에게 통지하고 한도초과액을 회사로 반환받아 회사가 직접 해당 임원에게 지급하며 근로소득으로 원천징수 합니다.

관련법규 및 질의회신

서면-2022-원천-0071, 2023.7.19
사용자부담금을 기초로 하여 현실적인 퇴직을 원인으로 받는 소득은 소득세법 제22조 제1항 제2호의 퇴직소득에 해당하는 것이며, 확정기여형 퇴직연금제도의 경우 퇴직소득은 사용자부담금에 사용자부담금의 운영수익을 더하여 결정되는 것임. 이때, 임원의 퇴직소득금액이 동조 제3항 단서 및 계산식에 따라 계산한 금액을 초과하는 경우 그 초과하는 금액은 근로소득에 해당하는 것임.

Q&A 4-3-6 DC 자기부담금에 비례하여 추가로 불입한 사용자부담금의 세무 처리

Question

A법인은 임직원들을 위하여 DC제도를 도입하였는데 퇴직연금 규약에 임직원들이 추가로 불입한 금액의 일정 비율만큼 회사에서 사용자 부담금으로 추가로 납입할 것을 명시하였습니다. 또한 정관에서 위임한 임원 퇴직급여 규정에도 이러한 사항을 반영하여 주총의 승인을 받았습니다.

Q1) 퇴직연금 규약과 임원 퇴직급여 규정에 따라 임원이 추가로 불입한 금액의 일정 비율만큼 회사가 사용자 부담금으로 납입한 금액은 손금산입되나요?

Q2) 회사가 추가로 부담한 사용자 부담금과 그 사용자 부담금에서 발생한 운용수익은 퇴직시 일시금으로 수령한다면 어떻게 과세되나요?

Answer

A1) 손금산입 대상입니다.

법인세법상 임원의 퇴직급여는 정관이나 정관에서 위임한 임원 퇴직급여 규정에 따르게 됩니다.

A2) 일단 사용자 부담금과 그 운용수익 모두 퇴직소득 과세 대상이지만, 임원의 경우 소득세법 제22조에 의한 퇴직소득 한도초과액은 근로소득으로 과세됩니다.

관련법규 및 질의회신

원천세과-772, 2009.9.18

근로자퇴직급여보장법에 의한 퇴직연금 규약에 근로자가 퇴직연금 계좌에 확정기여형 부담금을 추가 부담하면 사용자도 일정 비율의 확정기여형 부담금을 추가 부담하는 조건을 명시하여 적법하게 확정기여형 퇴직연금제도를 설정한 경우에 사용자의 추가부담금에서 발생하는 소득은 근로자퇴직급여보장법에 따른 연금 또는 퇴직일시금에 해당하므로 소득세법의 연금소득 또는 퇴직소득에 해당함.

Q&A 4-3-7 근로자가 임원 승진시 퇴직급여 정산

Question

A법인에 재직 중인 B임원은 20년간 직원으로 근무하던 중, 2년 전 임원으로 승진하여 재직 중입니다.

Q1) 임원 취임 시 직원으로 근무하던 기간의 퇴직급여를 반드시 정산해야 하나요?

Q2) 만일 승진 당시 퇴직급여 정산을 하지 않는다면 임원으로 2년간 근무하다 실질적으로 퇴사하는 경우에 임원의 퇴직급여 지급 규정(평균월급 × 근속연수)에 의한 퇴직급여를 산정함에 있어, 다음 두 가지 중 어떤 방법으로 산정해야 하나요?

- 임원으로 승진 직전의 평균 월급은 500만 원
- 임원으로 퇴직 시점의 평균 월급은 1,000만 원

  1안) 1,000만 원 × 22년 = 2억 2,000만 원

  2안) 500만 원 × 20년 + 1,000만 원 × 2년 = 1억 2,000만 원

Q3) 임원으로 승진 시 퇴직급여를 정산한 경우 임원으로 최종 퇴직 시에 중간정산합산특례를 적용할 수 있나요?

Answer

A1) 회사의 퇴직급여 지급규정에 의합니다(회사가 자유로이 정함).
회사의 퇴직급여 지급규정에 의하여 퇴직급여를 실제로 받는 경우에는 소득세법에 의한 현실적인 퇴직으로 봅니다.

A2) 임원 퇴직급여 규정에 따르게 됩니다(회사가 자유로이 정함).
법인이 퇴직하는 임원에게 실제로 지급하는 퇴직급여는 당해 법인의 정관 또는 정관에서 위임한 임원 퇴직급여 규정에 의합니다. 다만, 임원 퇴직소득 한도 계산은 별도로 적용됩니다.

A3) 임원 퇴직시에 중간정산합산특례가 적용 가능합니다(2020.2.11 이후 퇴직분부터 가능).

관련법규 및 질의회신

서이46013-10620, 2001.11.28

법인의 종업원이 당해 법인의 임원으로 취임한 때 퇴직급여 지급규정에 의하여 퇴직금을 실제로 지급받는 경우에는 소득세법 시행규칙 제17조 제1호의 현실적인 퇴직에 해당하는 것이나, 퇴직금을 지급받지 아니하는 경우에는 그러하지 아니하는 것임.

법인이 퇴직하는 임원에게 지급하는 퇴직금의 산정 방법에 대해서는 우리청 기존 질의회신(법인 46012-228, 1994.1.22)을 참고.

법인46012-228, 1994.1.22

법인세법 시행령 제34조(현행 법인세법 시행령 제44조)는 법인의 각 사업연도 소득금액 계산 시 손금으로 인정받을 수 있는 퇴직금의 범위를 규정한 것이며, 법인이 퇴직하는 임원에게 실제로 지급하는 퇴직금은 당해 법인의 정관 또는 퇴직금 지급규정에 의하는 것임.

Part

05

퇴직급여 과세와 절세 전략

chapter 01
퇴직소득세의 계산

chapter 02
IRP계좌의 운용과 과세

chapter 03
IRP계좌의 승계와 절세 전략

Chapter

01

퇴직소득세의 계산

KEY POINT

- 현실적인 퇴직을 원인으로 받는 금액(법정퇴직금, 명예퇴직금, 종교인퇴직금 등)은 모두 퇴직소득으로 과세
- 퇴직소득세는 근속연수공제 및 환산급여공제를 거쳐 연분연승법으로 산출하여 동일 금액이라도 근속연수가 길수록 실효세율이 낮음
- IRP계좌로 이체 시 퇴직소득세는 이연퇴직소득세로 전환되며, 연금수령 시 1~10년 차 70%, 11년 차 이후 60%, 21년 차 이후부터는 50%만 납부하면 됨

1. 소득세 과세 개요

1) 소득세 과세 방법

소득세의 과세 방법은 크게 종합과세, 분리과세 그리고 분류과세로 나누어 볼 수 있다. 종합과세는 여러 소득(이자, 배당, 사업, 근로, 연금, 기타)을 합산하여 누진세율을 적용하는 데 반해 분리과세는 특정 소득을 다른 소득과 합산하지 않고 정해진 단일 세율로 과세한다. 퇴직소득세나 양도소득세는 분류과세로 과세하는데 소득 유형별로 별도 계산 후 각 세목별로 계산 방식을 적용하여 산출한다.

표 5-1 소득세 과세 체계

<table>
<tr><th>과세 방법</th><th colspan="2">해당 세목</th><th>상세 내용</th></tr>
<tr><td rowspan="3">종합과세</td><td>이자소득</td><td>근로소득</td><td rowspan="3">• 6개의 종합소득을 합산하여 과세
• 6~45% 누진세율 적용</td></tr>
<tr><td>배당소득</td><td>연금소득</td></tr>
<tr><td>사업소득</td><td>기타소득</td></tr>
<tr><td rowspan="2">분리과세</td><td>이자소득 일부</td><td>연금소득 일부</td><td rowspan="2">• 해당 소득만 분리하여 과세
• 법정 단일 세율 적용</td></tr>
<tr><td>배당소득 일부</td><td>기타소득 일부</td></tr>
<tr><td>분류과세</td><td>퇴직소득</td><td>양도소득</td><td>• 해당 소득만 분류하여 과세
• 6~45% 누진세율 적용</td></tr>
</table>

2) 종합소득세율

종합소득세율은 6~45%(지방소득세 제외)의 누진 구조를 갖는데, 퇴직소득세 계산 시에도 환산 과세표준에 대하여 종합소득세율을 적용하여 산출한다.

표 5-2 종합소득세율표

과세표준	산출세액계산
1,400만 원 이하	과세표준 × 6%
1,400만 원 초과 5,000만 원 이하	과세표준 × 15% – 1,260,000원
5,000만 원 초과 8,800만 원 이하	과세표준 × 24% – 5,760,000원
8,800만 원 초과 1억 5천만 원 이하	과세표준 × 35% – 15,440,000원
1억 5천만 원 초과 3억 원 이하	과세표준 × 38% – 19,940,000원
3억 원 초과 5억 원 이하	과세표준 × 40% – 25,940,000원
5억 원 초과 10억 원 이하	과세표준 × 42% – 35,940,000원
10억 원 초과	과세표준 × 45% – 65,940,000원

※ 지방소득세 별도

2. 퇴직소득세[63]의 개요

1) 퇴직소득의 범위

퇴직소득은 사용자부담금을 바탕으로 현실적인 퇴직을 원인으로 발생하는 소득 및 공적연금 관련 법령에 따라 지급되는 일시금 등을 의미한다. 예를 들면, 확정기여형(DC) 제도의 사용자부담금과 해당 부담금에서 발생한 운용수익은 실제 퇴직 시점에 지급되는 경우 퇴직소득으로 분류되어 과세 대상이 된다. 이러한 퇴직소득의 정의와 과세 기준은 소득세법 제22조 및 동법 시행령 제42조의2에 명시되어 있으며, 소기업・소상공인 공제금(노란우산공제)을 통해 퇴직소득으로 분류되는 항목은 조세특례제한법 제86조의3에서 규정하고 있다.

〈퇴직소득의 범위〉

가. 공적연금 관련법에 따라 받는 일시금(퇴직소득의 일부 또는 전부를 지연하여 지급하면서 지연지급에 대한 이자를 함께 지급하는 경우 해당 이자 포함)

나. 사용자부담금을 기초로 하여 현실적인 퇴직을 원인으로 받는 소득

다. 소기업・소상공인 공제금(2016.1.1 이후 가입하는 분부터 적용)

라. 그밖에 퇴직소득으로 보는 소득

① 「과학기술인공제회법」 제16조 제1항에 따라 지급받는 과학기술 발전장려금

② 「건설근로자의 고용개선 등에 관한 법률」 제14조에 따라 지급받는 퇴직공제금

③ 종교관련 종사자가 현실적인 퇴직을 원인으로 종교단체로부터 지급받는 소득

63) 산출된 퇴직소득세에는 추가로 지방소득세 10%가 부과됨.

2) 퇴직소득세 과세 방법

표 5-3 퇴직소득세의 계산 구조(2020년 이후 퇴직자)

<table>
<tr><th>계산식</th><th colspan="2">내용</th></tr>
<tr><td>퇴직소득 금액</td><td colspan="2">퇴직소득 금액 = 퇴직급여</td></tr>
<tr><td rowspan="5">(−) 근속연수공제
(퇴직소득공제)</td><th>근속연수</th><th>공제액</th></tr>
<tr><td>5년 이하</td><td>100만 원 × 근속연수</td></tr>
<tr><td>10년 이하</td><td>500만 원 + 200만 원 × (근속연수 - 5년)</td></tr>
<tr><td>20년 이하</td><td>1,500만 원 + 250만 원 × (근속연수 - 10년)</td></tr>
<tr><td>20년 초과</td><td>4,000만 원 + 300만 원 × (근속연수 - 20년)</td></tr>
<tr><td>(=) 과세표준</td><td colspan="2">퇴직소득금액 − 근속연수공제</td></tr>
<tr><td>(÷) 근속연수 (×) 12</td><td colspan="2">근속연수 : 근로 시작일부터 퇴사일까지 기간*
(중간 정산 시 중간 정산일의 다음 날부터 기산)</td></tr>
<tr><td>(=) 환산급여</td><td colspan="2"></td></tr>
<tr><td rowspan="6">(−) 환산급여공제
(차등공제)</td><th>환산급여</th><th>공제액</th></tr>
<tr><td>800만 원 이하</td><td>환산급여의 100%</td></tr>
<tr><td>7천만 원 이하</td><td>800만 원 + (800만 원 초과분의 60%)</td></tr>
<tr><td>1억 원 이하</td><td>4,520만 원 + (7천만 원 초과분의 55%)</td></tr>
<tr><td>3억 원 이하</td><td>6,170만 원 + (1억 원 초과분의 45%)</td></tr>
<tr><td>3억 원 초과</td><td>15,170만 원 + (3억 원 초과분의 35%)</td></tr>
<tr><td>(=) 환산과세표준</td><td colspan="2">환산급여 − 환산급여공제</td></tr>
<tr><td>(×) 퇴직소득세율</td><td colspan="2">6% ~ 45%**</td></tr>
<tr><td>(=) 연평균 산출세액</td><td colspan="2">환산과세표준 × 종합소득세율</td></tr>
<tr><td>(×) 근속연수 (÷) 12</td><td colspan="2"></td></tr>
<tr><td>(=) 퇴직소득 산출세액</td><td colspan="2"></td></tr>
</table>

* 근속연수 계산 시 1년 미만의 기간은 1년으로 봄
** 종합소득세율 적용

퇴직소득세는 근속기간과 퇴직급여액이라는 두 가지 독립변수에 따라 결정된다. 퇴직소득세는 연분연승이라는 독특한 과세체계를 가지고 있기 때문에 동일한 퇴직급여라면 근속연수가 길수록 세 부담이 감소(실효세율이 낮아짐)한다. 반대로 동일한 근속연수라면 퇴직급여가 클수록 세 부담이 증가한다. 퇴직소득은 근로기간에 걸쳐서 발생된 소득이기 때문에 이를 종합소득에 합산하여 과세하게 되면 특정 연도에 소득이 결집되어 부당하게 높은 세율을 적용받게 되는 문제점이 있다. 따라서 현행 소득세법은 퇴직소득을 종합소득에서 제외하여 별도로 분류과세한다.

퇴직소득 세액계산은 홈택스 홈페이지(https://www.hometax.go.kr)에서 '2025년 귀속 퇴직소득 지급명세서 모의계산'으로 검색한 화면에서 모의계산이 가능하다. 이전 연도의 퇴직소득 세액계산도 모의계산이 가능하다.

표 5-4 퇴직소득세의 단계별 계산 예시

(가정: 퇴직급여 1억 원, 근속연수 10년)

계산식	계산 내역
퇴직소득금액	100,000,000원
(−) 근속연수공제 (퇴직소득공제)	15,000,000원
(=) 과세표준	85,000,000원
(÷) 근속연수 (×) 12	(÷) 10년 (×) 12
(=) 환산급여	102,000,000원
(−) 환산급여공제 (차등공제)	62,600,000원
(=) 환산과세표준	39,400,000원
(×) 퇴직소득세율	6% ~ 45%
(=) 연평균 산출세액	4,650,000원
(×) 근속연수 (÷) 12	(×) 10년 (÷) 12
(=) 퇴직소득 산출세액	3,875,000원

(1) IRP계좌로 퇴직소득 이체 시 세제 혜택

퇴직급여를 IRP계좌로 이체하는 경우, 즉시 납부해야 할 퇴직소득세가 이연퇴직소득세로 전환되어 납부가 유예된다. 이 상태에서 연금으로 인출할 때 다음과 같은 세제 혜택을 받는다.

- **세액 감면 :** 연금수령 1~10년 차에는 이연퇴직소득세의 70%만, 11년 차 이후에는 60%, 21년 차 이후부터는 50%만 납부한다.
- **분리과세 :** 퇴직소득을 원천으로 하는 연금은 금액과 관계없이 종합소득에 합산되지 않고 분리과세로 납세 종결

(2) 퇴직소득의 과세이연 연혁

2012년 이전 퇴직급여를 과세이연계좌로 이체할 경우, 해당 퇴직소득은 이연계좌에서 인출하기 전까지는 소득이 발생하지 않은 것으로 간주하였다. 이로 인해 퇴직 당시 퇴직소득세가 확정되지 않았으며, 이후 세법이 변경되면 세율 인상이나 공제 감소로 세금 부담이 커지는 문제가 발생하였다. 또한, 운용 과정에서 발생한 수익까지 퇴직소득 과세표준에 포함되면서 최종 세금 부담이 증가하는 부작용이 있었다.

2013년 이후 퇴직 시점에 퇴직소득이 발생한 것으로 보아 퇴직소득세를 계산하되, 연금계좌에서 인출될 때까지 원천징수를 유예함으로써 퇴직일과 퇴직소득의 귀속시기를 일치시켰다. 이를 통해 과세 기준 시점의 혼선을 줄이고, 예측 가능한 세금 환경을 조성하였다.

2014년에는 제도 정비 및 세제의 일관성과 통일성을 확보하기 위해, 2012년 이전 퇴직하여 과세이연계좌로 이체한 소득이연 퇴직소득이 2014년 12월 31일 현재 연금계좌에 남아 있는 경우에는, 같은 날 해당 금액을 전액 인출하여 다시 납입한 것으로 간주하였다. 이에 따라 소득이연 퇴직소득 잔액은 세액이연 퇴직소득으로 전환되었다.

Q&A 5-1-1 퇴직급여와 근속연수별 퇴직소득세 실효세율

Question

Q1) 퇴직소득세를 종합소득에 합산하지 않는 이유는 무엇인가요??

Q2) 퇴직소득세의 실효세율은 어느 정도 수준인가요?

Answer

A1) 퇴직급여는 근로소득처럼 매년 반복적으로 발생하는 소득이 아니라, 수년에 걸쳐 오랜 기간의 근속에 대한 보상을 일시에 받는 소득입니다. 만약 이를 근로소득처럼 종합소득에 합산하여 계산하면, 그해의 소득이 비정상적으로 커져 누진세율이 과도하게 적용되는 불합리가 초래됩니다. 그래서 퇴직소득은 종합소득과 별도로 과세하는 '분류과세'가 적용되며 과세 방식으로는 '연분연승법'을 적용합니다. 연분연승법은 퇴직 시점에 받은 총 퇴직소득을 근속연수만큼 균등분할 해, 마치 매년 조금씩 얻은 소득처럼 계산한 뒤, 그에 대응하는 세율을 적용해 다시 합산하는 방식입니다.

A2) 퇴직소득세는 퇴직급여 및 근속연수에 따라 달라집니다. 같은 퇴직급여를 받더라도 근속연수가 길수록 세 부담이 낮아집니다. 예를 들어 20년 근속한 근로자의 퇴직급여가 5천만 원인 경우 세금은 발생하지 않습니다.

표 5-5 퇴직급여/근속연수별 퇴직소득세 예시(지방소득세 포함)

퇴직급여 \ 근속연수	퇴직소득세(실효세율)			
	5년	10년	20년	30년
5천만 원	235만 원 (4.72%)	74만 원 (1.5%)	–	–
1억 원	1,036만 원 (10.36%)	426만 원 (4.26%)	123만 원 (1.23%)	26만 원 (0.26%)
3억 원	6,391만 원 (21.31%)	4,288만 원 (14.3%)	1,984만 원 (6.61%)	1,084만 원 (3.62%)
5억 원	12,318만 원 (24.64%)	9,780만 원 (19.56%)	5,838만 원 (11.68%)	3,557만 원 (7.11%)

Q&A 5-1-2 명예퇴직 시 퇴직소득 해당 여부

Question

명예퇴직을 하면서 법정퇴직금과 명예퇴직금 및 퇴직위로금을 받았습니다. 이때 추가로 받은 명예퇴직금과 퇴직위로금은 퇴직소득인가요? 근로소득인가요?

Answer

퇴직소득입니다. 퇴직소득은 근로자가 현실적으로 퇴직함으로써 받는 소득을 말합니다. 즉, 명칭 여하에 불구하고 현실적인 퇴직을 원인으로 받은 대가는 원칙적으로 퇴직소득에 해당합니다. 따라서 법정퇴직금 뿐만 아니라 명예퇴직금과 퇴직위로금도 퇴직을 원인으로 받은 대가에 해당하므로 퇴직소득에 해당되며, 퇴직소득세로 과세됩니다.

다만, 다음의 사유가 발생했으나 퇴직급여를 실제로 받지 않은 경우는 퇴직으로 보지 않습니다.

– 종업원이 임원으로 승진
– 합병 · 분할 등 조직변경, 사업양도, 직 · 간접으로 출자 관계에 있는 법인으로의 전출 또는 동일한 사업자가 경영하는 다른 사업장으로의 전출이 이루어진 경우
– 법인의 상근 임원이 비상근임원으로 된 경우
– 비정규직 근로자가 정규직 근로자로 전환된 경우

Q&A 5-1-3 퇴직연금 제도별 원천징수 의무자

Question

퇴직연금 제도별 원천징수 의무자는 누구인가요?

Answer

• 확정급여형(DB) 제도 – 사용자(퇴직 근로자 재직 회사)
• 확정기여형(DC) 제도 – 금융기관(퇴직연금 사업자)

원천징수의무자는 퇴직자 발생 시 원천징수영수증, 원천징수이행상황신고서 등 법정 서식 작성, 신고 및 제출 의무가 있습니다.

Q&A 5-1-4 퇴직급여 정산 오류 시 경정청구 주체

Question

홍길동 씨는 A사에서 퇴직하면서 퇴직급여를 DB에서 IRP로 수령하였습니다. 회사는 이때 이연퇴직소득세를 포함한 전액을 IRP로 이체하였으며, 퇴직소득원천징수영수증도 정상 발급하였습니다.

그러나 일주일 후 계산 실수로 인한 퇴직급여 과다 지급 사실을 확인하였고, IRP를 관리하는 은행에 지급 정정을 요청하였으나, 이미 홍길동 씨가 IRP계좌를 해지하고 전액을 연금외수령(일시금 인출)하여 이연퇴직소득세가 원천징수된 상태라는 통보를 받았습니다. A사는 홍길동 씨에게 과다 지급된 퇴직급여 일부의 반환을 요청하였습니다.

퇴직급여 정산 오류로 인해 이연퇴직소득세가 변경된 경우 환급을 위한 경정청구는 누가 해야 하나요?

Answer

이연퇴직소득에 대한 경정청구는 납세의무자인 퇴직자 또는 원천징수의무자인 연금계좌취급자가 할 수 있습니다.

과다 지급된 퇴직급여가 IRP에서 인출되어 세금이 이미 원천징수된 경우, 퇴직자 본인이 직접 세무서에 경정청구가 가능합니다.

금융기관도 원천징수의무자 자격으로 경정청구가 가능하나, 실제 납세의무자는 퇴직자이므로 퇴직자의 직접 청구가 더 간편하고 적절한 방식이 될 수 있습니다.

경정청구는 퇴직소득명세서 기준 과세표준이 과다 신고된 경우에 활용되며, 신고 후 5년 이내 청구가 가능합니다.

관련법규 및 질의회신

서면-2022-징세-3207, 2023.11.8
퇴직근로자의 경우 국세기본법 제45조의2 제5항에 따라 직접 경정청구를 할 수 있으며, 금융기관의 경우 퇴직연금제도에서 퇴직금을 지급 받을 때와 개인퇴직연금계좌를 해지하며 이연퇴직소득을 연금외수령할 때의 원천징수의무자의 범위에 대하여는 소득세 집행기준 127-0-10 및 서면-2020-법령해석소득-3230(2021.8.18) 등 기존해석사례를 참고.

서면-2020-법령해석소득-3230, 2021.8.18
확정급여형 퇴직연금제도에 가입한 근로자가 퇴직하여 본인의 개인형퇴직연금계좌로 이전된 이연퇴직소득을 연금외수령하는 경우 퇴직연금사업자는「소득세법 시행령」제202조의2에서 정하는 바에 따라 이연퇴직소득세를 원천징수하여야 하는 것임.

Q&A 5-1-5 재임용으로 명예퇴직수당 환수 시 퇴직소득세 경정청구 기한

Question

공무원 홍길동 씨는 몇 년 전에 받은 퇴직급여에 대해 원천징수를 통해 퇴직소득세 납부를 하였습니다. 그 후 홍길동 씨는 국가기관에 재임용되며 국가공무원법 제74조의2에 따라 명예퇴직수당 중 일부가 환수되었습니다. 홍길동 씨는 환수된 금액만큼 퇴직소득세 일부 환급을 받기 위한 경정청구 신청을 언제까지 해야 하나요?

Answer

원천징수세액 납부기한일로부터 5년 이내 또는 후발적 사유 발생일로부터 3개월 이내에 경정청구가 가능합니다.

- 일반 경정청구 : 원천징수세액의 납부 기한으로부터 5년 이내 (「국세기본법」 제45조의2 제5항)
- 후발적 사유에 따른 경정청구 : 위의 5년 기한이 지난 경우에도 같은 법 제45조의2 제2항 및 시행령 제25조의2에 따라 후발적 사유 발생일로부터 3개월 이내라면 경정청구가 가능

관련법규 및 질의회신

서면-2024-법규기본-4251, 2025.6.25

명예퇴직한 공무원이 명예퇴직수당에 대한 퇴직소득세를 원천징수 납부하고 지급명세서를 제출기한까지 제출한 「소득세법」 제73조 제1항 각 호에 해당하는 소득이 있는 자에 해당하는 경우로서, 차후에 공무원으로 재임용됨에 따라 명예퇴직수당이 환수된 경우, 원천징수세액의 납부기한이 지난 후 5년 이내에 경정을 청구할 수 있는 것이며, 상기 기한이 경과한 이후에는 후발적 경정청구 사유로서, 환수가 발생한 것을 안 날부터 3개월 이내에 퇴직소득 과세표준 및 세액에 대하여 경정을 청구할 수 있음.

서면-2019-징세-2984, 2021.4.21

소득세법 제73조 제1항 제1호 내지 제8호에 해당하는 소득에 대하여 연말정산 또는 원천징수하여 소득세를 납부하고 소득세법 제164조의 규정에 의하여 지급조서를 제출기한 내에 제출한 원천징수의무자 또는 퇴직소득자 등은 원천징수영수증에 기재된 과세표준 및 세액이 세법에 의하여 신고하여야 할 과세표준 및 세액을 초과하는 때, 원천징수영수증에 기재된 환급세액이 세법에 의하여 신고하여야 할 환급세액에 미달하는 때에는 연말정산세액 또는 원천징수세액의 납부기한 경과 후 5년 이내에 과세표준 및 세액의 경정 등을 관할 세무서장에게 청구할 수 있음.

Q&A 5-1-6 퇴직급여 미지급분의 지급명세서 작성 및 이연퇴직소득 반영 여부

Question

A기업의 홍길동 씨는 올해 10월 31일자로 퇴직하였습니다. 퇴직 시점에 회사의 자금 사정이 어려워 퇴직급여 총액 중 일부만 지급하고, 나머지 금액은 내년에 IRP계좌로 입금 예정입니다. A기업은 「소득세법」 제147조에 따라 퇴직소득을 12월 31일에 지급한 것으로 보고 퇴직소득세를 원천징수하려고 합니다. 미지급한 퇴직급여에 대해 지급명세서상 연금계좌 입금액에 포함하여 이연퇴직소득세 계산에 반영할 수 있나요?

Answer

불가합니다.

향후 IRP에 입금될 것이라는 가정만으로는 과세이연 및 지급명세서상 반영이 인정되지 않으며, 실제로 입금된 금액에 한하여 이연 처리해야 합니다.

관련법규 및 질의회신

서면-2023-원천-0136, 2023.8.25

「소득세법」 제146조 제2항 및 동법 시행령 제202조의2 제1항에 따라 퇴직소득세를 원천징수하지 아니하거나 환급하는 경우란 동법 제146조 제2항 각 호에 따라 퇴직소득이 연금계좌에 실제로 입금되는 경우를 말하는 것이며, 미래에 퇴직소득이 연금계좌에 입금되리라는 가정 하에 해당 규정을 적용하지는 않는 것임.

소득세법 제147조 【퇴직소득 원천징수시기에 대한 특례】

① 퇴직소득을 지급하여야 할 원천징수의무자가 1월부터 11월까지의 사이에 퇴직한 사람의 퇴직소득을 해당 과세기간의 12월 31일까지 지급하지 아니한 경우에는 그 퇴직소득을 12월 31일에 지급한 것으로 보아 소득세를 원천징수한다.

② 원천징수의무자가 12월에 퇴직한 사람의 퇴직소득을 다음 연도 2월 말일까지 지급하지 아니한 경우에는 그 퇴직소득을 다음 연도 2월 말일에 지급한 것으로 보아 소득세를 원천징수한다.

Q&A 5-1-7 종교인 퇴직금의 과세 및 원천징수 의무

Question

A교회는 1999년부터 2020년까지 근무한 담임목사 B씨에게 퇴직금 10억 원을 지급하였습니다.

Q1) 2018년 1월 1일 시행된 「소득세법 시행령」 제42조의2 제4항 제4호(종교인 퇴직소득 과세 규정)를 근거로 2018.1.1 이후 기간에 해당하는 퇴직금만 과세 대상으로 할 수 있나요?

Q2) 종교인 소득에 대한 원천징수예외 규정(소득세법 제155조의6)이 퇴직소득에도 적용되나요?

Answer

A1) 「소득세법」 제22조 및 시행령 제42조의2 제4항 제4호에 따라 2018.1.1 이후 현실적인 퇴직을 원인으로 종교단체로부터 지급받은 소득은 전액 퇴직소득으로 과세됩니다.
시행령 부칙에 따라 시행일 이후 발생한 소득 전체에 적용되며 과거 근무 기간을 안분하여 일부만 과세하는 방식은 인정되지 않습니다.

A2) 종교인소득에 대한 원천징수 예외 규정(소득세법 제155조의6)은 퇴직소득에는 적용되지 않습니다.

관련법규 및 질의회신

조심-2021-구-2724, 2021.7.27
2018.1.1 이후 종교 관련 종사자가 현실적인 퇴직을 원인으로 종교단체로부터 소득을 받는 경우 받는 소득 전액이 퇴직소득에 해당한다고 보아 퇴직소득세를 과세한 이건 처분은 달리 잘못이 없음.

소득세법 시행령 제42조의2 【퇴직소득의 범위】
④ 법 제22조 제1항 제3호에서 "대통령령으로 정하는 소득"이란 다음 각 호의 어느 하나에 해당하는 금액을 말한다.
4. 종교 관련 종사자가 현실적인 퇴직을 원인으로 종교단체로부터 받는 소득

Q&A 5-1-8 외국인의 퇴직소득세는 내국인과 다르게 계산하나?

Question

홍길동 씨는 DC 가입자로서 곧 퇴직급여를 수령할 예정입니다. 홍길동 씨가 외국 국적이라면 퇴직소득세가 내국인과 다르게 계산되나요?

Answer

국적, 거주·비거주에 관계없이 동일한 계산 방식과 세율이 적용되고 분류 과세합니다.

관련법규 및 질의회신

소득세법 제121조【비거주자에 대한 과세방법】

② 국내사업장이 있는 비거주자와 제119조 제3호에 따른 국내원천 부동산소득이 있는 비거주자에 대해서는 제119조 제1호부터 제7호까지, 제8호의2 및 제10호부터 제12호까지의 소득(제156조 제1항 및 제156조의3부터 제156조의6까지의 규정에 따라 원천징수되는 소득은 제외한다)을 종합하여 과세하고, 제119조 제8호에 따른 국내원천 퇴직소득 및 같은 조 제9호에 따른 국내원천 부동산 등 양도소득이 있는 비거주자에 대해서는 거주자와 같은 방법으로 분류하여 과세한다.

소득세법 제119조【비거주자의 국내원천소득】

8. 국내원천 퇴직소득 : 국내에서 제공하는 근로의 대가로 받는 퇴직소득

Q&A 5-1-9 퇴직연금의 FATCA 보고 대상 여부

Question

홍길동 씨는 미국 시민권자로서 한국에 거주하며 재직 중인 회사의 퇴직연금제도 가입자입니다.

홍길동 씨가 가입한 퇴직연금 계좌도 FATCA 해외계좌 납세의무 이행법(Foreign Account Tax Compliance Act) 보고 대상인가요?

Answer

보고 대상에서 제외됩니다. 퇴직연금 계좌 및 연금저축 계좌 등은 FATCA 보고 대상 계좌에서 제외되어 있습니다.

관련법규 및 질의회신

정기 금융정보 교환을 위한 조세조약 이행규정 제23조【제외계좌】

⑥ 세금 회피의 수단으로 사용될 위험이 낮고, 제1항부터 제5항까지에 명시된 계좌들과 실질적으로 유사한 특성을 갖고 있으며 공통보고기준의 목적에 반하지 않는 계좌는 보고 금융계좌에서 제외한다. 이 항의 목적상 다음 각 호의 계좌를 포함한다.

1. 우리나라에서 관리되며 「근로자퇴직급여 보장법」 제2조 제8호의 확정급여형퇴직연금제도에 따라 설정하는 계좌, 같은 법 제2조 제9호의 확정기여형퇴직연금제도에 따라 설정하는 계좌, 같은 법 제2조 제10호의 개인형퇴직연금제도에 따라 설정하는 계좌, 같은 법 제8조의 퇴직금제도에 따라 설정하는 계좌, 법률 제7379호 근로기준법 일부개정법률로 개정되기 전 「근로기준법」 제34조 제4항에 따른 퇴직보험 및 퇴직일시금신탁

Q&A 5-1-10 퇴직소득세 산출(세액정산특례 적용)

Question

중간정산 퇴직금이 있는 경우 퇴직소득세 산출은 어떻게 하나요?

Answer

퇴직소득 세액정산 제도를 활용하여 세금 부담을 덜 수 있습니다.

퇴직소득 세액정산 제도란 과거 중간 정산한 퇴직급여가 있는 경우, 중간 정산한 퇴직급여와 최종 퇴직급여를 합산해 세금을 다시 계산하는 제도입니다.

중간정산, 회사의 합병・분할 등 조직변경, 직・간접으로 출자 관계에 있는 계열사 전출 등으로 기존에 퇴직금을 수령한 경우에도 세액정산특례를 적용할 수 있습니다.

1. 사례
   - 입사일 : 2001.1.1
   - 중간정산일 : 2007.12.31
   - 최종 퇴사일 : 2025.12.31
   - 중간 정산한 퇴직급여 : 30,000,000원 / 퇴직소득세 1,650,000원(가정)
   - 최종 퇴직급여 : 300,000,000원

2. 해설

표 5-6 세액정산 제도 활용시 세 부담 비교 (단위 : 원)

구분	세액정산 특례 적용	세액정산 특례 미적용	차이
재직기간	2001.1.1~2025.12.31 (25년)	2008.1.1~2025.12.31 (18년)	+7년
퇴직소득	330,000,000	300,000,000	+30,000,000
퇴직소득세	17,545,000	22,360,800	−4,815,800
기납부세액	1,650,000	−	+1,650,000
금번 납부세액	15,895,000	22,360,800	**6,465,800 절감**

Chapter
02

IRP계좌의 운용과 과세

KEY POINT

- 연금계좌는 운용 과정에서 과세이연되며, 인출 시점에서만 과세됨
- 연금수령 요건 및 과세 : ① 55세 이후, ② 가입 5년 경과, ③ 연금수령한도 이내 인출 시 연금소득세(3.3~5.5%) 적용. 초과 시 기타소득세(16.5%) 또는 퇴직소득세 과세
- 사망 · 요양 · 파산 · 해외이주 등 부득이한 사유 발생일로부터 6개월 내 신청 시 연금소득세 저율 과세

1. 개인형 퇴직연금(IRP) 원천별 과세

1) IRP계좌의 자금 원천

IRP계좌의 자금 원천은 다음 세 가지로 이루어진다.

(1) 퇴직소득

퇴직 시 지급 받는 퇴직급여를 IRP계좌로 이체하는 경우, 퇴직소득세의 원천징수가 유예된다.

(2) 자기부담금

기본적으로 연간 1,800만 원의 납입 한도 내에서 가입자가 자발적으로 납입하는 금액이다. 이 중 세액공제는 900만 원까지 받을 수 있다.

(3) 운용수익

위 자금원들의 운용을 통해 발생하는 이자, 배당, 매매차익 등으로 인출 전까지 과세되지 않는다.

2) IRP 세제의 특징

IRP 세제의 핵심은 과세이연이다. 이는 소득이 발생한 시점이 아니라 자금을 인출하는 시점에 과세하는 것을 의미한다. 이 원리는 납입, 운용, 인출의 세 단계에 걸쳐 적용된다.

(1) 납입 단계

IRP계좌에 납입되는 자기부담금에 대해서는 연말정산시 세액공제 혜택이 부여되며, IRP계좌로 지급된 퇴직급여의 퇴직소득세는 이연퇴직소득세로 과세이연된다.

(2) 운용 단계

IRP계좌에서 인출하기 전까지는 모든 운용수익이 과세이연되어, 이연 세액이 계속 재투자되는 복리 효과를 누릴 수 있다.

(3) 인출 단계

연금 형태로 자금을 인출할 때 비로소 세금을 납부하며 연금으로 수령 시에는 세 부담이 적은 연금소득세가 적용된다.

2. 연금계좌 세액공제

1) 연금계좌 납입한도

연금계좌에 납입할 수 있는 부담금의 종류와 한도는 다음과 같다.

- 이연퇴직소득 : 납입금액에 제한이 없음
- 자기부담금 :

  ① 연간 1,800만 원

  + ② ISA계좌 만기 시 전환금액

  + ③ 1주택 고령가구(부부 중 1인 이상이 60세 이상)가 가격이 더 낮은 주택으로 이사한 경우 그 차액(1억 원 한도)

  + ④ 기초연금수급자(부동산 양도 당시 1주택 또는 무주택 세대의 구성원)가 10년 이상 장기 보유한 부동산(주택·토지·건물) 양도차액

2) 자기부담금 세액공제

(1) 세액공제 개요

연금계좌에 납입하는 자기부담금 합계액은 연 900만 원을 한도로 하여 세액공제를 적용한다. 다만, 연금저축계좌 세액공제한도는 연 600만 원이다. 따라서 퇴직연금계좌 중 자기부담금을 입금할 수 있는 확정기여형(DC) 계좌나 개인형퇴직연금(IRP) 계좌를 활용해야 세액공제를 최대로 받을 수 있다. 공제율은 종합소득금액(또는 총급여기준)에 따라 12% 또는 15%를 적용한다.

종합소득금액(총급여액)	연금저축한도(퇴직연금 포함 통합한도)	세액공제율
4,500만 원(5,500만 원) 이하	600만 원(900만 원)	15%
4,500만 원(5,500만 원) 초과		12%

(2) 개인종합자산관리계좌(ISA)의 만기 전환

개인종합자산관리계좌(ISA)의 계약 기간이 만료되고 해당 계좌 잔액의 전부 또는 일부를 연금계좌로 납입한 경우, 그 납입한 금액을 납입한 날이 속하는 과세기간의 연금계좌 납입분과는 별도로 전환 금액의 10%(300만 원 한도)만큼 연금계좌 세액공제 한도가 추가된다.

(3) 전년도 공제받지 않은 부담금을 당해 연도 납입금으로의 전환

연금계좌 가입자가 이전 과세기간에 연금계좌에 납입한 연금보험료 중 연금계좌 세액공제를 받지 아니한 금액이 있는 경우로서, 그 금액의 전부 또는 일부를 해당 과세기간에 연금계좌에 납입한 연금보험료로 전환하여 줄 것을 연금계좌 취급자에게 신청한 경우에는, 연금계좌 세액공제를 적용할 때 그 전환을 신청한 금액을 연금계좌의 인출순서 등에도 불구하고, 연금계좌에서 가장 먼저 인출하여 그 신청을 한 날에 다시 해당 연금계좌에 납입한 연금보험료로 보기 때문에, 전환금액에 대하여 세액공제 신청을 할 수 있다.

3. IRP 인출 시 세금

1) 사적연금소득

소득세법상 사적연금소득은 연금계좌에서 연금 형태로 받을 때 발생한다.

(1) 연금계좌의 범위

① 연금저축계좌(금융회사 등과의 신탁계약, 집합투자증권 중개계약, 보험계약)
② 퇴직연금계좌 :
확정기여형(DC) 퇴직연금 제도 및 개인형퇴직연금(IRP) 제도에 따라 설정하는 계좌, 과학기술인공제회법에 따른 퇴직연금 급여를 받기 위하여 설정하는 계좌

(2) 연금 형태로 인출

연금계좌에서 아래 3가지 요건을 모두 갖추어 인출하는 것을 말한다.

① 가입자가 55세 이후 연금계좌 취급자에게 연금수령 개시를 신청한 후 인출할 것

② 연금계좌의 가입일부터 5년이 경과된 후에 인출할 것(다만, 이연퇴직소득이 연금계좌에 있는 경우에는 5년 경과 요건 면제)

③ 과세기간 개시일(연금수령 개시를 신청한 날이 속하는 과세기간에는 연금수령 개시를 신청한 날) 현재 연간 연금수령한도 이내에서 인출할 것(의료비 계좌로 지정된 계좌에서 의료비 인출은 인출한 금액에서 제외함)

연간 연금수령한도 = (연금계좌의 평가액) / (11 − 연금수령연차) × 120%

연금수령연차란 최초로 연금수령할 수 있는 날이 속하는 과세연도를 제1년 차로 하여 그 다음 과세기간을 누적 합산한 연차를 말하며, 연금수령연차가 11년 이상인 경우에는 연금수령한도를 적용하지 않는다. 연금수령연차는 1부터 시작하는 것이 원칙이나 2013.3.1 이전 가입계좌는 6부터 시작한다.

2) 연금수령 시 세금

연금계좌의 자금을 연금 형태로 수령하는 경우, 자금의 원천이 무엇이든 연금소득세가 적용된다. 그러나 자금의 원천에 따라 실제 세 부담은 크게 달라질 수 있다.

퇴직소득을 원천으로 하는 경우에는 이연된 퇴직소득세에 대해 감면 혜택이 주어진다. 실수령 연차가 1~10년 차인 경우에는 30%, 11년 차 이후에는 40%, 21년 차 이후부터는 50%의 감면율이 적용되며, 이에 따라 감면된 세액만큼 원천징수 후 분리과세 방식으로 납세의무가 종결된다. 예컨대 퇴직소득세 실효세율이 4%인 경우, 감면율이 30%라면 실제 적용되는 세율은 2.8%(= 4% × 0.7)가 된다.

운용수익이나 소득·세액공제를 받은 자기부담금이 원천일 경우에는 연금 수령자의 연령에 따라 3~5%의 세율이 적용된다(지방소득세 포함 시 3.3~5.5%). 이때 연간 수령액이 1,500만 원 이하일 경우에는 해당 금액에 대해 원천징수만으로 납세의무가 종결되며,

별도의 종합소득세 신고는 필요하지 않다. 하지만 1,500만 원을 초과하는 경우에는 다음 해 5월 종합소득세 또는 분리과세(지방소득세 포함 16.5%)를 선택해야 하며, 이 과정에서 세금 부담이 추가될 수 있다.

표 5-7 **연금계좌에서 연금수령 시 세금(지방소득세 제외)**

소득 원천	세목	세율(세금계산방식)	종합소득 합산 여부
이연퇴직소득	연금소득세	퇴직소득세율 × 70%(60%, 50%) (연금 실수령연차 11부터는 60%, 21부터는 50%)	합산하지 않음 (무조건 분리과세)
그 외 소득 (운용수익 및 세액공제 받은 자기부담금)		원천징수세율 3~5%	사적연금 연간 1,500만 원 초과 시 종합과세 또는 분리과세(15%) 선택

3) 연금외수령 시 세금

연금계좌에서 연금을 개시하지 않고 계좌를 해지하여 수령하는 일시금이나, 연금을 개시한 후 연금수령한도를 초과하여 수령하는 초과분에 대해서는 연금외수령이라 하여 자금의 원천별로 과세한다. 퇴직소득에 대해서는 퇴직소득세를 적용하고 그 외 소득에 대해서는 기타소득세를 적용하되 종합소득에 합산하지 않는다.

표 5-8 **연금계좌에서 연금외수령 시 세금(지방소득세 제외)**

소득 원천	세목	세율(세금계산방식)	종합소득 합산 여부
이연퇴직소득	퇴직소득세	퇴직소득공제 및 연분연승 후 기본세율(퇴직 시 세액 확정)	합산하지 않음 (분류과세)
그 외 소득 (운용수익 및 소득·세액공제 받은 자기부담금)	기타소득세	15%	합산하지 않음 (무조건 분리과세)

4) 부득이한 사유로 인출 시 세금

소득세법에 정한 부득이한 사유에 해당한다면 연금형태로 수령하는 것으로 보아 세 부담을 경감시켜 주고 무조건 분리과세한다. 여기서 유의할 점은 소득세법상 부득이한 사유 중 요양이라는 사유로 인출할 때는 요양에 필요한 금액에 대해서만 연금소득세가 적용되고 나머지는 원천에 따라 퇴직소득세 또는 기타소득세가 적용된다는 것이다. 부득이한 사유로 인출시에는 부득이한 사유가 발생한 날로부터 6개월 이내에 신청하여야 세제 혜택을 받을 수 있다.

표 5-9 연금계좌에서 부득이한 사유로 인출 시 세금(지방소득세 제외)

소득 원천	세목	세율(세금계산방식)	종합소득 합산 여부
이연퇴직소득	연금소득세	퇴직소득세율 × 70%(60%, 50%) (연금 실수령연차 11부터는 60%, 21부터는 50%)	합산하지 않음 (무조건 분리과세)
그 외 소득 (운용수익 및 소득 · 세액공제받은 자기부담금)		70세 미만 5%, 70세~79세 4%, 80세 이상 3%	

소득세법상 부득이한 사유와 퇴직급여법상 중도인출 사유를 혼동하는 경우가 많이 있다. IRP에서 중도인출하고자 할 때는 퇴직급여법에 정한 사유에 따라 전액 또는 일부 인출하되 소득세법상 부득이한 사유에 해당될 때는 저율 과세가 적용된다. 즉, 소득세법상 예를 들어 IRP에 1천만 원(전액 '그 외 소득'이라 가정)이 있는 가입자가 퇴직급여법상 부양가족의 요양이라는 사유로 전액 인출을 신청하였고 실제 요양에 필요한 금액은 3백만 원이라고 한다면 3백만 원에 대해서는 연금소득세가 적용되고 나머지 7백만 원에 대해서는 기타소득세가 적용된다.

표 5-10 소득세법상 부득이한 사유와 퇴직급여법상 중도인출 비교

	부득이한 인출	중도인출
관련 법령	소득세법	근로자퇴직급여보장법
사유	• 사망 • 해외이주 • 본인 또는 부양가족의 3개월 이상 요양 • 파산, 회생 • 연금계좌 취급자 영업정지, 인허가 취소, 파산선고 • 천재지변	• 무주택자의 주택구입/임차보증금 • 본인 또는 부양가족의 6개월 이상 요양 • 파산, 회생 • 연금계좌 취급자 영업정지, 인허가 취소, 파산선고 • 천재지변
세제 혜택	소득세법상 부득이한 사유에 해당하는 경우 이연퇴직소득(DC 중도인출이나 DC 퇴직은 해당 안 됨) 또는 그 외 소득(운용수익 또는 공제받은 자기부담금)에 대해 연금소득세가 적용됨	

※ 요양이라는 부득이한 사유로 인출하는 경우
요양으로 인출하는 금액은 의료비, 간병인 비용, 보건복지부 장관이 고시하는 최저생계비 등을 고려하여 아래 금액의 합계액 이내의 금액으로 한정한다.
㉮ 200만 원
㉯ 의료비와 간병인 비용
㉰ 연금계좌 가입자의 휴직(휴업) 월수(1개월 미만은 1개월) × 150만 원
또한 요양으로 인출하는 경우 일반적으로 진단서 등 요양 기간이 3개월 이상임을 증명하는 서류, 의료비 영수증과 간병인의 이름, 생년월일 등 인적 사항이 기재된 간병료 영수증(의료비와 간병인 비용에 한함), 휴직 또는 휴업 사실을 증명하는 서류(휴직 또는 휴업에 한함)를 연금계좌취급자에게 제출하여야 한다.

5) 연금계좌의 인출순서

연금계좌에서 인출할 때 소득세법에서는 다음의 순서대로 인출하였다고 본다. 이는 납세자의 세부담이 적어지도록 세법에서 정한 순서이며 실제 자금의 흐름과는 무관하다.

> 과세제외금액 → 이연퇴직소득 → 그 외 소득(운용수익 및 소득·세액공제받은 자기부담금)

여기서 과세제외금액이란 소득공제 및 세액공제 받지 않은 자기부담금(원금)을 의미한다.

6) 연금소득과 종합과세

그 외 소득(운용수익 및 공제받은 자기부담금)을 원천으로 한 연금소득 합계가 연 1,500만 원을 초과하는 경우 종합과세 합산 대상이다(단, 15% 분리과세를 선택하여 신고 가능). 이때 연금소득(공적연금소득 + 사적연금소득)만 있다고 가정한 종합과세 계산식은 다음과 같다.

표 5-11 연금소득세의 계산 구조

<table>
<tr><th>계산식</th><th>내용</th></tr>
<tr><td>총 연금액</td><td>공적연금, 사적연금(종합과세대상) 연간 수령 합계액</td></tr>
<tr><td>(−) 비과세소득</td><td>• 공적연금 관련법에 따라 받는 유족연금, 장해연금 등
• 산업재해보상보험법에 따라 받는 각종 연금 등</td></tr>
<tr><td>(=) 연금소득</td><td>총 연금액 − 비과세소득</td></tr>
<tr><td>(−) 연금소득공제*
* 900만 원 한도</td><td><table>
<tr><th>총 연금액</th><th>공제액</th></tr>
<tr><td>350만 원 이하</td><td>총 연금액</td></tr>
<tr><td>700만 원 이하</td><td>350만 원 + (350만 원 초과분 × 40%)</td></tr>
<tr><td>1,400만 원 이하</td><td>490만 원 + (700만 원 초과분 × 20%)</td></tr>
<tr><td>1,400만 원 초과</td><td>630만 원 + (1,400만 원 초과분 × 10%)</td></tr>
</table></td></tr>
<tr><td>(=) 연금소득금액</td><td>연금소득 − 연금소득공제</td></tr>
<tr><td>(+) 기타 종합소득금액</td><td>이자, 배당, 사업, 근로, 기타소득금액</td></tr>
<tr><td>(−) 종합소득공제액</td><td>인적공제 등 반영</td></tr>
<tr><td>(=) 종합소득 과세표준</td><td>종합소득금액(연금소득금액 + 기타 종합소득금액) − 종합소득공제액</td></tr>
<tr><td>(×) 종합소득세율</td><td>6% ~ 45%</td></tr>
<tr><td>(=) 퇴직소득 산출세액</td><td>종합소득 과세표준 × 종합소득세율</td></tr>
</table>

4. 연금계좌 이체

연금계좌에 있는 금액이 이체계좌(연금수령이 개시되기 전의 다른 연금계좌)로 이체되는 경우에는 이를 인출로 보지 않으므로, 과세이연을 계속 유지할 수 있다. 반면, 이체가 인출로 간주되는 경우에는 과세이연이 종료되어 해당 금액에 대해 세금을 납부해야 한다.

연금저축계좌와 퇴직연금 상호 간에 이체되는 경우에는 원칙적으로는 인출로 보아 세금을 납부해야 하지만 예외적으로 연금수령 요건을 갖춘 IRP와 연금저축계좌 간에는 이체를 허용하므로 과세이연 혜택을 유지할 수 있다. 일부 금액이 이체되는 경우(퇴직연금계좌에 있는 일부 금액이 이체되는 경우 제외)에는 연금계좌의 인출순서에 따라 이체되는 것으로 한다.

연금계좌의 가입일은 이체계좌를 기준으로 적용하되 연금계좌가 새로 설정되어 전액이 이체되는 경우에는 이체되기 전의 연금계좌를 기준으로 할 수 있다. 연금계좌의 이체에 따라 연금계좌 취급자가 변경되는 경우에는 이체하는 연금계좌 취급자가 이체와 함께 연금계좌 이체명세서를 이체받는 연금계좌취급자에게 통보해야 한다.

표 5-12 연금계좌의 이체

인출로 보는 경우	인출로 보지 않는 경우
(연금 수령 요건을 갖추지 못한 상황에서) 연금저축계좌와 퇴직연금계좌 상호 간에 이체되는 경우	연금수령 요건을 충족한 경우 개인형퇴직연금(IRP)과 연금저축계좌간 이체시
2013년 3월 1일 이후에 가입한 연금계좌(신 연금계좌)에 있는 금액이 2013년 3월 1일 전에 가입한 연금계좌(구 연금계좌)로 이체되는 경우	
퇴직연금계좌에 있는 일부 금액이 이체되는 경우	

Q&A 5-2-1 복수의 퇴직소득이 입금된 IRP의 연금수령 기산연차

Question

홍길동 씨는 2010년 확정급여형 퇴직연금제도에 가입한 후, 2020년 A사에서 퇴직하며 퇴직급여 전액을 IRP계좌에 납입하고, B사에 재취업하여 이후 B사에서 퇴사하며 받은 퇴직급여도 동일 IRP계좌에 입금하였습니다. 연간연금 수령한도를 계산할 때 연금수령 기산연차를 두 건의 퇴직급여에 대해 별도로 계산해야 하나요?

Answer

전체에 대해 6년 차를 적용합니다(재원별로 따로 적용하지 않음).

- 연금수령연차는 연금계좌의 각 재원별로 별도 적용하지 않고, 전체 계좌 기준으로 판단
- 2013.3.1 이전 확정급여형 퇴직연금 가입자이며 퇴직소득 전액이 IRP에 입금된 경우 → 6년 차부터 연차 기산 가능

관련법규 및 질의회신

서면-2024-원천-1182, 2025.4.7

'13.3.1 이전에 확정급여형 퇴직연금제도에 가입한 사람이 퇴직하여 퇴직소득 전액이 새로 설정된 연금계좌로 이체되는 경우 소득세법 시행령 제40조의2 제4항 제1호에 따라 해당 연금계좌의 연금수령연차를 6년 차부터 기산하는 것이며, 연금수령연차는 연금계좌의 각 재원별로 기산연차를 달리 적용하는 것이 아님.

Q&A 5-2-2 DB에서 DC로 전환한 경우의 연금수령 기산연차

Question

홍길동 씨는 2010년에 회사에서 확정급여형 퇴직연금(DB형) 제도에 가입하였습니다. 이후 2024년 임금피크제 도입과 함께 퇴직급여제도가 확정기여형(DC형)으로 전환되어 기존 DB계좌의 퇴직소득 전액을 DC형 퇴직연금계좌로 이체하였습니다. 홍길동 씨가 퇴직하여 새로 설정한 IRP계좌에 DC적립금이 전액 이체되는 경우 연금수령 기산연차는 어떻게 되나요?

Answer

6년 차를 적용합니다.

2013.3.1 전 확정급여형 퇴직연금제도 가입자가 2013.3.1 이후 확정기여형 퇴직연금제도로 퇴직연금계좌를 전환한 경우, 연금수령한도 계산 시 적용할 연금수령 기산연차는 6년 차입니다.

관련법규 및 질의회신

서면-2021-법규소득-0786, 2022.1.28

2013년 3월 1일 전에 「근로자퇴직급여보장법」 제2조 제8호에 따른 확정급여형 퇴직연금제도에 가입한 사람이 2013년 3월 1일 이후 퇴직급여제도가 변경되어 같은 법 제2조 제9호에 따른 확정기여형 퇴직연금제도에 따라 설정하는 계좌에 퇴직소득 전액을 이체하는 경우에 「소득세법 시행령」 제40조의2 제3항 제3호의 계산식에서 "연금수령연차"의 기산연차는 6년차가 되는 것임.

소득세법 시행령 제40조의2【연금계좌 등】

③ 법 제20조의3 제1항 제2호 각 목 외의 부분에서 "대통령령으로 정하는 연금형태 등으로 인출"이란 연금계좌에서 다음 각 호의 요건을 모두 갖추어 인출하거나 제20조의2 제1항에 따라 인출(이하 "연금수령"이라 하며, 연금수령 외의 인출은 "연금외수령"이라 한다)하는 것을

말한다. 다만, 법 제20조의3 제1항 제2호 가목의 퇴직소득을 제20조의2 제1항 제1호 나목에 따른 해외이주에 해당하는 사유로 인출하는 경우에는 해당 퇴직소득을 연금계좌에 입금한 날부터 3년 이후 해외이주하는 경우에 한정하여 연금수령으로 본다.

3. 과세기간 개시일(연금수령 개시를 신청한 날이 속하는 과세기간에는 연금수령 개시를 신청한 날로 한다) 현재 다음의 계산식에 따라 계산된 금액(이하 "연금수령한도"라 한다) 이내에서 인출할 것. 이 경우 제20조의2 제1항에 따라 인출한 금액은 인출한 금액에 포함하지 아니한다.

$$\frac{\text{연금계좌평가액}}{11 - \text{연금수령연차}} \times \frac{120}{100}$$

④ 제3항 제3호의 계산식에서 "연금수령연차"란 최초로 연금수령할 수 있는 날이 속하는 과세기간을 기산연차로 하여 그 다음 과세기간을 누적 합산한 연차를 말하며, 연금수령연차가 11년 이상인 경우에는 그 계산식을 적용하지 아니한다. 다만, 다음 각 호의 어느 하나에 해당하는 경우의 기산연차는 다음 각 호를 따른다.

1. 2013년 3월 1일 전에 가입한 연금계좌[2013년 3월 1일 전에 「근로자퇴직급여 보장법」 제2조 제8호에 따른 확정급여형퇴직연금제도(이하 "확정급여형퇴직연금제도"라 한다)에 가입한 사람이 퇴직하여 퇴직소득 전액이 새로 설정된 연금계좌로 이체되는 경우를 포함한다]의 경우 : 6년차

Q&A 5-2-3 부득이한 사유로 IRP 해지 시 연금소득세 적용 방법

Question

50세인 홍길동 씨는 10년 전 개인형퇴직연금(IRP)에 가입해 매월 꾸준히 납부해 왔습니다. 최근 가족의 치료비 마련을 위해 '요양'에 해당하는 부득이한 사유로 IRP에서 400만 원을 중도인출 하게 되었습니다.

IRP 구성 내역은 다음과 같습니다.

- 공제받지 않은 자기부담금 : 300만 원
- 세액공제 받은 자기부담금 : 600만 원
- 운용수익 : 100만 원

Q) 인출한 400만 원 중 과세 대상은 얼마이며, 납부해야 할 세금은 얼마나 될까요?

Answer

과세 대상 금액은 1백만 원, 납부세액은 55,000원(지방소득세 포함)

IRP 인출 시 과세 순서는 과세 제외 금액 → 과세 대상 납입금 → 운용수익 순으로 적용됩니다. 따라서 먼저 과세 제외 대상인 공제받지 않은 자기부담금 300만 원이 인출됩니다. 이후 남은 100만 원은 '세액공제 받은 금액 또는 운용수익'에서 인출한 것으로 간주되어 연금소득세율 5.5%가 적용됩니다. → 100만 원 × 5.5% = 55,000원

Q&A 5-2-4 **부득이한 사유로 인출 시 신청 기한**

Question

홍길동 씨는 2021년 말 다니던 직장에서 퇴직한 후, 2022년 초에 법원으로부터 개인회생 개시 결정을 받았습니다.

퇴직 이후 경제적 어려움을 겪던 홍길동 씨는, 개인회생 결정이 '소득세법 시행령 제20조의2 제1항 제1호 마목'에 따른 부득이한 사유에 해당한다고 판단하고 2023년 1월경, 연금저축계좌를 관리하는 A금융기관에 연금수령 형태 인출을 신청했습니다.

하지만 A금융기관은, 개인회생 결정일로부터 6개월이 지난 시점에서 신청이 이루어졌으므로 부득이한 인출 요건을 충족하지 않는다며 해당 인출은 '연금외수령'으로 분류되고 일반세율 원천징수 대상이라는 입장을 보였습니다.

Q) 인출 신청 전 5년 내 개인회생개시 결정이 있으면 연금소득으로 인출할 수 있나요?

Answer

이 경우 부득이한 인출 사유로 인정받지 못합니다.

부득이한 인출 사유로 연금형태 수령으로 인정받고 싶다면 사유 발생일로부터 6개월 이내에 금융기관에 신청하고 증빙 서류를 제출해야 하는데, 개인회생 개시 결정이 5년 내에 있었다고 하더라도, 그 결정일로부터 6개월을 초과한 인출 신청은 부득이한 인출로 인정받지 못하기 때문입니다.

관련법규 및 질의회신

서면-2022-원천-3612, 2023.2.27

「소득세법 시행령」 제20조의2 제1항 제1호에 따라 연금계좌에서 연금수령한 것으로 보는 부득이한 인출의 경우 동조 각목의 사유가 확인된 날부터 6개월 이내에 그 사유를 확인할 수 있는 서류를 갖추어 연금계좌 취급자에게 제출하여야 하는 것임.

Q&A 5-2-5 해외이주로 인한 부득이한 인출의 인정 조건

Question

홍길동 씨는 하반기에 미국으로의 이민을 계획 중입니다.

현재 IRP계좌에 잔액 8천만 원이 있으며, 이민 출국 전에 해당 계좌를 해지하고 자금을 인출하고자 합니다(IRP계좌에 이연퇴직소득이 입금된지 3년이 경과).

Q1) 분리과세 연금소득으로 인정받기 위한 부득이한 사유 중 해외이주의 정의는 무엇인가요?

Q2) 해외이주라는 부득이한 사유를 인정받으려면 어떤 서류를 제출해야 하나요?

Answer

A1) 해외이주법에 따른 해외이주를 말합니다.

A2) 해외이주법에 따른 해외이주임을 확인할 수 있는 서류를 제출해야 합니다.
(재외동포청장이 발급하는 해외이주신고 확인서 등)

관련법규 및 질의회신

서면-2020-법령해석소득-4150, 2021.5.24

「소득세법 시행령」 제20조의2 제1항 제1호 나목의 '해외이주'란 「해외이주법」에서 규정하는 바에 따르는 것임.

서면-2023-원천-0779, 2023.9.18

소득세법 시행령 제20조의2 제1항 제1호 나목의 사유를 인정받아 연금계좌에서 연금소득을 인출하는 경우 해외이주법에 따른 해외이주임을 확인할 수 있는 서류(재외동포청장이 발급하는 해외이주신고 확인서 등)를 갖추어 연금계좌취급자에게 제출하여야 하는 것임.

Q&A 5-2-6 질병 요양에 따른 연금계좌 인출 시 의료비 인정 기준

Question

홍길동 씨는 아버지가 심장질환으로 3개월 이상 요양이 필요하다는 진단서를 발급받고 IRP에 적립된 자금을 인출하고자 합니다. 의료비는 6~9월에 지출했고, 9월 30일에 진단서와 의료비 영수증을 금융기관에 제출하였습니다. 홍길동 씨가 연금계좌에서 의료비 인출을 신청하는 경우, 진단서 작성일 기준으로 과거 의료비 지출분도 인정되는 걸까요?

Answer

진단서 작성일로부터 6개월 이내에 제출된 의료비 영수증이라면 가능합니다.

관련법규 및 질의회신

서면-2023-원천-3241, 2023.10.20

「소득세법 시행령」 제20조의2 제1항 제1호 다목의 사유로 진단서작성일부터 6개월 이내에 제출된 의료비영수증(같은 법 시행규칙 제11조의2 제2항 제2호 가목)이라면 그 의료비의 지출일은 고려하지 아니하는 것임.

서면-2023-원천-0185, 2023.9.11

「소득세법 시행령」 제20조의2 제1항 제1호 다목의 사유로 진단서작성일부터 6개월 이내에 제출된 의료비영수증(「소득세법 시행규칙」 제11조의2 제2항 제2호 가목)이라면 그 의료비의 지출일은 고려하지 아니하는 것임.

서면-2020-법령해석소득-4053, 2021.3.31

「소득세법 시행령」 제20조의2 제1항 제1호 다목에 해당하는 사유가 발생하여 연금계좌에서 인출하려는 사람이, 동법 시행규칙 제11조의2 제2항 제1호에 따라 요양기간이 3개월 이상임을 증명하는 「의료법 시행규칙」 별지 제5호의2 서식에 따른 진단서를 제출한 경우, 「소득세법 시행령」 제20조의2 제1항 제1호 각목 외의 부분 중 '해당 사유가 확인된 날'이란 동 진단서의 작성일을 의미하는 것임.

Q&A 5-2-7 연금수령 개시연도에 입금한 자기부담금 세액공제

Question

홍길동 씨는 IRP에 자기부담금을 입금한 후 같은 해에 연금개시 신청을 하였습니다.

Q1) 홍길동 씨가 연금 개시연도에 입금한 자기부담금에 대해 종합소득 신고 시 연금계좌 세액공제를 받을 수 있나요?

Q2) 홍길동 씨가 연금 개시연도에 입금한 자기부담금에 대해 세액공제를 받지 않았다면 어떻게 해야 하는가?

Answer

A1) 받을 수 있습니다.
연금개시연도에 납입한 자기부담금은 세액 공제받은 것으로 봅니다(2014년 2월 소득세법 시행령 개정).

A2) 연금수령 중이라도 연금보험료 등 소득·세액공제확인서를 금융기관에 제출하여 과세제외금액으로 확인받아야 합니다.

관련법규 및 질의회신

소득세법 시행령 제40조의3【연금계좌의 인출순서 등】

④ 연금계좌에 납입한 연금보험료 중 연금계좌 세액공제 한도액 이내의 연금보험료는 납입일이 속하는 과세기간의 다음 과세기간 개시일(납입일이 속하는 과세기간에 연금수령 개시를 신청한 날이 속하는 경우에는 연금수령 개시를 신청한 날)부터 제1항 제3호 중 법 제20조의3 제1항 제2호 나목에 따른 세액공제를 받은 금액으로 본다.

서면-2015-법령해석소득-0858 [법령해석과-3152], 2016.10.7

연금계좌에 납입한 금액 중 연금세액공제 여부가 미확인된 금액은 사후적으로 확인된 날부터 과세제외금액으로 보고 연금계좌에서 인출시 「소득세법 시행령」 제40조의3 제1항에 따른 인출순서를 적용하는 것임.

Q&A 5-2-8 IRP에 가입한 외국인의 세액공제 여부

Question

홍길동 씨는 IRP 자기부담금에 대한 세액공제를 받고자 합니다. 홍길동 씨가 외국 국적이라면 IRP에 입금하여 세액공제를 받을 수 있나요?

Answer

국적에 관계없이 종합소득(근로소득은 종합소득임)이 있는 자(비거주자 포함)이면 세액공제를 받을 수 있습니다.
(단, 외국인 근로자에 대한 과세특례로서 단일세율을 선택한 경우에는 공제받지 못함)

관련법규 및 질의회신

소득세법 제59조의3【연금계좌 세액공제】

① 종합소득이 있는 거주자가 연금계좌에 납입한 금액 중 다음 각 호에 해당하는 금액을 제외한 금액(이하 "연금계좌 납입액"이라 한다)의 100분의 12[해당 과세기간에 종합소득과세표준을 계산할 때 합산하는 종합소득금액이 4천 500만원 이하(근로소득만 있는 경우에는 총급여액 5천 500만원 이하)인 거주자에 대해서는 100분의 15]에 해당하는 금액을 해당 과세기간의 종합소득산출세액에서 공제한다. 다만, 연금계좌 중 연금저축계좌에 납입한 금액이 연 600만원을 초과하는 경우에는 그 초과하는 금액은 없는 것으로 하고, 연금저축계좌에 납입한 금액 중 600만원 이내의 금액과 퇴직연금계좌에 납입한 금액을 합한 금액이 연 900만원을 초과하는 경우에는 그 초과하는 금액은 없는 것으로 한다.

1. 제146조 제2항에 따라 소득세가 원천징수되지 아니한 퇴직소득 등 과세가 이연된 소득
2. 연금계좌에서 다른 연금계좌로 계약을 이전함으로써 납입되는 금액

제122조【비거주자 종합과세 시 과세표준과 세액의 계산】

① 제121조 제2항 또는 제5항에서 규정하는 비거주자의 소득에 대한 소득세의 과세표준과 세액의 계산에 관하여는 이 법 중 거주자에 대한 소득세의 과세표준과 세액의 계산에 관한 규정을 준용한다. 다만, 제51조 제3항에 따른 인적공제 중 비거주자 본인 외의 자에 대한 공제와 제52조에 따른 특별소득공제, 제59조의2에 따른 자녀세액공제 및 제59조의4에 따른 특별세액공제는 하지 아니한다.

Q&A 5-2-9 ISA 만기전환금액 중 공제받지 못한 금액에 대한 납입전환 특례

Question

개인종합자산관리계좌(ISA)를 운용하다가 계약 기간이 만료되어 해당 계좌의 잔액 3천만 원을 본인의 개인형퇴직연금(IRP) 계좌로 입금하였고 납입액의 10%인 300만 원에 대해서 세액공제를 받았습니다. 따라서 나머지 2,700만 원은 세액공제를 받지 못했습니다. 공제받지 못한 금액을 다음 과세연도에 '연금계좌세액공제 한도액 초과납입금 전환특례'를 통해 다시 세액공제를 받을 수 있나요?

Answer

가능합니다.
이전 과세기간의 「소득세법」 제59조의3 제3항에 따른 전환금액은 같은 법 시행령 제118조의3 제1항 "연금계좌 가입자가 이전 과세기간에 연금계좌에 납입한 연금보험료"에 포함됩니다.

관련법규 및 질의회신

서면-2024-법규소득-1973, 2024.9.25
개인종합자산관리계좌(ISA) 만기 전환금액은 연금계좌세액공제 한도액 초과납입금 전환특례 대상임.

Q&A 5-2-10 공적연금 또는 노란우산공제에서 수령한 퇴직소득의 과세이연

Question

사업자 홍길동 씨는 최근 폐업하여 노란우산공제 해지금 4,000만 원을 수령하였고 이는 퇴직소득으로 처리되어 노란우산공제로부터 퇴직소득원천징수영수증을 발급받았습니다. 홍길동 씨는 수령한 퇴직소득을 IRP나 연금저축에 입금하여 과세이연할 수 있나요?

Answer

네, 연금계좌에 입금하여 과세이연이 가능합니다.

관련법규 및 질의회신

서면-2024-원천-3608, 2024.10.7

공적연금 관련법에 따라 받는 일시금은 「소득세법」 제22조 제1항 제1호에 따른 퇴직소득에 해당하며, 폐업 등의 사유로 소기업·소상공인 공제에서 지급받는 공제금(실제 소득공제 받은 금액을 초과하여 납입한 금액의 누계액을 차감한 금액)은 동법 제22조 제1항 제2호 및 「조세특례제한법」 제86조의3 제3항에 따른 퇴직소득에 해당함. 거주자의 퇴직소득이 연금계좌에 입금되어 「소득세법」 제146조 제2항에 따라 원천징수되지 아니한 경우, 해당 소득을 「소득세법 시행령」 제40조의2 제3항 각 호의 연금수령 요건을 모두 갖추어 인출하거나 동 시행령 제20조의2 제1항의 부득이한 사유로 인출 시 「소득세법」 제20조의3 제1항 제2호의 연금소득에 해당함.

조세특례제한법 제86조의3 【소기업·소상공인 공제부금에 대한 소득공제 등】

③ 폐업 등 대통령령으로 정하는 사유가 발생하여 소기업·소상공인 공제에서 공제금을 지급받는 경우에는 다음 계산식에 따라 계산한 금액을 「소득세법」 제22조 제1항 제2호의 퇴직소득으로 보아 소득세를 부과한다. 이 경우 「소득세법」 제48조 및 제55조에 따른 근속연수는 소기업·소상공인 공제의 가입기간을 고려하여 대통령령으로 정하는 방법에 따라 계산한 연수로 한다.

퇴직소득으로 과세되는 노란우산공제 공제사유(조특령 제80조의3)

① 폐업 · 해산
② 가입자 사망
③ 법인 대표자 지위 상실
④ 60세 이상 & 10년 이상 납입
⑤ 자연재난으로 영업 불가
⑥ 사회재난으로 영업 불가
⑦ 6월 이상의 입원치료
⑧ 회생결정 또는 파산선고

Q&A 5-2-11 IRP 연금수령 한도 계산

Question

홍길동 씨는 DB 가입자로서(2013.3.1 전 DB 가입) 2023년에 퇴직하여 같은 해 12월 31일에(당시 60세) 퇴직급여 1억 원을 IRP로 이체받아 운용하다 2025년에 연금개시를 하려고 합니다(연금개시일 현재 적립금은 1.1억 원).

Q1) 연금수령 연차를 계산하기 위한 최초로 연금수령할 수 있는 날은 언제인가요?
Q2) 연금개시일 현재 홍길동 씨의 연금수령 연차는?
Q3) 2025년 연간 연금수령 한도는?
Q4) 연금액이나 연금수령 기간을 중도에 변경할 수 있나요?

Answer

A1) 2023년 12월 31일

퇴직급여가 이체된 날과 55세가 되는 날 중 늦은 날이 기준이 됩니다.

A2) 8년 차

2023년 3월 1일 전에 가입한 계좌(DB나 DC에서 이체된 경우도 포함)의 기산연차는 소득세법 시행령 제40조의2에 의해 6년 차로 정해져 있으므로 최초로 연금수령할 수 있는 날이 속한 2023년도가 6년 차, 2024년도가 7년 차, 2025년도가 8년 차가 됩니다.

A3) 4,400만 원[= 1.1억 / (11 − 8) × 120%]

연금수령 한도 = 과세기간 개시일* 현재 연금계좌 평가총액 / (11 − 연금수령 연차**) × 120%

* 연금수령 개시일이 속하는 과세연도 연금수령 한도는 연금수령 개시일 현재의 연금계좌 평가총액을 기준으로 함

** 연금수령 연차 11년 이상이면 한도 미적용. 즉 연금수령 가능일로부터 10년(2013.3.1전 가입계좌는 5년) 이상 경과하면 한도를 적용하지 않고 전액 연금소득으로 과세

A4) 중도에 변경이 가능합니다.

이연퇴직소득을 원천으로 한 연금수령이 끝나고 그 외 소득(공제받은 자기부담금 및 전체 운용수익)을 원천으로 연금수령 시 종합과세 합산(또는 16.5% 분리과세)을 원하지 않을 경우 연금수령 기간을 늘려 1,500만 원 이내로 조정할 수 있습니다(단, 신탁계약이 아닌 보험계약 형태인 경우는 변경이 불가능할 수 있음).

관련법규 및 질의회신

소득세법 시행령 제40조의2 【연금계좌 등】

③ 법 제20조의3 제1항 제2호 각 목 외의 부분에서 "대통령령으로 정하는 연금형태 등으로 인출"이란 연금계좌에서 다음 각 호의 요건을 모두 갖추어 인출하거나 제20조의2 제1항에 따라 인출(이하 "연금수령"이라 하며, 연금수령 외의 인출은 "연금외수령"이라 한다)하는 것을 말한다.

1. 가입자가 55세 이후 연금계좌 취급자에게 연금수령 개시를 신청한 후 인출할 것
2. 연금계좌의 가입일부터 5년이 경과된 후에 인출할 것. 다만, 법 제20조의3 제1항 제2호 가목에 따른 금액(퇴직소득이 연금계좌에서 직접 인출되는 경우를 포함하며, 이하 "이연퇴직소득"이라 한다)이 연금계좌에 있는 경우에는 그러하지 아니한다.
3. 과세기간 개시일(연금수령 개시를 신청한 날이 속하는 과세기간에는 연금수령 개시를 신청한 날로 한다) 현재 다음의 계산식에 따라 계산된 금액(이하 "연금수령 한도"라 한다) 이내에서 인출할 것. 이 경우 제20조의2 제1항에 따라 인출한 금액은 인출한 금액에 포함하지 아니한다.

④ 제3항 제3호의 계산식에서 "연금수령 연차"란 최초로 연금수령할 수 있는 날이 속하는 과세기간을 기산연차로 하여 그 다음 과세기간을 누적 합산한 연차를 말하며, 연금수령 연차가 11년 이상인 경우에는 그 계산식을 적용하지 아니한다. 다만, 다음 각 호의 어느 하나에 해당하는 경우의 기산연차는 다음 각 호를 따른다.

1. 2013년 3월 1일 전에 가입한 연금계좌[2013년 3월 1일 전에 「근로자퇴직급여보장법」 제2조 제8호에 따른 확정급여형 퇴직연금제도(이하 "확정급여형 퇴직연금제도"라 한다)에 가입한 사람이 퇴직하여 퇴직소득 전액이 새로 설정된 연금계좌로 이체되는 경우를 포함한다]의 경우 : 6년차
2. 법 제44조 제2항에 따라 연금계좌를 승계한 경우 : 사망일 당시 피상속인의 연금수령 연차

⑤ 연금계좌에서 연금수령 한도를 초과하여 인출하는 금액은 연금외수령 하는 것으로 본다.

⑥ 연금계좌 가입자가 연금수령 개시 또는 연금계좌의 해지를 신청하는 경우 연금계좌 취급자는 기획재정부령으로 정하는 연금수령 개시 및 해지명세서를 다음 달 10일까지 관할 세무서장에게 제출하여야 한다.

Q&A 5-2-12 의료비 계좌로 지정된 IRP

Question

홍길동 씨는 IRP에서 연금개시 신청을 하여 연금수령 중입니다.

Q1) 홍길동 씨가 연금수령 한도 이외의 의료목적(부득이한 사유에 해당 되지 않음)으로 자금을 인출하려고 하는데, 적용되는 세금은 무엇인가요(의료비 미지정 계좌)?

Q2) 만약 의료비 계좌로 지정되었다면 연금수령 한도를 초과하여 의료목적으로 인출하는 금액에 대한 과세는?

Answer

A1) 원천 별로 과세합니다.

- 이연퇴직소득 : 퇴직소득세
- 운용수익 및 소득·세액공제받은 자기부담금 : 기타소득세

A2) 연금소득세

연금개시 후 의료비 계좌(1인 1계좌)에서 의료목적으로 인출하는 금액에 대해서는 연금수령 한도 적용이 면제됩니다.

관련법규 및 질의회신

소득세법 시행령 제20조의2【의료목적 또는 부득이한 인출의 요건 등】

① 법 제14조 제3항 제9호 나목에서 "의료목적, 천재지변이나 그밖에 부득이한 사유 등 대통령령으로 정하는 요건을 갖추어 인출하는 연금소득"이란 다음 각 호의 어느 하나에 해당하여 법 제20조의3 제1항 제2호에 따른 연금계좌(이하 "연금계좌"라 한다)에서 인출하는 금액을 말한다.

2. 제40조의2 제3항 제1호 및 제2호를 충족한 연금계좌 가입자가 제118조의5 제1항 및 제2항에 따른 의료비(본인을 위한 의료비에 한정한다)를 연금계좌에서 인출하기 위하여 해당 의료비를 지급한 날부터 6개월 이내에 기획재정부령으로 정하는 증명서류를 연금계좌취급자에게 제출하는 경우

소득세법 시행규칙 제11조의3【의료비인출 증빙서류 및 의료비 연금계좌의 지정 절차 등】
② 영 제20조의2 제3항에 따라 연금계좌 가입자가 연금계좌를 영 제20조의2 제3항에 따른 의료비연금계좌(이하 "의료비연금계좌"라 한다)로 지정하려는 경우 연금계좌취급자는 해당 연금계좌를 의료비연금계좌로 지정하는 것에 동의하기 전에 그 연금계좌 외에 해당 연금계좌 가입자의 의료비연금계좌로 지정된 연금계좌가 없는지를 확인하여야 한다.
③ 연금계좌 가입자가 연금계좌를 의료비연금계좌로 지정한 날(이하 이 항에서 "의료비연금계좌 지정일"이라 한다) 전에 지급한 의료비를 영 제20조의2 제1항 제2호에 따라 의료비연금계좌에서 인출하려는 경우 연금계좌취급자는 해당 인출 전에 그 연금계좌 가입자가 의료비연금계좌 지정일 전에 해당 의료비연금계좌 외의 의료비연금계좌에서 그 의료비를 인출하지 아니하였는지를 확인하여야 한다.

표 5-13 부득이한 사유 중 요양 vs. 의료비 계좌

구분	부득이한 사유 중 요양	의료비계좌 의료목적 인출
인출사유	3개월 이상 요양진단서	연말정산시 공제대상 의료비(소득세법 시행령 제118조)
요양 또는 의료가 필요한 주체	본인 또는 부양가족* *소득세법 기본공제 대상. 단, 소득기준은 제외	본인
계좌지정절차	없음	의료비계좌로 지정된 1인 1계좌
금액한도	요양에 필요한 금액 : 의료비 + 간병비 + 생계비** + 200만 원 **생계비는 본인휴직 또는 휴업인 경우	의료비
세금(공통)	연금소득세(무조건 분리과세)	

Q&A 5-2-13 연금수령 중 해지(일반적 사유)

Question

홍길동 씨는 IRP에서 연금개시 신청을 하여 연금수령 중입니다.

Q1) 연금을 수령하다가 IRP를 해지하여 잔액을 수령할 수 있나요?

Q2) 해지 가능한 경우, 과세는 어떻게 하며 종합소득 합산대상인가요?

Answer

A1) 연금수령 기간이 확정된 연금은 가능하나, 연금수령 기간이 확정되지 않은 종신형 연금은 해지가 불가능합니다(퇴직연금 사업자 중 생명보험사만 종신형 연금을 취급함).

A2) 연금수령 한도까지는 연금소득세로 과세하고 연금수령 한도 초과분에 대해서는 원천별 과세하며 종합소득에 합산하지 않습니다. 단, 부득이한 사유로 인출 시는 연금소득세를 적용합니다.

- 이연퇴직소득에 대해서는 퇴직소득세(분류과세)
- 그 외 소득(운용수익 및 공제받은 자기부담금)에 대해서는 기타소득세를 적용하고 금액에 관계없이 무조건 분리과세

Q&A 5-2-14 IRP 해지(과세제외금액이 있을 때 요양이라는 부득이한 사유 적용 방법)

Question

홍길동 씨(만 52세)는 3개월 이상 요양이 필요하여 IRP계좌를 해지하려고 합니다. 요양에 필요한 금액은 820만 원입니다.

〈IRP 구성내역〉

항목	금액
공제받지 않은 자기부담금	200만 원
공제받은 자기부담금	1,300만 원
운용수익	400만 원
합계	1,900만 원

Q1) 요양이라는 부득이한 사유로 해지 시 적용되는 세금은?

Q2) 부득이한 사유로 해지 시 종합소득에 합산되나요?

Answer

A1) 2,123,000원

소득세법 시행령 제40조의3에 따라 과세제외금액부터 인출되며 인출된 금액이 연금수령한도를 초과하는 경우에는 연금수령분이 먼저 인출되고 그 다음으로 연금외수령분이 인출되는 것으로 봅니다.

<table>
<tr><th>항목</th><th colspan="2">금액</th><th>세율</th><th>세금</th></tr>
<tr><td>공제받지 않은 자기부담금</td><td rowspan="2">요양인정액
(820만 원)</td><td>200만 원</td><td>과세 제외</td><td>–</td></tr>
<tr><td rowspan="2">공제받은 자기부담금</td><td>620만 원</td><td>5.5%</td><td>341,000 원</td></tr>
<tr><td colspan="2">680만 원</td><td rowspan="2">16.5%</td><td>1,122,000 원</td></tr>
<tr><td>운용수익</td><td colspan="2">400만 원</td><td>660,000 원</td></tr>
<tr><td>합계</td><td colspan="2">1,900만 원</td><td></td><td>2,123,000 원</td></tr>
</table>

A2) 합산되지 않습니다.

부득이한 사유로 해지 시에는 금액 및 원천에 관계없이 무조건 분리과세됩니다.

관련법규 및 질의회신

서면-2022-원천-3736, 2023.7.14

연금계좌의 재원 중 과세제외금액이란 소득세법 시행령 제40조의3 제1항 제1호에 따라 이연퇴직소득분·세액공제받은 납입액·운용수익 등을 제외한 나머지 금액을 말하는 것이며, 소득세법 시행령 제201조의10 제1항에 따라 연금보험료 등 소득·세액공제 확인서를 원천징수의무자에게 제출할 경우 원천징수의무자가 확인하는 것임.

또한, 연금계좌를 중도 해지하는 경우 소득세법 시행령 제40조의3에서 정하는 인출순서에 따라 각 소득원천별로 소득세법 제129조의 원천징수 세율을 적용하여 원천징수하는 것임.

소득세법 시행령 제40조의3【연금계좌의 인출순서 등】

③ 인출된 금액이 연금수령한도를 초과하는 경우에는 연금수령분이 먼저 인출되고 그 다음으로 연금외수령분이 인출되는 것으로 본다.

Q&A 5-2-15 연금 소득자 부양가족공제

Question

홍길동 씨는 직장에 다니는 근로자로, 연말정산을 준비하고 있는데, 홍길동 씨의 부친(만 72세)을 부양가족으로 등록하여 인적공제를 받고자 합니다.

부친의 연금소득이 다음과 같은 경우, 홍길동 씨는 아버지를 부양가족으로 공제받을 수 있을까요?

– 부친의 국민연금(공적연금) : 연금액 500만 원

– 부친의 개인연금(사적연금) : 연금액 1,700만 원 → 사적연금은 분리과세(15%)를 선택함.

Answer

부양가족 공제가 가능합니다.

부양가족의 연간 소득금액 합계가 100만 원 이하여야 공제가 가능합니다.
(비과세, 분리과세 제외)

연금액에 대한 종합과세 시 연금소득공제를 제외한 연금소득이 기준금액이므로 종합소득이 공적연금만 있는 경우에는 총연금액이 516만 원을 초과하면 연금소득금액이 100만 원을 초과하므로 이때는 공제가 불가합니다.

관련법규 및 질의회신

기준-2025-법규소득-0014, 2025.2.26

「소득세법」 제20조의3 제1항 제2호 및 제3호에 따른 연금소득 중 분리과세 연금소득 외의 연금소득(연간 1천500만 원 초과)에 대해 소득세법 제64조의4 제2호를 적용하여 분리과세를 선택하는 경우, 해당 연금소득은 「소득세법」 제50조에 따른 기본공제 대상자인 부양가족을 판정할 때, 부양가족의 해당 과세기간의 소득금액 합계액 계산에서 제외되는 것임.

서면인터넷방문상담1팀-186, 2006.2.10

거주자와 생계를 같이 하는 직계존속으로서 기본공제 대상자는 60세 이상인 자로서 연간소득금액의 합계액이 100만원 이하인 자로서 종합소득과세 표준계산시 합산되지 아니하는 비과세 및 분리과세 소득금액을 제외한 것임.

Q&A 5-2-16 세제적격 연금계좌 vs. 세제비적격 연금보험

Question

연금상품은 세제적격 상품과 세제비적격 상품으로 나누어 진다고 하는데, 각각 어떤 차이가 있나요?

Answer

IRP, 연금저축을 아우르는 연금계좌는 연말정산 시 세액공제를 받기 위해 가입하는 상품으로 세제적격 상품이라 불립니다. 이에 반해 세제비적격인 연금보험은 보험차익비과세나 과세이연 용도로 활용하는 상품입니다.

세제적격 연금계좌는 5년 이상 납입하고 55세 이후 10년 이상 연금으로 받는 조건의 상품으로, 매년 납부한 자기부담금에 대해 연말정산 시 최고 900만 원까지 세액공제 혜택(13.2~16.5%, 지방소득세 포함)을 받을 수 있고, 추후 연금수령시 3.3~5.5%(지방소득세 포함)의 연금소득세가 부과됩니다.

세제비적격 연금보험은 (일시납의 경우) 총보험료 1억 원 이하, (월납 시) 5년 이상 월 150만 원 이하의 조건을 충족하면 10년 이상 보험계약 유지 시 비과세 적용을 받습니다. 종신연금의 경우 요건 충족시 무제한 비과세 대상입니다. 다만, 연말정산시 세액공제 혜택은 없으며 일반적으로 사업비를 선취하는 특징이 있습니다.

Q&A 5-2-17 연금 개시된 연금저축계좌의 IRP 계약이전

Question

이미 연금 개시된 연금저축(신탁/펀드/보험)계좌의 IRP 계약이전이 가능한가요?

Answer

〈연금저축계좌 ⇔ IRP 계약이전 조건〉

① 만 55세 이상이며, 가입일로부터 5년 경과한 계좌일 것

② 2013.3.1 이후 가입한 계좌에서 2013.2.28 이전 가입 계좌로 이전은 불가

- 2013.2.28 이전 계좌 간 이전 가능
- 2013.3.1 이후 계좌 간 이전 가능
- 2013.2.28 이전 계좌에서 2013.3.1 이후 계좌로 이전 가능

③ 이전받는 계좌는 잔액이 0원 계좌일 것(이전해 오는 계좌의 가입일을 가져오기 위함)

Chapter

03

IRP계좌의 승계와 절세 전략

KEY POINT

- IRP계좌는 상속인인 배우자에게 승계가 가능하며, 상속세 과세 대상 가액에는 포함되고 금융재산상속공제 적용 가능
- 연금계좌의 과세이연과 그에 따른 복리 효과는 가능한 한 빨리 가입하고 가급적 늦게 수령할수록 극대화됨
- 현재 IRP계좌 연금 수령액은 건강보험료 부과 대상에서 제외

1. 연금계좌의 승계

1) 승계인

2013년부터 연금계좌 가입자의 사망 시, 배우자의 안정적 노후 소득 보장을 위해 연금계좌를 배우자가 승계하는 것이 허용되었다. 계좌를 승계받은 배우자가 인출하기 전까지는 과세당국은 과세하지 않고 기다려 준다는 의미이며, 배우자만 승계할 수 있다. 만약 배우자외 상속인에게도 연금계좌의 승계가 허용된다면, 과세이연이 무한정 길어지는 상황이 발생할 수도 있을 것이기 때문이다.

배우자가 승계해서 과세이연 효과를 이어간다고 하더라도 상속세가 면제되는 것은 아님에 유의해야 한다. IRP에서 과세이연이라 함은 소득세가 과세이연된다는 것이지 상속세가 면제된다는 뜻은 아니기 때문이다.

2) 연금계좌의 승계 신청 기한 및 효과

연금계좌를 승계하려는 상속인인 배우자는 피상속인이 사망한 날이 속하는 달의 말일부터 6개월 이내에 연금계좌 취급자에게 승계 신청을 하여야 한다. 이 경우 상속인은 피상속인이 사망한 날부터 연금계좌를 승계한 것으로 본다.

IRP계좌를 승계하는 경우 과세이연 효과를 그대로 유지할 수 있고, 연금계좌 가입일은 피상속인(사망자)의 가입일을 적용하며, 추후 배우자가 연금개시연령(만 55세)이 되면 연금수령이 가능하다. 배우자가 연금 수령 시 계좌를 승계한 배우자의 연령과 수령 방법에 따라 3.3~5.5%의 연금소득세가 부과된다.

3) 세액 정산 및 절차

승계 신청을 받은 연금계좌 취급자는 사망일부터 승계신청일까지 인출된 금액에 대하여 이를 피상속인이 찾은 소득으로 보아 다음과 같이 세액을 정산하여야 한다.

- 상속인 기준 적용 세액 – 피상속인 기준으로 이미 원천 징수한 세액

  승계 신청이 없는 경우에는 연금계좌 취급자는 사망확인일* 현재, 아래 금액을 '연금외수령'**하였다고 보아 계산한 세액에서 이미 원천징수한 세액을 뺀 금액을 피상속인의 소득세로 한다.

  * 사망확인일 : 연금계좌 취급자가 확인한 날을 말하며, 사망확인일이 승계신청기한(사망일이 속하는 달의 말일부터 6개월 이내) 이전인 경우에는 신청기한의 말일, 상속인이 신청기한이 지나기 전에 연금외수령하는 경우에는 연금외수령하는 날

  ** '연금외수령으로 보는 금액' = 사망일부터 사망확인일까지 인출한 금액 + 사망확인일 현재 연금계좌에 있는 소득

2. IRP를 활용한 절세 전략

1) 연금계좌 절세 포인트

(1) 일찍 가입하고 최대한 늦게 인출

IRP 세제의 가장 큰 특징은 과세이연이다. 인출 시까지 과세하지 않고 세금 부분까지 운용하는 혜택, 즉 과세이연 효과는 운용 기간이 길어질수록 증가한다. 따라서 퇴직연금은 하루라도 빨리 가입하여 불입하고 최대한 늦게 받을수록 과세이연 효과는 극대화된다.

(2) 연금계좌 입금 한도까지 자기부담금 납부

통상 IRP계좌에 자기부담금을 연간 세액공제 한도(900만 원)까지만 불입하는데 여유가 된다면 연간 납부 한도(1,800만 원)까지 납입하는 것이 바람직하다. 공제받지 않은 자기부담금(원금)은 인출 시 당연히 비과세되고 운용수익에 대해서는 연금 수령 시 사적연금 분리과세 한도 이하라면 3.3~5.5%의 저율로 분리과세 되기 때문에 노후 대비용으로 활용할 만한 가치가 충분하다. 연간 납입한도 1,800만 원을 100% 활용할 수 있도록 매달 150만 원씩 불입할 수 있다면 최상의 플랜이다. 단, 55세 이후 연금으로 꺼내야 저율 과세의 혜택을 누릴 수 있으므로 노후용으로 장기간 묶어둘 수 있는 자금이어야 하겠다.

(3) 중도인출이나 해지 시 세법상 부득이한 사유에 해당하는지 확인

세법에 정한 부득이한 사유(사망, 요양, 해외 이주, 파산, 회생 등)로 해지한다면 연금 수령시의 세율로 하는 것과 같이 연금소득세를 적용한다. 따라서 해지 시에 부득이한 사유에 해당하는지 확인하고, 이에 해당한다면 사유 발생일로부터 6개월 이내에 증빙서류를 갖추어 해지를 신청하면 된다. 단, 부득이한 사유 중 요양 사유의 경우, 요양에 필요한 금액에 한해 연금소득세가 적용된다.

(4) 인출 시 과세 제외 금액의 확인

자기부담금 중 소득·세액공제를 받지 않은 금액은 과세되지 않지만, 가입자 본인이 관련 서류를 제출해야만 과세제외 금액이 확인된다. 따라서 연금개시 등 인출 시점에는 반드시 '연금보험료 등 소득·세액 공제확인서'를 관할세무서나 홈택스에서 발급받아 금융기관에 제출[64]해야 한다.

(5) 연금계좌 세액공제의 활용

은퇴 후 IRP계좌에서 연금을 수령하는 경우에도 국민연금 등 공적연금 불입액에 대한 연말정산이나 연금계좌 세액공제가 가능하다. 여유가 된다면 IRP계좌나 연금저축계좌에 추가로 불입하여 세금을 계속 줄일 수 있다. 연금이 개시된 연금계좌에는 자기부담금을 추가로 입금할 수 없지만, 이 경우 IRP계좌의 추가 개설이 가능하고 새로운 계좌에는 세액공제 목적의 자기부담금 불입이 가능하다.

(6) 연금개시 후 해지

IRP계좌에서 일시금 수령 목적으로 해지하려는 경우에도 ① 이미 연금수령 요건을 충족한 상태에서는 ② 연금 개시신청을 하고 나서 ③ 해지 신청하는 것이 절세 측면에서 유리하다. 연금개시 후 연금수령 한도 이내의 금액에 대해서는 연금소득세를 적용하기 때문이다. 연금수령 요건은 55세 이상이면서 5년간 계좌를 가입한 경우에 가능하지만, 퇴직급여가 입금된 계좌는 '5년간 가입 요건'이 면제된다.

IRP계좌는 노후를 위한 과세이연 계좌이기 때문에 최대한 늦게 인출을 시작하고 연간 연금수령 한도 이내에서 최대한 오랜 기간 받는 것이 절세 혜택을 극대화할 수 있다. 하지만 어쩔 수 없이 계좌를 해지하는 상황에서도, 가급적 연금개시 신청 후 해지를 실행함이 절세 측면에서 바람직하다.

64) 만일 세액공제 목적의 연금계좌를 두 개 이상 보유한 경우, 어느 계좌에서 세액공제를 받았는지 확인하기 위해 연말정산 및 종합소득세 신고 시 사용되는 '소득·세액 공제신고서' 중 '연금·저축 등 소득·세액 공제명세서'를 추가로 제출

2) 연금계좌의 기타 장점

(1) 연금계좌 수령액에 대한 국민건강보험료 미부과

국민건강보험은 가입자의 소득, 재산, 생활 수준 및 경제 활동 참가율을 감안하여 정한 부과 요소별 점수를 합산한 보험료 부과 점수에 점수당 금액을 곱하여 보험료 산정 후 경감률 등을 적용하여 세대 단위로 보험료를 부과한다.

현재 국민건강보험 실무상 IRP 등 사적연금에서 발생하는 연금수령액에 대해서는 지역가입자 건강보험료를 부과하고 있지 않다. 하지만 국민연금 등 공적연금은 과세 여부에 관계없이 수령 금액의 50%에 대해서 지역건강보험료가 부과된다.

(2) 국민건강보험 피부양자 자격 판단시 사적연금은 제외

연간 소득(이자소득, 배당소득, 사업소득, 기타소득, 근로소득, 연금소득) 2천만 원 이상인 경우 피부양자 자격을 상실한다(국민건강보험법 시행규칙 제2조 제1항 제1호). 특히 연 소득이 2천만 원 이하라도 사업소득이 있는 경우에는 피부양자가 될 수 없다. 단, 사업자 등록을 하지 않은 상태에서 사업소득이 연간 500만 원 이하인 경우에는 예외적으로 피부양자 자격을 유지할 수 있다. 연금소득은 연금소득공제를 적용하기 전의 연금액을 의미하고 비과세 연금소득도 포함한다. 왜냐하면 과세 여부와 관계없이 실질적인 수령액을 기준으로 하는 것이 건강보험의 취지에 부합하기 때문이다.

다만, 이 경우에도 피부양자 소득 기준 확인시 공적연금[65] 소득만을 대상으로 하며 연금계좌 등 사적연금의 수령 여부는 고려하지 않는다.

(3) 연말정산시 부양가족 공제 기준(100만 원)에서 분리과세 연금 수령액은 제외

은퇴 후 국민연금을 수령 중인 부모의 연간 소득금액이 100만 원 이하인 경우, 자녀의 연말정산이나 종합소득 확정신고 시 부양가족으로 공제를 받을 수 있다. 연간 소득금액에는 종합소득금액(근로소득금액, 연금소득금액, 사업소득금액, 기타소득금액, 이자・배당소득금액), 퇴직소득금액, 양도소득금액이 포함되며 분리과세나 비과세는 제외된다. 부모

65) 국민연금과 직역연금(공무원연금, 군인연금, 사학연금, 별정우체국연금) 수령액을 말함. 단, 기초연금은 제외

님에게 국민연금 소득만 발생한다고 했을 때, 과세대상 연금액이 약 516만 원 이하이면 연금소득공제 416만 원을 차감하여 연금소득 금액이 100만 원 이하이므로 기본 공제자가 될 수 있다.

2001년 이전 가입 기간에 따른 노령연금은 과세제외 소득으로 인정되어 과세대상 연금액에 포함되지 않는다. 따라서 과세대상 연금액(2002년 이후 가입 기간에 따른 노령연금액)이 약 516만 원을 초과하지 않는다면, 연말정산이나 종합소득 확정신고 시 부양가족으로 공제받을 수 있다.

부모님이 국민연금 수령 시 과세되는 연금액이 얼마인지는 국민연금 연말정산 원천징수영수증을 통해 알 수 있지만, 대략적인 금액에 대해서는 국민연금 콜센터에서 확인이 가능하다.

Q&A 5-3-1 상속개시 후 IRP계좌 해지시 과세

Question

홍길동 씨는 2015년에 퇴직하며 받은 퇴직급여 10억 원을 IRP계좌에 입금하여 퇴직소득세(지방소득세 포함) 1억 원(퇴직급여액과 근속연수에 따라 실효세율이 달라지지만, 여기서는 10%라 가정)이 과세이연되었습니다.

홍길동 씨는 부동산 임대소득, 즉시연금 등 소득이 충분하여 IRP계좌에서 연금을 수령하지 않고 그대로 유지하고 있다가 사망(사망 시 연령 85세)하였습니다.

이때 6개월 이내에 상속인이 계좌를 해지하여 운용수익 포함 13억 원을 수령한다면, 홍길동 씨에 대한 소득세는 얼마인가요? 종합소득 신고도 해야 하나요?

Answer

아래와 같이 분리과세로 7천990만 원의 소득세가 계산됩니다.

– 사망이라는 부득이한 이유로 해지하므로 연금소득세 적용하고 무조건 분리과세

– 연금소득세 7천990만 원(7천만 원 + 990만 원)

* 퇴직급여 원천 10억 : 이연퇴직소득이므로 이연퇴직소득세 1억 원의 70%인 7천만 원 (연금수령 신청을 하지 않았으므로 적용 할인율은 30%)

* 운용수익 원천 3억 : 연령에 따라 과세하며 80대이므로 3.3%를 과세하여 990만 원(80대 이상 : 3.3%, 70대 : 4.4%, 그 외 : 5.5%)

– 단, 사망한 달의 말일로부터 6개월 이내에 신청해야 함.

– 위의 13억 원에 대한 세금은 피상속인(사망자)에 대한 것으로 상속인의 상속세 과세 대상 금액은 피상속인(사망자)에 대한 소득세 차감 후 금액을 기준으로 함.

관련법규 및 질의회신

소득세법 제44조 【상속의 경우의 소득금액의 구분 계산】

① 피상속인의 소득금액에 대한 소득세로서 상속인에게 과세할 것과 상속인의 소득금액에 대한 소득세는 구분하여 계산하여야 한다.

② 연금계좌의 가입자가 사망하였으나 그 배우자가 연금외수령 없이 해당 연금계좌를 상속으로 승계하는 경우에는 제1항에도 불구하고 해당 연금계좌에 있는 피상속인의 소득금액은 상속인의 소득금액으로 보아 소득세를 계산한다.

소득세법 제74조 【과세표준확정신고의 특례】

① 거주자가 사망한 경우 그 상속인은 그 상속 개시일이 속하는 달의 말일부터 6개월이 되는 날(이 기간 중 상속인이 출국하는 경우에는 출국일 전날)까지 사망일이 속하는 과세기간에 대한 그 거주자의 과세표준을 대통령령으로 정하는 바에 따라 신고하여야 한다. 다만, 제44조 제2항에 따라 상속인이 승계한 연금계좌의 소득금액에 대해서는 그러하지 아니하다.

소득세법 시행령 제20조의2 【의료 목적 또는 부득이한 인출의 요건 등】

① 법 제14조 제3항 제9호 나목에서 "의료목적, 천재지변이나 그 밖에 부득이한 사유 등 대통령령으로 정하는 요건을 갖추어 인출하는 연금소득"이란 다음 각 호의 어느 하나에 해당하여 법 제20조의3 제1항 제2호에 따른 연금계좌(이하 "연금계좌"라 한다)에서 인출하는 금액을 말한다.

1. 다음 각 목의 어느 하나에 해당하는 사유가 발생하여 연금계좌에서 인출하려는 사람이 해당 사유가 확인된 날부터 6개월 이내에 그 사유를 확인할 수 있는 서류를 갖추어 연금계좌를 취급하는 금융회사 등(이하 "연금계좌 취급자"라 한다)에게 제출하는 경우
   가. 천재지변
   나. 연금계좌 가입자의 사망 또는 해외이주

Q&A 5-3-2 IRP의 금융재산상속공제 적용 여부

Question

과세이연 혜택을 받기 위해 IRP계좌를 운용하던 중 사망한 홍길동 씨의 상속재산에는 해당 IRP계좌에 예치된 금액도 포함된다고 들었습니다. 이 경우 IRP계좌 잔액도 상속세법상 금융재산상속공제 대상인가요?

Answer

IRP계좌에 예치된 금액도 금융재산상속공제 대상입니다.
IRP계좌 예치금은 금융기관이 취급하는 금전 및 유가증권 등 금융 재산에 해당하므로, 그 원천이 퇴직급여인지 여부와 관계없이 금융재산상속공제의 적용 대상이 됩니다.

관련법규 및 질의회신

서면-2021-상속증여-4084, 2021.6.28
상속재산 중 금융 재산이 포함되어 있는 경우에는 그 금융 재산의 원천에 관계없이 금융재산상속공제를 받을 수 있는 것임.

상속세 및 증여세법 제22조【금융재산 상속공제】

① 거주자의 사망으로 상속이 개시되는 경우로서 상속개시일 현재 상속재산가액 중 대통령령으로 정하는 금융재산의 가액에서 대통령령으로 정하는 금융채무를 뺀 가액(이하 이 조에서 "순금융재산의 가액"이라 한다)이 있으면 다음 각 호의 구분에 따른 금액을 상속세 과세가액에서 공제하되, 그 금액이 2억 원을 초과하면 2억 원을 공제한다.

1. 순금융재산의 가액이 2천만 원을 초과하는 경우 : 그 순금융재산의 가액의 100분의 20 또는 2천만 원 중 큰 금액
2. 순금융재산의 가액이 2천만 원 이하인 경우 : 그 순금융재산의 가액

상속세 및 증여세법 시행령 제19조【금융재산 상속공제】

① 법 제22조 제1항 각 호 외의 부분에서 "대통령령으로 정하는 금융재산"이란 금융회사등이 취급하는 예금 · 적금 · 부금 · 계금 · 출자금 · 신탁재산(금전신탁재산에 한한다) · 보험금 · 공제금 · 주식 · 채권 · 수익증권 · 출자지분 · 어음 등의 금전 및 유가증권과 그 밖에 기획재정부령으로 정하는 것을 말한다.

Q&A 5-3-3 복수 IRP계좌의 활용

Question

IRP계좌는 금융회사별로 하나만 가입할 수 있는 것으로 알고 있습니다. 2개 이상 가입할 수 있는 방법은 없나요? 여러 개의 IRP 유지시 장점은 어떻게 되나요?

Answer

네, 세액공제 목적의 IRP계좌는 금융회사별로 한 개만 보유 가능합니다. 다만, 연금수령을 개시한 IRP계좌는 별개로 하기 때문에, 기존 계좌에 대한 연금수령개시 후 세액공제용 IRP계좌의 신규가 추가로 가능합니다.

일반적으로 퇴직급여용과 세액공제용 IRP계좌의 복수 운용을 권장합니다. 퇴직급여 재원의 연금수령시 종합소득과세가 배제되는 IRP와 (1,500만 원인 종합과세 대상 인출 금액 관리를 연금수령 초기부터 신경써야 하는) 세액공제용 IRP에서 동시에 연금수령 시 분리과세 소득 금액의 조절 등 연금수령액 설계를 더 자유롭게 도모할 수 있습니다. 또한 부득이하게 IRP계좌를 해지해야 하는 상황에서 한 개만 해지해도 되는 경우, 잔존 계좌의 세제 혜택을 계속 누릴 수 있게 됩니다.

Part

06

퇴직연금 적립금 운용

Chapter 01

퇴직연금 적립금 운용규제

KEY POINT

- 퇴직연금 적립금 운용은 근로자의 수급권 보호, 노후소득 보장이라는 제도 목표 달성을 위해 운용되어야 함
- 적립금의 안정적 운용을 위해 「근로자퇴직급여 보장법」 및 관련 규정에서 적립금 운용 규제를 별도로 명시하고 있음
- 적극적으로 운용지시를 하지 않는 가입자의 적립금 수익률 제고를 위해 사전지정운용제도(디폴트옵션 제도)의 설정 필요

1. 퇴직연금 적립금 운용상품

1) 퇴직연금 적립금 운용 가능 상품

퇴직연금제도에서 투자가능한 금융상품은 운용방법에 따라 원리금 보장자산과 원리금 비보장자산으로 구분하고, 투자금지 대상이 아닌 모든 원리금 비보장자산에 대해 투자를 허용하고 있다. 먼저 퇴직연금에서 투자가능한 자산군을 열거하면 아래 표와 같다.

표 6-1 퇴직연금 적립금 운용 가능 상품

구분	주요 내용
예금 · 적금	• 「은행법」 제2조 제1항 제2호에 따른 은행이 취급하는 예금 · 적금 • 「우체국예금 · 보험에 관한 법률」에 따라 체신관서가 취급하는 예금
보험계약	• 「보험업법」 제2조 제6호에 따른 보험회사가 취급하는 보험계약 중 적립금이 반환되는 것으로서 금융위원회가 고시하는 보험계약
증권	• 「자본시장과 금융투자업에 관한 법률」 제4조에 따른 증권으로서 금융위원회가 고시하는 증권
예탁금	• 「자본시장과 금융투자업에 관한 법률」에 따른 증권금융회사 중 신용등급 등이 금융위원회가 정하여 고시하는 기준 이상인 증권금융회사가 같은 법 제330조 제1항에 따라 취급하는 예탁금
사회기반 시설채권	• 「자산유동화에 관한 법률」에 따른 유동화전문회사가 발행한 유동화증권 중 「사회기반시설에 대한 민간투자법」 제30조에 따른 산업기반신용보증기금이 원리금 상환을 보증하는 사회기반시설채권
기타	• 그 밖에 적립금의 안정적인 중장기 운용을 위하여 필요한 운용 방법으로서 금융위원회가 정하여 고시하는 운용 방법

자료 : 보험연구원(2024)

2) 원리금보장형 상품

퇴직연금제도는 노후소득 보장을 위한 제도라는 특성상 원리금보장형 상품을 별도로 명시하고 있다. 특히 적립금 운용 책임이 근로자에게 있는 DC/IRP 제도에서는 보다 안정적인 자산운용이 가능하도록 운용관리기관의 적립금 운용방법 제시 시 원리금보장 운용방법을 반드시 하나 이상 포함하도록 하고 있다

현재 인정되고 있는 원리금보장형 상품은 「안정적 금융기관」이 원리금 지급을 보장하는 금융상품과 정부나 공공기관 등이 원리금 지급을 보장하는 국채증권, 통화안정증권 및 정부보증 채권 등이 있다. 여기서 「안정적 금융기관」이란 신용평가기관으로부터 받은 당해 금융기관에 대한 신용등급이 투자적격 이상이며, 금융위원회가 정하여 고시하는 적기시정조치 수준 이상의 자기자본비율을 갖춘 금융기관을 의미한다.

DC/IRP에서 운용되는 상품 중 예금보호대상 금융상품은 예금자보호법에 의거해 1억 원까지 보호되며, 다른 예금보호대상 금융상품과는 별도로 1억 원까지 보호되어 추가적인 예금보호한도가 부여되고 있음을 알 수 있다.

3) 원리금 비보장형 투자불가 상품

퇴직연금 도입 초기에는 퇴직연금이 투자할 수 있는 원리금 보장자산과 원리금 비보장자산을 열거하고, 열거하지 않는 자산에 대해서는 투자를 금지했었다(positive 방식). 그러나 퇴직연금 자산운용에서 자율성을 높여 적극적인 자산운용이 이루어질 수 있도록 2015년 7월부터 투자금지 대상으로 열거한 비원리금 보장형 자산을 제외하고 모든 비원리금 보장형 자산에 대한 투자를 허용(negative 방식)했다. 이에 따라 원리금 비보장상품으로 지정한 채무증권, 지분증권, 수익증권, 파생결합증권, 증권예탁증권 중 투자금지 대상을 제외한 모든 상품에 대해 투자가 가능하게 되었다.

표 6-2 원리금 비보장형 투자불가 대상

구분		투자금지 대상
증권	지분증권	비상장 주식, 해외 비적격시장 주식, 파생형 펀드, 일부 특수목적 펀드
	채무증권	투자 부적격 등급 채권
	수익증권	파생형 펀드, 투자 부적격 등급 수익증권
	파생결합증권	사모 발행, 최대 손실률 +40% 초과
	증권예탁증권	국내 상장되지 않은 증권예탁증권
	투자계약증권	전체 투자 금지
파생상품		위험 회피 목적 이외의 파생상품 계약
비원리금 보장형 보험		수익증권과 동일한 기준 적용

4) 원리금 비보장형 투자가능상품 및 한도

위험자산에 대한 투자한도는 ① 집중투자한도, ② 이해상충 방지를 위한 투자한도 및 ③ 총투자 한도 등 세 가지로 구분된다. 「근로자퇴직급여 보장법 시행령」 및 동 시행규칙, 「퇴직연금 감독규정」이 2015년 개정됨에 따라 적립금 투자한도는 큰 폭으로 완화되어 자산 종류별 적용되는 개별 투자한도를 폐지하고, 기존 적립금 대비 40%였던 확정기여형 및 개인형 퇴직연금제도의 원리금 비보장상품 총투자 한도가 확정급여형과 동일 수준으로 변경되어 적립금 대비 70%로 상향 조정되었다. 다만, DC 및 IRP 제도는 근로자가 적립된 금액을 직접 운용하고 운용 결과에 따라 퇴직급여가 변동하므로 주식, 전환사채, 후순위채권, 사모펀드 등 일부 고위험자산에 대한 투자금지는 기존과 같이 유지하여 가입자 수급권 보호장치를 남겨두었다.

표 6-3 위험자산에 대한 투자한도 종류

종류	내용
집중투자한도	집중투자에 따른 거대 손실 방지를 위해 설정된 투자한도로서 동일 법인 발행 주식, 채권, 자사 원리금보장 운용방법 등에 대해 설정
이해상충 방지 투자한도	퇴직연금 적립금이 계열사, 지분법 관계회사 등에 대한 지원 수단으로 활용되는 것을 방지하기 위해 설정된 투자한도로서 기업의 계열회사 또는 관계회사 발행 채권, 기업어음 등에 대해 설정
총투자한도	위험자산에 대한 총투자금액에 대하여 설정된 한도

2018년 9월 「퇴직연금 감독규정」이 개정되어 원리금보장상품에 저축은행 예·적금이 추가되었고, 확정급여형 퇴직연금제도의 상장 리츠(REITs)에 대한 투자가 허용되었다. 또한, 확정기여형 및 개인형퇴직연금제도의 경우 금융감독원장이 정한 기준[66]을 충족한 TDF(Target Date Fund)에 대한 투자한도가 적립금의 100%까지 확대되었다(적격 TDF). 이어 2019년 12월에는 「근로자퇴직급여 보장법 시행규칙」 개정으로 상장 리츠에 대한 투자가 DC 및 IRP 제도에서도 허용되었다. 2022년 7월에는 「퇴직연금 감독규정」 일부개정안

66) 퇴직연금 감독규정 시행세칙 제5조의2

이 시행되어, 고용노동부 장관의 승인을 받은 사전지정운용방법에 대한 투자한도를 적립금의 100%까지로 허용하였다. 2023년 11월 15일에는 「퇴직연금 감독규정」을 다시 개정하면서 채권혼합형 펀드의 주식 편입 한도를 '40% 이내'에서 '50% 미만'으로 상향하였고, 개인형퇴직연금제도에서 보증형 실적배당보험(운용이익이 발생할 경우 운용 실적에 따라 추가로 연금을 지급하고 운용손실이 발생하더라도 일정 금액을 보증하는 상품)을 도입할 수 있는 근거를 마련하였다.

표 6-4 퇴직연금 자산운용 규제 변화

<table>
<tr><th rowspan="2">일자</th><th rowspan="2">주요 내용</th><th colspan="4">투자한도 및 적용사항</th></tr>
<tr><th colspan="2">DB</th><th colspan="2">DC/IRP</th></tr>
<tr><td rowspan="5">2005.
10</td><td rowspan="5">– 위험자산 범위와 투자한도를 설정
– 퇴직연금사업자의 등록
– 원리금보장에 관한 자격요건 설정</td><td rowspan="2">국내외상장 주식
주식·파생펀드</td><td rowspan="2">30%</td><td>주식 및
주식형·혼합형</td><td>금지</td></tr>
<tr><td>외국유가증권</td><td>30%</td></tr>
<tr><td rowspan="2">외국투자적격채권
혼합형 펀드
집합투자 형태의
위험자산</td><td rowspan="2">40%</td><td>동일회사발행
유가증권</td><td>30%</td></tr>
<tr><td>계열회사 채권</td><td>10%</td></tr>
<tr><td>총투자한도</td><td>70%</td><td>총투자한도</td><td>40%</td></tr>
<tr><td rowspan="3">2008.
02</td><td rowspan="3">– 적립금운용 규제 완화
– 기타 제도개선사항</td><td>국내외상장 주식
외국 투자적격채권</td><td>30%</td><td rowspan="3">해외채권형</td><td rowspan="3">한도
폐지</td></tr>
<tr><td>주식·파생펀드
부동산·실물펀드</td><td>50%</td></tr>
<tr><td>혼합·고위험채권펀드</td><td>50%</td></tr>
<tr><td>2010.
12</td><td>– 적립금 운용규제 합리화
– 자사상품 편입비율 제한
– 퇴직연금사업자 공시 강화
– 불건전영업행위 규제 명확화</td><td colspan="2">–</td><td>주식 및
주식형·혼합형</td><td>40%</td></tr>
</table>

<table>
<tr><td>2011.
06</td><td>원리금보장상품의 적용금리 설정</td><td colspan="2">기업 간 규모의 차이를 감안해 최저 금리가 최고금리의 90% 이상 되도록 적용</td><td colspan="2">단일금리</td></tr>
<tr><td rowspan="2">2011.
10</td><td rowspan="2">– 신탁계약의 한도 도입
– 퇴직연금 사업자 공시 강화
– 불건전영업행위 규제 명확화</td><td colspan="4">신탁계약의 자사 원리금보장상품의 편입비율을 70%로 설정</td></tr>
<tr><td>적립금 10억 미만</td><td>배제</td><td>예금자보호법에 따라 보호되는 금액</td><td>배제</td></tr>
<tr><td>2014.
09</td><td>– 금리차별 금지, 위험자산 투자한도 준수, 기준 합리화
– 파생결합사채 편입요건 명확화</td><td colspan="4">편입자산의 시장 가치 변동으로 위험자산 투자한도를 초과한 경우 한도를 준수한 것으로 간주해 자산매각을 통해 위험자산 비율을 조정하지 않을 수 있도록 허용</td></tr>
<tr><td>2015.
04</td><td>– 퇴직연금 감독규정 개정
– 자산운용규제 완화</td><td colspan="4">– 포지티브 규제에서 네거티브 규제로 전환
– 원리금 비보장상품의 개별투자 한도 폐지</td></tr>
<tr><td rowspan="3">2018.
09</td><td rowspan="3">퇴직연금 감독규정 개정</td><td colspan="4">원리금보장상품 범위에 저축은행(투자적격 BBB–이상) 예금 · 적금 포함</td></tr>
<tr><td colspan="2">상장 REITs 투자 허용</td><td colspan="2">–</td></tr>
<tr><td colspan="2">–</td><td colspan="2">금감원이 정한 기준을 충족한 TDF는 퇴직연금 자산의 100%까지 투자 허용</td></tr>
<tr><td>2019.
12</td><td>퇴직급여법 시행규칙 개정</td><td colspan="2"></td><td colspan="2">상장 REITs 투자 허용</td></tr>
<tr><td>2022.
07</td><td>사전지정운용제도(디폴트 옵션) 도입</td><td colspan="2"></td><td colspan="2">고용노동부 장관 승인을 받은 사전지정운용방법에 대한 투자한도 100%</td></tr>
<tr><td>2023.
11</td><td>퇴직연금 감독규정 개정</td><td colspan="2"></td><td colspan="2">– 채권혼합형 펀드 주식편입 한도 50% 미만으로 상향 (기존 40% 이내)
– IRP에서 보증형 실적배당 보험 도입근거 마련</td></tr>
</table>

자료 : 퇴직연금 기금형 제도 도입방안(고용노동부), 한국채권연구원 보고서(2015)

집중투자한도 및 이해상충 방지 투자한도의 경우, 확정급여형은 기업이 대규모 자금을 직접 운용하므로 엄격하게 설정되어 있으나, 확정기여형의 경우 확정급여형에 비해 소규모 자금이 운용되고 이해상충 문제가 발생할 소지가 적으므로 해당 한도가 완화되어 있다. 이상의 내용을 종합해 비원리금보장형 자산의 위험자산 투자 한도를 요약하면 아래 표와 같다.

표 6-5 위험자산 투자한도

구분	DB	DC/IRP
원리금 비보장형	총한도 70% 내 투자 가능	
지분증권(주식)	O	투자금지
채무증권(채권)	O	O
펀드(주식/주식혼합)	O	O
파생결합증권(ELB)	O	파생상품 위험평가액(최대손실) - 40% 초과 투자 금지
사모펀드	O	투자금지
증권예탁증권	O	투자금지
파생상품	헤지 목적만 허용	
집중투자한도*	DB	DC/IRP
동일법인 발행증권	10%**	30%
동일 계열기업군 발행증권	15%**	40%
자산관리계약이 특정금전신탁인 경우 자사원리금보장 운용방법	금지	금지
사용자와 계열회사 및 지분법 관계사 발행증권	5%**	20%, 30%

* 집중투자한도에서 집합투자증권은 예외로 한다.
** 지분증권과 지분증권 제외 증권을 구분하여 각각 한도를 적용한다.

2. 사전지정운용제도(디폴트옵션 제도)

(1) 사전지정운용제도

사전지정운용제도(디폴트옵션 제도)는 DC/IRP 제도에서 가입자(근로자)의 운용지시가 없을 경우 가입자가 사전에 정해 놓은 방법으로 퇴직연금을 운용하는 제도이다. 기업(사용자)은 퇴직연금사업자가 제시한 사전지정운용방법을 근로자대표 동의를 거쳐 도입하고, 근로자는 퇴직연금사업자로부터 사전지정운용방법 관련 정보를 제공받아 그 중 하나의 상품을 본인의 사전지정운용방법으로 지정하게 된다. 이때 선택 가능한 상품은 원리금보장형 상품(정기예금, 보험사 GIC : 이율보증형 보험), 펀드(TDF, 장기가치상승 추구 펀드 : balanced fund, 자산배분형 펀드, MMF, 인프라펀드), 원리금보장형 상품과 펀드의 혼합형태로 구성될 수 있으며 상품 위험도에 따라 아래와 같이 상품을 구성할 수 있다[67].

표 6-6 디폴트옵션 상품의 위험도에 따른 분류(예시)

위험 그룹	구성 상품	목표 고객층
안정형	정기예금 또는 보험사 GIC 100%	원금 보존 중시
안정투자형	펀드 40% + 정기예금/GIC 60%	투자 손실 민감, 금리 + α 수요
중립투자형	펀드 70% + 정기예금/GIC 30%	우수한 장기 성과 중시
적극투자형	펀드 100%	장기뿐만 아니라 단기관점에서도 높은 수익률 추구

자료 : 고용노동부, 금융감독원 보도자료(2023.7) 일부 수정

사전지정운용방법은 근로자가 ① 운용지시를 하지 않거나, ② 사전지정운용방법으로의 운용을 원하면 적용하게 되며 구체적으로는 아래와 같다.

① 최초 계약 시 운용지시가 없는 경우 또는 기존 운용상품의 만기가 도래하였음에도 운용지시가 없는 경우를 의미한다. 4주 경과 시 사전지정운용방법으로 운용됨을 통

67) 근로자퇴직급여 보장법 제21조의2 제1항 참조

지받고, 통지 이후에도 별도 운용지시 없이 2주가 경과하면 사전지정운용방법 적용(총 6주 소요)

② 근로자가 직접 운용지시를 통해 적립금을 운용하다가 사전지정운용방법으로 전환하고자 할 경우(opt-in)

(2) 해외 디폴트옵션 사례

가. 호주 MySuper

호주는 2008년 금융위기 이전에는 주식 중심의 포트폴리오로 구성이 되어 왔으나, 금융위기 이후 수익률 하락으로 인한 투자자 손실 등이 발생함에 따라 정부의 적극적인 개입이 이루어지면서 2013년 현재의 디폴트옵션 상품인 MySuper를 도입하였다. MySuper의 가장 큰 특징은 상품의 단순화, 수수료 절감을 통한 효율적 구조를 설계했다는 점이다. 호주는 기금형 제도가 일반화되어 있고, 각 기금(Super fund)은 하나의 디폴트옵션을 설정할 수 있다. 이때 디폴트상품은 자산배분형(balanced fund) 또는 TDF와 같은 Life Cycle Fund만을 허용하고 있어, 원리금 비보장형의 대표적 자산배분형 상품만 허용하고 있다. 또한 가입자에게 부과되는 수수료를 표준화하고 상한선을 설정해 장기수익률을 제고하고 감독 당국의 관리 감독이 용이한 구조로 설계되어 있다.

나. 영국 NEST

영국은 퇴직연금제도 중 하나인 NEST(National Employment Savings Trust)에서 디폴트옵션을 제공하고 있다. NEST는 중·저소득층을 위해 운영되고 있는 DC형 퇴직연금제도로서 현재는 모든 기업이 가입이 가능하며, 공적기관인 국민고용저축신탁공사(NEST Corporation)에서 운영하고 있다는 특징을 가지고 있다. 우리나라의 중소기업퇴직연금기금제도와 유사한 기금형 제도로 다수의 기업이 가입할 수 있는 신탁기반 퇴직연금제도에 디폴트옵션이 도입되어 운영되고 있다. 가입자가 특정 운용방법을 지정하지 않을 경우 정부가 사전적으로 지정한 NEST 디폴트옵션으로 운영이 되는데, 근로자가 디폴트옵션을 원하지 않을 경우 다른 상품으로 지정할 수 있다. 디폴트옵션으로 지정되는 NEST Retirement Date Funds(RDF)는 우리나라의 TDF와는 상이한 형태의 글라이드패스에 따라 운용이 되고 있다.

위험자산 비중이 은퇴 시점에 다다를수록 우하향하는 우리나라와는 달리 RDF는 아래 그림과 같이 모자(hat) 형태의 글라이드 패스를 보이고 있는데, 크게 3단계의 시기로 분류할 수 있다.

① Foundation Phase : 초기 가입 단계에 투자재원을 조성하는 것이 목표이다. 따라서 위험자산 비중은 상대적으로 낮게 가져가면서 안정적으로 재원을 쌓아가는데 주력하는 전략이다. 주로 20대의 젊은 층을 위해 설계되었고, 최대 5년간 지속되며 향후 5년간 2단계인 Growth Phase로 전환된다.

② Growth Phase : 약 30년간 유지되는 2단계에서는 적극적으로 재원을 성장시키는데 투자 목적을 두고 운용된다. 따라서 위험자산 비중을 상대적으로 높게 가져간다.

③ Consolidation Phase : 인출 준비 단계로 점차 위험자산비중을 낮추면서 그동안 쌓아온 재원을 보전해 안정적으로 은퇴자산을 마련하는 것을 투자 목적으로 운용되는 시기이다. 은퇴 10년 전부터 점차 위험자산을 감소시킨다.

그림 6-1 NEST Retirement Date Funds의 글라이드 패스

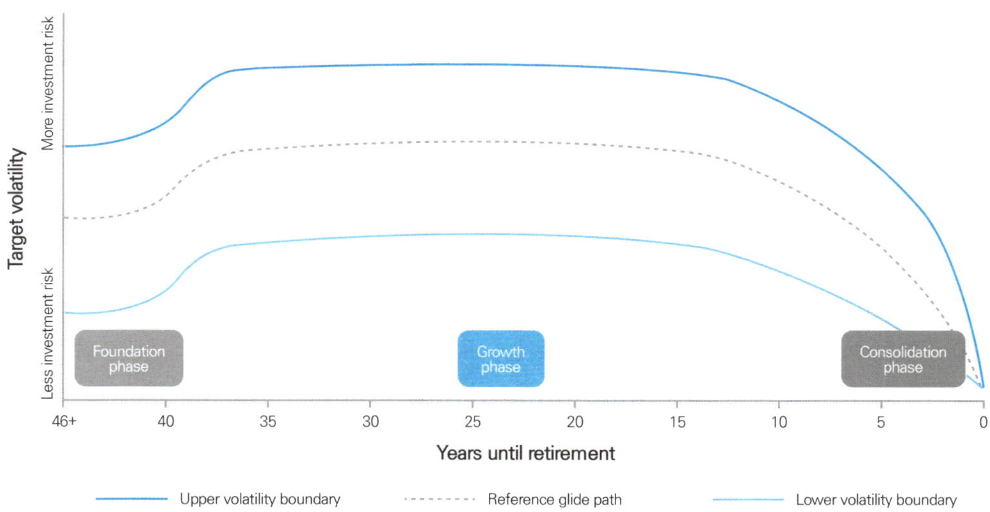

자료 : NEST

Chapter

02

퇴직연금 적립금 운용상품

KEY POINT

- 실적배당형 상품은 투자 목적과 기간, 구조와 비용, 위험 특성을 충분히 이해하고 분산투자 등 관리전략을 세워야 함
- TDF는 은퇴 시점에 맞춰 자산 배분이 자동으로 조정되어 장기적 위험관리와 효율적 운용이 가능
- ETF는 저비용·실시간 거래가 가능한 펀드로, 2015년 이후 퇴직연금 편입이 허용되며 투자 범위가 합성 ETF까지 확대되었고, 연금투자에서도 주요 수단으로 자리잡고 있음

1. 원리금보장형 상품

퇴직급여법 제30조(운용관리업무의 수행) 제2항 제4호에서는 가입자에게 적립금 운용방법을 제시함에 있어서 DC/IRP에 한해서는, 대통령령으로 정하는 원리금보장 운용방법이 하나 이상 포함될 것을 규정하고 있다. 여기서 대통령령으로 정의하는 원리금보장형은 아래와 같이 제시하고 있다.

근로자퇴직급여보장법 시행령

제25조【확정기여형퇴직연금제도 및 개인형퇴직연금제도 적립금의 원리금보장 운용방법】

① 법 제30조 제2항 제4호에서 "대통령령으로 정하는 원리금보장 운용방법"이란 다음 각 호의 운용방법을 말한다.

1. 신용등급 등에 관하여 금융위원회가 정하여 고시하는 기준 이상의 금융기관이 제공하는 다음 각 목의 운용방법
   가. 「은행법」 제2조 제1항 제2호에 따른 은행이 취급하는 예금·적금
   나. 「보험업법」 제2조 제6호에 따른 보험회사가 취급하는 보험계약으로서 적립금의 최저 이자율을 보증하는 등의 형태로 원리금 지급을 보장하는 보험계약
   다. 「자본시장과 금융투자업에 관한 법률」 제8조에 따른 금융투자업자가 원리금 지급을 보장하는 계약으로서 같은 법 시행령 제85조 제3호 나목에 따른 환매조건부매수 계약
   라. 「자본시장과 금융투자업에 관한 법률」에 따른 증권금융회사가 같은 법 제330조 제1항에 따라 취급하는 예탁금
2. 「우체국예금·보험에 관한 법률」에 따라 체신관서가 취급하는 예금
3. 「한국은행법」 제69조 제1항에 따른 한국은행통화안정증권, 국채증권 및 정부가 원리금 상환을 보증한 채권

3의2. 「자산유동화에 관한 법률」에 따른 유동화전문회사가 발행한 유동화증권 중 「사회기반시설에 대한 민간투자법」 제30조에 따른 산업기반신용보증기금이 원리금 상환을 보증하는 사회기반시설채권

4. 그 밖에 원리금 상환이 보장되는 운용방법으로서 금융위원회가 정하여 고시하는 운용방법

원리금보장형상품에 포함되는 항목은 「안정적 금융기관」이 원리금 지급을 보장하는 금융상품과 정부나 공공기관 등이 원리금 지급을 보장하는 국채증권, 통화안정증권 및 정부보증 채권 등이 있다. 여기서 「안정적 금융기관」이란 신용평가기관으로부터 받은 당해 금융기관에 대한 신용등급이 투자적격 이상이며, 금융위원회가 정하여 고시하는 적기시정조치 수준 이상의 자기자본비율을 갖춘 금융기관을 의미한다.

DC/IRP에서 운용되는 상품 중 예금보호대상 금융상품은 예금자보호법에 의거해 1억 원까지 보호되며, 다른 예금보호대상 금융상품과는 별도로 1억 원까지 보호되어 추가적인 예금보호한도가 부여되고 있다. 다만, 예금자보호대상이 아닌 통안증권, 국채도 퇴직연금제도에서는 원리금보장형 상품에 포함되고 있다.

2. 원리금 비보장형(실적배당형) 상품

퇴직연금에서 실적배당형 투자는 쉽게 말해, 원리금보장상품(예금, 보험) 대신 펀드·ETF 같은 금융상품에 투자하여 운용 성과에 따라 수익과 손실이 달라지는 투자 형태를 의미한다. 원리금보장형은 은행 예금, 보험사의 금리연동형 상품 등과 같이 원금과 일정 이자를 보장하는 구조이나 실적배당형 상품은 원리금이 보장되지 않으며, 금융시장의 변동성에 따라 수익이 커질 수도, 손실이 발생할 수도 있다.

최근 정책당국에서는 퇴직연금 제도 내 수익률을 높이기 위해 여러 가지 방법으로 규제완화를 추진하고 있다. 원리금 보장형 상품은 장기간 물가 상승을 따라가지 못해 퇴직 후 실질적인 노후생활 비용을 만들어내지 못할 수 있지만 실적배당형은 중장기 투자를 통해 물가상승률 이상의 수익을 기대할 수 있기 때문이다.

'24년 전체 가입자 연간수익률 평균값은 4.77%로 대부분의 가입자가 2~4%의 수익률을 기록하였다. 원리금 보장형 비중이 높은 DB는 가입자(사업장 기준)의 85.3%, DC와 IRP는 각각 67.2%와 53.7%가 2~4% 구간에 해당하고 있다.

표 6-7 DB, DC, IRP 제도별 수익률 구간별 가입자 비중 (단위 : %)

구분	0% 미만	0~2%	2~4%	4~6%	6~10%	10~20%	20% 이상	합계
DB	0.7	6.1	85.3	7.1	0.5	0.2	0	100
DC	1.3	18.2	67.2	5.6	3.2	3.1	1.4	100
IRP	3.7	13.7	53.7	8.2	7.4	9.1	4.2	100

자료 : 고용노동부, 금융감독원(2025)

'24년 말 퇴직연금 권역별 주요 사업자별로 수익률 상위 10% 가입자의 자산구성을 살펴보면 은행, 증권사의 실적배당형 비중이 권역 평균 대비 3배 이상 높게 나타나고 있어 장기투자의 결과가 높은 수익률로 나타나고 있음을 알 수 있다.

표 6-8 권역별 수익률 기준 상위 10% 계좌 자산구성 (단위 : %)

운용방법	A은행		B증권		C보험	
	DC	IRP	DC	IRP	DC	IRP
원리금보장형	49.6	16.0	11.7	8.0	71.3	82.8
실적배당형	50.4	84.0	88.3	92.0	28.8	17.2

자료 : 고용노동부, 금융감독원(2025)

하지만 투자에서 "공짜 점심은 없다(There's no such thing as a free lunch)"라는 말이 있듯이 실적배당형 투자는 동전의 양면과 같아 투자수익에 따른 리스크도 감내해야만 한다. 따라서 장기투자가 필수적인 연금투자에서 실적배당형 투자를 시작하는 가입자는 다음과 같은 점을 고려해야 한다.

① **투자 목적과 목표 기간을 명확히 설정해야 한다.**
투자 결정을 내리기 전에 실적배당형 상품을 통해 달성하려는 목표(예 : 자산 증식, 안정적 배당 등)와 투자 가능한 기간을 구체적으로 정하고 이해할 수 있어야 한다.

② **실적배당형 상품의 구조와 수익 분배 방식을 충분히 이해한다.**
상품마다 수익이 배당되는 방식(정기, 비정기, 실적에 따른 변수 등)과 구조(펀드, 보험, 신탁 등)가 다르므로 기본 원리와 운용 형태를 사전에 파악하여 본인에게 적합한지 검토할 수 있어야 한다.

③ **기초자산이나 운용 대상의 수익률 변동성과 위험 수준을 이해해야 한다.**
실적배당형 상품이 투자하는 대상(주식, 채권, 부동산 등)이 어떤 수익률 변동과 위험 특성을 보이는지 확인하고, 자신의 위험 감수 성향과 투자 여력에 맞는 상품을 선정해야 한다.

④ **상품별 수수료, 세금 등 투자에 소요되는 비용을 꼼꼼히 확인한다.**
가입 및 운용 과정에서 발생하는 각종 비용(운용 수수료, 판매수수료, 각종 세금 등)이 실제 수익률에 미치는 영향을 점검하고, 다양한 상품을 비교하여 효율적인 선택이 이루어져야 한다.

⑤ **시장 상황 및 경제 환경 변화에 따라 상품의 성과가 어떠한 영향을 받을지 검토한다.**
국내외 경제 상황, 금리 변화, 정책 변화 등 외부 요인이 상품 운용 및 배당 실적에 미치는 영향을 이해해야 한다.

⑥ **분산투자 등 위험관리 방안을 사전에 마련한다.**
자산을 한 상품에 집중하지 않고 여러 상품이나 자산군에 분산해 투자함으로써 특정 자산의 부진에도 전체 자산에 미치는 영향을 최소화한다.

⑦ **정기적으로 투자 성과를 점검하고 필요시 전략을 조정한다.**
투자 후에는 배당 실적, 수익률, 시장 변화 등을 주기적으로 점검하며, 목표와 상황이 바뀌면 전략을 재조정한다.

⑧ **이해가 어려운 부분이 있거나 추가 정보가 필요할 경우 전문가 상담을 활용한다.**
상품 구조, 수익 분배 방식, 세금 등 복잡한 부분에 대해 퇴직연금사업자의 상담 서비스를 적극적으로 활용하여 정확한 정보를 얻고 합리적으로 의사결정 해야 한다.

1) 집합투자기구(펀드)

집합투자기구(펀드)는 법률상 집합투자를 수행하기 위한 기구를 말하는데, 통상적으로 집합투자기구를 펀드라고 한다[68]. 펀드는 투자자로부터 모은 자금을 주식 및 채권 등에 투자하여 운용한 후 그 결과를 투자자에게 돌려주는 간접투자상품을 의미한다. '집합투자'란 '2명 이상에게 투자권유를 하여 모은 금전 등을 투자자로부터 일상적인 운용지시를 받지 않으면서 재산적 가치가 있는 투자대상 자산을 취득·처분 등의 방법으로 운용하고 그 결과를 투자자에게 배분하여 귀속시키는 것'을 말한다.

일반적으로 펀드 투자는 집합투자기구가 발행한 집합투자증권이나 주식 등을 증권회사나 은행 등에서 구매함으로써 이루어지며 다음과 같이 분류할 수 있다.

68) 집합투자기구의 형태는 신탁형, 회사형, 조합형으로 구분할 수 있으며, 퇴직연금제도에서 일반적으로 활용하는 실적배당형인 펀드, ETF는 신탁형(투자신탁)의 형태이다. 투자신탁 형태의 집합투자기구는 기본적으로 집합투자업자, 신탁업자 및 수익자(투자자)의 3당사자로 구성되며 투자자는 펀드(집합투자증권)를 판매회사를 통해서 가입하게 되고, 집합투자업자는 신탁업자와 신탁관계를 맺은 다음 신탁업자에게 신탁재산의 투자 및 운용을 지시하게 된다(자본시장법 제184조 제2항).

표 6-9 집합투자기구(펀드)의 종류

구분		투자 대상	특징
증권 펀드	주식형 펀드	주식에 60% 이상 투자	고위험 · 고수익 추구
	혼합형 펀드	주식(60% 이하)과 채권에 투자	채권투자의 안전성과 주식 투자의 수익성을 동시에 추구
	채권형 펀드	채권에 60% 이상 투자	상대적으로 안정적인 수익 추구
초단기펀드(MMF)		채권 및 단기금융상품에 투자	수시입출금이 가능한 펀드
파생상품 펀드		선물, 옵션 등 파생상품에 투자	파생상품을 통한 구조화 된 수익 추구
부동산펀드		부동산에 투자	환금성에 제약이 따르지만 장기투자를 통한 안정적인 수익 추구
실물 펀드		선박, 석유, 금 등 실물자산에 투자	
특별자산 펀드		수익권 및 출자지분 등에 투자	
재간접펀드		다른 펀드에 투자	다양한 성격과 특질을 가진 펀드에 분산투자

2) TDF(Target Date Fund)

(1) 생애주기 투자

생애주기 투자는 연금투자에서 자주 등장하는 단어로 투자자의 연령, 소득 수준, 은퇴 시점 등 생애 단계별 특성을 반영하여 투자전략을 수립하는 과정으로 이해할 수 있다. 투자자의 위험 감내도와 투자 기간, 효용 등에 따라 위험자산과 안전자산의 비중을 체계적으로 변화시키며, 젊은 시기에는 위험자산 비중을 높이고 은퇴 시점이 다가올수록 안전자산 비중을 확대하는 전략을 일반적으로 활용하게 된다.

생애주기 투자전략의 필요성은 시간에 따른 투자자의 투자 변동성 노출도 변화, 은퇴 이후 안정적인 현금흐름 확보의 중요성에서 비롯된다. 학술적으로는 생애주기 투자전략이 소비, 저축, 투자의사결정을 통합적으로 관리함으로써 생애 전반의 효용을 극대화한다는 근거가 제시되어 있다. 이는 한 시점의 투자위험에만 집중하는 전통적 자산 배분 방식과 달리, 투자자의 생애 전반의 불확실성과 시장 리스크, 수명 위험 등을 균형 있게 고려하는 것이 특징이다.

특히, 생애주기 투자 방식은 시장 변동성, 기대 수명, 은퇴 후 지출과 같은 다양한 위험 요소를 포괄적으로 관리할 수 있다는 점에서 장기적 관점의 자산운용 효율성과 안정성을 높이는 수단으로 평가된다. 따라서 생애주기 투자는 개인의 생애주기 변화와 금융시장 환경을 통합적으로 반영하는 합리적인 자산배분 전략으로 적극 활용할 필요가 있다.

(2) TDF(Target Date Fund)

가. TDF의 정의

TDF는 Target Date Fund의 약자로, 투자자가 은퇴 또는 특정 목표 시점을 기준으로 자산 배분이 자동으로 조정되는 자산배분펀드를 의미한다. TDF는 주로 은퇴자금 마련을 목적으로 사용되며, 투자자의 은퇴 목표 시점이 가까워질수록 위험자산의 비중을 낮추고 안전자산의 비중을 높이는 전략을 채택하고 있다.

TDF의 역사는 미국에서 처음 시작된다. 미국 투자자들은 장기적인 은퇴 준비를 위해 보다 손쉬운 투자 솔루션을 원했고, 그 결과로 최초의 TDF 상품이 등장하게 되었다. 2006년 미국의 연금보호법(Pension Protection Act)에서 TDF를 401(k) 등 DC형 퇴직연금의 기본 투자 옵션으로 지정하면서 급속도로 확산되기 시작해 현재는 미국뿐 아니라 전 세계적으로 널리 활용되고 있다.

TDF의 장점은 크게 세 가지로 정리할 수 있다. 첫째, 전문적인 자산 배분이 자동으로 이뤄진다는 점이다. 투자자는 은퇴 목표 시점만 선택하면 운용사가 알아서 주식, 채권 등 자산의 비중을 시기별로 조정해 준다. 둘째, 투자자가 직접 포트폴리오를 관리할 필요가 없으므로 시간과 노력을 절약할 수 있다. 셋째, 리밸런싱과 위험관리가 체계적으로 이뤄지기 때문에 장기적으로 안정적인 자산운용이 가능하다.

나. 일반적인 펀드와 TDF와 차이

일반적인 펀드는 연령에 따른 자산배분 비중의 변화 없이 목표로 한 위험자산의 비중을 지속적으로 유지하게 된다. 따라서 연령에 따른 은퇴자산 하락 위험 등이 고려되지 않기 때문에 투자자가 포트폴리오 관점에서 위험자산의 비중을 조정해 나가야 한다. 반면 TDF는 투자자가 은퇴 등 특정 목표 시점을 설정하면, 해당 시점에 맞추어 자산 배분이 자동으로 조정되도록 설계된다. TDF는 투자 초기에 주식 등 위험자산의 비중을 높게 시작하여, 목표 시점이 가까워질수록 채권과 같은 안전자산의 비중을 점진적으로 확대한다. 이러한 자동 조정 스케줄을 '글라이드패스(Glide Path)'라고 부른다. 투자자는 복잡한 자산 배분이나 리밸런싱에 직접 개입하지 않아도 되며, 금융회사가 전문가의 기준에 따라 주기적으로 포트폴리오를 조정한다. 또한 시장 변동성에 맞춰 위험관리가 체계적으로 이뤄지므로 장기적으로 더 안정적인 투자 결과를 기대할 수 있다.

요약하면, 일반 펀드는 투자자가 능동적으로 모든 투자 결정을 내려야 하는 반면, TDF는 투자자의 목표 시점에 맞춰 자산 배분과 위험관리가 자동으로 이뤄지도록 설계되어 관리의 부담을 덜고, 장기적인 자산운용의 효율성을 높일 수 있다.

그림 6-2 일반펀드와 TDF의 연령별 자산배분 비중의 변화

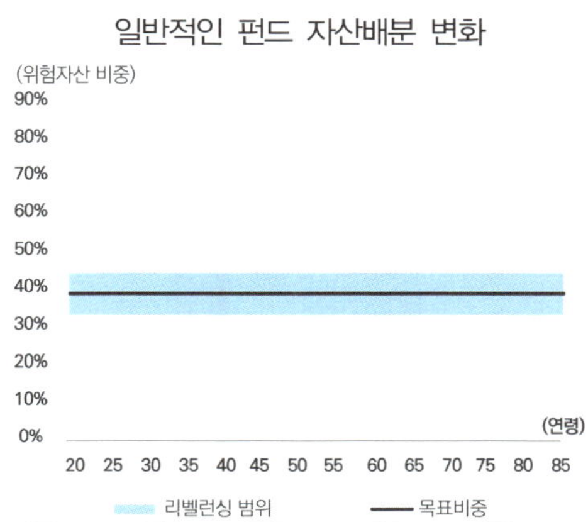

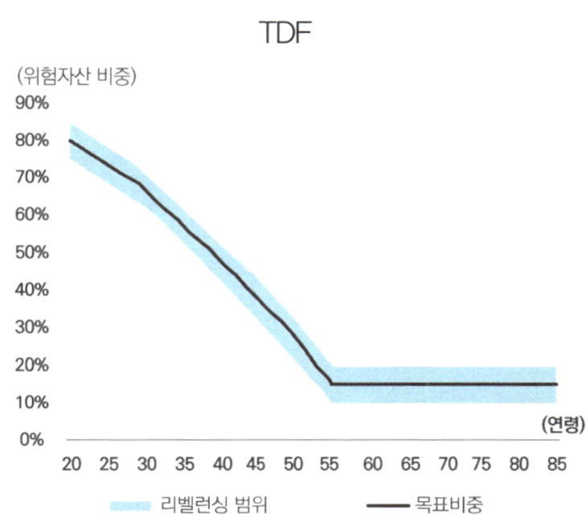

다. Glide Path

글라이드패스(Glide Path)란 TDF에서 투자 기간이 흐름에 따라 자산 배분 비율이 점진적으로 변화되는 리밸런싱 스케줄을 의미한다. 이 용어는 항공기가 활주로로 안전하게 착륙하기 위해 일정한 경로를 따라 고도를 점차 낮추는 과정에서 유래했다. 투자 자산도 목표 시점이 다가올수록 위험을 줄여가는 경로라는 점에서 이와 유사하다.

Glide Path는 운용사에 따라 다르게 나타나며 일반적으로 위험자산이 점진적으로 감소하는 방식으로 나타나게 된다.

그림 6-3 미국 Vanguard 社 TDF Glide Path

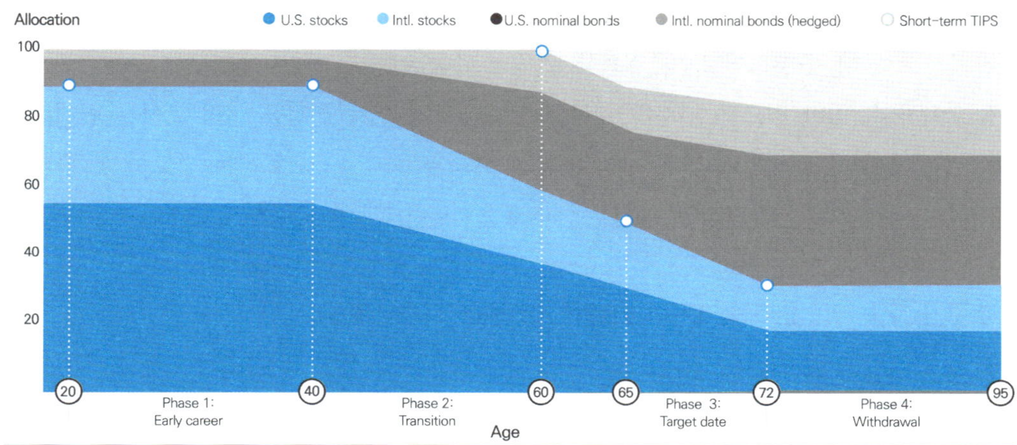

자료 : Vanguard, Target-date fund glide path

글라이드패스 설계에서 가장 대표적인 구분법은 'To' 방식과 'Through' 방식의 차이이다.

① **To 방식**

'To' 방식은 목표 시점(예 : 은퇴 시점)까지 위험자산의 비중을 점진적으로 낮추고, 목표 시점에 도달한 이후에는 자산 배분을 고정한다. 즉, 은퇴 시점까지 자산 배분이 변화하다가, 그 이후부터는 더 이상 변하지 않는 형태이다.

② **Through 방식**

'Through' 방식은 목표 시점에 도달한 이후에도 일정 기간 동안 계속해서 위험자산 비중을 줄여 더욱 보수적으로 자산 배분을 조정한다. 즉, 은퇴 이후까지도 점진적으로 안전자산 비중을 늘려 장기적인 위험을 추가로 낮춘다.

그림 6-4 To 방식과 Through 방식의 Glide Path 비교

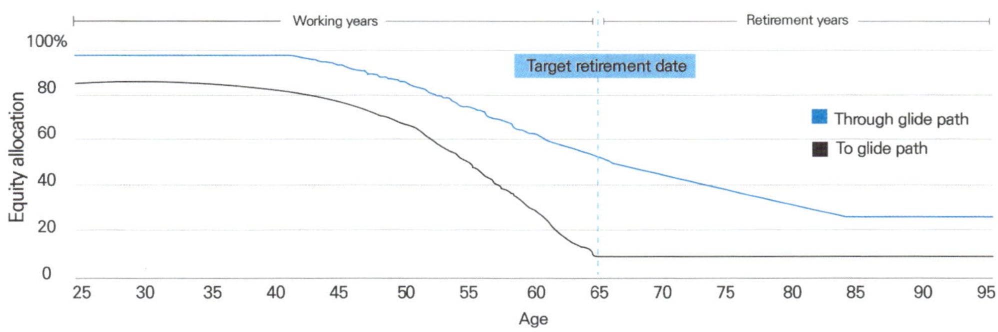

자료 : John Hancock Asset Management, 2018

이 외에도 글라이드패스에는 다음과 같은 추가적인 차이점과 고려 사항이 존재한다.

① **초기 자산 배분 비율 :** TDF마다 투자 시작 시점에서 주식이나 채권 등 자산군의 비중이 다르다. 초기 위험자산 비중이 높을수록 성장 가능성은 크지만, 변동성 또한 커질 수 있다.

② **자산 배분 조정 속도 :** 위험자산 비율이 줄어드는 경사도(속도)에 따라 투자기간 내 위험·수익 프로필이 달라진다. 급격히 줄일 수도, 완만하게 조정할 수도 있다.

③ **자산군의 다양성 :** 일부 글라이드패스는 주식·채권 외에도 대체투자, 해외 자산 등 다양한 자산군을 포함해 분산 효과를 강화한다.

④ **리밸런싱 주기 :** 자산 배분을 얼마나 자주 재조정하는지도 운용 결과에 영향을 미친다. 연 1회, 분기별 등 주기가 다를 수 있다.

⑤ **시장 환경 반영 여부 :** 일부는 사전에 정한 경로만 따르지만, 일부는 금리, 인플레이션 등 시장 상황에 맞춰 동적으로 조정한다.

⑥ **은퇴 이후 운용 전략 :** 목표 시점 이후 자산을 어떻게 운용할지, 인출 전략, 장수 위험관리 등도 설계 요소로 작용한다.

⑦ **비용 구조 :** 펀드별로 운용보수, 판매보수 등 총보수 구조에 차이가 있으므로, 비용 효율성도 비교해야 한다.

(3) 생애주기투자의 리스크

생애주기 투자는 단기적 관점보다는 중장기적 관점에서 투자전략이 수립되어야 하며 이를 위해서는 다음과 같은 사항들이 고려되어야 한다.

① **시장 위험 :** 주식, 채권 등 자산 가격의 변동으로 인한 손실 가능성을 점검한다.

② **장수 위험 :** 기대 수명의 연장과 예기치 못한 장수로 인해 은퇴자금이 부족해질 위험을 관리한다.

③ **인플레이션 위험 :** 미래의 물가 상승으로 자산의 실질 가치가 감소할 가능성을 반영한다.

④ **금리 위험 :** 금리 변동에 따라 채권 등 금융상품의 가치와 현금흐름이 변동될 수 있음을 평가한다.

⑤ **은퇴 이후 지출 위험 :** 의료비, 생활비 등 예상치 못한 비용 증가에 대비한다.

⑥ **정책 및 규제 위험 :** 정부의 세제, 복지, 연금제도 변화가 자산운용에 미치는 영향을 분석한다.

⑦ **유동성 위험 :** 필요 시 자산을 적절한 가격에 현금화할 수 있는지 검토한다.

이 외에도 개인의 건강 및 가족 상황 변동도 고려한다. 갑작스러운 건강 악화나 부양 부담이 재정 계획에 미치는 영향 등 다양한 리스크를 포괄적으로 고려함으로써 생애주기 투자 포트폴리오는 자산의 성장성과 안정성을 동시에 추구할 수 있다.

3) ETF(Exchange Traded Fund)

(1) Active vs. Passive

액티브 펀드는 펀드매니저가 시장을 분석하고 종목을 선별해 적극적으로 매매를 함으로써 시장 평균보다 높은 수익률을 추구하는 펀드로 시장 상황에 따라 적극적인 대응이 가능하다는 장점이 있다.

패시브 펀드는 벤치마크(BM)를 그대로 추종하는 펀드로서 펀드가 목표로 한 타겟(시장)의 평균 수익률을 목표수익률로 설정해 운용하는 펀드이다. 운용보수가 저렴하고, 액티브 펀드 대비 분산투자 효과가 높다는 점에서 장기적으로 안정적인 투자 성과를 기대할 수 있다는 장점을 가지고 있다.

액티브 펀드와 패시브 펀드의 성과 비교에 대해 다양한 의견이 존재했지만, 최근에는 금융투자 산업이 발전하고, 여러 차례의 금융위기를 겪으면서 전문적인 펀드매니저라 할지라도 지속적으로 초과수익을 얻는 것은 어렵다는 인식이 자리 잡기 시작했다. 실제로 국내 액티브 주식형 펀드의 기간별 운용 성과를 비교해 보면 액티브 펀드의 평균적인 성과는 높은 비용을 감내하면서 기대하는 수익률에는 미치지 못하고 있음을 알 수 있다.

표 6-10 액티브 주식형펀드 기간별 운용성과

	전기간 (2007~2022년)	전반기 (2007~2011년)	후반기 (2012~2022년)
평균 초과수익률*	−0.64	0.39	−1.07

자료 : 자본시장연구원
* 초과수익률은 각 펀드별 벤치마크 대비 성과 차이를 의미한다.

(2) ETF의 등장

ETF(Exchange Traded Fund)는 주식처럼 거래소에서 실시간으로 사고팔 수 있는 펀드 상품을 의미한다. ETF는 다양한 자산(주식, 채권, 원자재 등)에 투자하며, 기초자산의 가격 변동을 따라가도록 설계된다.

기존의 패시브(인덱스) 펀드는 안정적으로 시장수익률을 추종할 수 있다는 장점이 있지만 펀드에 가입하는 절차가 번거롭고 실시간 거래가 불가능하다는 한계점을 가지고 있었다. 이에 반해 투자자들은 좀 더 싸고, 좀 더 편하고 빠르게 시장에 접근할 수 있는 상품에 대한 니즈가 존재했고 인덱스 펀드를 거래소에 상장시켜 자유롭게 거래할 수 있도록 출시된 상품이 ETF이다. 1993년 미국에서 S&P500 지수를 추종하는 ETF(SPDR S&P500, Ticker : SPY)가 처음 출시되었고, 국내에서는 2002년 처음 출시되었다.

ETF의 장점으로는 실시간 거래가 가능하므로 유동성이 높다는 점, 운용보수가 일반 펀드보다 저렴하다는 점을 꼽을 수 있다. 또한 소액으로도 다양한 자산에 투자할 수 있다.

단점으로는 ETF의 가격이 실제 기초자산과 괴리(추적오차)를 보일 수 있다는 점이다. 또한 거래 수수료가 발생하며, 실시간 가격변동으로 인해 단기 매매 시 위험이 커질 수 있다. 마지막으로 모든 ETF가 충분한 거래량을 갖추고 있는 것은 아니므로, 유동성이 낮은 상품에서는 거래가 어렵다는 점을 꼽을 수 있다.

(3) ETF 상품 구조 : 유통시장과 발행시장

ETF 시장에는 발행시장과 유통시장이 존재한다. 발행시장은 설정과 환매로 인해 ETF 수량의 변화가 발생하는 시장을 의미하고, 유통시장은 매수와 매도를 통해 ETF 소유자의 변경이 발생하는 시장이다. 발행시장에서는 기관투자가들이 대량의 ETF를 설정/환매하거나 지정참가회사(Authorized Participant, AP)의 설정과 환매가 발생하게 되고, 유통시장에서는 투자자들이 ETF를 거래함으로써 ETF의 소유권 변경이 발생하는 시장이다.

유동성공급자(Liquidity Provider, LP)는 ETF를 운용하는 자산운용사와 계약을 맺은 별도의 증권사가 담당하게 되며 ETF의 매수/매도 호가를 지속적으로 제시하여 거래가 원활하게 이루어질 수 있도록 유동성을 공급하고, 시장가격과 순자산가치의 괴리를 줄여 시장의 안정성을 유지하는 역할을 하게 된다.

그림 6-5 발행시장과 유통시장

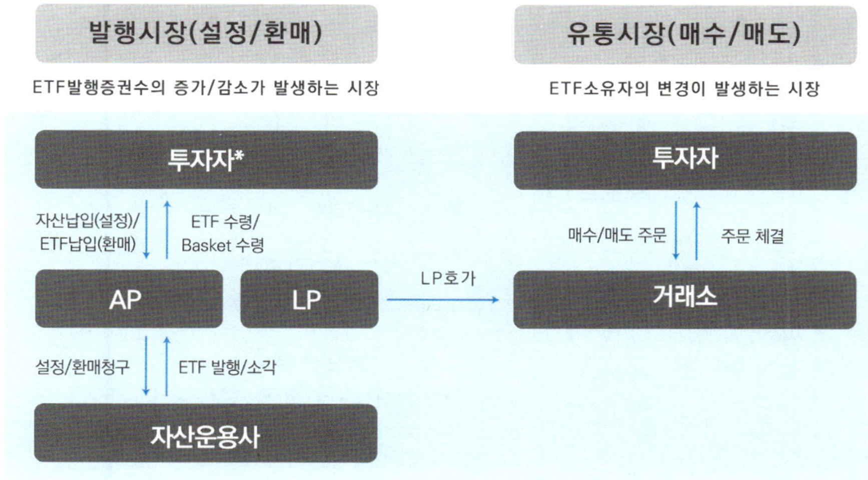

자료 : 한국거래소(KRX)
* 주로 기관투자자를 의미

(4) 퇴직연금에서의 ETF 투자

가. 퇴직연금에서의 ETF 투자

퇴직연금 제도에서 ETF 투자는 2015년 'ETF 시장 발전방안'을 통해 개인연금을 통한 ETF 투자를 허용하고, 퇴직연금이 ETF를 편입할 수 있도록 ETF 투자가능상품을 확대하였다. 또한 후속 조치로 2016년 9월에는 퇴직연금 투자 다변화를 위해 해외지수를 추종할 수 있는 합성(synthetic) ETF를 퇴직연금 운용가능 상품으로 허용하였다. 이에 따라 선물 등에 투자하는 파생형 ETF를 제외하면 대부분의 ETF가 퇴직연금에서 투자할 수 있게 됨에 따라 ETF 투자는 지속적으로 증가하고 있다. 비대면 운용지시가 점점 더 간편해지고, 투자 정보에 대한 다양한 컨텐츠 등을 통해 접근성이 좋아지면서 퇴직연금 가입자 또한 실적배당형 투자상품으로 많이 활용되던 펀드상품에서 ETF로 추세가 점차 이동하고 있는 상황이다. 한편, 연금계좌의 세제 혜택 또한 많이 알려지면서 일반계좌에서 개별주식과 ETF 등으로 투자하던 형태가 그대로 연금계좌에서도 많이 활용되고 있다. ETF로 투자 시 일반계좌 장점은 아래 표와 같다. 이러한 장점은 펀드도 동일하지만 보수, 매수/매도 소요기간, 기준가 산정방식 등의 차이 등으로 인해 점차 ETF 선호가 높아지고 있다.

표 6-11 ETF 투자 시 일반계좌와 연금계좌 과세 형태 비교

<table>
<tr><th>ETF 유형</th><th>금융소득</th><th>일반계좌 투자 시</th><th>연금계좌 투자 시</th></tr>
<tr><td rowspan="2">국내주식형*</td><td>매매차익</td><td>비과세</td><td rowspan="4">인출시점까지 과세이연</td></tr>
<tr><td>분배금</td><td>배당소득세
Min(과세대상분배금**, 과표증분) × 15.4%</td></tr>
<tr><td rowspan="2">그 외
(해외주식, 파생, 채권, TR, 액티브형 등)</td><td>매매차익</td><td>보유기간과세
Min(매매차익, 과표증분) × 15.4%</td></tr>
<tr><td>분배금</td><td>배당스득세
Min(과세대상분배금, 과표증분) × 15.4%</td></tr>
</table>

* 국내주식의 가격만을 기반으로 하는 지수의 변화를 그대로 추종하는 ETF(소득세법 시행령 제26조의2 제5항 제3호)

** 과세대상분배금 = Min(분배부 과표기준가 - 설정시 최초 과표기준가, 분배금)

나. 퇴직연금 ETF 투자 불가 상품

ETF 또한 집합투자기구의 일종으로 기본적인 투자가능 상품은 펀드와 동일하다. 따라서 DC/IRP 적립금 중 70%까지만 위험자산에 투자할 수 있다. 이에 따라 ETF의 경우에도 편입된 자산에 따라 위험자산에 대한 투자가 최대 70% 또는 100% 가능하거나, 투자가 아예 불가능한 ETF도 존재한다. 예를 들어 주식 편입 비중이 40%를 초과하는 ETF의 경우에는 적립금의 70% 한도로 투자하고, 국채 또는 우량 회사채 지수를 추종하는 채권형 ETF의 경우에는 100% 투자가 가능하다. 파생형 상품 중 선물에 투자하는 선물투자 ETF 또는 레버리지/인버스 ETF는 투자할 수 없다. 다만, 합성형 ETF의 경우 일부 투자가 가능하므로 투자 시 선물/합성형을 확인한 후 투자해야 한다. 퇴직연금 감독규정 제9조(증권 및 기타 적립금 운용방법의 종류 등)에서는 금융투자업규정 제4-54조의 규정에 의해 산정된 위험평가액이 집합투자기구 자산총액의 100분의 40을 초과할 경우 퇴직연금제도에서 투자가 불가능한 자산으로 규정하고 있다. 다만, 국내시장에 상장된 ETF 중 지수추종을 위해 장외파생상품을 중요한 운용수단으로 할 경우 위험평가액이 집합투자기구 자산총액의 100%까지 투자를 허용하고 있다.

금융투자업 규정
[시행 2025.9.23] [금융위원회고시 제2025-24호, 2025.9.23, 일부개정]

제4-54조【위험평가액 산정방법】 ① 법 제81조 제1항 제1호 마목에 따른 파생상품의 매매에 따른 위험평가액은 장내파생상품 또는 장외파생상품의 거래에 따른 명목계약금액으로 하며, 그 명목계약금액은 다음 각 호의 방법으로 산정하되 승수효과(레버리지)가 있는 경우 이를 감안하여야 한다.

1. 법 제5조 제1항 제1호의 파생상품 : 기초자산(자산의 가격이나 이를 기초로 하는 지수인 경우에는 지수를 말한다. 이하 이 조에서 같다)의 가격에 거래량(계약수)과 승수를 곱하여 산정한다.
2. 법 제5조 제1항 제2호의 파생상품(이하 "옵션"이라 한다)은 다음 각 목을 명목계약금액으로 한다.
   가. 옵션매수 : 기초자산 가격에 계약수와 승수 및 델타(기초자산 가격이 1단위 변화하는 경우 옵션가격 변화)를 각각 곱한 금액(이하 "델타위험액")
   나. 옵션매도 : 델타위험액에 추가로 델타 변화에 따른 위험액(이하 "감마위험액")과 기초자산 변동성 변화에 따른 위험액(이하 "베가위험액")을 모두 합산한 금액. 이 경우, "감마위험액" 및 "베가위험액"은 제3-21조 제4항 및 제5항에 따라 금액을 산정한다.
3. 법 제5조 제1항 제3호의 파생상품(이하 "스왑"이라 한다)은 다음 각목을 명목계약금액으로 한다.
   가. 서로 다른 통화를 교환하는 거래(통화스왑) : 지급하기로 한 통화의 명목원금
   나. 고정금리와 변동금리를 교환하는 거래(금리스왑) : 고정금리를 지급하는 경우 만기까지 지급하기로 한 금전총액, 변동금리를 지급하는 경우 만기까지 지급할 것으로 예상되는 금전총액의 시가평가금액
   다. 준거자산의 신용사건 발생 여부에 따라 금전 등을 교환하는 거래(신용부도스왑) : 보장매수자의 경우 지급하기로 한 금전총액, 보장매도자의 경우 신용사건 발생시 지급하기로 한 명목금액
   라. 준거자산의 수익을 교환하는 거래(총수익스왑) : 수취하기로 한 금전총액이 부(-)의 값을 가지는 경우 지급하기로 한 금전총액과 수취하기로 한 금전총액의 절대값을 더한 금액, 수취하기로 한 금전총액이 양(+)의 값을 가지는 경우 지급하기로 한 금전총액
   마. 가목~라목 외 기초자산의 교환을 포함하는 거래 : 기초자산가격에 거래상대방에게 만기까지 지급하기로 한 금전총액을 더한 금액
   바. 가목~라목 외 기초자산을 제외한 금전만 교환하기로 한 거래 : 거래상대방에게 만기까지 지급하기로 한 금전총액
4. 그 밖의 거래 : 제1호부터 제3호까지의 파생상품거래가 혼합된 경우에는 제1호부터 제3호까지의 방법을 준용하여 산정한다. 다만, 만기손익구조의 최대손실금액이 제한되어 있는 합성거래의 경우에는 그 최대손실금액을 명목계약금액으로 할 수 있다.

5. 제1호부터 제4호까지에 불구하고 장외파생상품 거래시 금융감독원장이 인정하는 경우 거래 당사자간에 거래체결시 합의하는 명목원금으로 산정할 수 있다. 이 경우 기초자산의 가격변화를 감안하여야 한다.
6. 제3호에도 불구하고 같은 호 라목의 총수익스왑 또는 이와 유사한 거래를 통해 사실상의 차입과 같은 효과가 있는 경우로서 법 제249조의7 제1항 제1호에 따른 위험평가액을 산정할 때에는 준거자산의 취득가액을 위험평가액에 포함한다.

② 제1항에 불구하고 집합투자업자는 다음 각 호의 어느 하나에 해당하는 방법으로 명목계약금액을 산정할 수 있다.

1. 「주식회사의 외부감사에 관한 법률」 제13조 제1항 제2호에 따른 회계기준상 위험회피회계의 적용대상이 되는 거래 : 명목계약금액 산정대상에서 제외하는 방법
2. 파생상품 거래가 다음 각목의 요건을 충족한다고 금융감독원장이 지정한 거래 : 금융감독원장이 정하는 조정값을 반영하여 위험평가액을 감액하는 방법
   가. 입증가능한 위험 감소가 있을 것
   나. 동일 기초자산군과 관련될 것
   다. 정상적이지 않은 시장 상황에서도 유효하게 적용될 것
   라. 수익창출 목적의 거래가 아닐 것
   마. 파생상품과 관련된 위험이 상쇄될 것
3. 기초자산이 동일(발행인이 동일하고 잔존만기의 차이가 1년 이내인 채무증권의 경우에는 이를 동일한 기초자산으로 본다)하고 가격의 변화방향이 반대인 파생상품 거래(거래상대방이 다른 장외파생상품 거래는 제외한다) : 각각의 위험평가액을 기준으로 상계한 후 잔여 명목계약금액을 위험평가액으로 산정하는 방법

③ 제2항에 따라 명목계약금액을 산정한 경우에는 이를 입증할 수 있는 근거자료를 보관·유지하여야 한다.

④ 법 제81조 제1항 제1호 바목의 동일법인 등이 발행한 증권의 가격변동으로 인한 위험평가액은 제1항 및 제2항에 따라 평가한 파생상품 매매에 따른 위험평가액 중 동일법인 등이 발행한 증권의 가격변동으로 인한 파생상품 매매에 따른 위험평가액으로 한다.

⑤ 법 제81조 제1항 제1호 사목의 거래상대방 위험평가액은 동일 거래상대방 기준으로 장외파생상품 매매 거래의 만기까지 거래상대방의 부도 등으로 인하여 발생할 수 있는 최대손실에 대한 추정금액(거래상대방으로부터 당해 거래와 관련하여 담보를 제공받은 경우에는 그 담보가치를 차감한 금액을 말한다)을 말한다. 이 경우 당해 거래로 인하여 지급받기로 한 금액과 지급하기로 한 금액간에 상계한다는 내용의 계약이 있는 경우에는 상계한 후 거래상대방으로부터 지급받을 것으로 평가(법 제238조에 따른 평가를 말한다)되는 총 금액으로 산정한다.

⑥ 제5항에 따라 담보가치를 차감하는 경우에는 가치산정이나 담보권 행사를 통한 채권회수가 곤란한 자산을 담보로 받아서는 아니 되며 공정가액 등을 고려하여 합리적으로 담보사정가격을 산정하여야 한다.

Chapter

03

퇴직연금 자산배분

KEY POINT

- DC/IRP 제도 : 개인별 은퇴 목표와 위험 성향에 맞춘 GBI(Goal Based Investing) 전략이 필요하며, 은퇴 시점의 목표 적립액을 설정하고 자산배분 및 시뮬레이션을 통해 지속적으로 조정해야 함
- DB 제도의 ALM : 기업이 퇴직급여 지급 의무와 부채 변동성에 노출되므로 ALM(자산부채관리)을 통해 적립비율 관리, 유동성 확보 등을 중심으로 안정성을 우선한 운용이 이루어져야 함
- DB 운용관리 : IPS(운용원칙서) 작성 의무, 부채 · 자산 분석, 목표수익률 설정, 리스크 관리 및 정기적 리밸런싱을 통해 장기적 재무 건전성과 퇴직급여 지급 안정성을 확보해야 함

1. DC/IRP 적립금 자산배분

1) GBI(Goal Based Investment)

투자에 대한 의사결정을 가입자가 직접 내리는 DC제도 하에서는 가입자별로 상이한 위험회피성향을 고려한 투자목표를 달성하기 위한 투자전략이 필요하다. 이에 따라 DC/IRP 제도와 관련된 투자전략에 대한 연구는 개인의 다양한 투자목표를 고려한 투자 방식인 GBI(Goal Based Investing) 개념까지 발전해 오면서, 개인마다 다른 위험감내도 및 투자목표를 고려한 자산운용방식에 대한 연구가 지속적으로 진행되어 왔다. 퇴직연금제도의

GBI 전략은 결국 목표 시점인 은퇴시점까지의 자산배분 전략으로 귀결될 수 있을 것이다. 이에 따라 DC/IRP 제도 자산배분 전략을 수행함에 있어서 은퇴시점의 적립목표를 수립하는 것이 가장 먼저 진행되어야 한다.

2) 퇴직연금 적립금의 GBI 전략

은퇴시점의 적립목표는 다음과 같은 사항의 고려가 필요하다.

① 투자기간과 은퇴기간 설정 : 은퇴시점까지 남은 투자 가능기간과 은퇴시점 이후 자금 인출기간을 설정한다. 평균 수명과 건강, 은퇴 시점 등의 요소를 고려해 자금이 필요한 기간을 산정한다.

② 은퇴 후 필요한 생활비 추정 : 인플레이션을 고려해 은퇴시점 이후 월별·연간 지출(생활비, 주거비, 의료비, 여가비 등)을 구체적으로 산정한다.

③ 은퇴시점에 필요한 적립액 추정 : 물가상승률과 투자수익률을 반영하여 은퇴 후 필요한 생활비를 은퇴시점의 현가로 모두 할인해 은퇴시점의 목표 적립액을 설정한다.

④ 목표수익률 설정 : 은퇴시점의 목표 적립액을 계산한 후, 현재 시점에서 보유하고 있는 은퇴 준비자산과 비교해 남은 투자기간동안 달성해야 할 수익률을 산출한다.

⑤ 투자계획 수립 : 목표 자산 규모와 투자 기간 등을 활용해 산출한 목표수익률을 달성하기 위한 자산배분 전략을 수립한다. 이 과정에서 물가상승률, 자산과 포트폴리오의 변동성 등을 함께 고려해야 한다.

⑥ 주기적 리밸런싱 : 시장 상황 변화와 개인의 자산 현황에 따라 목표수익률을 주기적으로 재검토하고, 필요시 목표를 조정한다.

이상의 과정은 퇴직연금 실적배당형 상품 중 하나인 TDF(Target Date Fund)의 설계원리와 대부분 동일하다. 다만, 공모펀드인 TDF는 개개인의 재무상태, 적립목표, 위험성향 등을 반영하지 못한다는 한계점을 가지고 있다. 이러한 TDF를 개인의 상황에 따라 맞춤형으로 진화시키게 되면 이것이 DC/IRP에서의 GBI 전략으로 이해할 수 있다.

3) DC/IRP 맞춤형 자산배분 사례 – Robo Advisor

(1) Robo-advisor 정의[69)]

로보어드바이저는 robo와 advisor의 합성어로서 로보는 자동화(automation), 어드바이저는 법적으로 금융자문(financial advice)를 제공하는 자를 의미한다. 따라서 로보어드바이저는 자동화된 금융자문 도구로 이해될 수 있다. 로보어드바이저는 자동화된 자산관리 서비스를 체계적으로 제공하는 것을 목적으로 하고 있기 때문에 사전에 설계된 알고리즘(algorithm)을 사용한다. 사전에 설정된 알고리즘에 따라 고객의 성향을 분석하고 적절한 포트폴리오(또는 상품) 제공 과정을 자동화해 자문서비스를 제공하게 된다.

(2) Robo-Advisor 시장 현황

미국을 중심으로 한 글로벌 로보어드바이저 시장은 자산관리서비스(Wealth Management) 시장에서 활용되어 왔으나, 퇴직연금 운용시장으로 그 영역이 확산하는 추세에 있다. 글로벌 로보어드바이저 시장 규모(AUM)는 2020년 975억 달러에서 2024년 10월 1.8조 달러로 크게 증가했으며, 2029년에는 2.4조 달러에 이를 것으로 전망하고 있다. 이렇게 로보어드바이저 시장이 성장하게 된 배경은 규제 변화, 금융시장 구조, 기술 발전 등의 흐름이 복합적으로 작용한 데서 기인한다[70)]. 소비자들은 서비스에 대한 투명성에 대한 요구와 함께 자문 비용에 민감하게 반응하게 되었고, 비대면 금융거래가 보편화되면서 모바일 · 온라인 채널을 통한 편리한 투자자문 수요가 증가하였다. 그 결과 저비용 · 기술기반 투자자문 모델인 로보어드바이저가 빠르게 확산했으며, 접근성, 효율성 개선과 낮은 수수료를 바탕으로 개인 맞춤형 투자 서비스를 제공하기 시작했다. 초기에는 순수 로보어드바이저 업체들이 시장을 주도했으나, 최근에는 기존 대형 금융회사들이 강한 브랜드 인지도와 기존 고객 네트워크를 활용해 자체적으로 로보어드바이저 서비스를 개발하거나 IT 기업과의 협업을 통해 가격 경쟁력으로 시장에 대응하고 있다[71)].

---

69) 「국내 로보어드바이저 현황과 성과 분석」, 자본시장연구원(2021)
70) 「퇴직연금 로보어드바이저 일임서비스 도입의 기대효과와 시사점」, 자본시장연구원(2025)
71) 「로보어드바이저를 활용한 퇴직연금 자산관리 사례 및 시사점」, 자본시장연구원(2018)

국내 로보어드바이저 시장도 2016년 금융당국의 테스트베드 도입 이후, 알고리즘 인증을 받은 다양한 금융기관과 핀테크 기업이 투자자문 및 자산운용 서비스를 제공 중에 있다. 2023년 6월 투자자 보호를 위한 사후 운용심사 도입 후, 이에 부담을 느낀 일부 로보어드바이저 업체들이 서비스를 중단하며 시장이 크게 축소되었으나 이후 다시 회복세가 이어지고 있으며, 로보어드바이저 관련 규제환경이 개선되고 코로나19 이후 MZ 세대를 중심으로 비대면 투자 수요가 확대되면서 국내 로보어드바이저 운용 금액과 계약자 수는 지속적으로 증가하는 추세이다. 2025년 3분기를 기준으로 RA 계약자 수는 35.5만 명에 이르고 있다.

표 6-12 업종별 계약자 수 추이 (단위 : 명)

	2017	2019	2021	2023	2024	2025.9
증권사	2,604	6,492	1,107	1,173	2,850	4,805
자산운용사	32	2,036	56,220	116,053	259	215
자문일임사	143	85	16,832	29,411	159,351	176,897
은행	35,928	121,404	227,282	145,895	163,854	173,488
합계	38,707	130,017	301,441	292,532	326,314	355,405

표 6-13 업종별 운용금액 추이 (단위 : 억)

	2017	2019	2021	2023	2024	2025.9
증권사	19.9	56.0	55.3	55.3	140.1	268.5
자산운용사	3.4	43.4	1,050.1	1,340.4	15.7	12.5
자문일임사	40.1	4.3	526.3	1,186.3	3,321.9	4,331.1
은행	4,156.1	9,498.0	16,792.7	4,997.1	5,796.6	6,227.8
합계	4,219.5	9,601.7	18,424.4	7,579.1	9,274.3	10,899.9

(3) 퇴직연금 시장의 Robo-advisor

퇴직연금제도에서 로보어드바이저는 원리금보장형에 쏠려 낮은 수익률을 보이고 있는 상황을 개선하기 위해 2024년 12월 퇴직연금 로보어드바이저 일임서비스를 혁신금융서비스로 지정하면서 도입되었다. 코스콤에 설치된 로보어드바이저 테스트베드 심사를 통과한 알고리즘을 통해 투자자 성향에 따른 맞춤형 포트폴리오를 자동 생성하고 그에 따라 개인형퇴직연금(IRP) 적립금을 운용지시하는 서비스로 설계되었다. 기존 IRP의 경우 가입자가 적립금 운용지시를 직접 해야 했지만, 퇴직연금 로보어드바이저 일임서비스를 이용할 경우 가입자를 대신해서 알고리즘이 운용지시를 자동으로 하게 된다.

가입한도는 IRP계좌당 연간 900만 원이며 매년 900만 원씩 증액된다. 일임계약이 체결되지 않은 잔존 한도는 다음 해로 이월[72]이 가능하다. 만약 퇴직연금사업자와 제휴한 복수의 일임업자와 IRP계좌에서 일임계약을 체결하는 경우 운용지시하는 다수 로보어드바이저의 일임 합산액이 가입한도를 초과하지 않는 범위에서 이용이 가능하다. 또한 하나의 IRP계좌에서 가입자가 직접 운용하는 방식과 로보어드바이저가 일임운용하는 방식을 혼용할 수 있다.

그림 6-6 퇴직연금 로보어드바이저 일임 서비스 절차

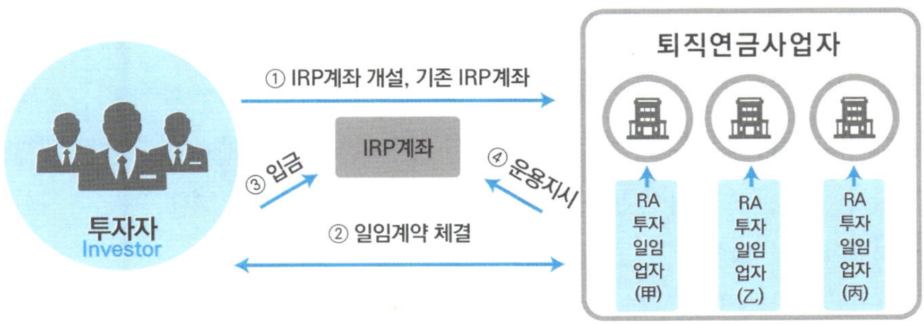

72) (예시) 1년차 한도 900만 원(일임 체결금액 500만 원) → 2년차 한도 1,300만 원(2년차 900만 원+잔존한도 400만 원)

퇴직연금 로보어드바이저 서비스가 개시됨에 따라 전문성 있는 자산운용 서비스를 합리적인 비용으로 이용할 수 있게 되어 가입자 편의성이 제고될 전망이다. 또한, 직장생활 등으로 퇴직연금 운용에 신경 쓰지 못했던 가입자들도 퇴직연금 적립금의 운용을 로보어드바이저에게 일임할 수 있게 되면서 운용 부담을 덜 수 있게 됨에 따라 장기적으로 IRP 가입자의 실적배당형 상품 투자가 확대되어 퇴직연금 수익률 제고 및 근로자의 노후 소득 보장에도 기여할 것으로 기대하고 있다.

2. DB 적립금 자산배분

DC 및 IRP 제도는 가입자 별로 운용 책임이 귀속되므로, 부채의 변동성이나 적립비율 관리에 대한 부담이 없다. 사용자는 본인의 투자 성향에 따라 자산을 선택하고, 운용 결과에 따른 책임도 본인이 진다. 즉, DC/IRP는 부채 관리가 필요 없으며, 적립금의 증감이 곧 연금 수령액에 직접적으로 반영된다.

이와는 달리 DB제도 적립금 운용은 부채 변동성 관리와 적립비율 관리 측면에서 DC/IRP와 명확히 구분된다. DB제도는 기업이 미래에 지급해야 할 연금 부채의 변동성에 노출되므로 운용 과정에서 부채의 변동성 관리에 중점을 둔다. 이를 위해 ALM(자산부채종합관리) 전략을 활용해 시장 금리, 임금 상승률, 기대수명 변화 등에 따른 부채의 변동에 대응하거나 만기가 확정된 채권 등의 자산 투자를 통해 미래 현금흐름에 대비한다. 부채 변동성이 커질 경우, 자산 배분을 조정하거나 헤지 전략을 도입해 부채와 자산 간의 연동성을 최대화하려 노력한다.

DB 적립금 자산배분 프로세스는 투자 목표를 정하고 목표달성을 위한 투자전략을 수립한다는 관점에서 근본적으로는 DC/IRP와 동일하다, 다만 DB 제도에서는 적립비율 관리가 핵심적인 목표가 된다. 적립비율은 적립금이 현재 추정 부채 대비 어느 정도 충족되는지를 나타내는 지표로, 적립비율이 100%일 경우 부채만큼의 자산을 보유하고 있음을 나타낸다. 반면 적립비율이 하락하면 추가적인 적립이 필요하게 된다. 따라서 운용자는 수익률 극대화보다는 부채의 변동에 따라 적립비율이 급격히 하락하지 않도록 안정성을 우선시하여 운용해야 한다. 시장 변동성 확대로 인해 적립비율 변동성 또한 커질 경우 기업의 고유자금 등을 동원해 적립비율을 상향시켜야 하므로 기업의 재무적 관점에서 부담이 될 수 있다. 다음 절부터는 DB 적립금 자산배분의 절차와 방향성에 대해 다룬다.

1) IPS 작성

IPS(Investment Principle Statement)는 퇴직연금 DB제도에서 운용의 원칙과 기준을 명확하게 설정하기 위해 반드시 마련해야 하는 핵심 문서를 의미한다. 2022년 4월 퇴직급여법 개정을 통해 300인 이상의 DB제도 도입 사업장에서는 적립금운용위원회를 구성하고, 적립금운용계획서(IPS)를 작성하여 이에 근거한 적립금 운용을 명기하도록 정하고 있다. 만약 적립금운용계획서를 작성하지 않은 경우 1차, 2차, 3차 이상 위반 시 각각 100만, 200만, 500만 원의 과태료가 부과된다. 또한 적립금 부족을 해소하지 않을 경우 과태료는 최대 1,000만 원까지 부과될 수 있다.

적립금운용위원회는 퇴직연금 담당 임원을 위원장으로 하여 5~7명 이내로 구성된다. 최소 적립금 미달 사업장은 ① 근로자대표, ② 퇴직연금 업무 부서장, ③ 퇴직연금 및 자산운용에 경험이 있거나 전문 지식을 가진 사람 1명 이상을 위원회에 포함해야 한다.

사용자는 적립금운용위원회 심의를 거친 적립금운용계획서에 따라 적립금을 운용해야 한다. 이 경우 적립금운용계획서는 아래와 같은 적립금 운용관리에 관한 사항을 포함하여 매년 1회 이상 작성해야 한다.

① 적립금 운용계획서 적용 범위, 위원회 구성 및 운영에 관한 사항

② 적립금 운용목적 및 목표수익률

③ 적립금 운용 방법(자산배분정책, 투자가능상품 포함)

④ 적립금 운용성과에 대한 평가

⑤ 적립금 운용 담당자의 의무 등

2) 자산/부채분석

DB 제도에서 자산/부채분석은 미래에 발생할 퇴직급여 지급 의무의 규모와 시기를 정확하게 예측하고, 이에 대응하는 자산배분전략을 효과적으로 수립하기 위해 필요한 절차이다. 부채는 근로자 수, 연령 구조, 근속 연수, 임금 수준 등 다양한 인구통계학적 요인과 경제적 변수에 의해 지속적으로 변화하므로, 장기적인 관점에서 부채의 변동성을 체계적으로 관리하는 것이 중요하다. 또한 이러한 부채분석과 더불어 자산분석 또한 병행되어야만 목표수익률을 설정할 수 있다. 연간 기여금의 변동성이 클 경우 추가기여금으로 인해 기업재무적으로도 영향을 미칠 수 있기 때문이다. 만약 부채가 크게 증가할 것으로 예상되고 있는데, 기여금을 증액시킬 수 없다면 목표수익률을 상향시키는 운용전략을 수립해야 할 것이다.

(1) 가입자(근로자) 구조 변화 추정

부채분석을 위해서는 우선 미래 근로자 구조의 변화를 추정해야 한다. DB 제도 가입자 수에 따라 부채의 규모는 달라지게 되므로 미래에 DB 제도 가입자 추정치에 따른 부채의 변화를 추정할 수 있다. 또한 미래 부채 변동성을 고려한 자산배분전략 수립이 가능하다. 이를 위해 다양한 변수가 고려되어야 하며 크게 인사적 요소와 재무적 요소 두 가지로 구분하여 추정에 반영하게 된다.

먼저 인사 관련 요소는 신규 채용, 퇴직, 승진, 이직 등 인력 이동 양상을 분석하고, 향후 몇 년간 근로자 수와 연령별 분포가 어떻게 변할지 예측한다. 인사 관련 요소는 금융기관의 계량적 추정보다는 사용자의 인사정책이 중요한 변수이므로 정성적으로 반영하는 것이 일반적이다. 만약 정성적 판단이 어렵다면, 합리적으로 판단되는 가정을 수립하여 추정하는 것이 최선의 방법일 것이다. 이때 다음과 같이 가정할 수 있다.

① **정년퇴직 근로자가 발생할 경우 특정 연령의 직원이 추가로 유입된다.**
예를 들어 $t+1$ 시점에 55세에 도달해 제도 탈퇴가 n명 발생할 경우 해당 근로자를 대체하여 평균 신입/경력 입사자의 연령/급여를 적용해 n명이 추가로 유입된다고 가정한다.

② **현재 시점에서 연령별 가입자 구조가 매년 동일하게 유지된다고 가정한다.**
즉, 매년 현시점의 연령별 가입자 수가 그대로 유지된다고 가정한다.

그림 6-7 현재시점(t) 근로자 구조 및 1년 뒤(t+1) 근로자 구조의 변화(예)

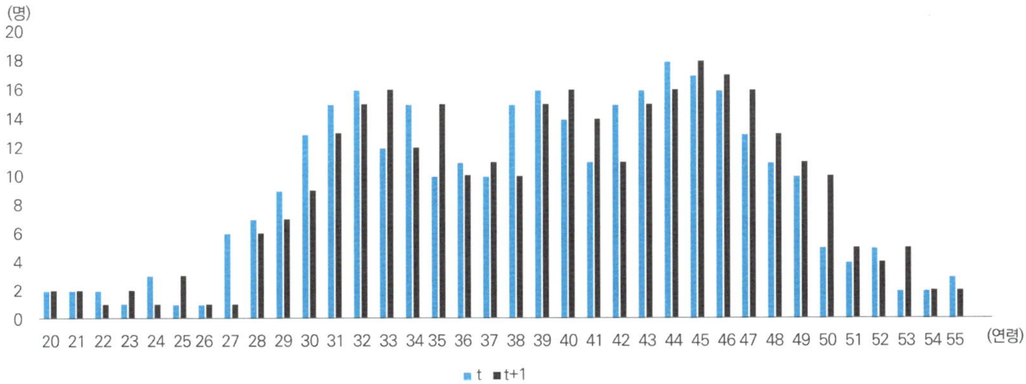

(2) 할인율(금리) 추정

다음으로, 할인율(금리) 변동에 따른 부채 가치의 변화를 평가한다. 부채 할인율은 재정검증 관점에서의 할인율과 회계기준 측면에서의 할인율로 나누어진다.

재정검증 관점의 할인율과 관련하여 퇴직급여법 제16조 제1항 제1호의 계속기준책임준비금은 보험수리적 방법에 의한 산출방식으로서 임금상승률, 승급지수, 할인율 등과 같은 재무적 가정과 사망・퇴직률 등의 인구 통계적 가정이 필요하다. 이 중 할인율이 계속기준책임준비금 산정에 가장 큰 영향을 미치게 되며 실무상 재정건전성에 사용되는 할인율은 직전 사업 연도 말 기준 10년 만기 국고채의 36개월 평균수익률을 0.25% 단위로 반올림하여 사용하고 있다.

K-IFRS에서 사용되는 할인율은 보고기간 말 현재 우량 회사채의 시장수익률을 참조하여 결정하며 만약 회사채의 두터운 거래시장(Deep Market)이 없는 경우에는 보고기간 말 현재 국공채의 시장수익률을 사용한다.

표 6-14 할인율(재정검증 vs. K-IFRS)의 비교

구분	재정검증	K-IFRS 회계기준
부채 산출 목적	부담금 산출 및 재정건전성 검증	재무제표 작성, 퇴직급여비용 및 부채 산출
주관기관	고용노동부/금융감독원	국제회계기준위원회(IASB)
부채평가	Max(계속기준책임준비금, 비계속책임준비금)	퇴직연금 재정건전성 평가의 계속기준책임준비금과 동일한 방식
부채할인율	10년 만기 국고채의 36개월 평균	원칙 : 결산일 현재 우량회사채의 시장수익률 ※예외 : 우량회사채의 두터운 시장이 없는 경우 국고채 수익률 사용
자산평가	사업연도 말 직전 3개월 시가평균 (단, 원리금보장상품은 공정가치 평가)	공정가치(Fair Value)

자료 : 최경진 외(2013)

부채연계 자산배분 관점에서 K-IFRS의 경우 현재 시점의 우량회사채 시장수익률을 사용하기 때문에 시장에 존재하는 우량회사채들로 자산을 구성할 경우 이론적인 면역화(Immunization) 전략을 구사하는 것이 가능하다. 그러나 재정검증 할인율(10년 만기 국고채 36개월 평균)은 실무에서 ALM 전략을 실행하기 어렵다는 문제가 존재한다. 재정검증 할인율의 경우 시장에 10년 만기 국고채는 존재할 수 있으나 과거 36개월 평균 수익률을 매칭할 수 있는 자산은 없다는 점에서 이론적인 ALM 전략 사용은 불가능하며, 대안적인 방안이 필요하다. 다만, 미래 할인율 추정에 있어 과거의 국고채 수익률이 바탕이 된다는 점에서 1~2년 뒤의 할인율은 어느 정도 예측 가능하다는 점을 활용하여 자산배분 전략을 수립하는 것이 합리적이다.

미래 금리 변화는 정확한 예측이 불가능한 만큼 금리 시나리오를 생성해 다양한 할인율 시나리오 하에서의 부채를 산출하여 최적의 자산배분안을 선택하게 된다. 이때 할인율은 확률론적 금리 모델을 사용해 미래의 금리 경로를 여러 경로로 예측하고, 각 경로별로 부채 수준의 변화에 맞춘 자산배분안을 수립한다.

그림 6-8 금리 시나리오 산출 예

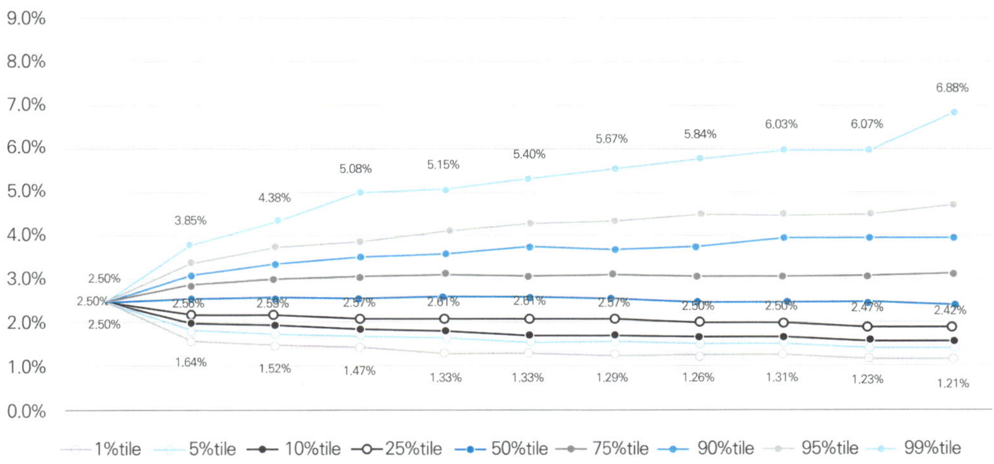

(3) 임금상승률 추정

임금상승률의 경우에도 사용자의 HR 관점에서의 정성적 판단이 필요하다. 다만, 정량적인 추정에 있어 물가상승률과 임금상승률의 관계 등을 고려할 때 각종 데이터베이스에서 취합 가능한 CPI 전망치 등을 활용해 임금상승률을 추정하고, 이를 정성적으로 보정하는 방법 등을 활용할 수 있다.

예를 들어 각 사업장의 임금상승률과 물가상승률 간의 스프레드를 산출한 후, 이를 미래 물가상승률 전망치에 가산하여 임금상승률 전망치를 산출한다. 그리고 전망치를 감안하여 목표수익률을 설정해 자산배분전략을 수립한다.

표 6-15 임금상승률 추정 프로세스(예)

과거 CPI와 임금상승률 차이 (과거 10년 평균)				미래 임금상승률 추정 (현재 + 과거 CPI 스프레드)		
연령군	물가상승률	임금상승률	차이	연령군 (Cohort)	물가상승률 추정치	임금상승률 추정치
20~24세	2.5%	5.10%	2.60%	20~24세	2.0%	4.60%
25~29세		4.90%	2.40%	25~29세		4.40%
30~34세		3.80%	1.30%	30~34세		3.30%
35~39세		3.50%	1.00%	35~39세		3.00%
40~44세		3.10%	0.60%	40~44세		2.60%
45~49세		2.90%	0.40%	45~49세		2.40%
50~54세		2.20%	-0.30%	50~54세		1.70%
55~59세		2.00%	-0.50%	55~59세		1.50%

(4) 부채변수 시나리오를 바탕으로 한 부채성장시나리오 구축

부채 산출에 중요한 영향을 미치는 DB 가입자별 임금 및 근속연수 데이터, 금리 시나리오, 할인율, 임금상승률 시나리오를 결합한 후, 각 기업별 정책을 최종적으로 반영하게 되면 향후 해당 기업의 부채 성장 시나리오를 작성할 수 있다. 기업별 정책의 경우 누진제 적용 여부, 향후 DC 전환율을 포함한 탈퇴율 시나리오 등을 반영할 수 있다.

부채 산출은 예측단위적립방식(PUC)에 의해 산출된 계속책임준비금을 의미하며 퇴직급여법에서는 아래와 같이 정의하고 있다.

근로자퇴직급여보장법

제16조【급여 지급능력 확보 등】

① 확정급여형퇴직연금제도를 설정한 사용자는 급여 지급능력을 확보하기 위하여 매 사업연도 말 다음 각 호에 해당하는 금액 중 더 큰 금액(이하 "기준책임준비금"이라 한다)에 100분의 60 이상으로 대통령령으로 정하는 비율을 곱하여 산출한 금액(이하 "최소적립금"이라 한다) 이상을 적립금으로 적립하여야 한다. 다만, 제14조 제2항에 따라 해당 퇴직연금제도 설정 이전에 해당 사업에서 근로한 기간을 가입기간에 포함시키는 경우 대통령령으로 정하는 비율에 따른다.

1. 매 사업연도 말일 현재를 기준으로 산정한 가입자의 예상 퇴직시점까지의 가입기간에 대한 급여에 드는 비용 예상액의 현재가치에서 장래 근무기간분에 대하여 발생하는 부담금 수입 예상액의 현재가치를 뺀 금액으로서 고용노동부령으로 정하는 방법에 따라 산정한 금액
2. 가입자와 가입자였던 사람의 해당 사업연도 말일까지의 가입기간에 대한 급여에 드는 비용 예상액을 고용노동부령으로 정하는 방법에 따라 산정한 금액

임금상승률 및 탈퇴율 등을 상수로 가정하면, 금리 시나리오의 개수만큼의 부채성장 시나리오를 작성할 수 있다. 부채에 영향을 미치는 요소는 할인율, 임금상승률, 탈퇴율 등 다양한 변수가 있다. 따라서 이러한 시나리오들을 다양하게 반영할수록 부채 시나리오는 증가하게 되며, 분석의 복잡성도 올라가게 되므로 시나리오를 적정한 숫자로 조절하여야 한다.

(5) 자산분석 : 적립비율 및 기여금 추정

부채 분석을 통해 미래 부채 성장 시나리오를 작성하게 되면, 자산 성장시나리오도 설계해야 한다. 궁극적으로 적립비율 안정화라는 DB 자산배분전략을 수립하기 위해서는 자산과 부채의 성장시나리오가 모두 필요하기 때문이다. 자산의 경우 향후 기업의 기여금 정책 및 자산의 수익률, 퇴직연금 지급액(DC전환) 등이 중요한 영향을 미치게 된다.

① 자산별 중장기 기대수익률(Capital Market Assumption)

자산별 수익률은 부채의 변동성을 고려한 자산배분 전략 수립을 위해 반드시 필요한 핵심변수이다. 예를 들어, 주식의 기대수익률이 높을 경우 목표수익률 달성에 필요한 주식비중이 감소하게 되고 반대로 기대수익률이 낮을 경우 주식비중이 증가하게 된다. 따라서 전략적 자산배분안 수립 시 중장기 기대수익률은 글로벌 경제전망 등 대내외 변수와 맞물려 신중하게 추정되어야 한다.

이에 따라 중장기 자산군별 기대수익률이 포함된 Capital Market Assumption(자본시장가정)은 전략적 자산배분안을 수립하는 글로벌 IB, 운용사, 증권사 등이 자체 모형 등을 보유하고 있다. 주식, 채권, 대체투자 등 각 자산군별 중장기 기대수익률을 산출하는 방법은 각 사마다 차이가 있고 이에 따라 기대수익률 추정치가 상이하기 때문에 각 사별 추정 방법론 등이 합리적인 추정치인지를 판단해야 한다.

글로벌 운용사인 BlackRock의 경우 아래 그림과 같이 자산군별 향후 10년의 연환산 기대수익률 및 변동성을 추정하여 공개하고 있다.

그림 6-9 Capital Market Assumption 사례

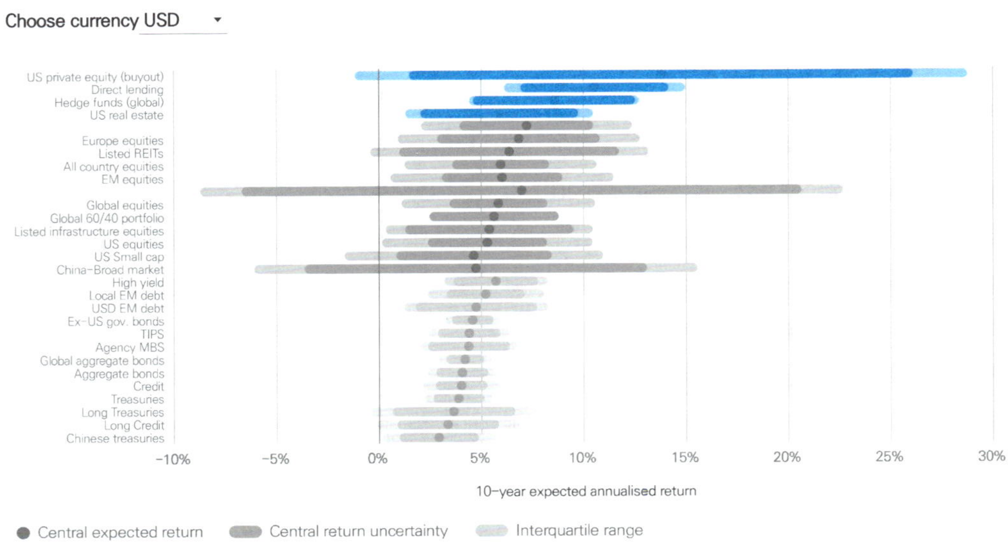

자료 : BlackRock(https://www.blackrock.com/)

② 기여금 시나리오

기업이 최소적립비율을 달성하기 위해 납입하는 기여금를 향후 얼마나 납입할 지에 대한 시나리오도 자산배분안 수립에 매우 중요한 변수이다. 향후 기여금을 많이 납입할 것으로 예상되는 경우 목표수익률이 높지 않아도 적립비율을 유지할 수 있고, 반대로 기여금을 적게 납입할 것으로 예상되는 경우 목표수익률을 상향시켜야 하기 때문이다. 목표수익률의 변동은 곧 자산배분안의 변동을 의미하며, 기업의 적정 수준의 위험을 감내하면서 투자 의사결정을 하기 위해서는 향후 기여금 납입 수준 도한 합리적 수준에서 가정되어야 한다. 따라서 기여금 시나리오를 현재와 동일한 수준 유지 또는 과거 평균, 또는 사용자의 정책적 의지를 반영한 시나리오를 반영해야 한다.

③ 자산 평가액

자산 평가액은 퇴직급여법과 IFRS가 상이하게 규정되어 있다. IFRS의 경우 평가 시점의 시가평가액을 기준으로 하고 있지만 퇴직급여법의 경우 시행규칙에 의해 산출방식이 지정되어 있으며 아래와 같다. 따라서 ALM 전략 수립시 엄밀한 의미에서는 자산의 평가액을 퇴직급여법 상의 평가액 산정방식으로 재계산하여 시뮬레이션해야 한다.

근로자퇴직급여보장법 시행규칙

제6조【적립금의 산정】

법 제16조 제2항 본문에 따라 확정급여형퇴직연금제도의 운용관리업무를 수행하는 퇴직연금사업자는 다음 각 호의 방법에 따라 적립금을 산정하여야 한다.

1. 매 사업연도 말 직전 12개월간의 시가(時價) 평균에 따른 금액으로 산정할 것. 이 경우 산정된 금액이 사업연도 말 현재 시가에 따라 산정된 금액의 100분의 90 이하 또는 100분의 110 이상이 될 때에는 각각 100분의 90 또는 100분의 110으로 산정할 것
2. 제1호에도 불구하고 손실이 확정되었거나 예금·적금 등 특정 시점까지 시간이 지나면서 자산가치가 일정하게 상승하는 운용방법의 경우에는 사업연도 말 시가를 적용하여 산정할 것

3) 단기자금(유동성) 분석

DB 제도에서 적정 유동성 분석은 단기적으로 발생할 퇴직급여 지급 의무를 안정적으로 이행하기 위해 반드시 수행해야 하는 핵심 절차이며, 이를 위해 향후 단기적 관점에서 지급이 발생할 것으로 예상되는 자금의 규모를 추정해야 한다. 이를 위해서는 자산 및 부채 관점을 종합적으로 고려하여 단기자금(유동성) 규모가 결정되어야 한다.

적정 유동성 분석을 위한 구체적 방법론으로는 Cash-flow at Risk(CFaR) 관점의 분석이 대표적으로 활용된다. CFaR 방법은 일정 기간(통상 1년) 내에 발생할 수 있는 최대 현금 유출 규모를 확률적으로 추정한다. 우선 과거 퇴직급여 지급 패턴, 근로자 연령 및 근속 분포, 퇴직 예정자 명단 및 예상 지급액 등을 기초 데이터로 활용한다. 이어서 시나리오별로 퇴직자 수와 지급 금액의 변동 가능성을 반영한 현금흐름 시뮬레이션을 실시한다. 시뮬레이션 결과 중 특정 신뢰수준(95% 또는 99%)에서의 최대 현금 유출 금액을 산출하고, 이를 적정 유동성 확보 기준으로 설정한다.

부채 관점에서는 부채 만기 분석을 통해 만기가 1년 이내인 부채 비중을 산출할 수 있다. 이는 현재 근로자 연령구조, 탈퇴율(이직 · 정년 · 사망 등) 등이 고려된 부채 비중으로, 적립비율이 100%일 경우 자산도 동일한 규모로 1년 이내에 유출이 발생할 것으로 예상할 수 있다. 따라서 만기 1년 이내 부채규모와 유사한 규모로 단기유동성 대응자산을 보유함으로써 급여 지급에 대응할 수 있다.

그림 6-10 기간별 부채 만기 분포 산출 예

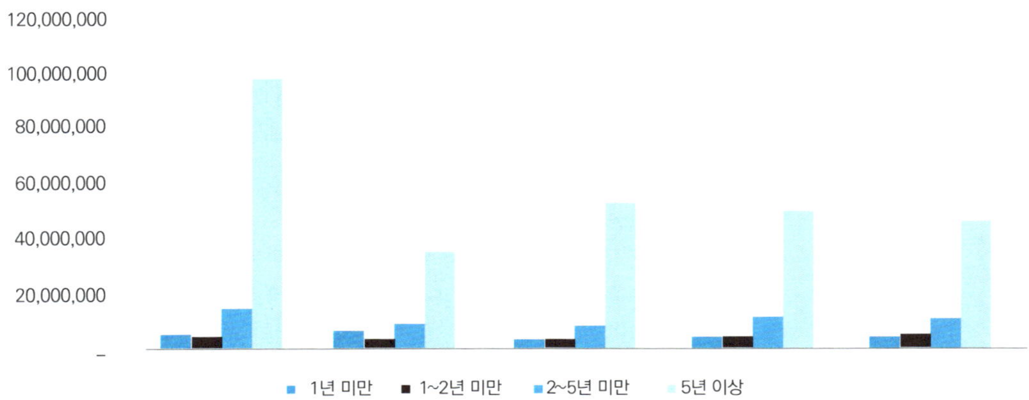

자산/부채 관점에서의 유동성 분석을 마친 후 최종적으로 단기자금 운용비중과 중장기자금의 비중을 결정한다. 적립금 운용 목표수익률은 단기자금과 중장기자금을 모두 통합한 전체 자금 관점에서 접근해야 하기 때문에 단기자금의 비중이 높을 경우 중장기자금의 목표수익률이 상향될 수 있으며, 전체 적립금 운용 포트폴리오의 변동성이 커질 수 있으므로 다각적인 분석이 필요하게 된다. 단기자금은 MMF 또는 GIC와 같은 유동성 자금으로 보유하고, 중장기자금은 주식/채권/대체투자와 같은 실적배당형으로 중장기 운용을 하게 된다. 이상의 내용을 요약하면 아래 그림과 같다. 유동성 추정 부분에서 부채의 만기를 고려해 1년 미만 부채비중에 해당하는 8%를 단기자금에 할당한다면 중장기자금은 92%가 할당된다. 중장기자금은 단기적인 현금흐름이 없는 자금이므로 중장기 전략적 자산배분이 이루어지는 부분이며 부채 매칭을 위한 부채매칭포트폴리오(채권)와 수익추구 포트폴리오(주식 등)로 구성할 수 있다.

그림 6-11 단기자금 및 중장기 자금의 비중 결정(예시)

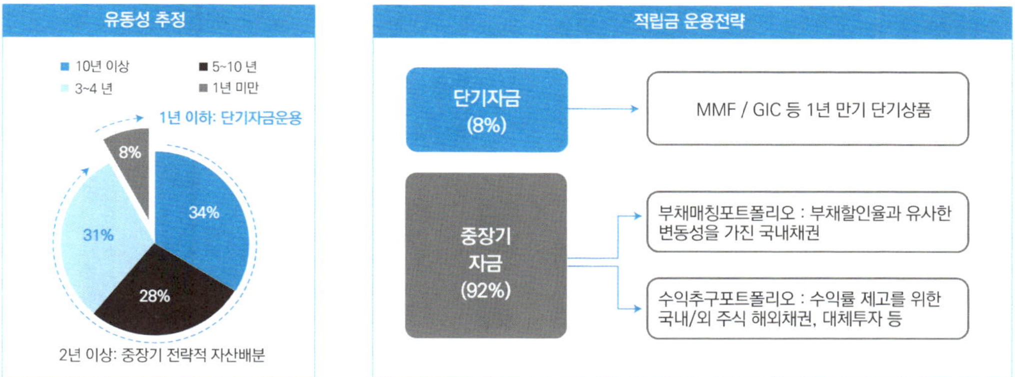

4) 목표수익률 설정

DB제도 적립금 운용 시 달성해야 하는 목표수익률은 여러 요소를 종합적으로 고려하여 산출한다. 원칙적으로 임금상승률, 할인율, 그리고 근로자의 연령 구조 등 제도별 부채 계산에 직접적인 영향을 주는 변수 및 사용자의 기여금 정책을 바탕으로 목표수익률이 결정된다. 임금상승률은 미래 연금 지급액의 증가 폭에 영향을 미치고, 할인율은 부채의 현재가치를 산정하는 데 사용되는 지표로, 이를 충분히 충족하는 자산운용 수익률이 요구된다. 또한 기여금의 경우 향후 목표수익률 설정에 결정적인 영향을 미치는 요소로 현재 자산 및 부채 분석을 통해 미래에 납입해야 할 기여금의 규모를 대략적으로 추정해야 한다. 이때 목표수익률은 미래 기여금 규모 결정에 중요한 변수 중 하나로 사용자의 부담이 증가되지 않도록 설정되어야 한다.

이상의 부채분석 및 기여금 분석 등이 이루어지면 아래 그림과 같이 제도 상태를 그려볼 수 있다. 즉 매년 기말부채를 추정하고, 기여금 납입 전 자산 + 기여금을 종합해 매년 적립비율을 추정할 수 있다. 만약 적립비율이 100% 이하로 떨어질 경우 목표수익률을 조정해 현재 운용전략을 변경하거나, 기여금을 상향 조정하는 등의 의사결정이 가능해진다.

그림 6-12 부채와 자산을 종합한 적립비율 추정

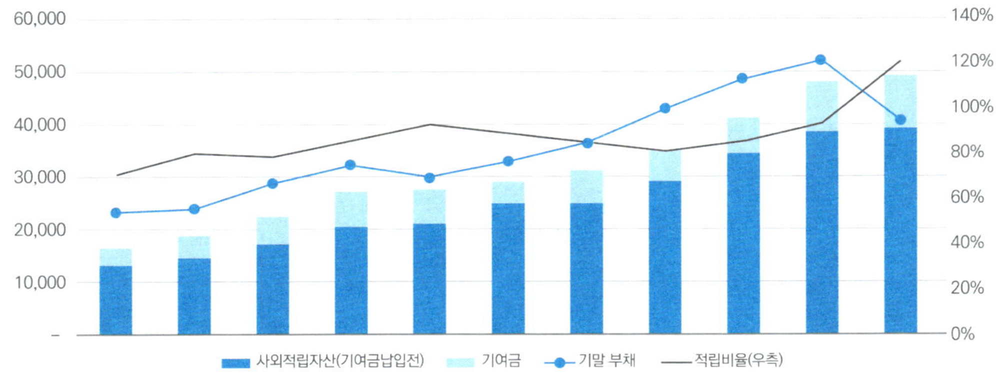

그러나 현실적으로는 적립금 운용에 있어 원리금보장형 상품의 수익률이 최소 수익률로 작용하는 경우가 많다. 즉, 시장 상황이나 제도 특성에 따라 투자 포트폴리오의 구성과 위험자산 비중이 변화하더라도, 원리금보장형 수익률을 하회하지 않는 운용을 기본으로 한다. 이는 기여금이 상향될 경우는 퇴직연금 담당자의 책임 소재가 없지만, 수익률이 음(−)으로 떨어질 경우 퇴직연금 담당자의 책임소재가 발생할 우려가 존재할 뿐만 아니라 투자전략, 투자상품 선정의 근거 및 모니터링 등의 업무가 증가하기 때문이다.

이러한 현실적 문제들을 해결하면서 적립금 수익률을 높이기 위한 정책적 대안이 적립금운용위원회 및 적립금운용계획서 작성 의무화로, 정책당국은 향후 이러한 원리금보장형 중심의 운용 행태가 조금씩 변화될 것으로 기대하고 있다.

5) 전략적 자산배분안

DB제도의 ALM(Asset-Liability Management, 자산부채관리)은 매년 말 평가 시점에서 적립비율을 100% 이상으로 달성하고 안정적으로 유지하기 위해 설계되는 자산배분 절차이다. ALM의 가장 큰 목적은 기업이 장기적인 퇴직급여 지급 의무를 안정적으로 이행할 수 있도록 부채 특성과 변화에 맞는 자산배분전략을 세우고 실행함으로써, 연금제도의 재정건전성과 지급 안정성을 확보하는 데 있다.

(1) 부채연계투자(LDI)

자산배분 관점에서 부채연계투자(Liability Driven Investment, 이하 LDI)는 잉여금 최적화 전략을 발전시킨 자산운용 전략으로서 적립금의 일부는 부채리스크 헤지를 위한 포트폴리오를 구성하고 또 다른 일부는 초과수익 달성을 위한 포트폴리오를 구성하여 분리 운용하는 개념의 자산운용 전략이다. 즉, 리스크관리 관점의 포트폴리오와 수익률 제고 관점의 포트폴리오를 분리 구성하여 운용한다는 측면에서 기존의 잉여금 최적화와 차별화되는 운용 전략이다.

부채매칭 포트폴리오(Liability Matching Portfolio)는 부채에서 발생하는 리스크를 헤지할 수 있는 자산으로 구성되며 일반적으로 연금자산과 연금부채의 상대적 가치 변화에 따른 잉여금의 변동성(surplus volatility)으로 측정된다. 수익추구 포트폴리오(Return Seeking Portfolio)는 부채의 변동성과 관계없이 초과수익 추구를 위한 자산으로 구성된다. 이러한 포트폴리오 분리 개념을 그림으로 나타내면 아래 그림과 같다.

그림 6-13 포트폴리오의 분리 개념

A사 적립금 포트폴리오			
포트폴리오	단기자금 Liquidity Portfolio	부채헤징 포트폴리오 Liability Matching Portfolio	수익추구 포트폴리오 Liability Matching Portfolio
목적	퇴직급여지급	부채 변동성 헤지	자산의 초과수익률
편입자산	GIC, MMF, MMT, MMDA	할인율을 결정하는 채권 (국채 등)	주식/채권/대체투자

(2) 부채연계 투자 필요성

여타 조건은 동일하지만 적립비율이 다른 A기업과 B기업이 있다고 가정하자. A기업의 적립비율은 100%이고, B기업의 적립비율이 80%일 경우, A기업은 적립비율을 현재 수준에서 유지하기 위한 자산배분안이 최적의 자산배분이 될 것이다. 그러나 B기업의 경우 적립비율을 100%로 상향시키기 위해 수익성이 높은 자산에 대한 투자 비중을 늘리거나 기업이 기여금을 추가로 납입해 적립비율을 상향시켜야 한다. 만약 기여금이 두 기업 모두 동일하고, 향후에도 큰 변화가 없다면 B기업은 수익추구 포트폴리오의 비중이 확대되어 주식과 같은 자산에 투자비중을 확대시켜야 한다. 즉 부채의 성장률과 자산의 수익률에 따라 미래 적립비율 차이가 발생하고 이러한 부분은 모두 기여금으로 전가된다. 부채의 성장률과 자산의 수익률 간 괴리를 그림으로 간단히 요약하면 아래 그림과 같다.

부채가 6%로 성장하고 자산 수익률이 4% 또는 7%로 성장할 것으로 예상된다. 만약 자산 수익률이 4%일 경우 부채보다 자산의 규모가 작아 적립비율이 100% 이하로 떨어지는 결과가 예상된다. 반면 자산의 수익률이 7%로 예상될 경우 부채보다 자산의 규모가 더 크기 때문에 적립비율은 100% 이상이 될 것으로 예상된다.

4%와 7%라는 자산수익률의 절대적 수치가 아닌 부채와의 비교를 통해 적정 수준의 목표수익률을 찾아가는 과정이 DB의 운용목표가 되어야 함을 알 수 있다.

그림 6-14 부채 성장률과 자산 수익률 괴리

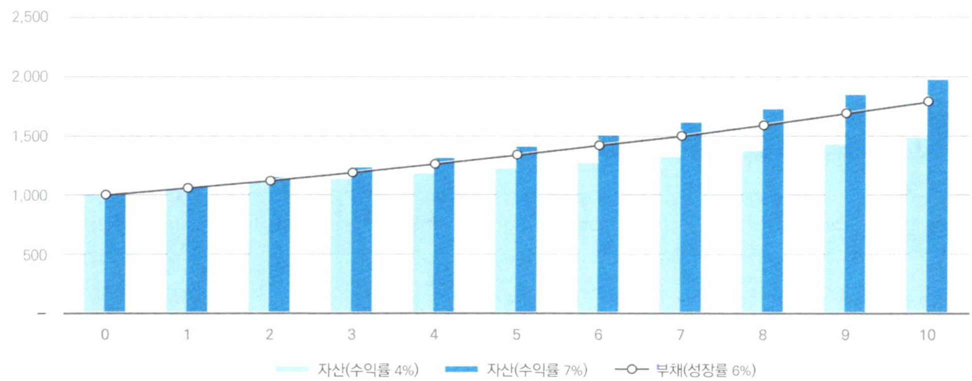

기업이 DB제도의 ALM을 도입함으로써 얻을 수 있는 장점은 다음과 같다. 첫째, 부채와 자산의 변화에 신속하고 유연하게 대응할 수 있어 퇴직급여 지급 능력을 안정적으로 관리할 수 있다. 둘째, 시장금리 변동, 인구 구조 변화, 임금상승 등 다양한 외부 요인에 따른 재무적 위험을 사전에 식별하고, 자산배분을 통해 리스크를 체계적으로 통제할 수 있다. 셋째, 장기적인 수익성과 안정성을 동시에 추구해 연금제도의 지속가능성을 높이고, 기업의 재무 건전성 유지에 기여한다. 넷째, ALM을 통해 자금 운용의 효율성을 극대화하고, 불필요한 자산의 유동성 위험 및 이자율 위험을 최소화할 수 있다. 마지막으로, ALM 체계는 외부감사나 감독기관의 규제에도 효과적으로 대응할 수 있는 근거 자료를 제공하므로, 제도의 투명성과 신뢰성을 높이는 역할을 한다.

결론적으로, DB제도의 ALM은 부채분석에서 시작해 부채 특성에 맞는 자산배분전략 수립, 금리 및 성장 전략 병행, 위험관리 및 수익성 제고까지 아우르는 통합적 자금 운용 체계를 마련하여, 기업의 장기적 재무 안정성과 연금제도의 지급 안정성을 동시에 확보한다.

6) 평가 및 리밸런싱

국내 DB제도에서 자산배분 전략은 ALM의 원칙을 준수하면서도, 현실적으로 수익률 하락 위험까지 포괄적으로 고려하여 수립한다. 따라서 적정한 목표수익률과 적립비율 관리방안, 수익률 하락 위험의 체계적 관리를 모두 반영해야 한다. 이를 위해 자산배분안은 부채 특성에 맞는 자산구성과 다양한 리스크 관리전략을 종합해 설계하며, 평가 시에도 단순 수익률이 아닌 리스크 조정성과, 적립비율 변화, 외부 환경 대응력까지 다각도로 점검한다. 이러한 과정을 통해 기업은 퇴직급여 지급 능력과 재무 건전성을 장기적으로 유지할 수 있다.

(1) 목표수익률 및 적립비율 관리 방안의 적정성

목표수익률은 DB제도의 퇴직급여 지급의무, 부채 증가율, 임금상승률, 할인율 변동성, 기여금 수준 등을 반영해 현실적으로 달성 가능한 수준으로 설정한다. 이를 위해 과거 운용성과, 시장 전망, 기대수익률 분포, 변동성, 그리고 통계적 스트레스 테스트 결과를 종합적으로 분석한다. 목표수익률은 너무 높게 잡을 경우 과도한 위험자산 비중이 요구되어 오히려 적립비율 하락을 초래할 수 있으므로, 부채현금흐름을 감안해 설정되었는지 매년 자산 수익률, 부채 증가율 등의 업데이트, 재추계 등을 통해 재점검해야 한다.

그림 6-15 자산배분 성과평가 프로세스

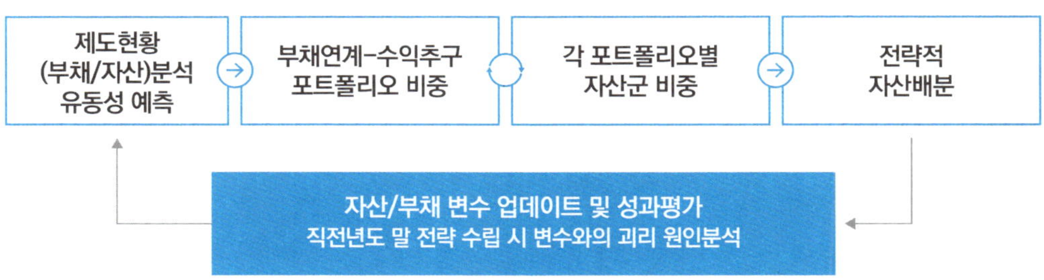

적립비율 관리는 연간 평가 주기에 따라 계획된 자산배분안이 실제 부채 증가율과 얼마나 일치하는지 점검함으로써 이루어진다. 만약 적립비율이 하락하는 추세가 감지될 경우, 자산배분을 조정하거나 추가 적립을 통해 신속하게 대응한다. 또한 부채 평가방식(예 : 10년 만기 국채 3년 평균 할인율 적용)이 자산배분에 미치는 영향까지 분석하여, 현실과의 괴리를 최소화한다.

(2) 수익률 하락 위험관리의 적정성

수익률 하락 위험은 국내 DB제도의 적립금 운용에 있어 가장 중요한 리스크 중 하나로 인식하고 있다. 따라서 중장기적으로 일관된 적립금 운용전략을 실행하기 위해서는 수익률 하락 관리 방안이 수립되어야 한다. 수익률 하락관리 방안은 다음과 같은 항목들이 반영될 수 있다.

① **포트폴리오 다각화 :** 국내외 주식, 글로벌 채권, 대체투자(부동산, 인프라, 사모펀드 등) 등 상관관계가 낮은 자산군을 복합적으로 편입해 수익 원천을 분산

② **원리금보장형(GIC, Guaranteed Interest Contract) 상품 조합 :** 시중 금리 대비 장점이 있는 원리금보장형 상품을 적절히 조합해 수익률 상승 가능성을 일부 포기하면서 포트폴리오 하락 위험 관리

③ **리스크 모니터링 :** 시장금리, 주가, 환율, 대체투자 등 주요 리스크 요인을 수시로 점검하고, 변동성이 확대되는 국면에는 위험자산 비중을 조정하거나 헤지 전략 사전 수립

④ **수익률 하락 시나리오 분석 :** 스트레스 테스트, 백테스팅, 몬테카를로 시뮬레이션 등을 통해 수익률 하락 시 적립비율, 지급여력, 자산구성 변화 등을 사전에 시뮬레이션

⑤ **적극적 위험관리 체계 구축 여부 :** 내부 투자위험관리위원회 운영, 외부 전문가(OCIO, 펀드평가사 등)와의 협업을 통해 자산배분안의 건전성을 지속적으로 점검

(3) 자산배분안의 평가 방법

자산배분안 평가 시 다음과 같은 기준을 적용한다.

① **목표수익률 달성 여부** : 실제 연간 운용수익률이 목표수익률에 도달했는지, 초과 달성 또는 미달성 원인을 분석한다.

② **적립비율 변화** : 자산배분안 시행 이후 적립비율이 안정적으로 유지되는지, 미달 시 신속히 조치가 이뤄졌는지 확인한다.

③ **리스크 조정 수익률** : 단순 수익률이 아닌, 변동성・VaR・샤프지수 등 리스크 대비 수익성 지표를 활용해 평가한다.

④ **부채 특성 반영 적합성** : 자산과 부채의 만기 구조, 현금흐름 매칭 정도, 금리 변동성 대응력 등을 종합적으로 검토한다.

⑤ **외부 환경 및 제도 변화 대응** : 시장 환경(금리, 주가, 환율 등)이나 제도 변화(회계기준, 감독규정 등)에 얼마나 신속히 대응했는지 평가한다.

Chapter

04

자산군별 투자전략

KEY POINT

- 경기국면은 회복 · 확장 · 수축 · 침체의 네 국면으로 구분되며, 각 국면에 따라 수익률이 유망한 자산군이 달라지므로 이에 맞춘 자산배분 전략이 중요함
- 환헤지(H형)는 환율 변동 위험을 줄이고 안정적인 수익을 추구하는 반면, 환노출(UH형)은 환차익 기회를 활용할 수 있지만 변동성이 크다는 특징을 갖고 있음
- 연금투자시 연령대와 투자 목적에 따라 성장주 · 가치주 비중, 크레딧 등급, 듀레이션을 조정하여 장기적 안정성과 수익성을 균형 있게 관리해야 함

1. 경기국면에 따른 자산배분

1) 경기국면 관련 주요 지표

경기국면이란 경제 전체의 생산, 고용, 투자, 소비 등 주요 지표가 주기적으로 변화하며 반복되는 과정을 의미한다. 일반적으로 경기국면은 네 개의 국견, 즉 회복(Recovery), 확장(Expansion), 수축(Contraction), 침체(Recession)로 구분한다.

과거의 경기 사이클은 주로 7~10년 주기(OECD 기준, 평균 약 8.5년)로 전개된 반면, 2000년대 이후에는 금융시장 발달 및 정책 대응의 신속화, 글로벌화 등의 영향으로 3~5년 주기(IMF, BIS 등 주요 기관 분석)로 단축되고 변동폭이 커지는 특징을 보인다.

(1) OECD 경기선행지수(OECD Composite Leading Indicator; CLI)

OECD CLI는 경제협력개발기구(OECD)가 각국의 경기 전환점을 조기에 포착하기 위해 개발한 경기 선행지표이다. OECD CLI는 경기국면을 경기 확장(회복·성장)과 수축(둔화·침체)으로 구분하고, 전환 시점을 평균 6~9개월 앞서 신호를 주는 것을 목표로 하고 있으며 개별 국가뿐 아니라 OECD 전체, 주요 6개국(G6), 유로존 등 경제권 단위로도 산출되고 있다.

CLI는 각국의 경기와 밀접하게 연관된 단기 경제 지표를 종합해 산출된다. 단, 국가별로 중요하게 작동하는 변수가 다르기 때문에 CLI에 포함되는 구성은 국가마다 차이가 있으나 전반적으로 고려되는 주요 지표는 다음과 같다.

① 산업 생산 관련 지표(예 : 제조업 생산, 주문량)

② 소비·투자 선행 지표(예 : 소비자 신뢰지수, 기업 경기실사지수, 건설허가 건수)

③ 금융시장 지표(예 : 주가, 장단기 금리 차, 통화공급량)

④ 국제무역 관련 지표(예 : 수출입, 재고 수준)

그림 6-16 OECD CLI 추이(미국, 한국)

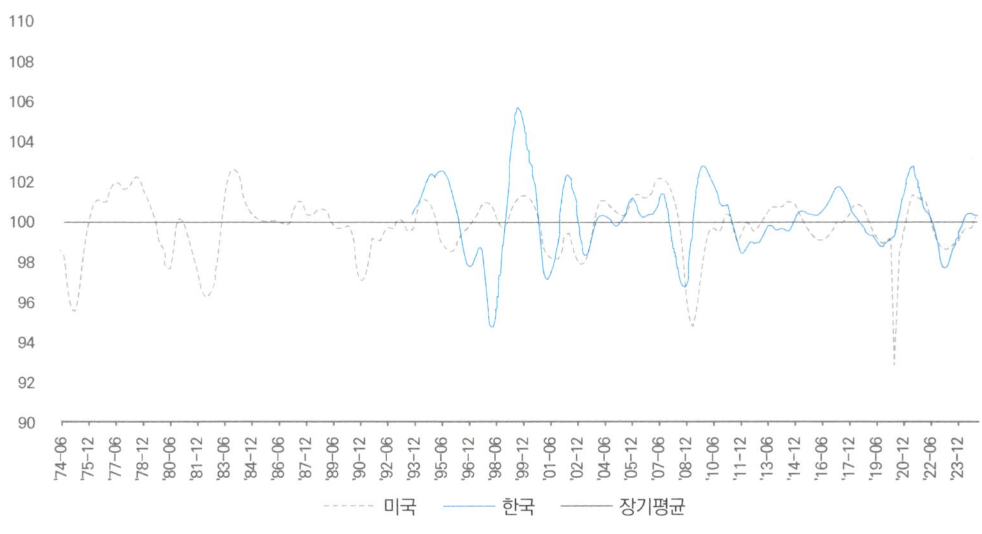

자료 : OECD

(2) 통계청 경기종합지수와 경기순환시계

통계청에서 제공하고 있는 경기종합지수(CI, Composite Index)는 생산, 소비, 고용 등 다양한 경제 부문별 지표를 종합적으로 가공하여 경기 변동의 국면과 전환점을 측정하는 종합경기지표이다. 한국에서는 통계청이 매달 경기선행지수, 경기동행지수, 경기후행지수로 나누어 작성하고 발표하며, 특히 선행종합지수는 향후 경기 흐름을 예측하는 데 활용된다.

표 6-16 경기선행지수, 경기동행지수, 경기후행지수

지수	설명
경기선행종합지수 (Leading Composite Index)	실제 경기보다 앞서서 미래의 경기 상황을 예측해 주는 지표
경기동행종합지수 (Coincident Composite Index)	현재의 실제 경기 상황을 나타내는 지표
경기후행종합지수 (Lagging Composite Index)	현재의 경기 국면 이후의 경기 상황을 분석하고 판단하는 지표

경기순환시계는 생산, 소비, 투자, 고용 등 주요 경제 지표가 경기순환국면(회복, 확장, 수축, 침체) 가운데 어디에 있는지를 좌표평면상에서 시계처럼 보여주는 것을 말한다. 통계청이 2009년 12월 14일부터 국가통계포털 홈페이지(www.kosis.kr)를 통해 제공하고 있다. 좌표평면을 사분면으로 나누어 각 국면을 표현한다. 다만, 전체 경기를 판단하는 기준 지표는 경기종합지수이며, 경기순환시계는 개별 지표의 위치를 파악하는 용도로 활용된다.

2) 경기국면에 따른 자산배분

주요 IB 등에서는 경기국면을 4국면으로 구분하고 각 국면에서 높은 수익률을 올렸던 자산군들에 대한 투자 비중을 확대하는 자산배분 모형을 설계하여 실무적으로 활용하고 있다. 국면에 대한 판단과 유망 자산군 판단기준은 모형에 따라 상이하게 나타나는데 여기서는 국면별 특징과 유망 자산군을 예시와 함께 설명한다.

4국면 국면분석을 기준으로 국면별 특징과 유망 자산군/섹터 예시는 다음과 같다.

① **회복(Recovery)**

경기가 저점에서 반등하기 시작하는 시기이다. 중앙은행의 완화적 정책과 정부의 재정지출 확대가 동반되며, 초기에는 국채, 이후 점진적으로 주식, 특히 경기민감주(IT, 소재, 산업재 등)가 회복세를 주도한다. 회복국면은 2009년 글로벌 금융위기 이후 IT 및 친환경 섹터의 반등에서 찾아볼 수 있다.

② **확장(Expansion)**

성장률이 견고하게 상승하고 소비와 투자가 활발해진다. 주식시장과 위험자산이 강세를 보이며, 신흥국 주식, 하이일드채, 금융・소비재 등 경기 민감 섹터가 유망하다. 확장 국면은 대표적으로 2003~2007년 글로벌 확장 국면에서 찾아볼 수 있으며, 신흥국 및 원자재 자산이 강세를 보였다.

③ **수축(Contraction)**

성장률이 둔화되고 경제가 점차 과열에서 벗어나며, 물가와 금리 부담이 커진다. 안전자산(현금성 자산, 단기채, 일부 국채) 선호도가 높아지는 시기로 2018년 미국 금리 인상 후 단기채권・현금성 자산이 수익률 하락을 방어했던 모습을 찾아볼 수 있다.

④ **침체(Recession)**

경기가 하락 국면에 진입해 생산・고용・투자 모두 위축된다. 위험자산 가격이 하락하고, 국채, 금 등 전통적 안전자산이 강세를 보이는 시기로, 대표적으로 2008년 금융위기 당시 미국 국채・금・현금성 자산이 강세를 보였다.

실제 경기국면을 활용한 투자전략은 글로벌 자산배분펀드에서 활발하게 활용되고 있다. 확장 및 회복 국면에는 주식, 하이일드채, 신흥국 자산의 비중을 높이고, 수축 및 침체 신호가 감지되면 국채, 금, 현금 등 안정적 자산의 비중을 확대하여 위험을 조절한다. 국면별로 선도하는 섹터와 지역에 대한 투자 비중도 유동적으로 조정해 장기적으로 위험 조정 수익률을 극대화한다.

단, 실제 투자전략 수립 시에는 경기국면 신호와 사이클의 해석이 잦은 수정(revise)과 재평가를 요구한다는 점을 반드시 유의해야 한다. 경기국면 판단은 데이터에 따라 수시로 변경될 수 있으며, 각국의 정책 변화, 글로벌 이슈, 시장의 갑작스러운 변동성에 따라 국면이 예상보다 빠르게 전환되거나 혼조세를 보일 수 있다. 따라서 자산배분 전략에서도 경기국면 신호만에 절대적으로 의존하기보다는, 시장 환경, 펀더멘털, 리스크 요인, 정책 변화 등 다양한 요소를 종합적으로 분석하여 유연하게 대응하는 것이 필수적이다. 이를 통해 불확실성에 효과적으로 대응하고, 장기적으로 안정적인 성과를 도모할 수 있다.

2. 환율 : 환헤지와 환노출

실적배당형 상품에 투자할 때 자주 접하는 H형과 UH형은 투자자의 환율 변동 리스크 관리 방식에 따라 구분한다. H형은 '환헤지형(Hedged)'을 의미하며, UH형은 '환노출형(Unhedged)'을 뜻한다.

1) H형(환헤지형)의 특징과 전략

H형 상품은 환율 변동이 투자성과에 미치는 영향을 최소화하기 위해 환헤지 전략을 적용한다. 이는 투자자의 원금과 수익이 외화자산의 성과에만 연동되고, 환율 변동에 따른 추가적인 손익을 원하지 않는 투자자에게 적합하다. 일반적으로 선물환이나 통화선도 등 파생상품을 활용해 환헤지를 수행한다. 공모펀드에서 이종통화(예 : 엔화, 유로화) 헤지는 파생시장의 제한 등 어려움으로 인해, 주로 원-달러 헤지만 이루어지고 있다.

환헤지는 투자기간 동안 예상되는 환율 변동을 헤지한다. 예를 들어, 원화로 해외자산(달러 자산 등)에 투자하는 경우, 미래의 환율을 미리 고정하여 환차손・환차익을 제거한다. 그러나 환헤지 전략을 수행하기 위해서는 헤지 비용이 발생한다. 헤지 비용은 주로 선물환 포인트 차이, 금리차, 파생상품 거래비용 등으로 인해 발생되며, 이 비용은 투자수익에 영향을 줄 수 있다. 특히, 원-달러 금리차가 커지면 헤지 비용이 증가할 수 있으므로, 상품의 기대수익에서 헤지 비용을 반드시 감안해야 한다.

2) UH형(환노출형)의 특징과 전략

UH형 상품은 환헤지를 하지 않는 유형으로, 해외 자산의 투자성과가 환율 변동의 영향을 받게 된다. 원화 투자자는 투자 시점에 원화를 달러로 환전해 자산을 매매하며, 투자수익을 회수할 때 다시 원화로 환전하는데, 이때의 환율이 실제 수익률에 직접적으로 영향을 미친다. 즉, UH형은 기본적으로 해외 자산에 투자하면서 '환율 노출(exposure)'을 동시에 가지는 구조이다.

예를 들어, 달러로 표시된 자산에 투자한 후, 달러 가치가 하락하면 투자 자산의 수익률이 낮아질 수 있다. 반대로, 달러 강세 시에는 투자수익이 상승한다. 이처럼 환노출형은 자산과 별개로 환율 움직임이 수익률에 추가적인 변동성을 제공한다. 따라서 원-달러 환율이 하락하면, 투자 자산의 실적과 관계없이 전체 수익률이 감소할 수 있음에 유의해야 한다.

3) 환헤지와 환노출의 장단점 및 자산배분 전략

환헤지는 투자자에게 안정적인 수익을 제공한다는 점에서 주식, 채권 등 주요 자산의 변동성을 낮추는 효과가 있다. 특히, 장기투자 시 불확실한 환율 움직임으로부터 자산가치를 보호하고, 해외 자산의 본질적 성과만을 누릴 수 있다. 하지만 헤지 비용이 발생하므로, 투자 포트폴리오의 기대수익률에서 이 비용을 반드시 고려해야 한다.

환노출은 글로벌 자산 분산의 효과를 극대화하면서, 환차익 가능성을 열어둔다. 원-달러 환율 상승(달러 강세) 시에는 자산가치 상승과 환차익이 동시에 발생하므로, 투자수익이 높아질 수 있다. 다만, 원-달러 환율 하락(달러 약세) 시에는 자산 성과와 관계없이 수익률이 하락할 수 있으므로, 환율 전망에 대한 신중한 판단이 필요하다.

자산배분 전략 측면에서는, 일반적으로 주식과 채권은 각각의 특성과 투자 목적에 따라 환헤지 여부를 결정한다. 채권은 금리와 환율 변동에 민감하므로, 안정적 수익을 원할 때는 환헤지 적용이 바람직하다. 주식은 해외시장의 성장성과 환차익을 동시에 노릴 수 있으므로, 환노출 전략이 유리한 경우도 있다. 하지만 시장 및 환율 변동성이 클 때는, 포트폴리오 전체 리스크 관리 차원에서 부분적으로 환헤지 전략을 병행하는 것이 효과적이다.

3. 주식 : 스타일 전략(성장주와 가치주)

1) 스타일 투자

주식 스타일은 기업의 속성(가치주, 성장주, 소형주 등), 업종(경기 방어주, 경기 민감주 등) 등에 따라 분류할 수 있다. 투자자는 이러한 분류 기준을 활용해 특정 스타일의 주식에 투자하거나 포트폴리오를 구성하게 된다.

주식의 스타일 투자는 마코비츠(Markowitz)와 샤프(Sharpe) 등에 의해 발전된 효율적 시장이론이 과연 성립하는가에 대한 실증적인 연구 결과에서 시작되었다. 1970년대와 80년대를 거치면서 '소형주'나 '저PER주'와 같은 어떤 특정 그룹은 효율적 시장가설로 설명되지 않는 초과수익을 지속적으로 올리고 있다는 연구결과들(anomalies)이 보고되었다. 이에 따라 특정한 분류 기준에 따라 비슷한 특성을 지닌 종목들을 그룹화해서 적절한 종목군(style portfolio)에 투자하는 전략이 생겨났고, 장기간에 걸쳐 시장수익률(benchmark)을 상회하는 특정 스타일(anomalies)을 찾아내는 투자가 스타일 전략으로 이어져 오고 있다.

2) 성장주와 가치주 투자

성장주는 매출 및 이익이 빠르게 증가하는 기업의 주식을 의미한다. 이러한 기업은 미래의 시장점유율 확대나 혁신적인 기술 도입 등 성장 동력이 분명하게 존재하므로, 투자자들은 현재의 재무 지표보다 향후 실적 개선에 기대감을 갖게 된다. 성장주는 일반적으로 배당보다는 기업가치 상승을 통한 자본이득을 목표로 하며, 높은 주가수익비율(PER)을 보이는 경우가 많다.

다만, 성장주는 주가의 변동성이 크며, 경제 및 산업 트렌드 변화에 민감하게 반응한다. 이는 단기적으로 큰 손실을 초래할 수 있으나, 장기적으로는 탁월한 수익률을 제공할 수 있다. 저연령 투자자는 투자 기간이 충분하므로, 변동성에 대한 내성이 높으며 장기 복리의 힘을 활용할 수 있다.

가치주는 내재가치에 비해 저평가된 기업의 주식을 의미한다. 즉, 시장에서 일시적으로 저평가되어 주가가 낮게 형성되어 있지만, 기업의 본질적 가치(자산, 수익성, 배당 등)가 견고한 경우가 이에 해당한다. 따라서 가격 변동성이 낮고, 기존 사업의 안정성과 높은 배당성향으로 인해 시장 충격에서 상대적으로 강한 방어력을 보인다는 특징을 가지고 있다.

3) 연금투자에서 성장주와 가치주 투자

낮은 연령의 연금투자자는 성장주의 비중을 높여 장기적 자산 증식을 도모하고, 고연령대에는 가치주 위주로 자산을 운용해 안정성과 현금흐름을 확보하는 것이 바람직하다. 투자 시기는 변동성과 수익성의 균형을 고려해, 생애주기별로 포트폴리오의 구성 방향을 점진적으로 조정한다. 이러한 전략을 통해 연금자산의 안정성과 수익성을 동시에 실현한다.

4. 채권 : 크레딧과 듀레이션

채권투자에서 크레딧은 매우 핵심적인 요소다. 단기 금리 변화뿐만 아니라, 중장기적으로 발행처의 신용위험, 산업 및 경제 환경, 재무구조, 시장 리스크 등 다양한 변수를 종합적으로 따져 신중한 판단이 필요하다. 다만, 실무적으로는 이러한 크레딧 분석은 채권평가 전문가의 영역이므로 대표적인 크레딧 상품들에 대해 이해하고 투자하는 것이 중요하다.

채권의 신용등급이 높을수록 발행자의 파산 위험이 낮아, 안정적으로 이자와 원금을 받을 가능성이 높아진다. 예를 들어 국채나 AAA 등급의 회사채는 안전성이 우선인 투자자에게 적합하다. 반면, 신용등급이 낮은 하이일드 채권은 위험이 크지만 높은 금리를 제공하므로, 위험을 감수하는 투자자에게 선택된다.

1) 크레딧에 따른 채권투자 자산

(1) 국채

국채는 말 그대로 국가가 발행한 채권을 의미한다. 기업의 부도확률보다 국가의 부도확률이 더 낮다고 평가하기에 국채는 신용등급이 가장 높고 안전자산으로 여겨지지만, 극단적인 상황에서는 디폴트가 발생한 적이 있다. 대표적으로 1998년 러시아 재정 위기로 인한 디폴트 선언, 그리스의 2012년 대규모 채무조정에 따른 원금 손실 발생 등이 있다. 아르헨티나의 경우 2001년, 2014년 등 수차례 디폴트를 선언했던 것처럼 국채도 국가 재정, 정치적 불안, 대외 채무 부담 등 복합적 요인으로 디폴트 위험이 존재한다[73].

(2) 지방채/공사채

지방채는 지방정부가, 공사채는 공기업이 발행하는 채권으로 일반적으로는 국채에 이어 높은 신용등급을 보유하고 있다. 그러나 지방채의 경우에도 부도 사례가 다수 발견되고 있다. 미국 디트로이트시는 2013년 재정 파산을 선언하며 약 185억 달러에 달하는 부채 중 일부 지방채의 원리금 지급이 중단되었다. 이는 미국 지방채 역사상 최대 규모의 디폴트 사례였다. 국내에서는 1997년 아산시가 재정 악화로 인해 지방채 이자 지급이 지연되는 사례가 있었다. 일본에서는 국철(JR)이 1987년 해체되면서 일부 관련 채권이 소각되거나 상환에서 제외되는 사례가 있었다[74].

(3) 회사채

회사채는 발행 기업의 신용도에 따라 위험이 다르게 나타난다. 이에 따라 부도율이 높은 회사채의 경우 하이일드 채권으로 별도 분류하고 있다. 회사채 디폴트의 대표적 사례는 2008년 글로벌 금융위기 당시 미국의 리먼브라더스가 파산하면서, 리먼이 발행한 회사채가 전액 디폴트 처리된 사례가 있다. 또한 2001년 미국 에너지기업 엔론(Enron)이 회계부정으로 파산하며 수십억 달러 규모의 회사채가 손실로 전환되었다. 국내에서도 2013년 동양그룹의 유동성 위기로 채권 투자자들이 큰 손실을 입었다[75].

73) IMF, 'Sovereign Defaults Database', 2023
74) Moody's, 'US Municipal Defaults and Recoveries', 2022
75) S&P Global, 'Annual Global Corporate Default and Rating Transition Study', 2023

(4) 하이일드 채권

하이일드는 신용등급이 낮은 기업이 발행하기 때문에 디폴트 사례가 빈번하다. 2016년 미국 에너지 업종 불황 시기에 쉐일오일 및 천연가스 관련 하이일드 채권 발행사들이 대거 파산했다. 2020년 리테일 업종 구조조정에서도 JC Penney 등 여러 미국 기업의 하이일드 채권이 디폴트되었다. 2009년 두바이월드의 채무불이행 위기도 중동 지역 하이일드 채권 시장에 큰 충격을 주었다. (Fitch Ratings, 'U.S. High Yield Default Insight', 2022)

2) 듀레이션 투자전략

채권투자에서 듀레이션(duration)은 채권의 현금흐름(즉, 이자와 원금 상환)으로부터 투자자가 자금을 회수하는 데 걸리는 평균적인 시간이라고 정의한다. 쉽게 말해 듀레이션은 채권에 투자한 후 자금이 얼마나 오래 묶여 있는지를 나타내며, 동시에 금리 변동에 대한 채권 가격의 민감도를 측정하는 지표로 활용된다.

[사례]
예를 들어, 3년 만기 채권에 투자했다고 가정한다. 이 채권은 매년 이자를 지급하고 만기 시 원금을 상환한다. 만약 이 채권의 듀레이션이 2.5년이라면, 투자자는 평균적으로 2.5년 후에 투자금을 회수하는 셈이다. 즉, 듀레이션이 짧을수록 투자금 회수 속도가 빠르고, 듀레이션이 길수록 금리 변화에 대한 채권 가격의 반응이 더 크다고 할 수 있다.

(1) 듀레이션의 산출

듀레이션의 대표적인 산출방식은 맥컬리 듀레이션(Macaulay Duration)이다. 그 공식은 다음과 같다.

$$\text{듀레이션(D)} = \Sigma(t \times CFt \ / \ (1 + r)t) \ / \ \text{채권가격}$$

여기서 t는 현금흐름의 시점(연도), CFt는 시점 t에서의 현금흐름, r은 시장금리, 가격은 채권의 현재가이다. 각 현금흐름의 현재가치를 전체 채권 가격으로 나누고, 그에 현금흐름 발생 시점 t를 곱해 평균적인 회수 기간을 구함을 알 수 있다.

(2) 수정듀레이션

채권 가격은 금리(시장금리, YTM)의 변동에 민감하게 움직이는데, 수정듀레이션(modified duration)은 금리 변동에 따른 채권 가격의 변동률을 나타낸다. 즉, 금리가 1%P 변동할 때 채권 가격이 몇 퍼센트 변하는지 알 수 있는 지표이다.

$$\text{수정듀레이션(MD)} = \text{맥컬리 듀레이션} / (1 + r)$$

여기서 r은 시장 금리이다. 이 수치를 이용하면 금리가 오를 때 채권 가격이 얼마나 하락할지, 또는 금리가 내릴 때 얼마나 오를지 예측할 수 있다.

[사례]
듀레이션이 높은 채권은 금리의 작은 변동에도 가격이 크게 움직인다. 반대로 듀레이션이 낮은 채권은 금리 변동에 덜 민감하다. 예를 들어 듀레이션 5년인 채권과 듀레이션 2년인 채권이 있다고 가정한다. 만약 시장 금리가 1%P 상승하면,

① 듀레이션 5년 채권 : 가격이 약 5% 하락한다.
② 듀레이션 2년 채권 : 가격이 약 2% 하락한다.

따라서 장기채일수록(듀레이션이 높을수록) 금리 변동에 따른 채권 가격 변동폭이 커진다고 할 수 있다. 실제 2022년 미국 금리 인상기에는 듀레이션이 높은 20년 만기 국채의 가격이 단기간에 20% 가까이 하락한 사례도 있다. 반면 단기채는 하락폭이 제한적이었다.

3) 연금자산의 채권투자

채권상품의 선택은 연금투자자의 연령대와 위험성향에 따라 달라진다. 저연령 투자자의 경우, 은퇴까지 남은 기간이 길기 때문에 변동성이 높더라도 장기적으로 수익을 극대화할 수 있는 중장기 만기 채권이나 회사채와 같은 고수익·고위험 상품을 일부 편입하는 것이 유리하다. 특히 듀레이션이 긴 채권은 금리 하락 시 가격 상승폭이 크기 때문에 금리 변동을 효율적으로 활용할 수 있고, 시간이 충분하기 때문에 잠재적인 단기 손실을 장기적인 복리 효과로 상쇄하면서 높은 총수익률을 추구할 수 있다. 또한 회사채, 하이일드 채권 등 신용등급이 다소 낮은 채권을 분산 투자해 위험을 조절하면서 추가 수익을 노릴 수 있다.

반면, 은퇴가 가까운 고연령 투자자에게는 원금 보전과 안정적인 현금 흐름이 더욱 중요하게 작용한다. 이 경우 국채나 지방채 등 신용도가 높은 채권을 중심으로, 단기 및 중기 만기 상품을 편입하는 것이 바람직하다. 듀레이션이 짧은 채권은 금리 변동에 덜 민감해 자산 변동성을 최소화하며, 만기 시점이 가까워 연금 지급에 필요한 현금 유동성을 안정적으로 관리할 수 있다. 또한 고정금리 채권을 활용함으로써 금리 인상기에 따른 손실 위험을 줄이고, 만기별로 분산투자(채권 래더 전략)를 적용해 만기 도래 시 현금 흐름을 꾸준히 확보할 수 있다.

추가적으로, 연금투자자는 본인의 생활자금 필요 시점, 금리 전망, 인플레이션 가능성 등을 고려해 포트폴리오를 주기적으로 점검하고, 필요에 따라 듀레이션이나 신용등급, 만기 구조를 조정해야 한다. 나아가 ETF나 채권형 펀드와 같은 간접투자 상품을 활용하면 분산투자 효과 및 운용의 편의성을 강화할 수 있어 장・단기 시장 변화에도 유연하게 대응할 수 있다.

Chapter

05

퇴직연금 적립금 운용 FAQ

[퇴직연금제도와 자산운용]

Q&A 6-5-1 사전지정운용제도(디폴트옵션)의 정의

Question

사전지정운용제도(디폴트옵션)란 무엇인가요?

Answer

2022년 「퇴직급여법」 개정으로 2023년 이후 본격적으로 도입된 사전지정운용제도(일명 '디폴트옵션')는 전문성 부족이나 가입자 무관심 등으로 퇴직연금의 합리적 운용이 어려운 근로자의 퇴직연금 수익률 제고를 위해 도입된 제도입니다.

DC/IRP 가입자가 '신규' 또는 '기존 상품의 만기'가 되는 적립금에 대하여 별도 운용 지시를 하지 않는 경우 사전에 지정한 디폴트 상품으로 운용됩니다. 기존에는 정기예금 만기 시 별도의 운용지시가 없을 경우 자동으로 재예치가 되었으나, 디폴트옵션 법령 시행이 된 이후에는 4+2주 후 사전에 지정한 상품으로 운용이 됩니다.

신규 가입자의 경우 운용지시가 없는 상태에서 부담금이 납부되면 2주 경과 후 자동매수가 이루어지며, 기존 가입자의 원리금보장상품 만기 시 4주 경과 후 통지, 2주 추가 경과 후 자동매수가 이루어집니다. 만일 디폴트옵션 미지정 시 자동재예치가 되지 않으면, 현금성 대기자산으로 운용됩니다.

Q&A 6-5-2 사전지정운용제도(디폴트옵션)의 적용

Question

Q1) DC에 가입하고 운용지시를 하지 않으면 사전지정운용방법이 자동으로 적용되나요?

Q2) 만기 후 운용지시가 없어 사전지정운용제도 대기기간 진행 중, 가입자가 사전지정운용상품으로 운용되는 것을 원치 않을 경우, 어떻게 해야 하나요?

Q3) 가입자가 직접 사전지정운용방법으로 적립금을 운용지시 하려는 경우, 규약에 반영되어 있는 사전지정운용방법 중에서만 선택 가능한가요?

Q4) 사전지정운용방법으로 적립금을 운용하고 있지 않은 가입자가 직접 운용지시로 적립금을 사전지정운용방법으로 운용하려는 경우에도 6주(4주 + 2주)의 대기기간이 필요한가요?

Q5) 원리금보장상품에 대한 만기예약매수를 통해 동일한 원리금보장상품을 매수하는 것도 자동 재예치에 해당하나요?

Answer

A1) DC에 가입함으로써 사전지정운용방법이 자동으로 적용되는 것은 아닙니다. 사전지정운용제도(디폴트옵션)는 DC 가입자가 운용지시를 하지 않을 경우 적용될 상품을 스스로 사전에 선정해 놓고, 실제 운용지시를 하지 않은 경우에 한해 적용되는 제도입니다. 따라서, DC 가입 시점에 가입자가 사전지정운용방법을 선정해 두지 않았거나 적립금에 대한 운용지시를 한 경우 사전지정운용방법이 적용되지 않습니다.

A2) 만기 도래한 금액이 사전지정운용방법으로 운용되기 전에, 가입자는 언제든지 스스로 운용지시를 할 수 있습니다. 이 경우 만기 상환금액 중 일부 금액에 대해서만 운용지시를 했다면, 나머지 금액은 사전지정운용방법으로 운용됩니다. 또, 만기상환 금액을 현금성 자산으로 유지하는 것도 가능합니다.

A3) 규약에서 정하는 사전지정운용방법은 가입자가 운용지시가 없는 경우 적용될 상품을 선택하는 것이며, 가입자가 사전지정운용방법으로 직접 운용지시하는 경우에는 해당 퇴직연금사업자가 승인받은 사전지정운용방법 중 규약에 반영되어 있지 않은 사전지정운영방법도 선택할 수 있습니다.

A4) 가입자가 직접 사전지정운용방법으로 운용지시하는 경우에는 최대 6주간의 대기기간이 필요하지 않습니다. 사전지정운용방법의 대기기간은 가입자가 스스로 운용지시를 할 수 있도록 최소한의 기간을 부여하는 것이므로 직접 운용지시로 사전지정운용방법을 선택할 경우라면 대기기간이 적용되지 않습니다.

A5) 원리금보장상품의 만기가 도래하기 전에 만기 시점의 매수 상품을 일회적으로 미리 지정해 놓는 '만기예약매수'는 가입자가 스스로 운용지시를 한 것으로 볼 수 있습니다. 따라서, 만기예약매수를 통해 기존과 같은 원리금보장상품으로 계속 운용하는 것은 자동재예치에 해당하지 않습니다.

Q&A 6-5-3 사전지정운용제도(디폴트옵션) 적용 상품

Question

Q1) 사전지정운용제도 도입 후에도 상품이 만기가 도래할 때 기존 상품이 자동 재예치되나요?

Q2) 펀드와 같은 실적배당형 상품에 모든 적립금을 투자한 경우에도 사전지정운용방법이 적용되나요?

Q3) 실적배당형 상품에 대해 만기가 있는 것으로 보아 사전지정운용방법을 적용하는 경우도 있나요?

Answer

A1) 사전지정운용제도가 도입된 후 원리금보장상품의 자동재예치는 더 이상 불가합니다. 다만, DB제도에서의 자동재예치는 가능합니다.

A2) 만기가 없는 실적배당형 상품에 100% 투자한 경우 사전지정운용방법이 적용되지 않습니다. 다만, 실적배당형 상품 중에서도 만기가 존재하는 상품이 있다면, 해당 상품에 대해서는 사전지정운용방법이 적용됩니다.

A3) 「퇴직급여법」상 '적립금 운용방법의 기간 만료'라 함은, 해당 상품의 가입 당시에 적립금의 운용기간이 명시되어 있거나 상환 조건 등이 명시되어 있는 것을 의미합니다. 따라서, 가입 당시에는 알 수 없었던 '상품의 청산, 해지' 등으로 적립금이 상환된 것은 만기가 있는 것으로 볼 수 없습니다.

- 만기 도래로 보는 경우 : 정기예금/GIC의 만기상환, ELB의 만기상환 · 조기상환 · 임의상환, 채권 만기 상환 등
- 만기 도래로 보지 않는 경우 : 펀드/ETF의 청산 및 해지 등

Q&A 6-5-4 원리금보장형 상품 제공 기관의 조건

Question

원리금보장형 상품을 제공하는 「안정적 금융기관」의 조건은 무엇인가요?

Answer

「안정적 금융기관」은 신용평가기관으로부터 받은 신용등급이 투자적격 이상이며, 금융위원회가 정하여 고시하는 적기시정조치 수준 이상의 자기자본비율을 갖춘 금융기관을 의미합니다.

① 투자적격 신용등급 : 국내 신용평가기관의 경우 'BBB-' 이상

※ 국제신용평가기관의 경우 이에 상응하는 등급, 둘 이상의 신용평가등급이 있는 경우 보수적으로 적용

② 은행업(BIS 자기자본비율) : 최소 8%

증권업(영업용순자본비율) : 최소 15%

보험업(지급여력비율) : 최소 100%

자산운용업(위험대비 자기자본비율) : 최소 150%

Q&A 6-5-5 퇴직연금 자산운용 규제

Question

Q1) DC/IRP계좌에서 주식 투자를 직접 할 수 있나요?

Q2) DC/IRP계좌에서 채권 투자가 가능한가요?

Q3) 퇴직연금에서 투자되고 있는 펀드에 대한 자산운용 규제에는 어떤 내용이 있나요?

Answer

A1) 현재 주식거래는 국내외 주식 모두 불가능합니다.
다만, 국내 상장 ETF(선물, 인버스, 레버리지 상품 등 제외)로 투자 가능합니다(70% 투자 한도).

A2) 채권 투자가 가능합니다.
국고채는 안전자산으로 보고 100% 투자할 수 있으며, Credit 물은 최대 70%까지 투자할 수 있습니다.

A3) 자본시장법 제81조에서 펀드에 대한 규제 사항을 명시하고 있으며 주요 사항은 아래와 같습니다[76].

(1) 증권[77] 운용 제한

〈공모펀드에 대한 운용 제한〉

1) 각 펀드별로 자산총액의 10%를 초과하여 동일 종목의 증권에 투자할 수 없다. 동일 회사가 발행한 증권 중 지분증권과 지분증권을 제외한 증권은 각각 동일증권으로 본다. 다만, 투자 대상 증권의 종류에 따라 리스크가 낮은 경우 ① 국채, 통안증권, 보증채권(국가, 지자체 보증)은 자산총액의 100%까지, ② 지방채, 특수채, 특별법인 발행 어음(기업어음증권 및 금융회사 할인・중개・매매・인수 어음만), 파생결합증권, OECD 국가 발행 채권, 중화인민공화국 발행 채권 등은 자산총액의 30%까지, ③ 시가총액 비중이 10%를 넘는 지분증권은 그 시가총액 비중까지 투자할 수 있다. 이 외에도 분산투자를 통한 리스크분산의 필요성이 낮은 경우로서 ④ 집합투자기구가 ETF인 경우 동일 종목의 증권에 30%까지, ⑤ 자산총액의 50% 이상을 각각 다른 종목에 5% 이하씩 분산투자 하는 경우 나머지 자산은 동일 종목의 증권에 25%까지 투자할 수 있다.

2) 집합투자업자가 운용하는 전체 펀드에서는 동일 법인 등이 발행한 지분증권 총수의 20%까지 투자할 수 있다[78].

3) 각 펀드별로 동일법인 등이 발행한 지분증권 총수의 10%까지 투자할 수 있다.

4) 부동산펀드의 경우는 부동산개발회사 발행 증권 등에, 특별자산펀드의 경우는 SOC사업법인이 발행한 주식・채권과 대출채권 등에 각각 자산총액의 100%까지 투자할 수 있다[79].

---

76) 금융감독원 금융감독개론(2025)

77) 집합투자증권(외국집합투자증권 포함)을 제외하고, 원화표시 양도성예금증서, 기업어음증권 외의 어음, 대출채권, 예금, 금융위원회가 고시하는 채권을 포함함.

78) 부동산펀드・특별자산펀드는 관련사업회사 등이 발행한 지분증권 총수의 100%까지 투자 가능

79) 자본시장법 시행령 제80조 제1항

(2) 파생상품 운용 제한

〈파생상품에 대한 운용 제한〉

1) 일정한 적격요건[80]을 갖추지 못한 자와는 장외파생상품 거래를 할 수 없다(사모펀드에도 적용).
2) 파생상품 매매에 따른 위험평가액이 순자산총액의 100분의 100을 초과할 수 없다(사모펀드의 경우 100분의 400까지 가능).
3) 기초자산 중 동일법인 등이 발행한 증권(증권 관련 증권예탁증권 포함)의 가격변동으로 인한 위험평가액이 각 펀드 자산총액의 10%를 초과하지 못한다.
4) 동일 거래상대방과의 장외파생상품 매매에 따른 거래상대방 위험평가액이 각 펀드 자산총액의 10%를 초과할 수 없다.
5) 규약상 파생상품 매매에 따른 위험평가액이 10%를 초과할 수 있는 펀드는 계약금액 등 위험지표를 홈페이지에 공시해야 하며, 투자설명서에 위험지표의 개요와 공시된다는 사실을 기재해야 한다.
6) 규약상 장외파생상품 매매에 따른 위험평가액이 자산총액의 10%를 초과할 수 있는 펀드는 장외파생상품 운용 위험관리방법을 작성하여 신탁업자의 확인을 받아 금융위원회에 신고해야 한다[81].

(3) 집합투자증권 운용 제한

1) 펀드별로 동일한 집합투자업자가 운용하는 펀드(외국펀드 포함)의 집합투자증권에 자산총액의 50%를 초과하여 투자할 수 없다(사모펀드에도 적용).
2) 각 펀드별로 자산총액의 20%(사모펀드의 경우는 50%)를 초과하여 동일한 집합투자증권에 투자할 수 없다[82].
3) 재간접펀드(Fund of Funds, 규약상 다른 집합투자기구에 자산총액의 40% 이상을 투자할 수 있는 집합투자기구)의 집합투자증권에 대한 투자가 금지된다.
4) 공모펀드의 경우 자산총액의 5%를 초과하여 사모펀드에 투자하지 못한다.

80) 금융기관, 신용평가등급 투자적격 등급 이상(자본시장법 시행령 제80조 제5항)

81) 자본시장법 제93조

82) 재간접펀드(Fund of Fund)는 외화자산 투자로 한정되는 펀드와 일정한 요건을 충족한 ETF에는 자산총액의 100%까지, 기타 ETF에는 자산총액의 30%까지 투자할 수 있음. 일반펀드는 ETF에 자산총액의 30%까지 투자 가능

5) 동일한 펀드의 집합투자증권 발행총수의 20%를 초과하여 투자할 수 없다.

6) 집합투자증권 판매보수 및 판매수수료는 투자 대상인 집합투자증권의 판매보수 및 판매수수료와 합하여 각각 1% 및 2%를 초과할 수 없다.

[퇴직연금제도 운용상품]

Q&A 6-5-6 원리금보장 ELB와 원금보존추구형 ELB의 차이

Question

원리금보장 ELB와 원금보존추구형 ELB의 차이는 어떻게 되나요?

Answer

〈원리금보장 ELB(예시)〉

– 상환조건 : 기초자산의 평가금액과 관계없이 만기까지 보유할 경우 약정 이율 지급

– 중도해지 시 원금 손실 여부 : 원금손실은 없으나 상품제공기관별 중도환매 수수료 부과

– IRP계좌 연금 지급 가능여부 : 가능

– 상환구조 예시 :

① 만기평가일에 기초자산의 만기평가가격이 최초기준가격의 200% 이상인 경우
→ 연 4.851% 지급

② 만기평가일에 기초자산의 만기평가가격이 최초기준가격의 200% 미만인 경우
→ 연 4.85% 지급

⇒ 기초자산 평가금액에 관계없이 만기보유 시 약정이율 4.85% 이상 지급

〈원금보장추구형 ELB(예시)〉

- 상환조건 : 조기상환의 평가일의 기초자산 가격에 따라 조기상환 및 만기상환 여부 결정
- 중도해지 시 원금 손실 여부 : 원금손실(해지 요청 시점에 따라 금액 상이)
- IRP계좌 연금 지급 가능여부 : 불가
- 상환구조 예시 :
  ① 1~6차 조기상환 평가일에 기초자산의 자동조기상환 평가가격이 최초기준가격의 100% 이상인 경우
  → 누적 연 환산 4.55%
  ② 만기평가일에 기초자산의 만기평가가격이 최초기준가격의 100% 미만인 경우
  → 0.5% 지급

Q&A 6-5-7 실적배당형 상품의 특징

Question

Q1) 실적배당형 상품의 장단점은 어떻게 되나요?

Q2) 실적배당형 상품의 적절한 점검 주기는 어떻게 되나요?

Answer

A1) 실적배당형 상품의 장단점은 아래와 같습니다.

(1) 실적배당형 상품의 장점

① 높은 수익 가능성 : 운용 성과에 따라 원리금보장형 대비 장기 수익률이 높을 수 있다.

② 자산 다각화 : 다양한 펀드, 주식, 채권 등에 투자해 분산 효과를 극대화한다.

③ 인플레이션 대응력 : 물가상승률을 초과하는 수익을 도모하여 미래 구매력을 유지한다.

④ 운용 선택권 강화 : 가입자가 직접 자산 배분 · 운용 전략을 결정한다.

(2) 실적배당형 상품의 단점

① 원금 손실 위험 : 시장 변동에 따라 적립금이 줄어들 수 있다.

② 복잡성 : 펀드 · ETF 등 금융상품의 특성과 시장 상황을 이해해야 하므로 지식과 정보가 필요하다.

③ 운용성과 불확실성 : 운용 결과에 따라 연금액이 크게 차이 날 수 있다.

④ 비용 부담 : 일부 펀드 상품의 운용보수, 수수료 등 추가 비용이 발생한다.

Q2) 실적배당형 상품은 기본적으로 장기투자를 전제로 하지만, 투자 이후에도 정기적인 점검이 필요합니다. 최소 분기 1회 정도는 성과와 시장 상황을 확인하는 것이 바람직합니다. 다만, 시장 변동성이 크거나 개인의 재무 상황이 달라졌다면 더 자주 점검하는 것이 좋습니다. 중요한 점은 단기 성과에 일희일비하기보다는, 장기적인 투자 목표 달성 여부를 기준으로 전략을 재점검해야 한다는 점입니다. 만약 필요하다면 전문가 상담을 통해 리밸런싱이나 상품 변경을 검토할 수도 있겠습니다.

Q&A 6-5-8 TDF(Target Date Fund)의 활용

Question

Q1) TDF는 꼭 은퇴자금 마련에만 사용되어야 하는 상품인가요?

Q2) TDF와 일반 펀드 수수료를 비교하면 어떻게 되나요?

Q3) TDF의 'To' 방식과 'Through' 방식이 적합한 투자자는 각각 어떻게 되나요?

Answer

A1) TDF는 반드시 은퇴자금만을 목적으로 하는 상품은 아닙니다. 자녀 학자금, 주택 구입 시점 등 특정 목표 시점에도 활용할 수 있습니다. 다만, 국내에서는 주로 퇴직연금과 연계되어 은퇴자금 운용 수단으로 쓰이는 경우가 많은 상황입니다.

A2) TDF는 여러 자산군에 분산투자하고, 생애주기별로 자산 배분을 자동으로 조정해 주기 때문에 일반 펀드 또는 ETF보다 운용보수가 상대적으로 높은 편입니다. 하지만 투자자가 직접 다양한 펀드를 조합하고 리밸런싱을 해야 하는 부담을 덜 수 있다는 점을 고려하면 합리적인 비용 구조라고 볼 수도 있습니다. 즉, 수수료 자체는 더 높지만, 전문가 운용과 자동화된 관리의 편의성을 제공하므로 장기적 관점에서는 효율적일 수 있습니다. 따라서 투자자는 각 TDF의 보수 수준이 합리적 수준인지 비교해서 투자하는 것이 바람직합니다.

A3) 'To' 방식은 목표 시점(예 : 은퇴 시점)까지 위험자산의 비중을 점진적으로 낮추고, 목표 시점에 도달한 이후에는 자산 배분을 고정합니다. 즉, 은퇴 시점까지 자산 배분이 변화하다가, 그 이후부터는 더 이상 변하지 않는 형태입니다. 이에 반해, 'Through' 방식은 목표 시점에 도달한 이후에도 일정 기간 동안 계속해서 위험자산 비중을 줄여 더욱 보수적으로 자산 배분을 조정하게 되어, 은퇴 이후까지도 점진적으로 안전자산 비중을 늘려 장기적인 위험을 추가로 낮추는 방식입니다.

'To' 방식과 'Through' 방식 중 어느 것이 유리한지는 투자자의 은퇴 이후 자산운용 전략에 따라 달라집니다. 'To' 방식은 은퇴 시점에 맞춰 자산 배분이 보수적으로 고정되기 때문에, 은퇴 직후 목돈을 한 번에 인출할 계획이 있을 경우 적합할 수 있습니다. 반면 'Through' 방식은 은퇴 이후에도 일정 기간 위험자산 비중을 점진적으로 줄여가므로, 은퇴 후에도 일정 수준의 투자를 지속해 장기적으로 현금흐름을 확보하려는 투자자에게 더 유리할 수 있습니다.

Q&A 6-5-9 ETF(Exchange Traded Fund) 투자

Question

Q1) 퇴직연금 계좌에서 ETF(Exchange Traded Fund, 상장지수펀드)의 투자 한도는 어떻게 되나요?

Q2) 일반 펀드와 ETF의 가장 큰 차이는 무엇인가요?

Q3) DC/IRP계좌에서 해외 상장된 ETF인 QQQ를 매수할 수 있나요?

Q4) ETF 투자 시 알면 좋은 용어는 무엇이 있을까요?

Answer

A1) ETF 또한 펀드이므로 실적배당형 투자와 동일한 규제가 적용됩니다. 퇴직연금 계좌에서는 위험자산 투자 한도가 있어 적립금의 최대 70%까지만 주식형 펀드 같은 위험자산에 투자할 수 있습니다. ETF도 기본적인 구조는 펀드이므로 동일한 규제가 적용됩니다.

A2) 일반 펀드와 ETF는 모두 여러 투자자의 자금을 모아 운용사가 대신 투자한다는 점에서는 같지만, 거래 방식과 유동성에서 큰 차이가 있습니다. 펀드는 하루에 한 번 기준가로 거래가 이루어져 실시간 매매가 불가능합니다.

반면 ETF는 주식처럼 거래소에 상장되어 있어 실시간으로 사고팔 수 있습니다. 또한 ETF는 일반 펀드보다 운용보수가 낮고 거래가 편리하다는 장점이 있지만, 시장가격이 기초자산의 실제 가치와 다소 괴리될 수 있다는 단점도 존재합니다. 따라서 단기적 유연성과 비용 절감을 원한다면 ETF가, 장기적 안정성과 전문가 운용을 원한다면 펀드가 더 적합할 수 있습니다.

A3) 불가능합니다.

ETF는 국내 상장 ETF만 매수할 수 있으며, 국내 상장 ETF 중에는 S&P500 등을 추종하는 EFT 등 다양한 해외 주식 시장 추종 ETF를 선택할 수 있습니다.

A4) ETF에 주로 쓰이는 용어를 설명하면 아래와 같습니다.

- AP(Authorized Participant) : ETF의 신규 발행 및 환매를 담당하는 전문기관을 의미
- LP(Liquidity Provider) : ETF 시장에서 유동성을 공급하여 매수·매도 호가를 제시하는 역할
- 추적오차(Tracking Error) : ETF의 실제 수익률이 기초자산의 수익률과 차이가 나는 정도
- 괴리율(Premium/Discount) : ETF의 시장가격이 실제 순자산가치(NAV)와 얼마나 차이가 나는지를 나타내는 지표
- 기초자산(Underlying Asset) : ETF가 추적하는 실제 자산(지수, 주식, 채권 등)
- 거래량(Volume) : ETF가 하루 동안 거래된 총매수·매도 수량
- NAV(Net Asset Value, 순자산가치) : ETF가 보유한 자산의 총가치에서 비용을 차감한 실제 자산가치를 의미. 하루에 한 번, 장 마감 후 공식적으로 산출함.
- iNAV(Indicative Net Asset Value, 실시간지표가치) : ETF의 구성종목 가격변동을 반영하여 장중에 실시간으로 산출되는 추정 순자산가치를 의미. 투자자들은 iNAV를 참고하여 현재 ETF가 과대평가 또는 과소평가되고 있는지 판단함.
- 수정기준가(Adjusted Reference Price) : ETF 시장에서 거래되는 가격의 기준 역할을 하며, 흔히 iNAV와 유사한 의미로 사용되나, 일부 증권사나 거래소에서는 장중 실시간으로 제공되는 기준가격을 의미

[퇴직연금 자산배분]

Q&A 6-5-10 적립금운용계획서(IPS)와 적립금운용위원회

Question

Q1) 적립금운용계획서의 핵심 포인트와 기대효과는 무엇인가요?

Q2) IPS 제도 의무 도입 기준인 상시근로자 수 300인은 어떻게 산정하는 건가요?

Q3) 적립금운용계획서(IPS)의 구체적인 내용은 어떻게 되나요?

Q4) 적립금운용위원회 구성원 중 '퇴직연금 및 자산운용에 관한 경험이나 전문 지식이 있는 사람'의 구체적인 요건은 무엇인가요?

Answer

A1) 적립금운용계획서의 핵심 포인트와 기대효과는 아래와 같습니다.

〈적립금운용계획서 핵심 포인트〉

① 투자수익 극대화가 아닌, 퇴직급여부채 지급 이행과 적정 적립비율을 유지하는 현금흐름 확보를 최우선시함

② 부채 대비 자산의 비중인 적립비율 변동성의 최소화가 매우 중요

③ 자산과 부채의 가치 변화를 동시에 고려하는 ALM을 통해 적립비율을 일정하게 유지할 수 있는 투자정책 마련이 필요

〈적립금운용계획서 기대효과〉

① 퇴직연금 자산운용의 투명성과 안정성 제고

② 투자의 안전장치 마련 : 중장기적 측면에서의 수익률 극대화 도모

③ 자산운용의 연속성 보장 : 담당자 변동 시에도 일관된 투자정책 유지

④ 퇴직연금사업자 운영의 객관적, 종합적인 판단기준 제공 가능

⑤ 원리금보장상품 등 특정 상품 편중 운영 현상 해소

A2) 300인의 산정은 DB제도 가입자 수가 아닌 DB를 도입한 사업 또는 사업장의 상시근로자 수를 기준으로 합니다. 또한, 상시근로자 수는 사용한 근로자의 연인원을 가동일수로 나누어 산정하되, 산정 기간은 전년도 1년간의 근로자 연인원과 가동 일수를 기초로 산정합니다. 2024년도 말 기준으로 300인 이상 사업장은 2025년 상시근로자 수와 관계없이 적립금운용위원회와 적립금운용계획서(IPS) 작성이 필수입니다.

A3) 적립금운용계획서의 구체적인 구성은 아래와 같습니다.

① 적립금운용계획서 목적 및 적용 범위
적립금운용계획서의 목적, 적용 범위, 관련 법령 및 규정, 자산운용 목적 및 원칙

② 적립금 운용 목표 수립
적립금 자산의 재정 안정화 목표, 중장기적인 운용계획 수립

③ 적립금운용위원회 구성
위원장 및 위원의 구성 방법, 적립금운용위원회의 역할, 회의 개최 시기, 횟수, 의결 방법

④ 자산배분 정책 수립
목표수익률 · 허용위험한도, 유동성관리, 투자가능자산 정의, 전략적 · 전술적 자산배분안 수립

⑤ 성과 평가 기준 수립
상품별 기준수익률 설정(벤치마크), 운용 성과 평가 및 보고

⑥ 적립금 운용 담당자의 의무
선량한 관리자로서의 주의 의무, 행동 준칙 수립

A4) 「퇴직급여법 시행령」상 '퇴직연금 및 자산운용에 관한 경험이나 전문 지식이 있는 사람'은 다음 각 호 중 하나 이상의 요건을 갖춘 사람을 말합니다.

① 「고등교육법」에 따른 학교에서 경제 · 경영, 금융 및 노동 관련 학문 분야를 연구하거나 가르치는 조교수 이상의 직에 3년 이상 근무 경력이 있는 사람

② 경제 · 경영, 금융 및 노동 분야의 연구 기관이나 공공기관에 소속되어 3년 이상 근무 경력이 있는 사람

③ 금융기관에서 퇴직연금, 자산운용, 자산운용평가 및 위험관리를 담당하는 직에 3년 이상 근무 경력이 있는 사람

Q&A 6-5-11 GBI(Goal Based Investing) 전략의 활용

Question

Q1) TDF(Target Date Fund)와 GBI 개념의 차별점은 어디에 있을까요?

Q2) DC/IRP에서 GBI 전략을 실행할 때 현실적 어려움은 무엇이 있을까요?

Answer

A1) TDF는 단순히 은퇴 시점을 기준으로 자산배분 비중을 자동적으로 조정해 주는 펀드입니다. 예를 들어, 2045년 은퇴 예정인 가입자는 TDF 2045에 가입하면 시간이 지남에 따라 주식 비중이 줄고 채권 비중이 늘어나는 구조로 운용됩니다.

그러나 GBI는 단순히 은퇴 시점만 고려하는 것이 아니라, 개인의 생활비 규모, 건강 상태, 은퇴 기간, 위험 회피 성향 등 다양한 요소를 고려해 보다 세밀하게 맞춤형 자산배분 전략을 설계합니다. 따라서 TDF가 '획일적'이고 집단적인 성격을 가진다면, GBI는 TDF를 '개별화 · 개인화'한 자산운용 개념이라고 볼 수 있습니다.

A2) 개개인이 스스로 자신의 은퇴 목표와 위험 성향을 정확히 파악하는데 어려움이 있습니다. 많은 가입자들은 금융 지식이나 투자 경험이 부족해, 위험 수준을 잘못 평가하거나 과도하게 보수적 · 공격적으로 자산을 배분하는 경우가 많습니다. 또한 장기적인 시뮬레이션을 실행하고 이를 꾸준히 관리해야 하는데, 현실에서는 소득 불안정성이나 시장 변동성 때문에 계획을 지속하기 어렵습니다. 따라서 퇴직연금 사업자 차원에서 맞춤형 컨설팅 컨텐츠와 교육 프로그램을 제공하는 것이 보완책이 될 수 있습니다.

Q&A 6-5-12 DC/IRP에서의 자산배분 전략

Question

Q1) DC/IRP와 DB 제도의 자산배분 철학은 어떤 차이가 있을까요?

Q2) DC/IRP에서 목표 수익률이 지나치게 높게 설정될 경우 어떤 리스크가 있을까요?

Q3) DC제도에서도 ALM 개념이 존재하나요?

Q4) DC/IRP에서 은퇴 후 인플레이션 리스크를 관리하는 대응법은 무엇이 있을까요?

Q5) DC/IRP에서 자산배분을 스스로 하기 어려운 가입자에게는 어떤 대안이 있을까요?

Answer

A1) DC/IRP는 개인별 목표 달성을 중심으로 한 '투자자 관점'의 자산배분 철학을 위주로 운용됩니다. 따라서 위험 감내도와 목표 수익률, 은퇴까지 남은 기간이 주요 변수가 됩니다. 반면 DB형은 기업이 퇴직급여 지급 의무를 떠안기 때문에, '부채 안정성 관리'라는 철학이 핵심입니다. 기업은 적립비율이 일정 수준 이하로 떨어지지 않도록 관리해야 하고, 이를 위해 ALM(LDI) 전략을 활용합니다. 즉, DC/IRP가 '개인 맞춤형 성장 전략'이라면, DB는 '기업 중심의 안정성 관리전략'이라고 할 수 있습니다.

A2) 목표 수익률이 높게 설정되면 그 목표를 달성하기 위해 위험자산 비중을 크게 늘릴 수 밖에 없습니다. 하지만 은퇴 준비는 장기투자임에도 불구하고, 단기적인 시장 충격이 발생할 경우 큰 손실을 경험할 수 있습니다. 특히 투자 경험이 적은 가입자들은 하락장에서 패닉 셀링을 하거나, 반대로 지나치게 공격적인 투자로 이어져 장기 성과가 악화될 수 있습니다. 또한 생애주기 관점에서 은퇴자금을 인출하는 나이에 가까워졌을 경우 시장 급락에 따른 은퇴자산 손실을 회복할 수 있는 시간이 부족할 가능성도 높습니다.

따라서 목표 수익률은 투자 가능 기간 등을 고려해 현실적으로 달성 가능한 수준으로 잡는 것이 바람직하다고 볼 수 있습니다.

A3) DC형은 기업이 아닌 개인 계좌에 자산이 적립되기 때문에, 기업 입장에서는 '부채'가 존재하지 않습니다. 즉, 퇴직급여 운용 결과가 회사가 아닌 가입자 본인에게 귀속됩니다. 따라서 기업은 지급 리스크를 부담하지 않고, 가입자가 자신의 투자 결과를 온전히 책임지게 됩니다. 하지만 "부채"의 개념을 기업의 재무제표상의 부채가 아닌 개인이 미래에 은퇴자금으로 사용할 금액으로 본다면 개인 투자 관점에서도 ALM 개념이 존재할 수 있습니다(Individual ALM). 이는 목표를 설정하고 그 목표를 달성하기 위한 자산운용 전략인 GBI와도 일정 부분 같은 철학을 공유하고 있다고 볼 수 있습니다.

A4) 은퇴 후에도 물가 상승은 피할 수 없는 중요한 변수입니다. 따라서 DC/IRP에서 자산배분 전략을 세울 때 단순히 명목 수익률이 아니라 실질 수익률을 고려해야 합니다. 예를 들어, 인플레이션 연동 채권, 원자재, 금, 인프라펀드 같은 실물자산을 일부 포함하면 물가 상승을 일정 부분 헤지할 수 있습니다. 또한 해외 주식・채권과 같은 글로벌 자산에서도 물가 분산 효과를 기대할 수 있습니다. 결국 인플레이션을 방어할 수 있는 자산을 포트폴리오에 적절히 배분해야 은퇴 후 시점에 적정한 생활 수준을 유지할 수 있다는 점에서 실적배당형에 일부 투자하는 것이 인플레이션 리스크에 효과적으로 대응하는 방법의 하나일 수 있습니다.

A5) 투자 지식이 부족하거나 관심이 적은 가입자는 디폴트옵션(사전지정운용제도)을 활용할 수 있습니다. 이는 가입자가 별도의 운용 지시를 하지 않아도 자동으로 일정한 자산배분 상품에 투자되도록 하는 제도입니다. 또한 금융기관이 제공하는 '모델 포트폴리오'나 로보어드바이저 서비스를 통해 간접적으로 자산배분 전략을 실행할 수도 있습니다. 또한 자산배분 전략을 구사하는 펀드나 ETF를 매수하여 장기투자 하는 것도 전문가에게 자산배분을 맡긴다는 점에서 유용하게 활용할 수 있습니다.

Q&A 6-5-13 DB제도의 자산배분 전략

Question

Q1) DB제도에서 금리 하락은 적립비율에 어떤 영향을 미칠까요?

Q2) DB제도에서 ALM 전략이 실패하면 기업에 어떤 영향이 있을까요?

Answer

A1) 금리가 하락하면 부채의 현재가치가 증가하게 됩니다. 왜냐하면 할인율이 낮아질수록 미래에 지급해야 할 퇴직급여의 현재가치가 커지기 때문입니다. 따라서 자산의 수익률이 하락할 경우 적립비율이 낮아질 수 있습니다.

이에 대비하기 위한 LDI 전략은 부채매칭 포트폴리오에서 할인율과 유사한 자산에 투자하는 전략입니다. 따라서 금리 하락 시 채권의 수익률은 높아지게 되므로 부채의 상승분을 헤지할 수 있습니다.

A2) DB형 제도는 기업이 사전에 약정된 퇴직급여 지급 의무를 안고 있습니다. 따라서 ALM 전략이 예측과 달리 실패하게 되면 기업은 예상보다 더 많은 퇴직급여를 지급해야 하는 상황에 직면할 수 있습니다. 이에 따라 연말 추가 기여금 납입 부담이 큰 규모로 발생할 수 있습니다. 특히 경제 불황기에는 적립금 운용 수익률이 낮아지고, 동시에 인력 구조조정 등으로 퇴직급여 지급이 늘어나면서 이중 부담이 생길 수 있습니다. 따라서 ALM 리스크뿐만 아니라 자산의 수익률 하락 리스크 또한 함께 관리되어야 하며, 매년 평가 및 리밸런싱이 충실히 수행되어야 합니다.

[자산군별 투자전략]

Q&A 6-5-14 Hedged vs. Unhedged 투자

Question

H형과 UH형이 적합한 고객은 각각 어떻게 되나요?

Answer

투자자는 자신의 환율 인식 수준, 자산배분 목적, 시장 전망 등 다양한 요소를 체계적으로 고려해 적합한 유형을 선택해야 합니다. 환헤지 비용, 환율 변동에 따른 리스크, 자산군 간 상관관계 등도 반드시 분석해야 글로벌 투자에서 최적의 결과를 얻을 수 있습니다.

(1) H형 상품 적합 고객

H형(환헤지형) 상품은 환율 변동에 따른 추가적인 수익률 변동을 최소화하고, 안정적인 투자 성과를 추구하는 고객에게 적합합니다. 주로 아래와 같은 투자자가 H형을 선택하는 것이 바람직합니다.

① 환율 변동의 크기와 예측의 어려움을 잘 모르는 투자자

② 기초자산의 성과(주식의 성장, 채권의 이자 등)만 누리고 싶어 하며, 환차익에 따른 복잡한 리스크를 감수하지 않으려는 투자자

③ 안정적인 수익을 중시하는 은퇴자, 보수적인 기관 투자자 등 시장 변동성보다 안정성을 우선시하는 투자자

H형을 선택하는 고객은 환헤지로 인해 환율 리스크를 제거할 수 있으나, 그에 따라 헤지 비용이 발생한다는 점도 고려해야 합니다. 헤지 비용은 투자 포트폴리오의 기대 수익률을 일부 감소시킬 수 있으나, 환율 변동에 의한 불확실성을 제거함으로써 장기적인 재무계획과 목표 달성에 유리할 수 있습니다.

(2) UH형 상품 적합 고객

UH형(환노출형) 상품은 환율 변동에 적극적으로 대응하거나, 환차익까지 추가적인 수익의 기회로 삼으려는 투자자에게 적합합니다.

① 향후 원-달러 환율 상승을 예측하고, 환 변동에 의한 추가 수익을 기대하는 투자자

② 환율 전망을 본인 스스로 분석하고, 글로벌 경제 및 통화 흐름에 대한 관심과 이해도가 높은 투자자

③ 자산배분 전략을 활용하여 환 노출로 인한 변동성을 자산군 간 상관관계를 통해 줄이고자 하는 투자자

Q&A 6-5-15 자산배분형 UH 전략

Question

자산배분형 UH 전략의 헤지 효과가 궁금합니다.

Answer

자산배분형 UH 전략은 자산군의 특성과 환율, 금리 간의 상관관계를 활용할 수 있다는 점에서 변동성 관리에 효과적입니다. 예를 들어, 채권과 주식 등 다양한 자산을 조합할 때, 금리와 환율이 서로 상반된 방향으로 움직일 수 있습니다.

원-달러 환율만 고려했을 때 채권의 경우 금리 상승 시 가격이 하락하지만, 미국의 통화가 강세를 보일 경우 환차익을 볼 수 있습니다. 즉, 금리와 환율이 상쇄 효과를 내며 전체 수익률 변동성을 낮추게 됩니다.

주식의 경우 글로벌 성장에 따른 자산가치 상승과 환율 변동에 따른 추가 수익까지 노릴 수 있습니다. 주식과 채권을 함께 편입하면 자산군 간 상관계수가 낮아져 포트폴리오 전체의 위험이 감소합니다.

이처럼 자산배분형 UH 전략은 환율 변동에 따른 리스크뿐만 아니라, 금리 변화에 따른 리스크까지 포트폴리오 내에서 상쇄하거나 분산할 수 있는 효과가 있습니다. 환헤지 없이 투자할 경우, 개별 자산의 변동성은 커질 수 있지만, 자산군 전체를 조합함으로써 전체 포트폴리오의 변동성은 오히려 줄어들 수 있습니다.

Q&A 6-5-16 DC/IRP의 장기투자 Hedge 전략

Question

DC/IRP계좌에서 장기투자를 하는 경우의 H형과 UH형 투자전략이 궁금합니다.

Answer

5~10년 이상 장기투자를 목표로 한 경우 단기와 달리 목적, 기간, 통화 분산 효과까지 고려해야 합니다. H형 투자 시 발생하는 환헤지 비용을 고려하면 장기투자 시 누적 수익률에서 UH형 투자 대비 낮은 수익률을 예상할 수도 있습니다.

또한 장기일수록 단기적 환율 변동이 평균화될 수도 있으므로 '완전 헤지'의 필요성이 낮아지는 상황이 발생합니다. 다만, 수익률 변동폭이 주식에 비해 작은 편인 채권형 펀드의 경우 헤지가 필요할 수 있고, 주식형 펀드의 경우에는 장기 투자 시 부분 헤지 또는 언헤지도 고려해 볼 필요가 있습니다.

Q&A 6-5-17 성장주 펀드 vs. 가치주 펀드 투자전략

Question

퇴직연금에서 성장주와 가치주를 활용하는 전략을 알고 싶습니다.

Answer

저연령 투자자는 은퇴까지 남은 기간이 길고, 장기적인 복리 효과를 최대화할 수 있으므로 성장주 비중을 높게 가져가는 것이 유리합니다. 성장주는 단기적으로는 변동성이 크고 가격 조정 위험이 있으나, 장기적으로 기업의 실적 개선과 업종 성장에 따라 높은 수익률을 실현할 가능성이 큽니다. 저연령 투자자는 자산 가격의 일시적 하락을 감내할 수 있고, 장기간 투자로 단기 변동성의 영향을 충분히 상쇄할 수 있으므로, 혁신 기술·신시장 개척 등 성장성이 높은 기업에 집중적으로 투자해 자산을 적극적으로 증식할 수 있습니다.

이에 반해 고연령 투자자는 안정적인 현금 흐름과 원금 보전이 중요하므로 가치주 투자 비중을 점차 늘리는 것이 바람직합니다. 가치주는 기업의 실적이 견고하고 변동성이 낮아, 시장 하락기에도 방어적인 역할을 수행합니다. 은퇴가 가까워질수록 단기적인 시장 충격에 노출될 위험을 줄이고, 안정적인 배당과 꾸준한 자본 이득을 통해 연금 수령에 필요한 현금 유동성을 확보하는 것이 중요해집니다. 이때 가치주 위주의 포트폴리오는 자산의 변동성을 최소화하고, 안정적인 수익 구조를 유지하는 데 기여합니다.

Appendix

Appendix 1 「퇴직급여법」 등 퇴직급여제도 연혁

시행일자	주요 내용
1953.5.10	「근로기준법」으로 퇴직금제도 최초 도입(임의형)
1962.1.1	30인 이상 사업장 강제적용 법정제도화
1989.7.1	5인 이상 사업장으로 확대 적용
1997.8.14	퇴직금 중간정산제·퇴직보험(퇴직신탁) 등 도입
2005.12.1	「퇴직급여법」 제정 및 공포(2005.1.27 법률 제7379호) - 2025.12.1. 시행 : DB, DC, IRP 등 퇴직연금제도 체계 도입 - 사내 퇴직금제도와 병행, 사용자의 퇴직연금제도 선택 가능
2010.12.1	4인 이하 사업장까지 퇴직급여제도 확대
2010.12.31	- 퇴직보험(퇴직일시금신탁)은 2010.12.31까지 유효기간 만료 (「퇴직급여법」 부칙(제10967호) 제2조 제2항) - 신규 퇴직보험(퇴직일시금신탁) 가입 및 기존 퇴직연금(퇴직일시금신탁)에 추가 적립도 불가하며, 기존 적립금은 퇴직급여 지급으로만 활용 가능
2012.7.26	전부 개정 - 퇴직금제도 중간정산 전면 금지 - 퇴직연금제도 가입자 이직 시 IRP 의무 이전 - 혼합형퇴직연금제도 및 표준형DC제도 도입 - DB제도 재정검증강화 및 재정안정화계획서 제출 - DB제도 전액지급 원칙 및 예외 사유 명시 - DC제도 지연이자 의무화 - 수수료 부담 주체 명시 등 전부 개정 시행
2018.7.1	- 퇴직급여 감소 예방을 위한 사용자의 책무와 위반 시 제재 신설
2022.4.14	- 중소기업퇴직연금기금제도(푸른씨앗) 도입 - 퇴직금제도에서 이직 시 IRP 이전 의무화 - IPS작성 의무화 - DB제도 최소적립금 미달 미해소 시 과태료 부과
2022.7.12	사전지정운용제도(디폴트옵션) 도입

Appendix 2 벌칙 및 과태료(1)

위반행위	제재조치	근거 법조문
제37조(금융거래정보의 제공 요청 등) ⑥ 위반 - 금융거래정보를 타인에게 제공 또는 누설하거나 그 목적 외의 용도로 이용하는 경우	5년 이하의 징역 또는 5천만원 이하의 벌금	법 제43조
제9조 제1항 위반 - 퇴직금을 지급하지 아니한 자	3년 이하의 징역 또는 3천만원 이하의 벌금	법 제44조
제17조 제2항 · 제3항, 제20조 제5항, 제23조의7 제2항 또는 제25조 제3항을 위반 - 근로자가 퇴직할때 급여를 지급하지 아니하거나 부담금 또는 지연이자를 납입하지 아니한 자		
제27조 제4항 위반 - 등록취소 시 가입자 보호조치를 하지 아니한 퇴직연금사업자		
제33조 제3항 및 제4항 위반 - 특별이익제공 금지 등 사업자 책무를 위반한 퇴직연금사업자		
제4조 제2항 위반 - 하나의 사업 안에 퇴직급여제도를 차등하여 설정한 자	2년 이하의 징역 또는 2천만원 이하의 벌금	법 제45조
제31조 제3항 위반 - 고용노동부장관에 등록하지 아니하고 퇴직연금제도 모집업무를 수행한 자		
제31조 제4항 위반 - 퇴직연금제도 모집인 이외의 자에게 모집업무를 위탁한 퇴직연금사업자		
제32조 제4항 제1호 위반 - 자기 또는 제3자의 이익을 도모할 목적으로 운용관리업무 및 자산관리업무의 수행계약을 체결하는 행위		

제4조 제3항 · 제4항 또는 제25조 제1항 및 제2항 제1호 위반 - 근로자대표 또는 개별 근로자의 동의를 받지 아니하거나 의견을 듣지 아니한 사용자 **제23조의14 제3항 제1호 위반** - 거짓이나 그 밖의 부정한 방법으로 중소기업기금형 DC(푸른씨앗) 지원금을 받은 자 **제31조 제7항 위반** - 모집인 재위탁 금지 **제32조 제5항 위반** - 근로자에게 퇴직급여가 감소할 수 있음을 알리지 아니하거나 퇴직급여의 감소 예방을 위하여 필요한 조치를 하지 아니한 사용자	500만원 이하의 벌금	법 제46조

Appendix 2 벌칙 및 과태료(2)

위반행위	제재조치	근거 법조문
제16조 제2항 위반 - 적립금이 최소적립금을 넘고 있는지 확인하여 그 결과를 사용자에게 알리지 아니하거나, 적립금이 최소적립금보다 적은 경우 그 확인 결과를 근로자대표에게 알리지 아니한 퇴직연금사업자 **제16조 제3항 위반** - 적립금 부족을 해소하지 아니한 사용자 **제32조 제2항 위반** - 매년 1회 이상 교육을 하지 아니한 사용자 **제33조 제5항 위반** - 매년 1회 이상 교육을 하지 아니한 퇴직연금사업자	1천만원 이하의 과태료	법 제48조①

<table>
<tr><td>제13조, 제19조 위반
- 퇴직연금규약을 신고하지 아니한 사용자</td><td rowspan="7">500만원 이하의 과태료</td><td rowspan="7">법 제48조②</td></tr>
<tr><td>제18조의2 제1항 위반
- 적립금운용위원회를 구성하지 아니한 사용자</td></tr>
<tr><td>제18조의2 제2항 위반
- 적립금운용계획서를 작성하지 아니한 사용자</td></tr>
<tr><td>제29조의2 제3항 위반
- 자료의 제출 요구에 따르지 아니한 퇴직연금사업자</td></tr>
<tr><td>제32조 제4항 제2호(사용자 책무) 위반
- 자기 또는 제3자의 이익을 도모할 목적으로 운용관리업무 및 자산관리업무의 수행계약을 체결하는 행위
1. 운용관리업무 또는 자산관리업무를 수행하는 데 필요한 다음 각 목의 자료를 고의로 누락(자료를 제공하지 않는 경우를 포함한다)하거나 거짓으로 작성하여 퇴직연금사업자에게 제공하는 행위
가. 단체협약, 취업규칙, 근로계약서, 급여명세서 등 부담금 산정 및 법 제16조에 따른 급여 지급능력 확보 여부 등을 확인하는 데 필요한 자료
나. 그 밖에 급여지급 등 운용관리업무 및 자산관리업무의 수행에 필요한 자료
2. 퇴직연금사업자에게 약관 등에서 정해진 부가서비스 외의 경제적 가치가 있는 서비스의 제공을 요구하거나 제공받는 행위
3. 퇴직연금사업자에게 계약 체결을 이유로 물품 등의 구매를 요구하거나 판매하는 행위
4. 퇴직연금사업자에게 확정되지 않은 운용방법의 수익을 확정적으로 제시할 것을 요구하거나 제공받는 행위</td></tr>
<tr><td>제33조 제2항 및 제6항(퇴직연금사업자의 책무) 위반</td></tr>
<tr><td>제35조에 따른 시정명령 불이행 사용자</td></tr>
</table>

Appendix 3 퇴직연금관련 근로감독관 집무규정*

근로감독관 집무규정 (훈령 제465호, 2023.7.24. 시행 2023.8.1.) 中 퇴직연금 관련

【별표 2】 사업장감독 시 점검 확인 주요 서류

3. 근로자퇴직급여보장법 분야 〈신설 2013.10.15.〉
   - 퇴직급여 지급 관련 〈신설 2023.7.24.〉
   - 퇴직급여제도의 선택·변경 관련 근로자 대표의 동의서
   - 퇴직연금제도의 내용 변경 관련 근로자 대표의 의견청취자료 및 동의서
   - 퇴직연금규약
   - 규약에서 정한 사항의 이행 관련 서류
   - 운용관리업무 및 자산관리업무의 수행 계약서
   - 퇴직연금제도 가입자의 교육실시와 관련된 서류
   - 〈삭제 2023.7.24.〉

【별표 3】 개별근로관계법 위반사항 조치기준

- 일반조치 기준

1. 사건처리기간 범위 내에서 조치기준란에 기재된 시정기간내에 시정하도록 서면지시하되, 기한내에 시정완료하면 내사종결하고, 기한내에 시정하지 아니하면 범죄인지 보고 후 수사에 착수한다.(행정질서벌의 경우는 과태료 부과)

2. 조치기준란의 반의사불벌 관련사항
   - 피해자가 처벌을 희망하지 아니하는 명시적인 의사표시가 있는 경우 진정사건 또는 사업장근로감독 사안은 내사종결하고
   - 범죄인지사건, 고소·고발 사건은 불기소의견으로 검찰 송치한다.

3. "즉시시정"의 경우 시정완료하면 내사종결하고 시정하지 아니하면 범죄인지(과태료 부과)한다.

4. "즉시범죄인지" 또는 시정기간이 명시되지 않은 경우에는 즉시 범죄인지보고(과태료 부과)한다.

---

* 근로감독관이 사업장 '근로감독' 시 활용

Appendix 4 퇴직연금 감독규정 내 적립금 운용 관련 규정

(2025.11 기준, 실제 원문은 법제처 국가법령정보센터 참조)

제3장 적립금의 운용

제8조(원리금보장 운용방법 취급 금융기관)

시행령 제25조 제1항 제1호의 "신용등급 등에 관하여 금융위가 정하여 고시하는 기준 이상의 금융기관"이라 함은 다음 각 호의 요건을 충족하는 금융기관을 말한다.

1. 신용평가기관으로부터 받은 당해 금융기관에 대한 신용평가등급이 투자적격(국내 신용평가기관의 신용평가등급기준 BBB- 이상, 국제 신용평가기관의 경우 이에 상응하는 등급을 말한다. 이하 같다)일 것. 다만, 둘 이상의 신용평가기관으로부터 신용평가등급을 받은 경우 그 중 낮은 신용평가등급을 적용하며, 당해 금융기관에 대한 신용평가등급이 없을 경우에는 무보증사채에 대한 신용평가등급으로 갈음할 수 있다.
2. 다음 각 목의 구분에 따른 재무건전성의 요건을 갖출 것
   가. 법 제26조 각 호의 어느 하나에 해당하는 자 : 시행령 제20조 제1항 제1호의 요건을 충족할 것
   나. 「자본시장법」 제324조 제1항에 따라 인가를 받은 증권금융회사 : 「자본시장법」 제331조 제3항에 따라 금융위원회가 정한 별도의 경영지도기준에 따른 자기자본비율을 충족할 것

제8조의2(기타 원리금보장 운용방법)

시행령 제25조 제1항 제4호에서 "금융위원회가 정하여 고시하는 운용방법"이란 다음 각 호의 어느 하나에 해당하는 운용방법을 말한다.

1. 제8조 각 호의 요건을 충족하는 금융기관이 발행한 발행어음 및 표지어음
2. 제8조 각 호의 요건을 충족하는 금융기관이 발행한 것으로서 다음 각 목의 요건을 모두 갖춘 「자본시장법」 제4조 제7항 제1호의 사채. 이 경우 해당 사채를 발행하여 수취한 자금의 운용은 파생결합증권 및 다음 각 목의 어느 하나라도 충족하지 못하는 사채와 각각 계정분리 등의 형태로 독립성을 갖추어야 한다.
   가. 상환금액이 원금 이외의 수익을 보장할 것
   나. 중도해지시에도 원금의 손실이 발생하지 않을 것
   다. 「자본시장법」 제9조 제7항에 따른 "모집"이나 제9항에 따른 "매출"의 방법(이하 "공모"라 한다)으로 발행되고 복수의 신용평가기관으로브터 투자적격 신용평가등급을 받을 것

3. 다음 각 목의 요건을 갖춘 금융기관이 제공하는 「상호저축은행법」 제11조 제1항 제3호에 따른 예금・적금. 이 경우 확정기여형퇴직연금과 개인형퇴직연금 가입자의 「상호저축은행법」 제11조 제1항 제3호에 따른 예금・적금에 대한 금융기관별 투자한도는 「예금자보호법 시행령」 제18조 제7항에 따른 보험금의 지급한도를 초과할 수 없다.
   가. 신용평가기관으로부터 받은 당해 금융기관에 대한 신용평가등급이 투자적격(국내 신용평가기관의 신용평가등급기준 BBB- 이상, 국제 신용평가기관의 경우 이에 상응하는 등급을 말한다. 이하 같다)일 것. 다만, 둘 이상의 신용평가기관으로부터 신용평가등급을 받은 경우 그 중 낮은 신용평가등급을 적용하며, 당해 금융기관에 대한 신용평가등급이 없을 경우에는 무보증사채에 대한 신용평가등급으로 갈음할 수 있다.
   나. 「금융산업의 구조개선에 관한 법률」 제10조 제1항에 따른 자기자본비율이 같은 조 제2항에 따라 금융위원회가 정하여 고시하는 기준 이상일 것

제8조의3(운용방법으로서의 보험계약)

① 시행령 제26조 제1항 제1호 나목에서 "금융위원회가 고시하는 보험계약"이란 납입보험료의 전액이 적립금의 반환에 충당하기 위해 적립되는 보험계약을 말한다. 다만, 퇴직연금 제도의 운영, 자산의 관리 및 운용을 위한 비용은 적립 대상에서 제외하고, 제2항 단서에 따른 보험계약의 경우 위험보험료 및 보증수수료를 적립 대상에서 제외할 수 있다.

② 제1항과 관련하여, 자산운용 성과에 따라 적립금의 반환금액이 변동되는 경우, 보험회사는 손실의 보전이나 이익의 보장을 약정할 수 없다. 다만, 다음 각 호의 요건을 모두 충족하는 보험계약(이하 "보증형 실적배당보험"이라 한다)은 제외한다.

1. 퇴직급여를 연금으로 지급받기로 약정하고 보험료를 일시에 납입하여 개인형퇴직연금에서 운용될 것
2. 납입보험료 전액(연금 개시 시점까지의 자산운용 이익이 있는 경우 이를 포함한다)을 퇴직급여로 보증할 것
3. 제2호에 따른 보증을 위해 보증수수료를 수취할 경우, 보험업법 제176조에 따른 보험요율 산출기관으로부터 보증수수료 산출방식 등의 적정성을 판매 전에 확인받고, 보험업 감독규정 제6-11조의5에 따라 보증준비금을 적립할 것
4. 보험업감독규정 제6-11조에 따라 책임준비금을 적립하는 경우 보험계약부채로 구분될 것

③ 보증형 실적배당보험의 경우 보험회사는 보험업감독규정 제4-35조의2 제8항 제1호 가목의 보험계약에 적용되는 설명의무를 준용하여 가입자에게 중요사항을 설명하여야 한다.

제9조(증권 및 기타 적립금 운용방법의 종류 등)

① 시행령 제26조 제1항 제1호 다목의 "금융위원회가 고시하는 증권"은 다음 각 호의 것을 말한다.

1. 「자본시장법」 제4조 제2항 제1호의 채무증권. 다만, 다음 각 목의 증권은 제외한다.
   가. 특수채 및 사채권으로서 신용평가기관으로부터 투자적격 신용평가등급을 받지 않은 것(복수의 등급이 있는 경우 낮은 등급을 기준으로 하며, 보증채권의 경우 보증인의 신용평가등급을 적용한다)
   나. 외국의 중앙정부, 지방정부 및 기업 등이 발행한 것으로서 감독원장이 정하는 국제 신용평가기관으로부터 투자적격 신용평가등급을 받지 않은 것. 다만, 국채의 경우 국가 신용평가등급으로 동 채권에 대한 신용평가등급을 갈음한다.
   다. 기업어음증권으로서 신용평가기관의 신용평가등급이 투자적격(A3- 이상) 미만일 것
   라. 다른 법령에 의해 자본시장법 제4조 제2항 제1호의 채무증권에 준하는 것으로서 신용평가기관으로부터 투자적격 신용평가등급을 받지 않은 것
   마. 제8조의2 제2호 가목 및 나목의 요건을 갖춘 「자본시장법」 제4조 제7항 제1호의 사채로서 사모로 발행된 것
2. 「자본시장법」 제4조 제2항 제2호의 지분증권. 다만, 다음 각 목의 증권은 제외한다.
   가. 비상장주식
   나. 「자본시장법시행령」 제6조 제1항 제2호, 제4호 및 제5호의 주식회사가 발행하는 주식
   다. 「자본시장법」 제6조 제5항 제2호에 해당하는 주식
   라. 외국법인발행 주식으로서 국내 유가증권시장, 코스닥시장 또는 시장의 안정성·유동성·투명성을 감안하여 감독원장이 정하는 적격 해외주식시장에 상장되지 않은 것
   마. 집합투자증권(외국 집합투자증권을 포함한다)으로서 금융투자업규정 제4-54조의 규정에 의해 산정된 위험평가액(이하 "위험평가액"이라 한다). 이 집합투자기구 자산총액의 100분의 40을 초과하는 것. 다만, 「자본시장법」 제234조 제1항에서 정하는 바에 따라 국내 증권시장에 상장된 상장지수집합투자기구(이하 "상장지수집합투자기구"라 한다)의 집합투자증권(상장지수집합투자기구가 목표로 하는 지수의 변화에 1배를 초과하거나 음의 배율로 연동하여 운용하는 것은 제외한다)으로서 기초자산 중 증권의 가격 또는 지수에 연동하기 위하여 동법 제5조 제3항에서 정하는 장외파생상품(이하 "장외파생상품"이라 한다)을 중요한 운용수단으로 하는 경우에는 위험평가액이 집합투자기구 자산총액의 100분의 100을 초과하는 것으로 한다.
3. 「자본시장법」 제4조 제2항 제3호의 수익증권. 다만, 다음 각 목의 증권은 제외한다.
   가. 집합투자증권(외국 집합투자증권을 포함한다)으로서 위험평가액이 집합투자기구 자산총액의 100분의 40을 초과하는 것. 다만, 상장지수집합투자기구의 집합투자증권(상장지수집합투자기구가 목표로 하는 지수의 변화에 1배를 초과하거나 음의 배율로 연동하여 운용하는 것은 제외한다)으로서 기초자산 중 증권의 가격 또는 지수에 연동하기 위하여 장외파생상품을 중요한 운용수단으로 하는 경우에는 위험평가액이 집합투자기구 자산총액의 100분의 100을 초과하는 것으로 한다.

나. 「자본시장법」 제110조의 수익증권으로서 신용평가기관으로부터 투자적격 신용평가등급을 받지 않은 것

다. 다른 법령에 의해 자본시장법 제4조 제2항 제3호의 수익증권에 준하는 것으로서 신용평가기관으로부터 투자적격 신용평가등급을 받지 않은 것

4. 「자본시장법」 제4조 제2항 제5호의 파생결합증권. 다만, 다음 각 목의 증권은 제외한다.

가. 사모로 발행된 것

나. 상환금액의 최대 손실이 원금의 100분의 40을 초과하는 것

5. 제1호부터 제4호까지의 증권에 상당하는 「자본시장법」 제4조 제2항 제6호의 증권예탁증권

② 시행령 제26조 제1항 제1호 마목에서 "금융위원회가 정하여 고시하는 기준"이란 제8조 제1호 및 제2호 나목을 말한다.

③ 시행령 제26조 제1항 제1호 사목의 규정에 의한 적립금 운용방법은 다음 각 호와 같다.

1. 「금융투자업규정」 제5-1조 제6호 나목의 규정에 의한 환매조건부 매수계약
2. 「자본시장법」 제3조 제2항 제2호 각 목의 장내 및 장외파생상품 거래계약. 다만, 기초자산에 대한 위험회피목적으로 체결된 것에 한한다.
3. 제8조 각 호의 요건을 충족하는 금융기관이 발행한 발행어음 및 표지어음
4. 제8조의2 제3호 각 목의 요건을 충족하는 금융기관이 제공하는 「상호저축은행법」 제11조 제1항 제3호에 따른 예금·적금. 이 경우 확정기여형퇴직연금과 개인형퇴직연금 가입자의 「상호저축은행법」 제11조 제1항 제3호에 따른 예금·적금에 대한 금융기관별 투자한도는 「예금자보호법 시행령」 제18조 제7항에 따른 보험금의 지급한도를 초과할 수 없다.

④ 운용지시자가 적립금 운용방법으로 선정한 증권이 신용평가등급의 하락 등으로 제1항의 증권에 해당되지 않게 될 경우 차기 운용방법 변경시기까지는 적립금 운용방법에 해당하는 것으로 본다. 이 경우 해당 운용관리기관은 그 운용지시자에게 해당 사실을 즉시 통보하여야 한다.

제10조(이해상충방지 등)

① 시행령 제26조 제1항 제1호 다목 후단의 규정에 의한 이해관계인은 사용자와 「주식회사의 외부감사에 관한 법률 시행령」 제3조 제1항의 규정에 의한 지배회사 또는 종속회사의 관계에 있는 자를 말한다.

② 운용지시자가 적립금 운용방법으로 선정한 증권이 발행자의 지분변동 등에 의해 제1항의 이해관계인에 해당하게 될 경우 차기 운용방법 변경시기까지는 동 이해관계인에 해당하지 않는 것으로 본다.

③ 사용자와 「독점규제 및 공정거래에 관한 법률」 제2조 제12호의 규정에 의한 계열회사 또는 「주식회사 등의 외부감사에 관한 법률」 제5조 제1항에 의한 회계처리기준에서 규정한 지분법 적용관계에 있는 자(제1항 및 제2항에 따른 이해관계인은 제외한다. 이하 이 조에서 "사용자의 계열회사 등"이라 한다)가 발행한 증권(집합투자증권은 제외하고, 환매조건부 매수계약은 합산한다)에 대한 투자 한도는 다음 각 호의 기준에 따른다.

1. 확정급여형퇴직연금의 경우 : 100분의 0
2. 확정기여형퇴직연금의 경우 : 100분의 20 이내
3. 개인형퇴직연금의 경우 : 100분의 30 이내

④ 확정급여형퇴직연금의 경우 제1항 및 제2항에 따른 이해관계인이 발행한 증권을 편입할 수 없다.

⑤ 확정급여형퇴직연금의 경우 제3항의 투자한도 계산 시 증권 중 지분증권(그 법인 등이 발행한 지분증권과 관련된 증권예탁증권을 포함한다)과 지분증권을 제외한 증권으로 구분하여 각각 한도를 적용하고, 채무증권에 환매조건부매수계약을 합산한다.

제11조(적립금 운용방법 등)

① 영 제26조 제1항 제2호 가목에서 "투자위험을 낮춘 운용방법으로서 금융위원회가 고시하는 운용방법"이란 다음 각 호의 운용방법을 말한다. 다만, 제9호 및 제10호의 운용방법은 확정기여형퇴직연금제도와 개인형퇴직연금제도인 경우에만 해당한다.

1. 환위험 헤지거래를 체결하고 신용평가등급이 A- 이상인 외국의 국채
2. 「한국주택금융공사법」 제2조 제5호의 주택저당증권으로서 신용평가기관의 신용평가등급이 투자적격인 증권
3. 「한국주택금융공사법」 제2조 제7호의 학자금대출증권으로서 신용평가기관의 신용평가등급이 투자적격인 증권
4. 영 제25조 제1항 각호에 따른 원리금보장 운용방법 및 제1호부터 제3호까지의 증권에만 투자하는 집합투자증권 등(제9조 제1항 제3호의 수익증권 또는 시행령 제26조 제1항 나목의 보험계약 중 보험금이 자산운용의 성과에 따라 변동하는 계약. 이하 "집합투자증권 등"이라 한다)
5. 약관 또는 정관상 주식의 투자한도가 집합투자기구 자산총액의 100분의 50 미만인 증권형집합투자증권 등(투자적격등급 이외의 채무증권에 대한 투자한도가 100분의 30을 초과하는 것은 제외한다)
6. 「자본시장법」 제229조 제5호의 단기금융집합투자기구가 발행하는 집합투자증권
7. 다음 각 목의 요건을 모두 충족하는 환매조건부매수 계약(시행령 제25조 제1항 제1호 다목에 해당하는 것은 제외한다)
   가. 매매대상증권이 같은 항 제3호에 해당하는 증권일 것
   나. 매매거래일부터 1영업일 이내에 환매도할 것
8. 보증형 실적배당보험
9. 투자목표시점이 명시되어 있고 이와 연동하여 자산배분 등이 조정되도록 투자 설명서상 운용계획으로 명시되어 있는 집합투자기구로서 감독원장이 정한 기준을 충족한 집합투자증권

10. 법 제21조의2 제1항에 따라 고용노동부장관의 승인을 받은 사전지정운용방법

② 확정기여형퇴직연금 및 개인형퇴직연금의 경우 다음 각 호의 운용방법에는 투자할 수 없다.

1. 제9조 제1항 제2호의 지분증권(단, 집합투자증권인 지분증권은 제외한다)
2. 전환사채, 신주인수권부사채, 교환사채 등 주식을 취득할 수 있는 권리가 부여된 채권 및 후순위채권
3. 「자본시장법」 제9조 제19항의 사모집합투자기구가 발행하는 집합투자증권
4. 「자본시장법」 제229조 제2호의 부동산집합투자기구가 발행하는 집합투자증권. 단, 「자본시장법시행령」 제240조 제4항 제2호 또는 제3호의 방법에 따른 집합투자증권으로서 다음 각 목의 어느 하나에 해당하지 않는 증권에는 투자할 수 있다.
   가. 퇴직연금사업자 또는 사용자(이하 이 목에서 "퇴직연금사업자 등"이라 한다)가 발행하거나 퇴직연금사업자 등과 동일 계열기업군에 속한 자가 발행한 집합투자증권
   나. 퇴직연금사업자 등 또는 퇴직연금사업자 등과 동일 계열기업군에 속한 자가 투자한 집합투자기구의 집합투자증권
   다. 퇴직연금사업자 등 또는 퇴직연금사업자 등과 동일 계열기업군에 속한 자가 투자한 부동산에 투자한 집합투자기구의 집합투자증권
   라. 그 밖에 이에 준하는 것으로서 해당 집합투자증권에 투자할 경우 가입자와 이해상충이 발생할 수 있다고 감독원장이 인정하는 집합투자증권
5. 제9조 제1항 제5호의 증권예탁증권

③ 자산관리계약을 「자본시장법시행령」 제103조 제1호에 따른 특정금전신탁계약으로 하는 경우 동 자산관리기관이 원리금 지급을 보장하는 운용방법(대상증권이 제10조 제3항의 사용자의 계열회사 등이 발행한 증권이 아니면서, 제12조 각 호의 규정에 따른 분산요건을 갖춘 환매조건부매수계약의 경우에는 제외하고, 원금만을 보장한다는 명목에 불구하고 원금상환조건 성취 가능성, 상품의 손익구조 등을 종합적으로 고려하여 사실상 원금 이외의 수익을 보장한다고 인정되는 경우는 포함한다)에는 투자할 수 없다.

제12조(집중투자위험 방지)

집중투자로 인한 위험을 방지하기 위해 다음 각 호의 운용방법에 대해서는 다음 각 호와 같이 별도의 투자한도를 적용한다.

1. 동일 법인이 발행한 증권(집합투자증권은 제외한다)에 대한 투자한도는 다음 각 목의 기준에 따른다.
   가. 확정급여형퇴직연금 : 사용자별 적립금의 100분의 10 이내. 이 경우 투자한 지분증권 수가 동일 법인 발행 지분증권의 100분의 10을 초과할 수 없다.
   나. 확정기여형퇴직연금 및 개인형퇴직연금 : 가입자별 적립금의 100분의 30 이내

2. 동일 계열기업군(「독점규제 및 공정거래에 관한 법률」 제2조 제11호의 규정에 의한 기업집단을 말한다. 이하 같다)에 속한 기업이 발행한 증권(집합투자증권은 제외한다)에 대한 투자한도는 다음 각 목의 기준에 따른다.
   가. 확정급여형퇴직연금 : 사용자별 적립금의 100분의 15 이내
   나. 확정기여형퇴직연금 및 개인형퇴직연금 : 가입자별 적립금의 100분의 40 이내
3. 제1호 가목과 제2호 가목의 투자한도 계산시 제10조 제5항을 적용한다.

제13조(투자한도 적용에 대한 특례)

① 다음 각 호의 어느 하나에 해당하는 경우에는 제12조 각 호의 집중투자한도 규정에도 불구하고 별도의 집중투자한도를 적용한다.

1. 시행령 제25조 제1항 각호에 해당하는 원리금보장 운용방법의 경우 적립금의 100분의 100 이내
2. 동일 지방자치단체가 발행한 「자본시장법」 제4조 제3항에 의한 지방채증권(동일 지방자치단체가 원리금의 지급을 보장한 채무증권 포함) 및 동일 법인(한국은행은 제외)이 발행한 「자본시장법」 제4조 제3항에 의한 특수채증권의 투자한도는 각각 적립금의 100분의 30(확정급여형퇴직연금의 경우 100분의 50) 이내

② 운용지시자가 운용방법을 선정한 이후 적립금에 편입되어 있는 각 운용방법에 대한 시장가치(공정가치)의 변동에 따라 제10조부터 제12조까지의 투자한도를 초과하게 될 경우에는 동 한도 제한을 위반한 것으로 보지 아니한다. 이 경우 해당 운용관리기관은 그 운용지시자에게 해당 사실을 즉시 통보하여야 한다.

③ 운용지시자가 운용방법을 선정한 이후 다음 각 호의 1에 해당하는 사유에 의해 제10조부터 제12조까지의 투자한도를 초과하게 될 경우 차기 운용방법 변경시기(운용지시자가 적용되는 퇴직연금규약에 명시된 것을 기준으로 한다. 다만, 변경을 수시로 할 수 있을 경우 6월 이내)까지는 동 한도 제한을 위반한 것으로 보지 아니한다.

1. 예상하지 못한 경비발생 등에 의한 적립금 총액의 감소
2. 계열사 및 지분법 적용대상 기업에 대한 범위의 변동
3. 증권을 발행한 기업 및 기관의 인수·합병 및 통합
4. 주식의 소각
5. 퇴직급여 지급을 위한 자산의 매각
6. 법령 및 감독규정 개정
7. 기타 제1호 내지 제6호에 준하는 사유로서 감독원장이 정하는 사항

제14조(적립금 운용방법 및 기준의 위반사실 통보)

① 사용자 또는 가입자가 시행령 제26조 제1항의 규정을 위반하는 운용지시를 하는 경우 운용관리기관은 해당 운용지시를 거절하여야 한다.

② 제13조 제3항 각 호의 어느 하나에 해당하는 사유에 따라 시행령 제26조 제1항을 위반하는 경우 해당 운용관리기관은 해당 운용지시자에게 해당 위반사실 및 그 시정에 필요한 조치를 즉시 통보하여야 한다.

제14조의2(적립금운용지시의 이행 방법)

퇴직연금사업자는 퇴직연금 적립금에 대한 운용지시를 전달 및 이행함에 있어서 자본시장법 시행령 제79조 제1항에서 정하는 방법에 따라 처리할 수 있다.

참고문헌

고용노동부, 2022, 「근로자퇴직급여 보장법 질의회시집」

고용노동부, 2022, 「퇴직급여제도 업무매뉴얼」

금융감독원 인재교육원(편), 2025, 「금융감독개론」, 금융감독원

류건식, 김동겸, 2018, 「로보어드바이저를 활용한 자산관리 사례 및 시사점」, 보험연구원

박상연, 2025, 「퇴직연금 로보어드바이저 일임서비스 도입의 기대효과와 시사점」, 자본시장연구원

이성복, 2021, 「국내 로보어드바이저 현황과 성과 분석」, 자본시장연구원

이태호, 2015, 「퇴직연금 기금형 제도 도입방안」, 고용노동부/한국채권연구원

최경진, 한동, 성주호, 2013, 「가입자 관점에서 본 DB형 퇴직연금 재무건전성에 관한 연구」, 리스크관리연구 제24권 2호

하갑례, 2025, 「근로기준법」

한국상장사협의회, 2025, 「유가증권 상장회사 정관 기재 유형」

IMF, 2023, 「Sovereign Defaults Database」

Moody's, 2022, 「US Municipal Defaults and Recoveries」

OECD, 2017, 「Robo-Advice for Pensions」, OECD Publishing

S&P Global, 2023, 「Annual Global Corporate Default and Rating Transition Study」

공저자 약력

윤상규
- 공인회계사 · 세무사 · 경영학 박사
- 고려대학교 경영대학 경영학과 졸업(학사)
- 고려대학교 대학원 경영학 석사(회계학 전공)
- 고려대학교 대학원 경영학 박사(회계학 전공)
- (전) 삼일회계법인
  신한은행 WM사업부 세무팀장
  신한은행 신한PWM서교센터 센터장
- (현) 신한은행 퇴직연금솔루션부 컨설팅 전문위원

김진나
- 공인회계사 · 세무사 · CFA · 경영학 박사
- 서울대학교 언어학과 졸업(학사)
- 서울대학교 대학원 경영학 석사(회계학 전공)
- 경희대학교 대학원 경영학 박사(연금금융 전공)
- (전) 신한은행 퇴직연금사업부 솔루션팀장
- (현) 이촌회계법인

조선희
- 공인노무사
- 전남대학교 정치외교학과 졸업(학사)
- 고려대학교 노동대학원 경제학 석사(노동경제학 전공)
- (전) 우리은행 퇴직연금부
  하나은행 연금사업본부
- (현) KB증권 연금그룹 연금솔루션팀 팀장

김미경
- 공인회계사 · 세무사
- 인하대학교 경영학과 졸업(학사)
- (전) 우리은행 퇴직연금부
  삼성증권 연금전략부
- (현) 신한투자증권 연금사업부

최윤호
- 경영학 박사
- 경희대학교 경영학과 졸업(학사)
- 경희대학교 대학원 경영학 석사(연금금융 전공)
- 경희대학교 대학원 경영학 박사(연금금융 전공)
- (전) 삼성자산운용 연금전략팀
  삼성자산운용 투자리서치센터 투자전략팀(연기금 자산배분)
- (현) 삼성자산운용 연금마케팅팀 팀장
- (저서) 중소기업 퇴직연금기금제도 실행방안연구(고용노동부, 2014) 등
  퇴직연금관련 다수 연구보고서 참여